"十二五"国家重点图书出版规划项目

中国近现代原创型教育家研究丛书

总主编　宋恩荣　李剑萍

教育家黄炎培研究

谢长法　著

山东人民出版社

国家一级出版社　全国百佳图书出版单位

图书在版编目（CIP）数据

教育家黄炎培研究/谢长法著. —济南：山东
人民出版社，2016.1
（中国近现代原创型教育家研究丛书/宋恩荣，
李剑萍总主编）
ISBN 978 - 7 - 209 - 09357 - 6

Ⅰ．①教…　Ⅱ．①谢…　Ⅲ．①黄炎培（1878—1965）—
教育思想—研究　Ⅳ．①G40 - 092.7

中国版本图书馆 CIP 数据核字（2015）第 317706 号

教育家黄炎培研究
谢长法　著

主管部门　山东出版传媒股份有限公司
出版发行　山东人民出版社
社　　址　济南市胜利大街 39 号
邮　　编　250001
电　　话　总编室（0531）82098914
　　　　　市场部（0531）82098027
网　　址　http：//www. sd - book. com. cn
印　　装　山东临沂新华印刷物流集团印装
经　　销　新华书店

规　　格　16 开（169mm ×239mm）
印　　张　24.25
字　　数　390 千字
版　　次　2016 年 1 月第 1 版
印　　次　2016 年 1 月第 1 次
ISBN 978 - 7 - 209 - 09357 - 6
定　　价　62.00 元

　　　　　　　　如有印装质量问题，请与出版社总编室联系调换。

总 序 原创型教育家的文化自觉与中国现代教育体系之形成

李剑萍 杨 旭

一、教育家研究之研究

创新型教育、创新型人才培养呼唤创新型教育家。教育家研究是教育史研究中既经典又常研常新的课题,而"创新型教育家"研究迄未得到应有的重视。

几乎每一本通史类、综合类教育史或教育思想史著作,都列专门章节研究著名教育家的思想和实践,甚至将教育思想等同于教育家的思想。近一二十年来,近现代教育家的研究实际是沿着四个路向展开的。

一是中国近现代教育家研究走向系列化、精细化。系列化的代表性成果有宋恩荣主编的 23 卷本《中国近现代教育家系列研究》(辽宁教育出版社1993—1997 年版),被教育学界高度肯定。厦门大学潘懋元教授称该研究"规模宏大,成果丰富,意义深远";华东师范大学孙培青教授称其"在近代教育史研究中是前所未有的,确是一项新创举";北京师范大学王炳照教授誉其"是国内首次有组织有计划地对中国近代重要教育家进行深入、全面、系统地个案研究的重要成果"①。另有，美国 General Books LLC 2010 年出版的 *Chinese Educators*，内收蔡元培、胡适、盛宣怀、马相伯、张伯苓、于右任、马君武、蒋梦麟、陶行知、傅斯年、罗家伦、钱伟长等 79 人的传记，以及中国高等教育学会组编的《共和国老一辈教育家传略》（高等教育出版社 2008 年版）等。所谓精细化，是指除了扩大研究视野之外，还出现从校际、地域等视角研究教育家的倾向，如刘国生主编的《从清华走出的教育家》（内蒙古文化出版社 2012 年版）、俞可著的《海上教育家》（文汇出版社 2010 年版）等。

二是研究外国教育家及其对中国的影响，并与教师培训培养相结合而走向普及化。从早期的中央教科所比较教育研究室编写的《世界著名教育家》（贵州人民出版社 1989 年版），到代表性的赵祥麟主编的《外国教育家评传》（上海教育出版社 1992 年第一版），以及刘传德著的《外国教育家评传精选》（北京师范大学出版社 2006 年第三版）、霍力岩等编著的《影响新中国教育的外国教育家》（天津教育出版社 2009 年版）、汪明帅主编的《常青藤：一本书读懂世界教育家丛书》（中国青年出版社 2011 年版）等，此外还有弗兰克·M. 弗拉纳根著、卢立涛等译的《最伟大的教育家：从苏格拉底到杜威》（华东师范大学出版社 2009 年版）等，都表明了常研常新和普及化的态势。

三是更加清晰地提出了学习教育家智慧、精神的命题，并出现了一些对教育家进行总论性、本体性研究的成果。从早期余立主编的《校长教育家》（同济大学出版社 1988 年版）到后来殷爱苏等主编的《校长与教育家》（福建教育出版社 2004 年版），学习教育家的智慧、精神、风骨尤其突出了两个重点，一是对民国教育家寄予了某种理想化的观念，如智效民著的《民国那些教育家》（四川科学技术出版社 2013 年版）等，二是开始关注当代教育家，如袁振国编著的《这就是教育家：品读洪宗礼》（教育科学出版社 2009 年版）、张彦春等主编的《16 位教育家的智慧档案》（华东师范大学

---

① 参见潘懋元、孙培青、王炳照、张瑞璠、董宝良、杨东平等教授对《中国近现代教育家系列研究》评审鉴定意见书手稿。

出版社 2006 年版）、张康桥编著的《在教育家的智慧里呼吸》（华东师范大学出版社 2012 年版）等。由此，出现的总论性、本体性研究的代表性著作，有孙孔懿著的《论教育家》（人民教育出版社 2006 年版）等。

四是研究方法趋于多样，试图借鉴其他学科的方法从新的角度挖掘教育家的深层性东西。如从心理史学视角有胡志坚著的《教育家心理史学范式研究》（社会科学文献出版社 2007 年版），从生活史角度有路书红开展的"中外教育家的生活史研究"等。

以上表明，教育家研究这个经典领域保持了常研常新的态势，或者说保持了研究成果数量增加的态势，这主要是由研究者增多、出版业繁荣、成果普及化所推动：一是集众人之力把单个教育家的研究整合成系列成果；二是拓展新的研究领域，把一些未被关注、曾经湮没的教育家发掘出来；三是研究成果普及化，除了专业研究者之外，中小学教师成为重要的受众。当然，从学术史的角度考察，更有价值的还是运用新方法、新范式对于教育家的新认识、深认识，这种努力现在还处于尝试之中，系统性的创新之作还在期盼之中。这些态势，从蕴含着更大信息量的论文数据库中可以得到进一步印证。

近年来，关于"教育家"的研究论文数量呈现快速增长态势。在"中国知网"的"期刊论文"数据库中，以"教育家"在论文题目（篇名）中精确检索（截至 2015 年 6 月 25 日）发现，1990 年至 2000 年仅 589 篇，2001 年至 2010 年达 995 篇，2011 年至 2015 年 6 月已达 806 篇。同样，"硕博士论文"数据库中，以"教育家"为"题名"进行检索（截至 2015 年 6 月 25 日），检索到 41 篇，其中，2001 年至 2010 年仅有 8 篇硕士论文、1 篇博士论文；其余 32 篇都是 2011 年以后的，但其中博士论文也仅有 3 篇，这表明虽然数量增多，但原创性高水平成果仍缺乏，并且，在 41 篇硕博论文中，有 20 篇是针对被冠以"教育家"的某人的研究。

这种快速增长乃至井喷之势，表明教育家研究、至少"教育家"一词成为近时期的教育热点之一。这些研究成果，还反映出教育家研究中存在着"两大主题、两类重点、一种背反"的特点。

其一，研究的两大主题是"教育家办学"和"未来教育家培养"。它的提出既跟领导人的关注和教育实际工作的需求相关，更深层反映了当下的社会诉求和教育思潮。教育、学校愈益成为一种社会性事业,与每个家庭每个人发生着更密切更长久的联系,公众期盼愈益高涨和深切,随着教育成为社会公平公正的投射焦点,改革和发展的呼声更加强烈,进而将教育存在的问题归因为教育行政化,与之相应便呼唤教育家办学,并反思因何缺乏教育家以及如何培养教育家。可以说,这是近年来教育家研究兴起的直接背景和动因。

其二,研究的两类重点,就是关于教育家型校长和教育家型教师的培养,包括教育家型校长和教师的主要特征,教育家型校长和教师与一般校长和教师的区别,教育家型校长和教师的培养途径和方式,教育家的内在核心精神和外部成长环境等。这些研究普遍隐含的价值假设是,教育家型校长和教师是优秀的和高级的,他们具有独特的优秀品质和精神气质,这些品质和气质是可以通过培养而具备的,并且,教育家的生成和作用发挥需要一定的社会保障条件,只要经过适当培养和提供条件保障,就可以养成教育家或促成教育家的涌现。

其三,研究中的一种背反现象是,一方面感叹教育家太少,另一方面又将教育家之名泛化,所有论文中80%以上的被冠名“教育家某某研究”。被冠以教育家之名者,又依次集中在艺术教育(音乐、美术、戏剧等)、农业高等教育、医学高等教育、工程高等教育等4个领域,分别被称为音乐教育家、戏剧教育家、农业教育家、医学教育家、工程教育家等。文章、论文的作者主要是被尊为教育家的弟子或媒体人,而较少教育理论研究者。这实际反映了这些领域特别是艺术领域的师承关系和流派特点,暗示凡被称为“教育家”者自然是大家,大家的弟子自然是名门正派。由是便引发教育家的标准问题,或者说成为教育家是困难的还是容易的,叶澜等认为教育家只能是少数人的事情,王道俊等则认为大多数教师只要经过努力就可能成为教育家。

从已有研究成果来看,目前教育家研究的不足或者说今后特别值得加强之处在于以下四个方面。

一是教育家的元研究,代表着研究的自觉水平。近年来教育家研究成果的“井喷”之势,为开展元研究即研究的研究提供了基础条件。元研究一方面是对于研究成果的事实描述,包括研究对象的聚类分析(哪些人被作为教育家来研究)、研究人员的构成分析(理论研究者、媒体人、教育家的亲朋弟子等)、研究成果的类型分析(学术性、普及性、纪念性等),以及研究周期、研究成果来源、研究成果发表载体等的分析;另一方面是对于研究问题的实然分析,诸如研究成果涉及的教育家成长经历、思想基础、精神气质、教育教学理念、治校治学方法等,以及这些研究问题及其研究方法的消长变化。在此基础上,可以判断教育家研究的现有状态和发展趋向。

二是教育家的分类研究,代表着研究的细致程度。如果认为教育家是"在教育思想、理论或实践上有创见、有贡献、有影响的杰出人物"[1],那么目前研究成果中被冠以教育家者,似乎大多并未达到这一标准,而更多地与研究者的情感色彩、经验因素、利益考量、比附想象相联系。有的研究者坚持教育家是极少数人的事情,成为教育家是很不容易的,无疑具有理性和规范的意义,可以防止教育家的泛化、泛滥乃至欺世盗名;有的研究者主张成为教育家并不很难,只要具有成为教育家的理想就可能达到,这在呼唤教育家的时代,可以激发教师、校长提升愿景以及形成造就教育家的氛围,而从现实来看,也确实正在涌现出一批具有教育家水平的优秀教师和校长。正因为此,教育家趋于分类分层,教育家的标准也趋于多元,分类研究不同的教育家及其标准,可能比坚持教育家的唯一标准去争论什么人是教育家或成为教育家的难易,更为迫切和更有价值。

三是教育家的"行为·目的·情境"权变关系研究,代表着研究的深入程度。目前大多成果还集中在"教育家特质"研究阶段,即试图找出教育家独特而卓越的品质素质,或者说教育家优异于一般教师和校长之处,研究往往采取描述和归纳的方法,对于教育家的特质进行罗列或者归类。这种研究成果可能存在两个问题,一是罗列的各种特质简则以偏概全,多则繁冗寡要,且难以进行实证归因;二是这些特质之间往往是相互矛盾的,包容谦和与霸气决断、理性内敛与感性外露等相矛盾的特质,可能鲜明地存在于不同教育家身上。于是,教育家研究的深化方向,便指向教育家在特定的约束条件、组织情境中,为了实现教育教学目的而采取的卓越行为,

---

[1]　顾明远主编:《教育大辞典》(增订合编本)上册,上海教育出版社1998年版,第755页。

以及这种行为与目的、情境之间建立起的权变关系范式。所有教育家的永恒目的或职责就是育人，但不同时期、不同组织，所要解决的重点问题不同，或是更新教育教学理念、创新体制机制、改革课程教学、促进教师专业发展，或是解决办学条件、办学体制等，这些问题又是相互交织、相互影响的，同时教育家面临的组织情境、所能运用的组织资源也不相同。正是在这些多因素变量中，教育家才凸显出高超的智慧、卓越的策略和鲜活的人格特征，这才是教育家之所以成为教育家之处，也是教育家研究值得深入之处。

四是教育家的本体研究，代表着研究的质量水平。教育家研究要从数量繁荣走向学术深入，实现的基本策略是从两方面"返本开新"。一方面是回归教育家这个本，此乃根本之根本，无论古今中外、高层草根、主流另类，必须首先是教育家，从这个意义讲，研究教育家也是"去水分"、披沙拣金的过程，也是甄选出真正教育家的过程。另一方面是回归教育家思想和实践这个本，无论采用何种新方法、新视角、新范式，既要视野宏阔，跳出教育看教育家，发现教育家与社会的广泛联系和深层关系，又要避免泛化，丧失教育的自身立场；既要深入发掘教育家，又要避免过度解释，回到教育家史料的本身，无论文献的还是田野的。

二、教育家的类型与原创型教育家

教育家的类型可以按照不同标准进行划分。从其生活年代、活动时间来看，可以分为古代教育家、近代教育家、现代教育家、当代教育家等。这种划分的意义，一是任何教育家都带有时代烙印，也是时代教育精神的凝缩和代表，认识了一个时代的教育家便可高效地认识那个教育家所处时代的教育精神，在丰富教育历史认识中提升自己的教育智慧；二是某个时代的教育家就是要解决所处时代的教育问题，这些问题往往是那个时代特有的、必须解决又为那个时代教育家所解决了的，后代教育家可以在传承中超越，在扬弃中创新。后代教育家与前代教育家的思想关系，可以是继承性的、超越性的、批判性的甚或断裂性的。断裂性关系，即一个国家在社会和教育进程中出现明显断裂，后时代与前时代是非延续、非继承乃至否定性的，譬如殖民地国家模仿宗主国建立的教育体系与本土原生教育体系之间,后代教育家与前代教育家在学缘、思想和行动上是相对独立的。而其他几种关系,无论继承性的还是超越性的、批判性的,都具有广义上的继承性。狭义的继承性关系是一种延续性、顺向性、量变为主的继承,超越性关系是一种断续性、虽顺向但以质变为主的继承,批判性关系则是一种非顺向性(逆向或歧向性的)、针对前代教育家问题的继承。正是这种广义的继承性,为教育家的时代类型划分赋予了深刻而现实的意义,从教育家的代际起承转合、消长嬗替之中,可以寻绎出不同代际教育家的创新性之所在,可以说教育家智慧的形成,苦功夫是对自己教育实践的哲学思考,捷径则是向前代教育家的学习。

从教育家的活动和影响范围来看,可以分为地方性的、全国性的和世界性的教育家。教育家的实践活动范围与其影响范围,既有一致性也有区别,前者相对清晰和稳定,后者则有模糊性和变动性。教育家在一个时段只可能在一个相对固定的范围、场域开展实践活动,实践活动范围的大小取决于:一是场域自身的大小,既指场域的地理、物理空间也指场域的文化、思想空间。由于现代场域的联结性和虚拟延伸性,一般来讲,城市的教育家比乡村的教育家实践活动和影响范围都相对更大。二是场域变换的频度。同样条件下,教育家保持适度的场域变换频度,影响范围也相对更大。三是场域的典型性和辐射力。教育家同样是在乡村,具有文化样本意义的乡村影响力就更大,同样是在城市,省会、首都、中心城市乃至世界性、全球性城市,其影响就远超一般城市。教育家的实践活动范围通常就包含了其影响范围,但教育家的影响力、影响范围还取决于一些内在与外部、必然与偶然因素。从外部条件看,是教育家的作用发挥和思想传播机制。在传统社会和传统教育中,教育家的影响力主要依靠著书立说、讲学立派、官方认可立名(包括自己和弟子入仕、学说成为官方意志、著作列为科举教材等)等学术性、教育性、政治性机制,相互为用、共同作用来实现;进入现代,这些作用机制又注入了新的形式,著书立说的学术性机制与现代媒体、课题立项、各类评审评奖和人才队伍建设相结合,授徒讲学、开宗立派的教育性机制与现代学校教育体系、研究生培养、学术团体相结合,官方认可的政治性机制在精神激励之外又增加了巨额的经济支持,也就是说教育家的作用机制在现代呈现传媒化、学科化、资本化(主要指知识资本)的特点,教育家的影响范围大大扩张。"世界性教育家"的概念确切讲是 20 世纪以来的事情,也因此为古代教育家的现代"复兴"提供了时代条件。从内在因素看,则是教育家所指向问题的重要性和普遍性。这些问题,一是人及教育的基本问题、永恒问题。只要还有人及教育存在,此类问题就会被反复探讨,它们一般是哲学层面的宇宙观、本体论、知识论、价值论、方法论、思维及其与教育的关系问题等。古代的大教育家行不过一地一国,而能具有现代性、世界性意义和影响,就在于他们关切的教育问题是基本性和永恒性的。二是转型时代的重大教育思想和制度问题。当此时代,旧有的思想体系已经难以解释教育的新命题,旧有的制度框架已经无法容纳教育的新要求,教育乃至整个社会从思想、理论到体制、制度都面临重整再构,这些问题往往需要做出社会性、政治性和制度性、政策性安排,解决此类问题的教育家也通常带有政治家色彩,如建议"罢黜百家、独尊儒术"和建立太学的董仲舒,系统论述"中体西用论"和规划现代学制的张之洞等。三是契合教育发展的趋向性问题,诸如非正规性学习、女性女权教育、环境教育、跨文化理解教育(和谐教育、国际理解教育、民族和解教育、宗教与文明理解教育)等。此类问题历史上曾隐含地存在却并不紧迫,而在当代和未来呈现高涨态势,前瞻性关注过此类问题的教育家便成为思想的源头。也就是说,越是关切和解答上述三类问题的教育家,其教育思想和实践可能愈加高明,愈益可能成为创新性和全国性乃至世界性的教育家。

从教育家的创造程度来看,可以分为继承型教育家和创新型教育家,创新型教育家又可以分为消化吸收再创造型、原创型教育家等。原创型教育家一般产生于历史大周期的巅峰时代或转型时代。历史大周期是长时段的,短则几百年长则上千年,或如中国历史上的汉、唐经过数百年涵养深蓄而达于历史周期的巅峰,此时所要回答和解决的是巍巍盛世的教育问题;或如春秋战国、魏晋南北朝、两宋、明清之际、近代以来,正处一大历史周期与另一周期的交汇转折之际,此时所要回答和解决的是叔季之世、新旧过渡、重整复兴的教育问题。也正因此,原创型教育家的产生具有历史集中性,有的时期大家辈出、群星璀璨,[①]其余时期又相对平稳平淡。

---

① 参见姜国钧:《中国教育周期论》,北京大学出版社 2005 年版。

原创型教育家善于以广博而深邃的文化视野,敏锐而深刻地洞察教育问题。巅峰或转型时代所蕴含的重大教育问题,为原创型教育家的诞生准备了先天的原创性要素,正因为这些问题是划时代的、前所未有的,又必然是弥漫性的、隐而不显的,能够最先、最敏感、最清晰、最深刻地认识到这些问题,即把隐含的问题予以"问题化"并在此基础上聚焦化、系统化,不仅需要天赋和机遇,更需要广博而深邃的文化视野。原创型教育家通常还具有丰富的实践积累,他们在教育实践中感受、认识和抽绎教育问题,总结、修正和检验自己的教育思想和理论,形成和发挥自己的教育影响。原创型教育家在教育实践中面临着传承与创新的先天困境,扮演着旧教育的改造者、新教育的创造者、新旧教育的锻铸者等多重角色,一方面必不同于既往的教育主流,否则不可能成为教育创新者、原创者,另一方面代表着教育发展的主流方向,不可能专事批判、破坏而不顾建设,这就需要高度的实践智慧。从这个角度讲,原创型教育家乃侧身于新旧教育体系之间,从古代的孔子、孟子、朱熹、王守仁到近代的康有为、蔡元培、黄炎培、梁漱溟、陶行知等,大都曾身在教育旧体系之内,思想却指向之外的教育新体系。

原创型教育家是教育家的最高级类型或形式,其"原创性"主要体现在四个方面:原创性的时代,一般产生于长历史时段的巅峰时代或转型时代;原创性的问题,敏锐而深刻地发现并概念化时代的重大教育问题,这些问题是前所未有且无法回避的,对于这些问题的解答、解决就构成了教育历史发展的一个个必然环节;原创性的思想和实践成果,开创学理、学派或创立学校、学制,"立言"丰赡卓越、自成体系,"立功"构想深远、规模宏大;原创性的影响,不仅影响当代一时,并具永久性乃至世界性价值,值得反复研究和解读以汲取智慧。总之,原创型教育家就是那些生于原创性时代,提出原创性问题,创立原创性思想和实践成果,并具有原创性影响的教育家。

三、中国现代教育体系的解释框架和形成问题

对于中国现代教育的发生发展,我们提出"一体化说"作为一种新的解释框架。[①] 所谓"一体化",一指纵向一体化,即从 1862 年中国人自己创

---

① 参见李剑萍:《中国现代教育问题史论》(修订本),人民出版社 2011 年版。

办的第一所现代学校京师同文馆诞生,1904 年中国第一个现代学制"壬寅·癸卯学制"颁行以迄于今,中国现代教育是一个持续的整体过程,作为现代教育的根本形态和趋向并未终结,并将在今后较长时期继续发展。二指横向一体化,即中国幅员辽阔、人口和民族众多、经济社会发展极不平衡,各地各民族现代教育发生发展的起点、进程、速度、路径也有差异,但总体趋向相同。此点意义极为重大,就是说中国现代教育的形成与发展过程,也是中国作为现代国家重整与复兴的过程。三指外向一体化,即中国现代教育是学习、引进、吸收先发国家教育思想、制度、理论和方法等的过程,就是增进教育国际交流与合作的过程,就是挽世界现代教育于中国、推中国教育于现代世界、中国教育与世界教育一体化、中国教育复兴并为世界教育做出崭新贡献的过程。四指内向一体化,即以现代学校制度为代表的现代教育制度逐步系统化和普遍化,以书院、私塾为代表的传统教育体系逐步学校化和消融化,以教会学校为代表的外国教育体系逐步中国化和世俗化,共同建构中国现代教育体系的过程。

中国现代教育的发生发展作为一个持续的整体过程,大致可以分为两大时期、四个阶段,即以 1949 年新中国成立界分为两大时期,此前是中国现代教育体系的形成时期,此后是中国现代教育的探索和发展时期,每一时期又各分为两个阶段,共计四个阶段。从 1862 年京师同文馆设立至1927 年南京国民政府成立前是早期现代化阶段;从 1927 年南京国民政府成立至 1949 年新中国成立前是多元互动阶段,包括以党国化、制度化为特征的国民政府的教育建设与教育统治,以革命化、大众化为特征的中国共产党领导的革命根据地教育,以教育救国、杜威教育思想中国化为特征的民主主义教育家们的教育改革与教育试验,还包括教会学校的中国化和世俗化,私塾教育的学校化和消融化。从 1949 年新中国成立到 1984 年是转折与探索阶段,在新的社会制度基础上和毛泽东思想指引下,曲折地探索了什么是社会主义教育以及如何建设社会主义教育两大问题;1985 年中共中央印发《关于教育体制改革的决定》和 1986 年颁布实施《中华人民共和国义务教育法》以来是新型现代化阶段,开始在改革开放和全球化的环境中,建设和发展中国特色的现代化教育体系。

中国现代教育是在三个层面依次启动,多层互动,整体联动的。一是学校层面,包括现代学校的产生,学校类型的丰富,以及学校课程、教学和师生观念、角色、活动的现代趋向等;二是教育制度层面,包括现代学制的建立,现代教育行政体制和教育管理制度的形成与调适等;三是教育思想层面,包括先觉者和领导者的教育思想、教育家的教育思想与理论、社会公众的教育观念、官方教育思想即教育方针及其政策化等。从世界范围来看,各国现代教育的发生发展大致可以分为五种模式,第一种是以西欧国家为代表的先发内生型教育现代化模式,第二种是以美国、日本为代表的学习先发国家而自我创新的教育现代化模式,第三种是以印度等亚非拉殖民地国家为代表的主要移植原宗主国体制的教育现代化模式,第四种是以部分中东国家为代表的在政教合一体制基础上发展起来的教育现代化模式,第五种就是以中国为代表的在本土基础上学习外国而走自己特色道路的教育现代化模式。可见,不同国家的教育现代化不能简单分为先发内生型、后发外源型两类,而是有着不同模式,每一大模式又可细分为不同的小模式,它们在全球化浪潮中相互联系更加密切,相互影响更加广泛,使得世界教育一体化不是单一化而是多元化、丰富化。也正是从这个意义上讲,一方面,中国现代教育是中国教育与世界教育一体化的过程;另一方面,中国现代教育又是世界教育一体化中独具代表性的一极,具有独特价值,中国现代教育应彰显光大此种价值,这是中国现代教育的全球价值和使命。

以上的"一体化说"解释框架,可以概括为"一体多向、二期四段、三层第五模式"。在中国现代教育发生发展的第一时期即体系形成时期,中国现代教育面临的重大问题或称中国现代教育的形成问题主要是:

其一,培养什么样的人即教育目的、教育方针问题。这是中国现代教育形成的核心性问题,其他问题是由此衍生和为此服务的。它在起初,既不像欧洲那样经历过一个宗教改革和文艺复兴的人本主义启蒙过程,也不是中国传统社会和传统教育自我发展、自我生发的结果,而是由于传统教育所培养的传统型人才无法应对严峻的外患内忧的紧迫需求而倒逼产生的,是外铄性和社会性的。也因此,这个问题经历了由培育精英化"人才"向养成现代性"国民"再到培养合格的"人"的转变,经历了由偏重政治化的"社会人"到全面发展的"知识人"再到综合中国人、现代人、世界人的"文化人"的认识发展。

其二,建立和发展学校教育即教育制度、教育体制问题。这是中国现代教育形成的结构性问题,是实现教育目的、教育方针的制度设计和制度选择。它在经历了起初的创设新式学校、建立现代学制和现代教育行政体制两步之后,便遇到三个更深层次问题:一是现代学校的内涵性建设。只有具备了现代课程教学和师生行为观念才是真正的现代学校,因此在中小学校要进行现代性的课程改革和教学实验,在大学要引入大学精神和科学研究。二是教育普及,确切地说是普及学校教育。学校教育的制度化优势也兼具高成本压力,在人多地广、一穷二白的当时中国如何普及教育,始终是必须直面的两难问题,面临采取单一的制度化教育还是融通制度化与非制度化教育的选择。三是对于旧教育、传统教育的认识和态度。传统教育既是现代教育的对立面,又是现代教育的参照系,甚至在现代教育中传统教育不会根除,只会通过传统教育的现代化转换成为现代教育的必然构成。

其三,教育与社会的关系即教育与社会改造、社会建设问题。这是中国现代教育形成的功能性问题。中国现代教育是在社会转型之际应需而生、应运而生的。正因为传统社会及其教育已经不能应对早期现代化的需要,所以必须在其之外引进和建设一套现代教育体系,而现代教育的发生发展又是以传统社会的改造、现代社会的建设作为基础和目的之一的。这就决定了中国现代教育形成时期在与社会的关系上呈现三个特征:一是偏重社会本位的教育,即在人与社会的关系方面更加关注后者,通过人的社会化来造就"新民"以改造旧的社会、缔造新的社会,注重人的社会工具价值,相对忽视人的自身意义和人的个性化;二是教育社会化,教育改造旧的社会、缔造新的社会的前提和途径,就是教育必须与社会实际、社会实践相联系,这一时期出现了形形色色的"教育救国论"者和教育试验运动,甚至在教育社会化中出现了轰轰烈烈的教育运动化、教育政治化,教育成为社会运动和政治活动的工具;三是社会教育化,社会改造论、社会建设论的教育家们提出的社会方案,几乎无一不是教育化的,即在教育社会化的同时社会教育化,按照教育的模式、体系去组织和构建新的社会体制,把教育社会化与社会教育化作为理想的教育和社会状态。

其四,教育与文化的关系特别是教育与中西古今文化的关系问题。这是中国现代教育形成的深层性问题。教育与文化密不可分,是文化的一部分,教育传承创新文化并受到文化的规定制约。中西古今文化的关系及其与教育之间的关系,可以归结为外来文化本土化、传统文化现代化、中华文化世界化三大命题。虽有所谓传统文化本位主义者和全盘西化论者,实际上都是基于自己的立场,对中西古今文化的关系命题进行着自己的思考和解答。对于外来文化和外国教育理论,通常采取实用主义态度加以选取、改造和利用,即所谓"洋为中用";对于中国传统文化和传统教育理念,也往往站在现实主义立场予以延续、变换和使用,即所谓"古为今用",两者共同构成了教育与文化关系的民族化、现代化趋向,此点从 20 世纪 30 年代以后表现得尤为明显。

其五,教育哲学特别是知识价值论、认识论与教育的关系问题。这是中国现代教育形成的基点性问题。什么知识是有价值的或是最有价值的,如何认识有价值的知识或如何认识这些知识是最有效率的,便构成教育中教什么、学什么和怎样教、怎样学的问题,亦即课程和教学问题。在中国哲学传统中,本体论多与修养论相合一,即本体论道德化,宇宙观多倾向朴素唯物主义或带有人格化特点的唯心主义。而且,在实用理性的传统惯性和社会问题导向的现实需求作用下,现代教育家们的哲学思考是较少以本体论和宇宙观作为出发点的,而多是直接从知识价值论、认识论层面切入,并在课程教学哲学上呈现两个鲜明的倾向:一是在课程上,重视社会性、实用性、生活化、大众化的知识,二是在教学上,强调理论联系实际,与社会实践相结合,为生产生活服务。这一方面改变了中国传统教育教学与现代社会、现代生活相脱离的问题,另一方面也使得社会本位和工具主义进一步强化,这也是杜威实用主义教育理论之所以能在中国流行的深层原因。

四、原创型教育家的代际分期与中国现代教育体系的形成问题

在中国现代教育体系的形成时期,堪称原创型教育家者主要有张之洞、康有为、蔡元培、黄炎培、晏阳初、梁漱溟、陶行知、陈鹤琴等。就其原创性教育贡献和教育影响来看,张之洞、康有为属于以维新运动和新政改革为背景的晚清一代,蔡元培、黄炎培属于以辛亥革命和新文化运动为背景的民初一代,其余四人属于以国内革命和全面抗战为背景的民国中后期一

代。以上八人历时半个多世纪,大约算是三代教育家。

由于中国的早期现代化是一种急剧突变式的"压缩"了的现代化,八位教育家也可以算是两代半人。蔡元培、黄炎培作为第二代,其创新性教育影响发轫于清末,从辛亥革命后到 20 世纪 20 年代后期持续约 20 年;第三代则在 20 年代前期崭露头角,20 年代后期开始形成较大影响,三四十年代成为主角。第二代的两人,与第三代的主要重叠期在 20 年代中后期,进入 30 年代他们虽然依然活跃并发挥重要影响,但已经主要是社会政治活动家的身份了。第三代的四人,生年奇迹般地顺差一岁,除了陶行知突发脑出血中年而逝,其余三人又都出奇地长寿,他们作为原创型教育家的光耀之时是在 20 世纪三四十年代,后来的人生道路、境遇虽然不同,但在当时都是民主主义教育家的杰出代表。从文化的代际传承来看,第一代的张之洞、康有为与第二代的蔡元培、黄炎培之间的关联性更多,即使康有为几近周游世界,蔡元培多年游学欧洲,也都属于传统文化的最后一代人,传统文化是他们青年所习、终生浸润、晚年所归,是他们教育改革的对象,也是他们的思想资源和文化比较的坐标系。第三代虽在童年时期受过一些传统文化的教育,但少年以后的思想和价值观形成时期,主要接受的是现代学校教育,除梁漱溟是自学成才之外,其他三人都在美国取得硕士、博士学位,受到过规范的现代思维训练和西方思想影响。由此,三代教育家的问题指向虽然都是中国的,但第一代、第二代教育家除了蔡元培,多带有中体西用、以中释西的立场,第三代教育家除了梁漱溟,多是西方教育理论,确切地说是杜威现代教育理论中国化的产物。

第一代教育家张之洞(1837—1909)和康有为(1858—1927)是亦旧亦新、从传统走向现代的一代,他们共同的历史使命是建立现代学校系统,终结传统教育制度,以及从制度安排上回应中西文化的关系和传统儒学的命运。

张之洞是洋务教育的殿军后劲、清末教育改革的总设计师、中体西用论的集大成者,三重角色既是他教育思想和实践的分期,也反映了 19 世纪末到 20 世纪前 10 年中国教育由传统走向现代中的巨变。他在前期,主要延续或者说复兴了早期洋务派曾国藩、左宗棠、李鸿章、沈葆桢等人的教育事业,在甲午战争失败后更加深重的民族危机中,以更大的毅力和担当兴办洋务学堂、改革旧式书院、设立新式书院,特别是在国际国内的新形势和早期改良派的新思想影响下,开始由侧重军事应对转向全面改革,洋务学堂的办学重点也由军事技术领域拓展至社会政治学科,与之相应,培养目标由"新技术人才"拓展至"新国民",办学视野由专业教育拓展至普通教育、由精英教育拓展至普及教育。这是清末全面教育改革的基础和前奏。进入20世纪,经历了八国联军战争和庚子赔款的剧痛,中国不得不在全面危机中开始史称"清末新政"的全面改革,包括其中的教育也在此前学校数量增加、类型增多的基础上,进行整体谋划、顶层设计,北方的袁世凯和南方的张之洞历史性地充当起设计师的角色。由于袁世凯更加侧重军政方面,张之洞调任中央后主抓教育,成为全面教育改革的总设计师,从"立新"和"破旧"两方面构建起中国现代教育的四大制度基础——颁行第一个现代学制"壬寅·癸卯学制",建立与之相应的以学部为代表的现代教育行政体制,颁布"中体西用"思想指导的新旧参互的教育宗旨,停废科举考试直至最终废除科举制度。同时,张之洞作为政治化的儒家学者和道统承继者,一方面采取通经致用、经世致用的务实主义态度,另一方面坚守道统红线和文化底线。他1898年撰写的《劝学篇》,奠定了其作为"中体西用"论集大成者的地位。所谓"西用"即利用、吸收西方先进的科学技术乃至管理体制,所谓"中体"即保持、维护中国的君主体制和儒家道统。他晚年认为即使君主立宪亦未尝不可,但儒家道统不能失守,既反对康有为托古改制式的今文经学曲解,更感叹进入20世纪在立宪与革命思潮的博弈中民主共和观念的大行其道,进而横扫孔孟之道及其精神象征孔子。其实,中国人对于孔孟儒学多采取功利主义态度,学校已兴,科举既废,制度化儒学和道统的解构已经不可避免,所以作为兴学校、废科举设计者的张之洞在晚年陷入吊诡、反思和哀叹,认为自己实际成为传统文化掘墓人,有"我虽未杀伯仁、伯仁因我而死"的自责和懊悔,正因此才有倡办存古学堂的最后一搏。当然随着他的去世、清朝的终结,存古学堂很快也就烟消云散了。但他所留下的文化命题并没有结束,他解决问题的方式是传统的,但所要解决问题的意义是现代的。如果说张之洞作为教育家完成了建立现代学校系统、终结传统教育制度的使命,而从制度安排上如何安置传统儒学呢?他只是认识到这个命题,没有也不可能解答这个命题。

康有为是维新运动的领袖、著名的改革家和思想家,虽比张之洞晚生、晚逝约20年,但其教育思想和实践的辉煌期都集中在19世纪末20世纪初,与张之洞具有交集和重叠,从这个意义上讲两人属于思想上的同代人、同一代教育家。康有为与张之洞在19世纪最后几年的教育变革大潮当中,总体目标是一致的,就是都想兴学校、变科举,大办各级各类学校并使之体系化制度化,变八股取士为策论取士直至逐步停废科举制度,并且这些改革都必须在中央的强力领导下进行,无非康有为依赖光绪帝,张之洞乃实际掌权者慈禧太后的"手擢之人"。二人的区别就在于,张之洞是体制内的政治型教育家,康有为是体制外的思想型教育家。康有为虽以"帝王师"自命,拼命想挤进体制内却不得,即使"百日维新"期间曾短暂地进入过也未能成为核心和主流。体制外的改革家注定只是改革启蒙家和改革思想家,这也正是其意义所在。康有为的人格特点和知识结构,决定了其思想更具突破性、新锐性和挑战性、解构性,他希望构建一套新的思想和制度体系去取代原有体系,而张之洞偏重于从原有体制体系去补苴、生发出一套新的东西。这是两种不同的原创类型,或可分别名之"替代型创新"和"生发型创新"。当然,它们的共同指向是创新、是质变,前者是骤变,后者是渐变,二者即使在同一教育家身上,在一定条件下也可以转换,生发积累到一定程度就是替代。比较而言,康有为的思想更具有爆发力、震撼力,也易走向旁门左道,不见容于当道;张之洞的思想更具建设性,也更中庸、更易被接受、更具可操作性,当然思想的启蒙意义便相对逊色。"百日维新"期间,康有为虽可提出"废八股、变科举"的建议,但具体实施方案必须赖于张之洞,张之洞作为体制内、政治型、生发型创新的教育家,有学有术,有思想有担当,最善于四两拨千斤,用技术性设计解决体制性问题而不囿于技术官僚。康有为的教育原创性在于维新、孔教、大同三个方面或者说层面。维新教育是康有为作为清末改革家和维新运动"头儿"的贡献,其核心在于兴学校、废八股、变科举。但康有为与同侪的不同之处,是把维新教育作为维新变法的重要内容和途径,是想通过教育变革、维新教育来培养一批维新变法即搞资本主义一套的政治精英,这是他跟张之洞等洋务教育家的根本区别,也是他作为原创型教育家对同时代其他要求变科举、兴学校的教育家的超越。孔教教育是康有为作为文化学人的原创性建构。在 19 世纪中叶以降的中西古今文化之争中,无论何种解答方案,要想有效就必须指向中国文化问题的解决,又必须把中国文化置于世界文化的总格局中进行思考,这就容易在中西文化比较中走向中国文化本位、西方文化形式,与其说是"中体西用"毋宁说是"中本西形"。康有为正是从宗教政治学层面来思考和设计中国传统文化的时代命运、中国文化的时代使命,他把"保教"与"保国""保种"相联系,即由政府组织建立孔教并确立孔教为国教,从教义到仪式仪轨予以体系化、制度化、普及化。康有为从早年编撰《孔子改制考》直到晚年组织孔教会、创办《不忍》杂志,一以贯之,终身不懈。大同教育是康有为作为思想家的原创性贡献,对康氏的大同理想冠以"大同空想社会主义"可能更是政治家者流的现实解读和比附衍义。康有为的大同观实际是他所诠释的中国古代大同观与其流亡国外反思西方工业资本主义之弊,以及与其"天游"思想(以佛学思想为主融合了庄子一派道家思想)杂糅的产物。解读康有为的大同观,必须将《大同书》与其晚年最后一部主要著作《诸天讲》结合起来理解。他晚年所创造的《诸天讲》、天游园、天游老人等"天游"系列,实为其少年以来究研佛学思想的特质化个性化发展。至于为人所乐道的大同社会教育模式,不仅是看似严密的空想,也实非康有为措意之所在。他所关注者更在于宇宙之人(人居无限广漠之宇宙,人至为渺小,人生至为短暂)的形而上问题,这实开启蔡元培、梁漱溟同类思考的先声。

蔡元培(1868—1940)和黄炎培(1878—1965)属于第二代、民国初年一代的教育家,教育贡献集中于民国元年(1912 年)到 20 世纪 20 年代中期之前。蔡元培比黄炎培年长 10 岁,在南洋公学经济特科班与黄炎培还有师生之谊,在世时的政治地位、社会声望也远高于黄炎培,但两人的早期经历颇为相似。蔡元培是清朝翰林,黄炎培是举人,都在青壮年时期主动脱离清朝的政治体制和学术体系,游历游学国外,蔡元培甚至以访问学者身份在德国大学学习研究多年。可两人囿于自身的知识结构,对于外国思想理论文化的汲取和介绍充其量是"高级常识"级的,专深程度无法与后来的胡适等人相比。两人都极其聪明敏锐,默察世界大势,善假于势,知清廷无可救药,在清末的上海以办学为反清之掩护和张本,投身辛亥革命,分别是当时最有影响的教育派别——浙江籍教育派和江苏籍教育会派的代表,并以教育社团兼行社会政治活动,实开后来晏阳初、梁漱溟等人以教育改造社会之先河。1927 年以后,蔡元培对蒋介石经历了由支持"清党"走向反对独裁的转变,黄炎培也一度被国民党通缉,后由中华职教社而组党,成为第三方势力中的重要一派。两人都成为民主斗士、社会政治活动家,黄炎培在新中国成立后曾任政务院副总理。比较而言,蔡元培的教育贡献更大,影响和意义也更深远。

蔡元培对于中国现代教育的贡献主要有三:一是 1912 年他作为民国首任教育总长,提出"五育并举"的教育方针,在发展了清末"中体西用"教育宗旨合理成分的基础上,更增加了美感教育和世界观教育,并以世界观教育为实体的、根本的、本质性之教育目的,"以美育代宗教",美感教育是联系隶属于政治的德智体育和超轶乎政治的世界观教育之津梁。这不仅直指中国人、中国教育过分注重实用理性之病,更是迄今对于中国现代教育培养什么样人的最深刻思考。二是 1917 年就任北京大学校长后,他提出大学以"研究高深学问"为宗旨,学、术应当分途而治,第一次明确了中国现代大学的科学研究职能,而且大学所研究之科学具有高深、纯粹的特点,这便为中国的大学注入了灵魂,通俗地讲就是"大学像大学"了。由是,大学必须采取"思想自由,兼容并包"的办学方针,相应进行内部管理体制改革,学科专业结构调整,师资队伍优化,学校文化建设。北京大学为之焕然一新,成为中国大学、学术和思想界之"灯塔",进而由此成为新文化运动的发源地和"五四"运动的策源地,极大地改变了中国的思想文化面貌、社会政治生态以及历史走向。溯源推始,固是由于北大所处地位及当时国内外社会环境、思想潮流所致,亦不可忽视蔡元培顺势而发之伟力。三是他秉持"教育独立"思想,并在 1927 年前后进行了大学院制和大学区制试验,这些试验虽因制度缺陷、人事纷争、利益博弈等仅一年多便被废止了,但教育应独立于教会、政治之外,并从经费、政策上予以保证的思想成为一大潮流。归根结底,这是要求尊重教育规律、保持教育静气,是对教育过度社会化、政治化和运动化的反动。蔡元培的超凡之处在于,一方面他作为国民党元老是广泛而深入的社会政治参与者,尤以北京大学为基地从思想文化层面推动了中国的深层变革,另一方面他又始终有意无意地采取了既非入场又非离场的"即场"态度,研究人、教育、大学的本质,可谓"教育家之教育家"、原创型教育家之首。

黄炎培对于中国现代教育的贡献主要在两个方面:一是在清末发起成立江苏教育会,并使其成为全国最有影响的教育社团,兼具政治团体性质和政党雏形,不仅在江苏的辛亥革命中发挥了很大作用,而且在20世纪20年代前期的文教界和东南政坛影响巨大。正如他自称:"这是教育性的江苏中心组织,经过几年,成为政治性的江苏中心组织······在辛亥革命洪潮中,成为江苏有力的发动机构。"①二是组织成立中华职教社。他由民国初年倡导职业教育的前身——"实用教育"开始,到1917年组织成立中华职教社,其后创办职业学校、编印报刊、举办年会等,影响不断扩大,1926年又在江苏昆山徐公桥设立乡村改进试验区。中华职教社成为被共产党争取的党派团体。黄炎培的两大教育事业——江苏教育会和中华职教社,都由教育团体走向政治团体,他自己也从教育家成为社会政治活动家,从清末在上海川沙办学,创办浦东中学,到新中国成立后任政务院副总理。他一生的教育路向,主要是指向社会改造的,通过教育来改造社会进而造福人,而教育改造社会的路径就是社团化、试验区化和社会化、政治化,即教育家们要组织起来、行动起来。在这一点上黄炎培不同于蔡元培,而更接近于晏阳初、梁漱溟,黄、晏、梁三人应该说是"教育救国"论的代表和实践家。

晏阳初(1890—1990)、梁漱溟(1893—1988)、陶行知(1891—1946)、陈鹤琴(1892—1982)属于第三代、民国中期一代的教育家。他们比蔡元培小20多岁、比黄炎培小10多岁,作为原创型教育家的集中作为在20世纪30年代及其前后。

晏阳初、梁漱溟可称乡村建设运动的双子星。晏阳初从事平民教育运动持续时间之长、影响之大,实无出其右者,包括梁漱溟。他在美国留学期间,于第一次世界大战中被教会派到法国从事华工识字教育,从此开始平民教育生涯;1920年回国后,由平民识字运动而平民教育运动、乡村改造运动;1949年后又在国外从事世界平民教育活动,具有世界性影响。梁漱溟所主持的乡村建设运动,则集中在20世纪20年代后期30年代前半期。

---

① 黄炎培:《八十年来——黄炎培自述》,文汇出版社2000年版,第75页。

所谓乡村改造、乡村建设运动,实质都是"五四"运动前后开始的平民教育运动由城市向农村的延展,由教育运动向社会运动的拓展。随着北伐战争前后社会动员向着农村的深入,以及随后开展的"中国社会性质问题论战",特别是到 20 世纪 30 年代中前期,论战重点转向中国农村社会性质,农村、农民、农业问题的严重性和迫切性引起广泛关切,国共两党以及民主主义者们对于"三农"问题探索了不同的利用和解决方案。"据统计,当时 600 多个教育和学术团体及大中专院校在全国建立了 1000 多个乡村建设试验区。"①更深层原因,也是对于当时城市化浪潮中城市大量虹吸农村资源的反思与反动。民主主义教育家晏阳初、梁漱溟分别以河北定县、山东邹平为基地开展县域试验,影响一时,是以教育运动救治"三农"问题、"教育救国"思想实践于农村或称"教育救农"运动的杰出代表,是当时的新农村建设运动中最重要一派。二人思想的共同之处在于:一是都以中国社会的重整和复兴为目的、为己任,认为近代以来在西方列强的军事打击和经济冲击下,加之中国传统社会的自然老化,传统的中国社会走向破碎和衰败,只有进行社会重整和复兴中国才有希望。二是都认为中国社会重整和复兴的难点、重点和希望在农村。农村面积和人口占中国的大多数,中国的经济社会发展水平还是农业国,在工业化、城市化浪潮中,本来就困顿的农村更陷于破产的境地,这不仅在于经济的凋敝,更在于基层组织的衰落、伦理文化的解体、人心的陷溺。中国的重整复兴包括并且必须依靠中国文化的更新复兴,而中国文化之根在农村,中国未来的新文化不可能由某种外来新文化替代,中国问题的解决要走"农村包围城市"的道路。这也是当时国共两党和民主主义派别的共同认识,只是具体路径、实施方案和效力效果有所区别。三是中国"三农"问题需要综合性的总解决方案,即所谓的乡村改造、乡村建设。中国"三农"问题是愚、弱、贫、私等并存,既有自然经济破产、民间借贷重压、疾病肆虐、游民流民问题,又有宗族社会解体、伦理道德沦丧、文化教育水平低下等问题。四是这些问题总解决的切入点、突破点就是文化教育,包括识字和扫盲教育、卫生知识普及和卫生清

---

① 郑大华:《民国乡村建设运动之"公共卫生"研究》,载《天津社会科学》2007 年第 3 期。并参见郑大华:《民国乡村建设运动》,社会科学文献出版社 2000 年版。

扫运动、科普和农业技术推广、经济互助组织,以及基层选举和政权建设、移风易俗运动、乡规民约订定、道德重整运动等,一般不出这些方面,亦即梁漱溟等人所谓的"教养卫"一体化。当时各派对于"三农"问题的解决方案基本都是综合性的,只是切入点、重点、路径和立场、目的有所区别。从切入点来看,有政治的、经济的、文化教育的之分,分别对应的是革命救国、实业救国和教育救国。晏阳初、梁漱溟等教育家,不同于卢作孚等实业家和国共两党,他们所能做的、所擅长做的就是教育。五是乡村改造建设的根本力量和关键问题在于农民的自觉自动,缺乏农民自觉自动的改造建设,就只剩一批"看热闹者"和"包办者"。平教会、乡建派等干部只是组织者、辅导者、帮助者,尽职而不越位,指导而不包揽,由此,乡村改造建设的关键在于发动农民,发动农民的利器在于教育农民。以上,就是当时晏阳初、梁漱溟的思维逻辑。在这种逻辑下,他们及其所领导的乡村改造、乡村建设必然走向社会化、运动化乃至政治化、政党化,既与当时国民党推行的新县治运动相因应,也如 1940 年 10 月 20 日中共中央宣传部所发的《关于向全国教育界各小派别小团体推广统一战线工作的指示》中所说:"教育界各小派别中,以陶行知所领导的生活教育社,黄炎培、江问渔所领导的中华职业教育社,晏阳初、陈筑山所领导的平民教育促进会,梁漱溟所领导的乡村建设派等最有历史和地位。"[①]可见,他们的出发点和目的,都是社会的而不仅仅是教育的。

　　值得注意的是,晏阳初、梁漱溟对于自己的事业和理念都有着宗教家般的执着。作为基督徒的晏阳初是入世式的,他读的是教会学校,去欧洲从事华工教育是受教会派遣,回国后从事平民识字教育也是从基督教青年会起步的;作为新儒家的梁漱溟深研佛学而自称不是佛教徒,内热外冷,满腔热忱中装着坚毅的冷静。或许由于这种宗教性背景,二人都从文化层面去发现、发掘、解答、解决乡村改造和建设问题,他们既是行动的又是思考的,既是社会的又是文化的,相对于同侪更加坚定和深刻深沉。他们身上有一种信仰的力量,这种信仰来自于他们对于中国社会的文化认识、文化解读和文化图景建构。也正因为这种带有先验性、想象性的文化范式,使

---

① 中央档案馆编:《中共中央文件选集》第 12 册,中共中央党校出版社 1991 年版,第 536 页。

得他们的乡村改造和建设理路带有主观性,成败毁誉参半。

晏阳初认为乡村建设的根本在于开发"脑矿",发挥"民力",发扬"国族精神",以实现"民族再造"——"它的发生完全由于民族自觉与文化自觉的心理所推迫而出"①。"它对于民族的衰老,要培养它的新生命;对于民族的堕落,要振拔它的新人格;对于民族的涣散,要促成它的新团结新组织"②。"当今日全世界新旧文化过渡的时期,我中华四万万众多的人民,承五千余年文化丰富的历史,正当努力发挥新光彩,以贡献于全世界"③。由此,我们将其平民教育原则概括为"三四四四",即采取学校式、社会式、家庭式三种教育方式,实施"四大教育"以治"四病",以文艺教育治愚,以生计教育治穷,以卫生教育治弱,以公民教育治私,培养兼具知识力、生产力、健康力、团结力"四力"的"新民"。梁漱溟作为文化学者、文化大家,对于中华文化的思索更为深邃,也更带有先验性。他认为中国社会的特征是"伦理本位,职业分立,没有阶级分化","士人即代表理性以维持社会者"④,中国乡村衰败的原因在于组织涣散,而乡村组织"必须以中国的老道理为根本精神","发挥伦理关系,发挥义务观念"⑤,即西方社会是以法律精神或曰契约关系、选举程序组织起来的,而中国社会是基于伦理的,变契约关系为伦理关系,变权利观念为义务观念。"乡村建设,就是要先从乡村组织做起,从乡村开端倪,渐渐地扩大开展成为一个大的新的社会制度,这便叫做'乡村建设'。"⑥而乡村组织要从两方面入手,一是"乡约"的补充改造,二是成立乡农学校。乡约类似于乡村自治宪法,乡农学校是乡

---

① 晏阳初:《十年来的中国乡村建设》(1937年),见宋恩荣总主编:《晏阳初全集》第2卷,天津教育出版社2013年版,第79页。
② 晏阳初:《农村运动的使命及其实施的方法与步骤》(1934年10月10日),见宋恩荣总主编:《晏阳初全集》第1卷,天津教育出版社2013年版,第225页。
③ 晏阳初:《平民教育的宗旨目的和最后的使命》(1927年),见宋恩荣总主编:《晏阳初全集》第1卷,天津教育出版社2013年版,第105页。
④ 梁漱溟:《乡村建设理论》(1937年3月),见《梁漱溟全集》第2卷,山东人民出版社2005年版,第167、170、185页。
⑤ 梁漱溟:《乡村建设大意》(1936年1月),见《梁漱溟全集》第1卷,山东人民出版社2005年版,第665页。
⑥ 梁漱溟:《乡村建设大意》(1936年1月),见《梁漱溟全集》第1卷,山东人民出版社2005年版,第720页。

约的整体表现,是"推动设计机关",并将此新的机关"嵌入"现行的基层体制当中。[①] 乡约以"向上学好"为目标,教养卫一体化,以教育为龙头。乡农学校由学众、学长、学董、教员等组成,主要负责两项工作,一是"酌设成人部、妇女部、儿童部等,施以其生活必须之教育",二是"相机倡导本村所需要之各项社会改良运动(如反缠足、早婚等),兴办本村所需要之各项社会建设事业(如合作社等)"[②]。从这些意义来讲,无论喝过洋墨水、与美国联系密切的基督徒晏阳初,还是自学成才的本土学者梁漱溟,都是在世界一体化大潮中、在中西文化范式比较中的中华文化本位论者、中华文化复兴论者。这是信仰的作用和力量。至于中西文化的原貌是否果真如此,则见仁见智。社会基层的契约关系果真不蕴含伦理关系吗?伦理关系不也是一种契约吗?

陶行知、陈鹤琴与晏阳初、梁漱溟同属第三代教育家,却类型不同。

陶行知是当时民盟的中央常委,是当时民族民主运动和社会政治活动的积极投身者,但比较而言他更偏为职业型的教育家。这主要体现在两个"一以贯之"的方面。第一个"一以贯之",是他从事平民教育、乡村教育、普及教育、国难教育、全面教育到民主教育,与时俱进,不断从社会大变局、大格局来思考教育问题、提出教育的"新名词",也曾希冀教育救国、通过教育改造社会,但他在教育与社会之间楔入了一个变量——"新人",即通过培养千千万万新人来缔造一个新社会。晏阳初、梁漱溟在教育与社会之间也有一个变量——"新民"。"新人"与"新民",一字之差,立意迥异。而且陶行知关注的重点在于中间变量的"人",晏阳初、梁漱溟关注的重点在于教育所缔造的新乡村和新社会,所谓新民只是新社会的组成分子,培育新民只是构建新社会的一个过程、步骤乃或工具而已。无论"平民"教育还是乡村改造、乡村建设,都只是一套基层社会组织建构理论,是社会学的、政治学的,是着眼社会重构再造、社会本位的,他们都没有提出一套相对完整的创新性的育人理论体系。这不仅是社会活动型教育家晏、梁的不

① 梁漱溟:《乡村建设理论》(1937 年 3 月),见《梁漱溟全集》第 2 卷,山东人民出版社 2005 年版,第320—366 页。

② 梁漱溟:《乡村建设大意》(1936 年 1 月),见《梁漱溟全集》第 1 卷,山东人民出版社 2005 年版,第672 页。

足,更是中国教育早期现代化时期乃至整个中国现代教育时期教育家的群体性缺陷。在近代原创型教育家中,真正自觉而一贯地思考育人问题者,前有蔡元培,后有陶行知和陈鹤琴。这本身就是一个值得思考的命题——教育本是育人的事业,教育家本是育人的大师,而原创型教育家们因何较少立足于研究育人呢?第二个"一以贯之"就是他的生活教育论。陶行知曾说:"我们是发动了四个教育运动,即乡村教育、普及教育、国难教育、战时教育。这四个运动只是一个运动的四个阶段。这一个运动便是生活教育运动。"①所谓"生活教育是生活所原有,生活所自营,生活所必需的教育。教育的根本意义是生活之变化。生活无时不变,即生活无时不含有教育的意义。因此,我们可以说:'生活即教育。'到处是生活,即到处是教育;整个的社会是生活的场所,亦即教育之场所。因此,我们又可以说:'社会即学校'"②他又说,"教学做合一","教和学都以做为中心","做是在劳力上劳心",生活教育必以生活工具为出发点。生活教育特质是生活的、行动的、大众的、前进的、世界的、有历史联系的;培养的人的特征是康健的体魄、农人的身手、科学的头脑、艺术的兴趣、改造社会的精神。③ 陶行知是他的老师、美国著名教育家杜威的现代教育理论在中国的重要引进者、传播者和修正者、发展者,一方面他批评杜威所倡导的"教育即生活""学校即社会"只是在学校里模仿社会生活、是虚拟的生活,并未真正将教育与生活融为一体,把杜威的名言"翻半个筋斗",另一方面他的生活教育论又是杜威现代教育理论中国化修正的产物,它既是指向中国教育问题的、总结和应用于中国教育实践的、中国化形式的,又与当时世界上方兴未艾的杜威现代教育理论相接轨。那些只看到陶行知对杜威理论的批评、强调生活教育论与杜威教育理论的区别者,我宁愿相信他们是出于非学术的深意,而没有领会杜威及其实用主义教育学在中国广泛传播的内因正在于其与中华文化、中国知识分子

---

① 陶行知:《告生活教育社同志书》(1939 年 3 月 25 日),见董宝良主编:《陶行知教育论著选》,人民教育出版社 1991 年版,第 520 页。

② 陶行知:《生活教育》(1934 年 2 月 16 日),见董宝良主编:《陶行知教育论著选》,人民教育出版社 1991 年版,第 390 页。

③ 参见陶行知:《生活教育之特质》(1936 年 3 月 16 日),见董宝良主编:《陶行知教育论著选》,人民教育出版社 1991 年版,第 462—464 页。

精神、中国教育传统、中国现代教育问题的内在契合。① 陶行知的生活教育论是理论的又是行动的、是中国化的又是世界性的、是通俗的又是现代的，标志着中国现代教育理论的形成。此前的教育家可以称为教育实践家或教育思想家，但无一堪称教育理论家者。

陈鹤琴是中国近代教育家中的最后大师，也是最为专业化的教育家。长寿的他虽亦参与政治，但与实际参与最重要的第三党——民盟创建工作、曾任民盟秘书长和机关报《光明报》创办人的梁漱溟不同，也与曾任民盟中央常委、积极投身民族民主运动的陶行知不同，他曾任民盟中央常委，主要是荣誉性的，其实际最高官方职务就是新中国成立后长期担任南京师范学院院长，无论 1949 年前后，包括 20 世纪 50 年代批判陶行知进而批判他的"活教育"的时候，他都是被当作教育家，尤其是幼儿教育家看待的。陈鹤琴作为教育家的主要贡献，在于幼儿教育、家庭教育以及幼儿心理发展和测量研究三个方面。幼儿教育是最主要、最基本也是原创性的，家庭教育是幼儿教育在家园联系方面的必然延伸，幼儿心理发展和心理测量是幼儿教育的科学基础，是当时科学教育运动的成果之一。发轫于新文化运动时期的科学教育运动包括科学的教育化和教育的科学化两方面，前一方面主要是由任鸿隽等科学家和中国科学社等科学团体来倡导和实施的，后一方面则主要由教育家来承担。教育的科学化又包括教育教学试验运动、学业成绩和智力测量运动、儿童心理发展和测量研究等三方面，儿童心理发展和测量研究又是前两方面乃至整个教育科学化运动的基础，中国的儿童发展心理学进而教育心理学乃至心理学研究主要是沿着这条路径发展起来的。只是由于现代学科的分化，中国近代最有成就的心理学家艾伟等人，主要精力还是集中于心理学领域的研究，教育实验或教育试验不过是其心理学理论的实证来源和验证场，他们并没有把儿童发展和教育改造作为自己的主要目的。而陈鹤琴心理学功力深厚，既是心理学家又是教育学家并以幼稚园的教育实践统合二者，终成为以幼儿教育家知名的原创型教育家，构建起中国特色的幼儿教育理论体系。他相对于大多的心理学家是积极致力于教育行动的，相对于前辈教育家又是经过了科学思维训练和具

---

① 参见李剑萍、杨旭：《中国现代教育史》，人民教育出版社 2011 年版，第 208—213 页。

有深厚心理学功力的,更重要的是,相对于通常的科学型的心理学家或教育试验者,他又有着自己所秉持的哲学和价值观,即杜威现代教育理论中国化及其在中国幼儿教育实践化的产物——"活教育"。"活教育"是相对"死教育"而言的,它的"一切设施、一切活动以儿童做中心的主体,学校里一切活动差不多都是儿童的活动;教育的目的在培养做人的态度,养成优良的习惯,发现内在的兴趣,获得求知的方法,训练人生的基本技能;一切教学,集中在'做',做中学,做中教,做中求进步;分组学习,共同研讨;以爱以德来感化儿童;儿童自订法则来管理自己;课程是根据儿童的心理和社会的需要来编订的,教材也是根据儿童的心理和社会的需要来选定的,所以课程是有伸缩性,教材是有活动性而可随时更改的;儿童天真烂漫,活泼可爱,工作时很静很忙,游戏时很起劲很高兴;师生共同生活,教学相长;学校是社会的中心,师生集中力量,改造环境,服务社会"①。陈鹤琴自称:"我们要利用大自然、大社会做我们的活教材。我们要在做中教,做中学,做中求进步,我们要有活教师、活儿童,以集中力量改进环境,创造活社会,建设新国家。"②他后来把活教育的目的总结为"做人、做中国人、做世界人"。具体来讲就是,"第一是健全的身体;第二是要有创造的能力;第三是服务的精神;第四是要有合作的态度;第五是要有世界的眼光"③。可见,陈鹤琴教育哲学的主旨是指向幼儿个体发展的,即教育的最基础和最深层,这一点与陶行知相同且有过之,超越了晏阳初、梁漱溟二人而上承蔡元培。如果说,蔡元培的人学及其教育目的观是以康德哲学为底色的,那么陶行知和陈鹤琴则是以杜威现代教育理论及其中国化为基础的,陈鹤琴在此之外又增加了一个科学主义的心理学的支撑。而且,陈鹤琴选择幼儿这一社会化程度最低且与社会改造最为间接的教育领域,专以深耕幼儿教育领域为鹜,以此卓然成家,究竟是专业使然、兴趣所在抑或智慧的选择?

---

① 陈鹤琴:《活教育与死教育》(1941年),见陈秀云、陈一飞编:《陈鹤琴全集》第5卷,江苏教育出版社2008年版,第21—22页。
② 陈鹤琴:《〈活教育〉发刊词》(1941年1月),见陈秀云、陈一飞编:《陈鹤琴全集》第5卷,江苏教育出版社2008年版,第1页。
③ 陈鹤琴:《活教育目的论》(1948年),见陈秀云、陈一飞编:《陈鹤琴全集》第5卷,江苏教育出版社2008年版,第64页。

从这个意义上来讲,陈鹤琴无疑是中国近现代原创型教育家中最为纯粹、最为专业者。

由上可见,如果说张之洞、康有为是政治家办教育,蔡元培、黄炎培是教育家办政治,晏阳初、梁漱溟则是社会活动家办教育,通过办教育改造社会,那么,陶行知、陈鹤琴则是教育家办教育,二人都以教育家为职志,是职业型的教育家。当然,比较而言,陈鹤琴更纯粹一些,陶行知介于陈鹤琴与晏阳初、梁漱溟之间。由此亦可知,中国教育早期现代化的主要命题以及所赋予教育家的主要使命,在于制度建设方面,如兴学校、立学制、废科举等,这便为张之洞、康有为等政治型教育家提供了空间,也只有这种类型的教育家才能开辟新教育之路。也就是说,中国现代教育的生成路径不是依赖职业型的教育家及其事业的积累,只有政治型的教育家构建了现代教育的基本制度架构之后,才为相对专门的、职业型的教育家的孕育和发展提供了平台。晏阳初、梁漱溟在社会政治层级上,难望张之洞和康有为、蔡元培和黄炎培之项背,也始终没有进入政治主流,他们顺应时代潮流,眼睛向下、向乡下、向下层平民,探索教育与政治、社会、救国相结合的新领域、新突破、新路向——平民教育和乡村建设,开辟了现代教育的新空间,找到了自己的新定位,成为当时的政治型教育家和理论型教育家之外的社会活动型教育家。但二人都没有受过教育学、心理学的专业训练,其教育理论主要是社会层面或文化层面的,或曰社会学、文化学在教育领域的延伸和应用,基本未能进入教学层面,甚至严格来讲,二人是教育家、教育思想家但非教育学家、教育理论家,这无疑限制了其作为教育家的专深、纯粹、专业化程度。中国近现代原创型教育家中真正能够进入教育理论思维层面者,前有蔡元培开启端绪,及至陶行知、陈鹤琴乃臻形成。

总而论之,中国近现代原创型教育家的根本使命在于构建中国特色现代教育体系。这个体系不是中国传统教育体系自我现代化的产物,在较长时期是由于外部刺激、学习西方而建立起来的,甚至起初相当时期还将中国传统教育体系当作一无是处的批判、改造和取代对象。但实际上,在中国这样一个地广人多、历史悠久、文化积淀深厚的国家,现代教育的发生发展必然包含着现代教育中国化与传统教育现代化两个方面,两个方面既不可或缺,又是相互扭结交织在一起的,一显一隐,前者显而得到重视,后者隐而易被忽视。无论现代教育的中国化,还是传统教育的现代化,其变革的广度、深度和复杂度,从历史和世界范围来看都是前所未有的,都是原创性的。由此,更加凸显原创型教育家的重要和艰辛。

三代教育家的贡献因时代而有侧重。张之洞、康有为作为第一代的主要使命是发展现代学校、构建现代教育制度。第二代、第三代出现分化。黄炎培、晏阳初、梁漱溟是一系,主要贡献在于推动学校教育走向平民、走向乡村、走向社会。这有助于救治现代教育体系的过分制度化之弊,为封闭的、体制化的现代教育制度打开了一个新的领域,开辟了更广阔的天地,不仅把现代教育制度与当时的工农运动、社会运动相结合,而且与中国的教育传统和理念相吻合,可谓中国传统教育与现代教育在思想与实践上的化合,探索了传统教育现代化和现代教育中国化相融合的命题,只是囿于自身的经历、知识结构和学养,提出相应思想却理论基础薄弱,有思想体系而无理论体系。蔡元培、陶行知、陈鹤琴又是一系,他们无不参与当时几乎所有的教育运动,更重要的是他们开始构建起富有中国特色的教育理论体系。从这个意义来讲,他们三人是近现代原创型教育家中的三座高峰,是最伟大的教育家,是中国特色又具世界水平。

五、教育家的文化自觉与教育家成长

其一,教育家尤其是原创型教育家的高明之处或者说本质特征就在于其文化自觉,这是他们区别于一般教育家、优秀教育工作者的"金标准"。

所谓文化,虽然言人人殊、人云亦云,却也有不言而喻的共同指向,即指像空气那样无处无时不包裹着我们的一种须臾难离而不自知的氛围,或者说是"场",就是每个人在"场"中的生活状态以及与"场"的互动、交融、同构。这其中最深层的是精神生活,精神生活中最核心的又是价值观和思维方式。文化自觉是文化自信、文化自强的理性基础和指南。缺乏文化自觉的文化自信可能陷于文化自恋、文化自闭、自我文化膨胀;缺乏文化自觉的文化自强可能走向文化输出、文化侵略、文化沙文主义、文化殖民主义。所谓文化自觉,费孝通曾简捷了当地说就是要有自知之明和知人之明,最终达到"各美其美、美人之美、美美与共、天下大同"之境。当然,他更多地是从民族学、社会学的中华民族多元一体观出发的。而从教育和教育家的角度来看，教、学、觉是同源字①，皆从"爻"得音得字。"爻"是教、学的音源，也是它们的义源，就是使人明白、觉悟之意。如果说"教"是使人明白、觉人觉他，"学"就是自己明白、自觉觉己，自觉与觉人是一体交融的，是一而二、二而一的。自觉是觉人的前提，否则就是以其昏昏，使人昭昭；觉人是自觉的施用延伸，并在看到他人的觉悟中体验成功、感受愉悦，进而体悟和深化自觉，在觉人中提升自觉。当然，被觉者的真觉、正觉，终究还是其自觉，觉人若不是为了使人自觉，则不是真正的觉人，被觉者也不可能真觉，那只能是一种不自觉的思想暗示、思想占领和思想剥夺。

相当多的教师一生都处于工作和人生的"滑行"状态，一生都处于集体无意识状态，一生都被外在所控制而不自知、不觉悟，有人偶有所觉悟却深陷其中、难以自拔、颇感痛苦。为什么相当多的教师没有自觉觉悟过呢？除了教师自身的天赋、水平因素之外，就是因为教师乃主流阶层、主流价值观的代言人，他们的第一职责是传授、传递、传播而不是转变、改变、创造、创新，某种意义上甚至不希望、不需要、不应该自觉。只有社会转型和教育转折时代，原有的"教育范式"已经难以包含、解释、规范先前和当下的教育，于是必须发生一场"教育范式的革命"，才可能有不世出的大教育家、原创型教育家自觉觉人而领袖群伦。这或许正是所谓承平时代、太平盛世反而原创型教育家少见的原因。教师就是自觉觉人者，教育家就是最能自觉觉人者，通俗地讲就是"最明白的人"，就是文化的智者达人。中国教师的理想境界是教育者与思想者的统一，觉人与自觉的统一，个人与家国的统一，一生自觉、一生觉人。正如孔子所谓"学而不厌，诲人不倦"，"吾十有五而志于学，三十而立，四十而不惑，五十而知天命，六十而耳顺，七十从心所欲不逾矩"②。教育家的理想人格状态是，既能"举世誉之而不加劝，举世非之而不加沮，定乎内外之分，辩乎荣辱之境"③，用时又有"虽千万人吾往矣"的肝胆和执着。

---

① 参见李剑萍：《汉语"教""育"源义考略》，未刊稿；王力：《同源字典》，中华书局2014年版。
② 《论语·为政》。
③ 《庄子·逍遥游》。

其二,教育家文化自觉的核心或者说重点是价值观自觉、人性和国民性自觉以及思维方式自觉。

所谓价值观自觉,就是对一系列价值命题和价值关系的理性认知和情感秉持,从逻辑上可分为认知、判断、选择和秉持等环节或层面,在实际中却是高度混合的。真正的价值观自觉是建立在认知、判断等理性基础上的情感秉持,价值选择则介于知与情之间,两者兼而有之,或者说是由知向情的过渡,既以认知为前提又是情感的发动。价值观自觉的理想模式,应是理性认知基础上的情感秉持,两者不可偏颇偏废。一般教师与优秀教师、教育家的高下立见之处在于,前者仅仅是基于情感的选择和秉持,缺乏价值观的认知、判断等理性活动,就直接在人云亦云、集体无意识中选择、秉持了某种价值观,缺乏理性的反思、澄清,这充其量是囿于情感意志的价值观盲从;后者具有在理性认知基础上的价值观秉持并能与时俱进,这才是终究的价值观自觉。这种终究秉持的价值观就是理念乃至理想信念,缺乏情感和意志难以形成理想信念。"师者,传道授业解惑也。""传道"是第一位的,教师既要善于"授业""解惑",更须以"传道"为责任和使命。所谓"道",主要不是指道德而是指"道统"。要真正理解韩愈的《师说》,必须与他的《原道》并读。《原道》是《师说》的原旨,《师说》是《原道》的推衍。韩愈作为宋明理学的先声,是"道统说"的主要发明者和首倡者。他编导了一个由尧、舜、禹、汤传至周文王、周武王再传至孔孟的统绪,孟子死后道统不传。孟子不能救之于未亡之前,他欲全之于已坏之后,就是要实现道统的复兴,以道统的继承者和挽救者自命,这里面包含了一种强烈的文化价值观秉持,并由此成为中国教育、中国教师的一个重要传统和理想。今天来看,所谓"道统"其实就是一种文化传统、文化使命。原创型教育家异于常人之处,在于无不以民族文化生命之继起复兴、发扬光大为使命,人生为一大事来、为一大事去。

所谓人性和国民性自觉,就是对于人类天性和国民文化共性的深刻自省。虽然理解两者都不可能脱离时空场域,但相对而言,理解后者时历史的理性更为突出,或者可以说,人性是国民性的基础和底色,国民性是人性在一定社会条件中的表现和具体化。理想的人性和国民性自觉状态,是在跨文化比较中对自我文化的自信性自省,以及对于异质文化的尊重性理解。人性论是教育哲学的基本问题之一，是教育活动展开的先验假设，也是中国传统教育和教育传统中最为古老恒久的话题，从孔墨孟荀等先秦诸子，以迄历代名儒大家多有论述，并以"人之初，性本善""墨悲丝染""近朱者赤，近墨者黑"等格言警句的形式普及化，成为中国教师和大众普遍尊奉的信条。一般来讲，先验道德本善论通常是与弘扬个性的个体本位教育观相联系的，先验道德本恶论或者无善无恶论、有善有恶论常是与强调教育的个体改造作用等社会本位教育观相联系的。由于中国的教育传统以及近世以降的社会现实，中国教育的主流文化是社会本位的，在人性论上也暗含着对本性之恶的改造。这种人性改造理论必然跟国民性的改造和建构具有天然联系。中国古代只讲人性而无国民性的概念，国民性是用"人心""民风"等相近词语来表示的。直到19世纪晚期，随着现代国家观念、现代民族国家概念的兴起，倡言保国保族保种保教，才开始从国民性方面反思中国落后的原因以及国民劣根性。教育的重要目的就是改造国民性、培养新国民，国民性问题取代人性问题成为中国教育的先验基础，或者说话语系统从讨论人性论问题转向了国民性问题。对于国民性最为自觉者当推鲁迅先生，其冷峻的认识、深入的剖析和犀利的表达，使人心惊、汗颜乃至不忍卒读，仿佛就在说我们每一个人，就在说我们自己。中国近现代原创型教育家无一不从人性和国民性的角度深刻认识中国人和中国教育的问题，无非有的立足于国民性以改造旧国民、造就新国民，进而造就一个新社会新国家，有的则从积极的人性论角度出发，尊重人的个性，培养健全人格，促进人的自由和谐发展，进而缔造民主自由的新中国。

所谓思维方式自觉，就是对于思考、认知、表达之方法类型的觉醒，可称"思维的思维""元思维"，包括对于人类思维方式共性、民族思维方式特性、个体思维方式个性的自觉，这里主要指对于民族思维方式特性的自觉。民族思维方式是一个民族的历史传统和社会环境所造就的文化中极深层、稳定、复杂的部分，价值观和人性、国民性影响着思维方式，思维方式又表达和体现着价值观和人性、国民性。钱学森作为战略科学家也是创建思维科学部类的首倡者，不少人都熟悉他多次说过的话："中国还没有一所大学能够按照培养科学技术发明创造人才的模式去办学，都是人云亦云、一般化的,没有自己独特的创新东西,受封建思想的影响,一直是这个样子。"①这就是通常所称的"钱学森之问",我们更愿意称其为"钱学森之答"。钱学森以其智慧不可能不知道答案,其实他也给出了答案——这就是"受封建思想影响"。这种精辟的归因,便由制度性的显性因素深入到思想思维性的隐性因素,由制度环境的外部因素深入到文化基因的内部因素,由专制政治的单因素说拓展到多因素相互作用的系统论。所谓"封建思想"即指中国传统的专制主义思想,不仅指专制主义的社会政治观和历史观,也指专制主义的知识价值论和思维方式。知识价值论与思维方式是紧密联系的,认为什么样的知识最有价值,决定了用什么样的方式去认识和表达知识。中国传统的实用理性的知识价值论,也决定了以"语录思维"为特性的思维方式。"语录思维"崇尚思维霸权,定于一尊,不必质疑;本体论不发达,经验主义盛行,急用现学、立竿见影;形式逻辑不发达,重视结论,忽视论证;尊奉实用理性,重视结果,轻视过程,是社会政治中"成者王侯败者寇"在思维领域的表现。中国传统思维方式重经验、重直觉、重顿悟、重整体、重实用的特征,不仅与基于实证、分析、演绎的现代科学思维方式不同,更在专制主义和实用理性的作用下,未能彰显其利于创新思维的一面。钱学森认为创新型人才有两大思维特征,一是高度逻辑性,一是大跨度联想,而最好的训练学科分别是数学和艺术。就个体而言,思维发展和思维方式的形成具有关键期,一旦错过关键期,用功多而见效少,事倍功半。原创型教育家对于民族整体的思维方式和特性有所自觉,高明的教师对于自己和学生的思维方式有所自觉,促其优长,补其短板,整体提升,和谐发展。

其三,原创型教育家多生于文化灿烂时代,具有广阔文化视野。

原创型教育家多产生于文化灿烂的时代,尤其是文化的碰撞、融合、转型时代,诸如先秦、宋明以及 19 世纪末叶以来。最富强、鼎盛、承平的时代,可能是教育事业高度发达之时,却未必是教育家特别是原创型教育家群体涌现之际,因为此时,文化转型的使命已经完成,新教育开始定型,教育事业进入一种"滑行"和量增状态。原创型教育家必具广阔的文化视

---

① 涂元季等整理:《钱学森的最后一次系统谈话——谈科技创新人才的培养问题》,载《人民日报》2009 年 11 月 5 日,第 11 版。

野,并沿着三个向度展开:一是纵向的即历史的文化视野,从历史演进中体察"数千年未有之变局";二是横向的即空间的文化视野,从异质、异域文化的比较中生成文化自觉;三是综合的即"教育·社会·人"的系统视野,对于教育与社会进步、国家前途、人类命运以及与"新人"的关系进行综合性文化思考。19世纪末叶以后的教育家们正值这样的时代。从纵向来看,不仅文化积淀的丰厚度超过任何前代,先秦、汉唐、宋明都无法比拟,更为关键的是文化传承不再是沿袭延续的,而是呈现前所未有的历史大断裂乃至自我质疑、自我否定,所带来的文化焦虑感、迷茫感、痛苦感也是前所未有的。也就是说,文化自信所遭受的冲击前所未有,文化自强所面临的使命前所未有,文化自觉所面临的压迫也前所未有。从横向来看,文化碰撞交流的广度、深度和复杂性、剧烈性是空前的。它是在地理大发现、全球一体化的大背景大格局中展开的,第一次把中国置于世界体系、全球视野来思考,第一次把中国置于衰落者、落后者、蒙昧者、学习者,而西方国家乃至近邻日本才是强大者、先进者、文明者、被学习者的境地。夷夏大防的文化中心体系与万国来朝的朝贡体系一同崩溃,文化交流融合实际是在列强的武力、经济和文化侵略与中国的民族主义抗拒中进行的,这必然要求文化自觉者要有大视野、大胸襟、大智慧。从综合性来看,教育与政治、经济、军事等各个社会领域发生着前所未有的紧密联系、交互影响,教育系统自身的复杂性、精密性前所未有,教育对于人的影响的广泛性、深刻性前所未有。这是一个以新文化运动为中心的新的文化"轴心时代",胡适等人将之称为"中国的文艺复兴运动"是有道理的,如果以更大时段视野来看,其对于中国乃至世界历史的影响,意义可能不逊于欧洲的文艺复兴运动。社会文化的巨变,必然催生新形态的教育予以回应,这里便成为中国现代教育、现代文化、现代历史的起点,也是中国近现代原创型教育家涌起的原点。

与以上相联系,中国的现代教育体系是在文化碰撞中学习西方而建立起来的,必然面临两大问题,一是此种体系在中国的适切性问题,二是中国原有的传统教育体系的转换问题。前者可称为现代教育的中国化,后者可称为传统教育的现代化,两者相辅相成,也是每位原创教育家无法回避的命题,或者说,只有思考、回答出这两大问题的解决之道者,才是真正的原创型教育家。他们相对于传统的教育家,必须置身世界一体化背景来思考中国问题,无论他们对于世界的认识还多么有限。其中,蔡元培、陶行知、晏阳初、陈鹤琴多年游学留学国外,康有为、黄炎培多年多次游历海外,张之洞、梁漱溟虽然没有出过国,但他们都从中西古今、传统与现代、中国与世界的关系角度来思考中国文化。张之洞提出著名的"中体西用论",梁漱溟从诸种文明比较中阐释中华文化的特点和前途。蔡元培更说:"教育家最重要的责任,就在创造文化,而创造新文化,往往发端于几种文化接触的时代。"①"东西文明要媒合","媒合的方法,必先要领得西洋科学的精神,然后用他来整理中国的旧学说,才能发生一种新义"②;"一战"前"以西方文化输入东方"为特征,"一战"后"以东方文化传布西方"为趋势。③

其四,原创型教育家思考的核心问题是培养什么样的人,培养文化自觉的现代中国人是教育家的最大文化自觉。

培养什么样的人是教育的根本性、原点性问题,教育的其他问题都是由此衍生并为此服务的。教育的本质是育人,育人的专门性是教育赖以存在的基础,如果失去了育人功能,专门的教育、学校就没有了存在的价值,当然,也就不会再有专门的教师和教育家。而且,现代教育从诞生起就不是一般意义上的育人,而是与人本主义启蒙运动相结合的,现代教育的育人就是启蒙人、解放人,就是培养文化自觉的人;同时,现代教育又是工业化的产物,是为了适应现代大机器生产的需要,像批量化生产产品那样生产学生,学校制度、班级授课制、集体教学等又从一个方面禁锢着、剥夺着人的文化自觉。由此,现代教育的育人功能,天然上存在着启蒙主义传统与其工具理性、功利主义传统之间的矛盾。如果说传统教育的育人功能天然上存在着自然主义传统与政治、思想、宗教控制传统之间的矛盾,那么现代教育诞生以来,这种矛盾发生了转向。在中国,这种情况与西方不尽相同且更为复杂。中国现代教育的发生,既不像欧洲那样经历过一个宗教改

---

① 蔡元培:《在檀香山华侨招待太平洋教育会议各国代表宴会上演说词》(1921年8月18日),见高平叔编:《蔡元培教育论著选》,人民教育出版社1991年版,第350页。

② 蔡元培:《杜威六十岁生日晚餐会演说词》(1919年10月20日),见高平叔编:《蔡元培教育论著选》,人民教育出版社1991年版,第240页。

③ 参见蔡元培:《东西文化结合》(1921年6月14日),见高平叔编:《蔡元培教育论著选》,人民教育出版社1991年版,第335页。

革和文艺复兴的人本主义启蒙过程,也不是中国传统社会和传统教育自我发展、自我生成的结果,而是由于传统教育所培养的传统型人才无法应对外患内忧的严峻紧迫形势而倒逼产生。一方面,传统教育中的自然主义追求与政治、思想控制之间的矛盾依然存在,甚至在新的背景下政治、思想控制更趋严密,另一方面,现代教育中的启蒙主义发育不完全、大工业需求也不充分,主要是在反帝反侵略的军事现代化需求中成长起来的,并且与战时集权主义相伴的政治集权主义始终存在,可谓传统与现代相交织,脚步和大腿已经跨入现代,而上肢尤其大脑还常常停留在传统。

这个总背景必然影响着中国现代教育培养什么样人的问题,使得培养文化自觉的人更为重要,更为复杂,也更为幽隐难识,非大教育家、原创型教育家难以探赜索隐、学究天人、卓力以成。19 世纪末叶以降,对于这个问题的认识逐渐深化,经历了由培育精英化"人才"向养成现代性"国民"再到培养合格的"人"的转变,经历了由偏重政治化的"社会人"到全面发展的"知识人"再到综合中国人、现代人、世界人的"文化"的认识发展。由此,更凸显了蔡元培、陶行知等人本主义教育家的洞识和远见。中国现代教育在培养什么样人的问题上,一直或显或隐地存在着两个普遍性问题,一是严重的社会本位倾向导致的教育"目中无人",只记得教育如何适应和服务于社会政治经济的需要,反而忘记了教育如何满足和促进人的发展,忘记了教育是做什么的,忘记了教育在根本上是育人的活动;二是"泛道德主义"倾向导致的教育"以德杀人",把主流价值观作为道德的唯一标准,把主流道德作为衡量一切的绝对尺度,仿佛占据了这个道德制高点就可睥睨六合、雄视一切,一方面,只要符合了这种道德规范其余都是细枝末节,另一方面,又容易把所有问题归因为道德问题。

其五,原创型教育家是立足于解决中国教育问题并用中国形式、中国话语系统来表达的。

中国教育现代化问题必然和必须是立足中国的,原创型教育家就是为了解决中国教育现代化问题应运而生,或者说,正因为他们立足于并分别从不同方面解决了中国教育现代化的一系列重大问题才成为原创型教育家。他们不单纯是传统教育的延续者、西方教育的速递员,他们不是"吃教育者",而是把解决中国教育现代化问题作为自己的使命。中国教育现代化问题,包括现代教育(西方教育)中国化和传统教育现代化两方面。严格来讲这种二分法是不准确的,源于西方的现代教育和带着强大历史惯性的传统教育,在现代中国的时空中化合,彼中有我、我中有彼、难分彼我、化成新我,在此意义上讲,现代中国化与中国现代化是交织在一起的。原创型教育家深刻认识和正视中国教育问题,既认识到中国传统教育已经不适应、不适合于现代世界,又认识到传统教育以其强大的教育 DNA 作用于每个中国人,源于西方的现代教育无法在中国照搬照套,必须建立中国特色的现代教育体系;原创型教育家也深刻认识和正视中国现代教育体系是中国的、也是世界的,是世界教育体系的重要组成和独具特色的一支,并应为人类教育做出特别且更大的贡献,必须具有现代意识和世界眼光,必须推旧中国于新世界、揽新世界于旧中国。原创型教育家立足解决的中国现代教育问题具有重大和深邃的特点,一是教育自身的重大体系性问题,二是教育与社会、政治、经济发展的重大互动性问题,三是培养什么样的人和怎样培养人的重大根本性问题。

原创型教育家是用中国形式来表达中国教育问题的。使用中国形式和中国话语系统来表达中国教育问题,是中国现代教育、现代教育家走向成熟的重要标志,也是原创型教育家与一般教育家、教师相区别的重要思维标志和文化标志。一个教育家只有真正形成具有自己特色的、中国式的表达方式和话语系统,才达到了文化自觉、成为原创型教育家。张之洞、康有为、蔡元培、黄炎培、梁漱溟这些从传统文化中走来者自不用说,就是晏阳初、陶行知、陈鹤琴这些留学美国多年、受过美国式现代学术训练者,其教育话语系统也无不是中国式的,用惯常的话来讲就是"民族的""大众的"。原创型教育家都有丰厚的文化思想积淀,其原创性不是割断历史、割裂世界联系而独生的,他们善于从广阔的文化视野、中西古今比较中汲取文化资源,对于传统资源的继承发扬是创造性的,而非墨守成说、食古不化,对于外国资源的汲取吸收是中国化的,而非照搬移植、食洋不化,在与传统文化、异质文化的多重互动中,重构、创造了一种明显高于原来的思想文化。正如朱熹所构建的哲理化儒学及其教育思想体系,就超越了孔孟为代表的先秦古典儒学、董仲舒为代表的天人感应式儒学,在对佛学的批判中隐借了禅宗思想及其言说方式,把儒学推入一个全新阶段;近现代的康有为利用今文经学来表达维新教育思想,附会议会、选举、宪政等时代命题;陶行知则把美国杜威的教育信条以所谓"翻半个筋斗"的方式中国化、大众化乃至乡村化。

其六,原创型教育家具有共同的文化成长规律。

原创型教育家都是学思互进、知行合一的典范,终其一生都行走在学习、思考、行动、著述的路上,只有进行时,没有完成时。他们具有共同的文化成长规律。

一是学有本源,取法乎上。张之洞、康有为、蔡元培都是清朝进士出身,黄炎培明于世道、用意事功,也是举人出身,梁漱溟自学成才而成为新儒家的代表、不世出的思想家,晏阳初、陶行知、陈鹤琴在少年及文化养成的"关键期"深受传统教育和传统文化的熏陶,后留学美国多年并获得名校硕士或博士学位。他们不仅天资超伦、终身学而不厌,更因为有条件或自己抓住机遇、创造条件,经历了中国传统学术或西方现代学术的规范训练、系统涵养,避免了仅凭天资、自矜小智走向急用先学、学必由径、局促一隅的野狐禅之路,而能植养深厚、洞窥门径、登堂入室,也就是说,他们稔熟传统或现代学术的来龙去脉和体系结构,知道什么是高水准的,遵循规范并能推陈出新。仅以张、康而论,糅合汉宋之学的张之洞与作为今文经学最后大师的康有为,虽然学派不同,各有秉持,但学问格调之高都非同凡响,这从张之洞所著《书目答问》《劝学篇》和康有为所著《新学伪经考》《孔子改制考》等书中可见一斑,它们不仅在晚清时期是高水准的,就是置于"近三百年学术史"中乃至放大至宋元以降的学术史中也必有一席之地,是思想的高水准,也是学术文化的高水准。他们之所以能够达到这种高水准,是因为他们知道什么是高水准,并系统掌握了学术文化的高水准,进而努力看齐高水准,努力创造一种新的高水准。

二是神接中西,思究天人。这些原创型教育家都从中西关系、天人关系的时空坐标中,来思考中国现代教育的构建问题、现代中国人的培养问题。他们都具有当时所能达到的世界眼光,穿梭于中西文化两大体系之间。多年游学、留学欧美的蔡元培、晏阳初、陶行知、陈鹤琴自不必说,康有为流亡海外十余年,几乎周游世界,黄炎培多次到美日和东南亚考察。张之洞虽然没有出过国,但他在国门打开不久,凭借自己的悟性、地位和信息渠道,尽可能多地了解外国尤其是日本,原创性地提出了"中体西用论"。梁漱溟虽然没有出过国,却终生从世界不同文明的比较中来思考中华文化的前途和人类的命运问题。同时,他们将人置于宇宙中来思考人之为人等本体问题。康有为从《大同书》到《诸天讲》构建起一个"天民"系列,蔡元培以美育代宗教、把美育作为人由现象世界通向实体世界(本体世界)的津梁,晏阳初以宗教家的精神做教育事业,梁漱溟出入新儒家与佛家之间,以出世之精神做入世之事业,以入世之事业求出世之境界。

三是力行一生,思想一生,学习一生,著述一生,总结一生,进步一生。原创型教育家都是伟大的力行者、实践家,他们都有清晰的问题指向、强烈的行动意识和以天下教育为己任的担当情怀,从来没想做空头的教育著述家、理论家、思想家,教育行动和实践是教育思想的动力源、应用场和检验所。原创型教育家又都是伟大的思想者、思想家,他们不是人云亦云的,而是在中西比较融汇之中、在智慧力行的教育实践之中、在苦思开悟的融会贯通之中,提出原创性教育设想或思想。思想是行动的先导和指南,思想走多远行动就走多远,思想是教育家想过的路,实践是思想家走过的路。原创型教育家无不兼具实践家和思想家之质,无论实践还是思想都有"聪明人下苦功夫、硬功夫乃至死功夫、笨功夫"的特点,既智慧圆融,又艰苦力行。想得开、做得成是评价原创型教育家的金标准,正如张之洞在废除科举制中的策略谋略,他们做的是前无古人、终结古人的开辟性事业,是要从旧体制中打出一番新天地,任何自我的惰怠、思想的羁绊、环境的阻力都可能功亏一篑,非大勇气、大担当不敢为;同时为了避免赤膊上阵而惨遭排箭,又非大智慧、大谋略不足为。原创型教育家都是学习型、博通型教育家,活到老、学到老,改造到老、进步到老,学思结合、知行合一,学思和真知的成果一是力行的事业事功,一是勤于笔耕的等身著述,立功与立言同是思想表达和传播的载体,也是自我总结和进步的标志。

其七,一个时代是否涌现出原创型教育家群体,一方面与如何产生教育家有关,即与教育家的成长机制和作用发挥机制,尤指教育家脱颖而出的时代环境和土壤有关;另一方面与如何成为教育家有关,尤指教师、一般教育家成为原创型教育家的个人条件和际遇。

原创型教育家集中出现于什么时代?有无一般规律性可寻?从中国

的大历史时段来看,原创型教育家是为了解答原创型教育问题而生,一般产生于社会转型时期。最多、最集中的出现期有两次,一次是出现了先秦的诸子百家,延续至西汉的董仲舒;另一次是出现了宋代的理学、心学教育家张载、周敦颐、程颐、程颢、朱熹和陆九渊等。这两个时代,都是中国历史的最大转型期,先秦是由上古进入中古的前夕,宋代是由中古进入近古之门槛。当然,每一大的历史时段之内还有小的分期,也会出现一些转折时期。明代就是由近古进入近世的前夜,出现了以王阳明为代表的一批心学教育家,一方面发展了宋代以来的哲理化儒学,一方面又揭橥人的主体性和能动性,反映了专制重压下市民社会的兴起和重商言利的社会风气。明季清初、汉满鼎革又是一次社会转折,涌现出顾炎武、黄宗羲、王夫之等一批大思想家、教育家。他们都是百科全书式的大学者,对于中国传统思想、学术具有总结性质,同时又半只脚开始跨出传统、跨入近代。相对于王阳明的揭橥主体性之外,他们还祭起质疑君权专制的启蒙主义大旗,开启实学思潮的近代理性主义之路,奠定乾嘉学派的现代学术范式。可见,原创型教育家群体的涌现与所谓"盛世"并不一定吻合。从大的历史时段来看,巍巍汉唐并没有集中出现震古烁今的原创型教育家,从小的历史阶段来看,"文景之治""贞观之治""开元盛世""仁宣之治""康乾盛世"等时期也都没有出现多少原创型教育家,相反,他们大都产生于所谓治世、盛世的前夕,即历史的转型时期。由此,进一步考察可知:进入治世、盛世之后,教育事业虽然相对高度发达,但由于新的教育体制已经确立、成型,教育发展所需解决的"范式转换"问题已经解决,原创型教育家无论思想还是实践的启蒙任务已经完成,其作用和地位就不再凸显了;而且,在中国的威权体制下,教育事业的发展往往更多依靠领导人的意志意愿、社会动员、政策倾斜、资源支撑等,教育家个体的智慧型力量便显得微不足道了。而所谓治世、盛世也正是君权高涨的时代,良好的历史机遇、外部环境、资源禀赋加上幸运地遇到了"明君",这位明君雄才大略、开明而乾纲独断,此时又怎么可能需要和诞生原创型教育家呢?而从大的历史时段来看,近代以降是中国历史上的第三次大转型时期,从小的历史时段来看,19 世纪末 20 世纪前期又是这次大转型的开始期,是新的治世、盛世的前夕,于此时期集中涌现出一批原创型教育家恰合规律。

　　教育家不同于教育名家,更不是教育名人或教育闻人。教育家的创造性与其影响力不一定总是成正比的,一个末流教育家可能煊赫一时,甚至非教育家可能被冠以教育家的称号,相反,一位具有非凡教育思想创造力、创新性的教育家,可能相当时期隐而不显或者只在一定区域、特定圈子有所影响。王夫之作为中国古代总结性、综合型、百科全书式的大学者、大思想家和教育家,生前学术思想影响力只限于同侪师友、船山学派内部和湖湘一隅,著述均未刊行,直至近 200 年后世道丕变,湘人曾国藩等挖掘显扬,王夫之的影响才横空而出。就近现代原创型教育家群体而论,张之洞、康有为是以政治家而兼教育家,以政治家为主业而兼办教育;蔡元培和黄炎培是以教育家为体、以政治家为用,以教育事业作为社会政治活动之张本;晏阳初、梁漱溟是教育家而兼社会活动家,或者说是以社会活动家的方式来办教育事业,把教育事业、教育活动作为社会活动;陶行知、陈鹤琴则主要是教育家,虽间有社会活动,而以教育家作为自己的专业和职业。这三代四类教育家,论社会历史名气、论生前身后之名是依次递减的,论教育家的专门程度却是依次递增的,这实反映了中国现代教育的形成过程,由外部关系走向内部关系,教育逐步走向专门化,教育家也逐步走向专业化。《孙子兵法》云:"古之所谓善战者,胜于易胜者也。故善战者之胜也,无智名,无勇功。"育人是沉潜的、个性化的事业,成名成家是轰轰烈烈的名头,在当下尤需运作炒作,从这个角度讲,教育名家越多,可能越是教育家的异化。

　　(李剑萍系天津市教育科学研究院副院长、教授、博士生导师,杨旭系天津市教育科学研究院副研究员。)

目　录

第一章　在清末教育变革浪潮中

黄炎培（1878—1965），字韧之、任之，号楚南，笔名抱一，江苏省川沙县（今属上海市浦东新区）人，我国近代著名的爱国主义者，职业教育的重要开拓者，著名的教育家和政治活动家。出生于山河破碎、政治腐败时期，接受了传统教育的黄炎培，在19世纪末20世纪初，受西方先进学说和蔡元培"教育救国"思想的影响，立志从事新式教育，以挽救民族危机，冀图国家富强，并积极投身于时代的革命洪流中。

第一节　家世及其早年教育

在今天上海市浦东新区川沙新镇镇中心，有一所有着上百年历史的被誉为"江南第一楼"的名宅——内史第，光绪四年九月初六（1878年10月1日），黄炎培就出生在此。

内史第原名沈家大院，为沈树镛祖上所建。咸丰九年（1859年）沈树镛中举，后官至内阁中书，沈家大院遂改名为

"内史第"。沈树镛有姐妹各一,姐姐所嫁,即黄炎培的祖父黄典谟,妹妹所许,乃黄炎培的外祖父孟荫余。黄炎培的父亲名黄叔才,生于咸丰六年(1856年);母亲曰孟樾清,生于咸丰九年(1859年)。孟家时为苏南望族,诗书传家,所以,大家闺秀的孟樾清知书识礼,贤淑勤俭,幼时的黄炎培受母亲影响很深。1887年,因黄叔才北上就职,9岁的黄炎培随母亲到外祖父家居住,并在孟荫余家设的私塾——东野草堂就读。东野草堂地处川沙县城东郊,取唐代诗人孟郊之字"东野"命名。在东野草堂读书10年,黄炎培在外祖父的指导下,熟读"四书五经"等传统典籍,并学会了即兴吟诗。少时的学习影响往往是终生难忘的。正是因此,30余年后,黄炎培还对在东野草堂读书时的时光时有怀念。那是1933年5月3日,在杭州,当看到西湖边上汪惕予宅宛如幼时读书时的东野草堂时,他不由得感而赋诗曰:

> 儿时景物老难忘,一曲明漪百亩桑。
> 少长田园知疾苦,家传诗酒戒疏狂。
> 荫人大木环树绿,坐我名花静昼香。
> 此地汪伦临水筑,当年东野读书堂。①

十二三岁时,黄炎培读张载《西铭》,始受其"民吾同胞,物吾与也"的影响,从而萌生了广泛的人道主义思想。1891年和1894年,年仅32岁的母亲和年仅38岁的父亲先后病逝后,黄炎培受其姑父即沈树镛之子沈肖韵的影响,开始阅读严复所译《天演论》等西学书籍,受到"物竞天择,适者生存"理论的影响。1899年,他应松江府试,顺利考中了秀才。同年,和王纠思结婚。王纠思生于1882年,从小随父王筱云习诗文。1897年,当在沈肖韵家看到黄炎培的诗文时,王筱云大加赞赏,在进一步了解了黄炎培的情况后,他欣然做出了将爱女嫁与黄炎培的决定。出身于诗书之家的王纠思,知书达理,善良贤淑,自和黄炎培结婚以来,不仅"料理家事,极其俭省勤劳",而且相夫教子,极力支持黄炎培的活动和工作。1901年5月,有

---

① 黄炎培:《八十年来——黄炎培自述》,文汇出版社2000年版,第32页。

一天,沈肖韵寄信给黄炎培说,在报上看到上海南洋公学正在招生,希望他赶快去报名应考。1901 年夏,在沈肖韵和舅父孟侣鸥、表伯奚子欣的资助下,黄炎培顺利考入南洋公学特班。

第二节 肄业南洋公学,接受西学教育

南洋公学是 1897 年 4 月 8 日由时任招商、电报两局督办的盛宣怀(1844—1916)开办,校址在上海徐家汇镇北,所需经费由两局绅商捐助。这所我国最早采用分级教育制度的新式学堂,分师范院、外院、中院(亦称二等学堂,即中学程度)和上院(亦称头等学堂,即大学程度),各以 4 年卒业,并于 1901 年"特设一班,以待成材之彦之有志西学"①者。

特班开设于 1901 年春,是当时公学总理张元济奉盛宣怀之意,利用此前落成但闲置的上院校舍开办而成。4 月 13 日,张元济呈文给盛宣怀,希望设立特班,并将拟具的《拟设南洋公学特班章程》一并呈盛宣怀批示。4 月 19 日,盛宣怀批复同意设立。5 月,南洋公学登报开始招生。

特班之设,其目的乃在"变通原奏速成之意,专教中西政治、文学、法律、道德诸学,以储经济特科人才之用"②,即培养从事外交或政治事务的折冲樽俎式人才。正因此,盛宣怀要求"所取必须品学合格""学识淹通、年力强健"③。

特班招考共进行了两次,计划每次各取 20 人。初试在南洋公学,复试则在盛宣怀住宅。当时,公学总理张元济和监院福开森都参加了对特班生的招考。黄炎培曾回忆道:

① 张元济:《拟设南洋公学特班章程》,见《交通大学校史》撰写组:《交通大学校史资料选编》第 1 卷,西安交通大学出版社 1986 年版,第 64 页。
② 盛宣怀:《南洋公学历年办理情形折(光绪二十八年九月)》,见《愚斋存稿初刊》卷 8,思补楼 1930 年刻本,第 31 页。
③ 盛宣怀:《批复南洋公学设立特班》,见《交通大学校史》撰写组:《交通大学校史资料选编》第 1 卷,西安交通大学出版社 1986 年版,第 39 页。

考试那天,我吃了一惊。大堂点名给卷时,一个身材高大的西洋人直立着,西洋人自然穿西装了,奇怪的是西装的帽子上加一粒蓝色的顶珠。中国的学校考试,怎么有西洋人参加呢? 可见得清朝末期一切措施的情况了。后来知道这西洋人是监院,名福开森。……缴了试卷后口试。口试我的一位,后来知道是张元济。至今还记得他当时问我:你信宗教没有? 信哪种宗教? 我答:什么宗教都没有信。他说:好![1]

8月,此前曾任绍兴中西学堂监督、立志经办新式教育的蔡元培,应上海澄衷学堂总理刘树屏之邀,到该学堂代理监督,但仅月余,刘树屏即又介绍他到南洋公学任教。9月13日,南洋公学特班开学,蔡元培担任特班总教习。在教学中,蔡元培除于校中开设新式课程外,痛心于清廷腐败、国势阽危的他,还特别注意向学生灌输爱国思想,启迪民智。

黄炎培考入特班后,选读外交科。当时,特班学生计42人,和黄炎培同在特班学习的还有邵力子、李叔同、谢无量、胡仁源、穆湘瑶、陆梦熊等。南洋公学可谓是黄炎培人生之旅中的一个重要驿站,在这里,他不仅受到了蔡元培的引领,而且得到了新思想的启迪。

特班课程为半日读书,半日学习英文和数学,间习体操。黄炎培在此按照蔡元培亲自写定的修学门类及每一门类应读之书进行学习。课程分初级、高级两期,各以3年卒业,"初级功课为英文之写诵、文法、章句;算学之数学、代数、几何、平三角;格致化学之手演。高级功课为格致化学之阐理,地志,史学,政治学,理财学,名学。是其本意在以英文教授政治、理财等学,养成新式从政人才,而令于初级中补受数、理、化普通教育也"[2]。可见,所学课程重在西学。同时特班章程又规定,在"西课余暇,当博览中西政事诸书,以为学优则仕之地"[3]。黄炎培回忆说:"吾师手写修学门类及

---

① 黄炎培:《八十年来——黄炎培自述》,文汇出版社2000年版,第53—54页。

② 蔡元培:《记三十六年以前之南洋公学特班》,见中国蔡元培研究会编:《蔡元培全集》第8卷,浙江教育出版社1997年版,第320页。

③ 张元济:《拟设南洋公学特班章程》,见《交通大学校史》撰写组编:《交通大学校史资料选编》第1卷,西安交通大学出版社1986年版,第65页。

每一门类应读之书,与其读书先后次序。其门类就此时所忆及,为政治、法律、外交、财政、教育、经济、哲学、科学——此类分析特细。文学、论理、伦理等等,每生自认一门,或二门,乃依书目次序,向学校图书馆借书,或自购阅读。"①

在教学中,蔡元培对特班学生要求严格,他不仅亲自制订了《南洋公学特班生学习办法》和《南洋公学特班生游息规则》,亲自授课;而且由于"他具有温良恭俭的美德,从不以疾言厉色待人,也不作道学家的论调,而同学自然受其感化"②。由于当时学生中多不能读英文,于是,蔡元培乃要求大家强读日文书,希望通过对日文教学的重视,达到读西书的目的。他曾对黄炎培等学生说:"你们将来为国家社会服务,须吸收世界知识,那非学好西文不可,如买西文书本,价太贵,日文书便宜,也可以得世界知识。"③由于教学得法,大家人人能读日文,有的还翻译了日本书籍。

在正课之外,黄炎培和特班其他学生还要按照蔡元培的要求作札记,"一节精要,一著心得,一记疑义",并在"讲堂七小时外,随意看书,有心得疑义,可别录",每七日"与札记同缴"。④ 而对于这些札记、课外读书心得等,蔡元培均会亲自批改,每月测评一次,作为月课。蔡元培对黄炎培的札记暨月课期望甚殷,而黄炎培也不负老师的厚望。在1901年9月至1902年1月的平均分中,黄炎培的札记暨月课在35名学生中名列第十,其中有两个月考评得分为100分,他也被蔡元培称为"高材生"之一。

此外,在学校中,还有一项课外工作,那就是学演说。蔡元培对黄炎培等学生说,"中国国民在极度痛苦中,还没有知道痛苦的由来,没有能站立起来,结合起来,用自力解除痛苦,这是中国根本弱点,你们将来出校,办学校以外,还要唤醒民众,开发他们的知识"⑤,而"要唤醒民众,固然可以靠

---

① 黄炎培:《吾师蔡孑民先生哀悼辞》,载《中央日报》(重庆)1940年3月24日,"蔡先生追悼纪念特刊"第4版。

② 邵力子:《我所追念的蔡先生》,载《中央日报》(重庆)1940年3月24日,"蔡先生追悼纪念特刊"第2版。

③ 黄炎培:《四十年前在校求学之所得》,载《国讯》1943年4月第333期。

④ 蔡元培:《南洋公学特班生学习办法》,见中国蔡元培研究会编:《蔡元培全集》第1卷,浙江教育出版社1997年版,第328—329页。

⑤ 黄炎培:《八十年来——黄炎培自述》,文汇出版社2000年版,第55—56页。

文章,但民众识字的少,如能用语言,效用更广"①。因此,他就让黄炎培等读演说学,组织演说会。可以说,日后黄炎培突出的讲演能力,最初也是在南洋公学打下基础的。

虽然在教学中,蔡元培对学生要求严格,但是他平时则尊重学生个性,和学生平等相待,视学生如手足,因此师生关系十分融洽。当时,蔡元培给黄炎培的印象是"衣冠朴雅,仪容整肃,而又和蔼可亲"。1943年1月25日,当黄炎培在位于重庆九龙坡的交通大学演讲《四十年前在校求学之所得》时,还深情地说:"特班学生,每晚总有二三人到蔡先生房中谈话,蔡先生握手请坐,客气的很,谈学问时,旁征曲引,还关心到起居饮食,如家人父子。"②

黄炎培十分崇拜蔡元培的见识、能力和思想,敬佩蔡元培的为人。正是由于蔡元培的谆谆教诲和在南洋公学所接触的西方政治学说及大量西学知识的影响,黄炎培逐渐形成了自己的世界观、价值观和思想行为模式。正如黄炎培自己所言:"最初启示爱国者吾师,其后提挈革命者吾师。"③黄炎培的进步和突出表现,得到了蔡元培的充分肯定、信任和赞赏。

1902年11月5日,南洋公学第五班一学生置一墨水瓶于讲桌上,平日一直禁止学生阅读新书及《新民丛报》的教习郭镇瀛,认为是学生有意嘲笑他"胸无点墨",并斥逐无辜学生伍正钧,学生则要求学校免去郭镇瀛职务,但学校总办汪凤藻却以"学生私自聚众演说,大干禁例"为由,下令开除全体五班学生。汪凤藻的决定,激起全校各班学生公愤,他们不仅以集会、罢课相抗议,而且在11月14日做出了如果总办不收回成命,即全体退学的决定。于是,自11月16日始,各班学生近145人,因"教习悍然以奴隶待学生,为种种之束缚,总办复顽钝,欲抑压学生言论之自由"④,纷纷退学,其中黄炎培所在的特班也有14人毅然放弃被保举经济特科的资格,退学声援,以致特班被迫解散。而由于论者认为这次学潮乃是受平日蔡元培提倡民权之影响,蔡元培也引咎愤然辞去总教习之职。在即将离校时,蔡

---

① 黄炎培:《四十年前在校求学之所得》,载《国讯》1943年4月第333期。
② 黄炎培:《四十年前在校求学之所得》,载《国讯》1943年4月第333期。
③ 黄炎培:《痛悼我师孑民先生联》,载《国讯》1940年3月第230期。
④ 《南洋公学学生出学始末记》,载《选报》1902年11月第35期。

元培对黄炎培等说:"中国国民遭到极度痛苦而不知痛苦的由来,没有能站立起来,结合起来,用自力来解除痛苦。你们出校,必须办学校来唤醒民众。"①遵蔡元培之嘱,黄炎培回到家乡,创办新式学堂,开始走上了"教育救国"之路。

南洋公学是黄炎培接受新思想的开始。1937年,黄炎培在《川沙公立小学校史最初的一页》中这样回忆道:"我在上海南洋公学读书,到了十月,公学发生罢学大风潮,退学的学生大部分联合起来,创办爱国学社于上海。我呢,和川沙一般朋友如张伯初先生(名志鹤)等,老辈如陆逸如先生(名家骥)等,都是受着了'教育救国'新学说的影响。看看国事,已经糟到不可收拾;看看老百姓,大家还是睡着鼓里。记得当时我还亲见一本书,叫做《并吞中国策》,是日本尾崎行雄做的,简直不把我们中国放在眼里。大家发一个愿,认为要救中国,只有到处办学堂。"②

第三节 立志"教育救国",从事新式教育

一、创办新式学堂

1902年秋,黄炎培应江南乡试,中举人。南洋公学特班被迫解散后,他开始募款兴学。

是年冬,经当时的署两江总督张之洞审批,黄炎培将家乡川沙的观澜书院改办成川沙小学堂,自任总理,并创办开群女学,从此,他开始走上了教育救国、开启民智的道路。在从事新式教育期间,思想激进、热血沸腾的黄炎培,常常通过公开演说的方式,痛陈时弊,宣传民主,以唤醒国民。

然而,革命的道路是艰难、泥泞、曲折的。1903年8月15日,为宣传鼓

---

① 黄炎培:《八十年来——黄炎培自述》,文汇出版社2000年版,第60页。
② 黄炎培:《川沙公立小学校史最初的一页》,见《川沙县志》卷9,上海国光书局1937年版,第24页。

动新学、提倡革命,黄炎培、顾次英、张志鹤3人在南汇新场进行演说,知县
戴运寅为邀功请赏,将他们和前来听演说的张尚思一起逮捕,诬栽其为革
命党,电禀两江总督和江苏巡抚,请示惩治办法。由于两江总督和江苏巡
抚一个回电就地正法,一个回电解府讯办,戴运寅乃再次去电请示。趁此
期间,南汇青年陆家桢星夜赶往上海,找到黄炎培的好友法国牧师步惠廉,
并在杨斯盛的资助下,请到美国律师佑尼干出面,于8月18日在"就地正
法"的电令到前一小时,将黄炎培等4人保释出狱。

步惠廉(1864—1947),美国人,中华基督教监理会传教士,1888年来
到中国,直至1936年离开中国回国。在华40余年间,他创办中小学及孤
儿院,素为人所钦敬。1936年11月24日晚,步惠廉离沪返美,黄炎培特到
码头送行。1948年1月,在得知步惠廉逝世的消息后,黄炎培特作《光明
伟大的同情与自由——纪念步惠廉先生》,发表于当月出版的《国讯》第
447期,回忆了步惠廉的一生,特别是对他当年营救自己和其他3位青年
表示深深感激。文中言道:"当时四青年既脱于难,或建议先生乘机劝四
青年加入基督教,先生正色曰:信仰应听人自由,基督教爱人救人,岂可有
所挟者。"[1]对此,黄炎培给予高度评价。

"新场党狱"后,黄炎培等4人连夜乘坐"西伯利亚"号轮船亡命日本。
此时在日本,留日学生所从事的革命活动日益深入,黄炎培通过刘季平等
革命党人对革命有了更深刻的认识,同时也更加坚定了"要救中国,只有
办学堂"的信念。1904年初春,他回国时,为自己取号"韧之",取牛皮坚韧
之意,以此明志。

回到国内的黄炎培,继续坚持"教育救国"之路,先后创办、主持师范
讲习所,在爱国学社、城东女学等新式学堂任教,并于1906年联络黄琮、陆
家骧、张志鹤等人,在川沙成立学务公会,担任会长。而在黄炎培创办、主
持新式学堂,从事新式教育的过程中,尤以主持由杨斯盛创办的浦东中学
最为引人注目。实际上,在"教育救国"的道路上,杨斯盛曾对黄炎培产生
了重要影响。

---

① 黄炎培:《光明伟大的同情与自由——纪念步惠廉先生》,载《国讯》1948年1月第447期。

二、主持浦东中学

浦东中学是 1906 年 10 月由上海名士杨斯盛在浦东六里桥购地 40 余亩开始创办、于 1907 年 1 月建成的一所普通中学校。

杨斯盛（1851—1908），字锦春，江苏省川沙县青墩镇（今属上海市浦东新区川沙新镇）人。出身穷苦且父母早亡的杨斯盛，为了谋生，自幼即学习砌墙造屋等各种手艺。1882 年，他在英商公平洋行大班阿摩尔思的扶持下，开设了杨瑞泰营造厂，逐渐成为沪上巨富。富裕起来的杨斯盛热心公益，特别是为使贫寒子弟得受教育之恩泽，他捐产兴学：先在家族祠堂基础上创办义塾；1902 年，又捐银 300 元在川沙建两等小学堂。当黄炎培回国后，在孟迺钊的引介下，杨斯盛又延请黄炎培帮助自己推行新式教育，决定将正在上海公共租界营建的别墅待翌年建成后，改为学校。1904 年 10 月 2 日，学校开学，定名广明小学校。学校略仿日本小学制度，参以本国情形设修身、国文、历史、地理、算术、理科、图画、唱歌、体操、英文等课程，招收 9 至 12 岁的儿童入学肄业，最初暂定招住读生 10 人，走读生 30 人。学校聘黄炎培、顾次英和张志鹤担任教职。1906 年，广明小学校改为高等小学，并增设一年制的广明师范讲习所。

在杨斯盛捐资兴学的义举中，影响最大且最为后人所重者，是浦东中学的创设。

1905 年 11 月，杨斯盛决定在浦东六里桥购地 40 余亩，增办中学校，并于翌年聘李平书、秦锡田、顾次英、黄炎培、陆家骥、张志鹤、孟迺钊为校董。在《捐产兴学启》中，他说，值此国家维艰之日，"必以兴教育为救国第一义。私念仆亦国民也，以区区家产，与其传给子孙，使贤者损志，愚者益过，何如移作兴学，完成我国民一份子之义务，且使子孙与被泽焉"[1]。他并对黄炎培说，虽然此举压力极大，家人、亲戚朋友乃至族人"无不訾余为狂，为中蛊"[2]，但我意已坚。

经过一年多的建设，杨斯盛拨其家财 10 万两银所建的浦东中学校舍，

---

[1]　杨斯盛：《捐产兴学启》，载《浦东中学校杂志》1908 年 11 月第 1 期。

[2]　黄炎培：《杨斯盛先生言行记》，载《申报》1908 年 6 月 8 日，第 4 张第 2 版。

于 1907 年初落成。3 月 8 日,学校开学。当日,杨斯盛登台演讲,并以"勤朴"二字作为学校办学宗旨。此后,他为浦东中学付出了极大的心力,"凡有会集,必躬身训诲生徒,使知注重生计而归本于爱群、爱国,又以时召集乡人与之言谋生之难,读书之要,其言恳恳款款,乡人无老幼,盖莫不闻而感激泪下也"①。学校开学后,杨斯盛聘请黄炎培任监督之职,主持校舍建设和教师聘任等事宜。

在黄炎培主持下,浦东中学悬以"勤朴"为校训。在杨斯盛看来,作为中国主人翁的学生,是未来中国一切事业的责任担当者,而担当事业,必须在精神上和体魄上,即在智育和体育上付以精力,但是要使得精神和体魄"强固而不摇,则全在勤不勤而已",因为脑力愈用愈发达,"若不经运用,则神经锢蔽,旋至窒塞",而体魄的灵动活泼,也首先在于习劳耐苦,"若驰然自放筋骨疏懈,即非有用之材",所以"欲成就事业,必以精神体魄为原动力,而精神体魄尤必以勤之一义为发动机关"。② 而所谓"朴",就是求实。面对"纷华靡丽"的外部世界和"爱玩嗜好"的内部情感,追求真实学问并不易,这就必须专一,因为"人心无两用,无中立不趋于实必归于虚,不托于真必引诸假"。③

在"勤朴"校训的指导下,在黄炎培的领导下,浦东中学先后制订了《中学总章程》《校董会规则》等,并加聘姚文楠、王文孝、陈容等为校董,学校发展蒸蒸日上。身为校长的黄炎培特别注重向学生宣传爱国思想,在学生中组织自治会,以"朴实""敬恭""勤奋""和爱""信时"等教育学生,并注意将爱国主义内容融于教学之中;强调学校和家庭、社会的联系;专门组织家长会;定期带学生远足,强化教学实习;通过体操课、课外体育活动、组织体育运动会等,加强对学生的体育训练。此外,他还特别重视组织学生旅行,视之为可使德育、智育和体育"得收神速圆满之效果"的重要途径,认为它足以锻炼体格、增长知识、发扬精神。

① 蒋维乔:《近世兴学三伟人》,载《教育杂志》1909 年 8 月第 1 年第 7 期。
② 《杨斯盛宣布浦东中学校宗旨书》,见江苏教育总会编:《江苏教育总会文牍》二编下,中国图书公司 1907 年版,第 78—79 页。
③ 《杨斯盛宣布浦东中学校宗旨书》,见江苏教育总会编:《江苏教育总会文牍》二编下,中国图书公司 1907 年版,第 79 页。

1908 年春，身体多病的杨斯盛，清瘦"弱不胜衣"。知道自己来日无多，他特别将黄炎培唤至身边说，"余于校务无他憾，但憾未能悉免诸生学费。苟天假余年，以余工业商业上之基本之名誉，岁入且巨万，誓必悉以付吾校及其余公益"[①]；"现在我勉力凑捐基金十二万两。只望我死后，支撑这校的稍减艰苦。黄先生，你跟各位校董勉力罢"[②]！5 月 29 日，杨斯盛病殁。黄炎培牢记杨斯盛的话，他没有让杨斯盛失望，浦东中学后来声名远扬，人称"北南开，南浦东"。

杨斯盛去世后，为了缅怀他倾家兴学的事迹，黄炎培特作《杨斯盛先生言行记》一文，刊登在 1908 年 6 月 8 日和 9 日的《申报》上。文中，黄炎培含泪痛心叙述了杨斯盛兴学的艰辛付出，以及对浦东中学的呕心沥血，并回忆了自己与杨斯盛相识、相知的神交过程。其中言道："于校务，凡炎培有所建白，靡不从，以先生之明，而于校用出纳，从勿屑屑较。亲逾骨肉，而尊为上宾，先后如一日。以炎培不才，犹被信且礼如此，弥觉先生之待人诚且厚，而先生固自负营工商数十年，友辈从无有负余者。"[③]

主持浦东中学给予黄炎培的影响是巨大的，而这种影响，更在于杨斯盛（在去世后他被胡适称为"中国第一伟人"）倾家兴学的精神！为了纪念杨斯盛，更是为了继承杨斯盛的这一精神，1915 年 3 月，当时身为浦东中学校董的黄炎培、秦锡田、朱开甲、杨保恒、张志鹤、陆家骥、庞淞、孙守成、沈恩孚、姚文楠等，拟为杨斯盛铸造铜像，"以永景仰"，上陈教育部请拨铸造银两。教育部特呈大总统，请拨给 1000 元，得到准许。1917 年 10 月 2 日，浦东中学举行铜像落成开幕典礼，黄炎培专程赶赴出席，来宾逾万人。在开幕典礼上，校长朱叔源报告了典礼宗旨，李平书、沈恩孚、吴馨、贾丰臻、蒋梦麟等相继演说。江苏省省长齐耀琳特作开幕礼序文和颂词。序文曰："先生之像非众人之金钱造成之，乃众人之精神造成之也；非众人之精神造成之，乃先生之精神造成之。众人造先生之像，而先生之精神不朽；众

---

① 黄炎培：《杨斯盛先生言行记》，载《申报》1908 年 6 月 8 日，第 4 张第 2 版。
② 黄炎培：《八十年来——黄炎培自述》，文汇出版社 2000 年版，第 75—76 页。
③ 黄炎培：《续〈杨斯盛先生言行记〉》，载《申报》1908 年 6 月 9 日，第 4 张第 2 版。

人仰先生之像,而群奋其精神,而先生之精神更不朽。"①颂词曰:"于铄杨公,挺生江东;毁家兴学,烈伟功丰。形体虽化,精神无穷;巍巍之像,百世可风。"②是的,其人已逝,精神永存! 1918 年 10 月 2 日,浦东中学举行立校纪念暨杨斯盛铜像开幕周年纪念,黄炎培出席并作演讲,再次号召继承和发扬校主杨斯盛的精神。1933 年,浦东中学附属小学迁至沪南多稼路,后又添办初中,更名为斯盛中学。之后,黄炎培不时关心着学校发展,并于 1934 年 11 月特地撰写了斯盛中学校歌:"伟大,伟大,斯盛先生精神。努力!努力!斯盛学校诸生。学力,体力,一切行为,人人勉为青年典型。晶!莹!举头看东方破晓的明星。砰!訇!侧耳听吴淞口外的潮声。勉哉诸生,是斯盛先生精神,是中华民族光荣!"③

第四节　江苏教育总会的骨干

一、江苏教育总会的成立

江苏教育总会是由江苏士绅在上海发起创办的一个省级民间教育团体。其前身,乃是清末成立的江苏学会和江苏学务总会。

1905 年 9 月,张謇、恽祖祁、许鼎霖、刘树屏、赵凤昌、狄葆贤等 9 人发出倡议,提出,"科举已停,本省各府州县一律须急办学堂,事极繁重,非经全省士绅公议不能妥洽"④。之后,阳湖县士绅恽祖祁首先发起成立了江苏学会,得到吴县王同愈、崇明县王清穆以及张謇、许鼎霖、唐文治、方惟一等人的积极响应和支持。10 月 8 日,江苏学会成立大会在上海愚园召开,

① 《齐省长致私立浦东中学校故校主杨斯盛先生铜像开幕礼颂词并序》,载《江苏教育行政月报》1917 年 11 月第 9、10 期合刊。
② 《齐省长致私立浦东中学校故校主杨斯盛先生铜像开幕礼颂词并序》,载《江苏教育行政月报》1917 年 11 月第 9、10 期合刊。
③ 黄炎培著,中国社会科学院近代史研究所整理:《黄炎培日记》第 4 卷,华文出版社 2008 年版,第 324 页。
④ 《江苏全省各府州县同乡公鉴》,载《时报》1905 年 9 月 23 日,第 2 版。

100 余人与会,张謇和恽祖祁分别当选为正、副会长,李平书、刘树屏、许鼎霖、王清穆 4 人当选为会董,会所设于上海酱园街 186 号。

江苏学会成立后,黄炎培和张謇、沈恩孚、袁希涛、姚文楠、杨廷栋等人也在上海集会,与江苏学会负责人商议在江苏学会的基础上筹建江苏学务总会。12 月,黄炎培、沈恩孚等委托时任农工商部参议的王清穆上《设立江苏学务总会呈》,得到了江苏巡抚陆元鼎和两江学务处的首肯。同时,江苏学务总会筹组者汲取上海总商会的办法,以《江苏学会暂定简章》为基础,拟定了《江苏学务总会暂定章程》。其中规定:江苏学务总会的宗旨为"专事研究本省学务之得失,以图学界之进步,不涉学界外事";入会资格为"发明教育或推广教育者","或有关系学务上经济问题之能力者"。[①]考虑到交通之便,总会会所设于上海。总会成立后,公举张謇为会长,恽祖祁为副会长,王同愈、李平书、刘树屏、许九香为会董;设办事所于上海小东门外大生纱厂账房。成立时,签名入会者 90 余人。

除设正副会长各一人和会董若干人外,江苏学务总会还设有评议员、经济部干事员、调查部干事员、普通部干事员、专门部干事员以及庶务部书记员和会计员。最初,经济部干事员为选举出来的许鼎霖、王清穆、刘树屏、李平书、曾铸、周廷弼;调查部干事员则是由会长推举、会员公决的杨允升、张相文、白作霖、侯必昌、汪钟霖、袁希涛;普通部干事员为吴馨、夏清贻;专门部干事员是翁顺孙、董瑞椿;庶务部书记员为沈同芳、陆基;会计员为龚杰、苏本炎。其中,调查部干事员主要"调查江南北府厅州县各学校之建筑及教授管理法";调查"关于学务之经济";"调取各处编行之教科书,以备检查"。[②] 江苏学务总会成立后,多次召开会议,对本省教育发展进行规划。

1906 年 11 月 6 日,依学部是年 7 月制定的《各省教育会章程》之规定,江苏学务总会在上海愚园开特别会,决定更名为江苏教育总会,会所地址仍设在上海,由张謇担任会长。并规定,总会除随时查照学部所定的

---

① 《江苏学务总会暂定章程》,见江苏学务总会编:《江苏学务总会文牍》初编上,上海商务印书馆 1906 年版,第 3 页。

② 《江苏学务总会暂定章程》,见江苏学务总会编:《江苏学务总会文牍》初编上,上海商务印书馆 1906 年版,第 5 页。

《各省教育会章程》办理外,还应在普及教育、政治教育、实业教育、尚武教育等方面特别注重,并辅助本省教育行政,加强与各省教育总会的联络。

1912年10月,依是年9月教育部《教育会规程》之有关规定,江苏教育总会更名为江苏省教育会,并在原《江苏教育总会章程》的基础上新制定了《江苏省教育会章程》,于10月15日颁布。其中规定,江苏省教育会的宗旨为"审民国之前途以定方针"及"审本省之现状以求进步"。① 该会主要研究关于学校教育、社会教育和家庭教育等事项,力求教育发达。

最初江苏学会的参加成员既有教育界人士,也有商业绅董,还有少数地方官员。江苏学务总会成立后,开展活动日渐广泛,但又以推动本省学务为目的的教育活动为主,如调查学务状况、受理学务纠纷、定期聚议以联络学界、推动各地教育会的设立等;此外,并附设法政研究会,推雷奋为讲员。而更名为江苏教育总会后,随着一批进步人士包括归国留学生如杨廷栋、贾丰臻等的加入,开展的教育活动更为广泛,也更为具体,如附设法政讲习所、举办单级教授练习所等等。

由于江苏教育总会活动日益广泛,特别是新式教育迅速发展,扩展组织也就势在必行。因此在1906年12月后,调查部干事员增为12人,即黄炎培、袁希涛、方惟一、穆湘瑶、沈恩孚、白振民、张双南、黄许臣、徐念慈、姚孟埙、严练如、包朗荪。实际上,也就是从此时起,黄炎培才真正成为江苏教育总会的骨干成员。

依《江苏教育总会章程》之规定,调查部干事员的职务及权限也较之前更为广泛,包括"调查宁苏两属各厅州县教育会之成绩""调查宁苏两属各府厅州县各学堂之设备及教授管理法""调查各地方关于学务之经济""调取各处行用之教科图书,以备检查"等。② 而在黄炎培担任调查部干事员特别是后来担任常任调查员期间,调查、处理和调解学界纠纷是他付出心力最多,也是其工作成绩最卓著的一个方面。

---

① 朱有瓛、戚明琇、钱曼倩、霍益萍编:《中国近代教育史资料汇编·教育行政机构及教育团体》,上海教育出版社1993年版,第281页。
② 《江苏教育总会章程》,见江苏教育总会编:《江苏教育总会文牍》四编丁,中国图书公司1909年版,第8页。

二、调查学界冲突

1904 年 1 月"癸卯学制"颁布实施后,新旧教育体制的转轨极为迅速,特别是 1905 年 9 月科举考试制度被废除,为新式教育的推行扫除了障碍,极大地加速了新式教育的发展;然而,由于几千年来封建教育观念的根深蒂固,官绅间乃至学绅间因新式学堂的兴办、"西学"内容的设置等,时有纠纷和冲突,毁学事件频频发生。特别是江苏省,虽然在学部成立后于1906 年设置了新的教育行政官员——提学使,原来的两江学务处和江苏学务处分别改设为江宁提学使和江苏提学使,但仍然"各挟权位以抗",纠纷不断。对于当时学界的这种现象,后来黄炎培也曾回忆道:"清朝末年,各地兴学的风气大开,新旧思想复杂,学校和学校斗争,学校和官厅斗争,和绅士斗争,这派绅士和那派斗争,还有学生和学校斗争,酿成种种纠纷。"①正因如此,当时担任调查部干事员的他,为调查学界纠纷,曾四处奔波。他曾说,自己被推为调查部干事员后,"实地调查,具一书面报告,根据理论和事实,判明曲直,解开症结,恢复和平,这份报告书公布后,取得双方当事者接受,使学潮得以平息"②。

如,1906 年冬,当时的南菁高等学堂因靡费经费、校舍不合学堂规则等,发生纠纷。江苏教育总会鉴于该校唯有国文一科,尚略有所长,乃于1907 年奏请学部,提议将之改为文科高等学堂;而学部则主张将之改办为优级师范学堂。为此,张謇乃派黄炎培于 1907 年至 1908 年间两次赴江阴,调查南菁高等学堂的财务、校产和建筑等情况。经过调查,黄炎培两次作《调查南菁高等学堂报告》,就改办提出了自己的建议。最终,学部采纳了江苏教育总会的意见,于 1909 年将南菁高等学堂改办为文科高等学堂。

1909 年 9 月 21 日,江苏教育总会举行第 5 次常年大会,会议选举唐文治为会长,张謇、蒋炳章为副会长,而黄炎培和沈恩孚、吴馨、杨保恒、姚文楠、朱寿朋、贾丰臻、杨廷栋、林可培、马相伯、史量才、方惟一、王立廷等 28人则当选为干事员。在会上,由会长分配了各干事员的职务,其中,黄炎培

---

① 黄炎培:《八十年来——黄炎培自述》,文汇出版社 2000 年版,第 74 页。

② 黄炎培:《八十年来——黄炎培自述》,文汇出版社 2000 年版,第 75 页。

和田北湖、严保诚、许鼎霖、夏仁瑞、蒋凤梧、仇继恒、陆瑞清、林可培、王立廷等为调查部干事员。之后,黄炎培等在多地开展了学务调查。如,1910年1月,黄炎培和王立廷、夏仁瑞奉会长唐文治、副会长张謇委任书令调查高等商业学堂。8月第6次常年大会后,为了进一步加强对地方学务的调查研究,江苏教育总会更决定设常任调查员,推黄炎培专任其事。对此,黄炎培很是喜悦。因为,在他看来,这是自己"深入社会的初步"和"向群众学习的机会"。① 因此,自此次常年大会后,他由通州、苏州等地开始进行调查,1911年更历江北各处,江苏的63个县"足迹及四分之三"②。其中,1911年2月,黄炎培即在高邮调查了高邮教育会城乡冲突情形。

在调查时,黄炎培随时记录撰言,及时报告,并将两年内对江苏南北各县教育状况调查的结果,整理成册,名曰《常任调查员调查报告(第一次)》和《常任调查员报告书(第二次)》,收入江苏教育总会编的《江苏教育总会文牍》六编丙中,公布于世。由于黄炎培这两年对江苏所作的学务调查,主要在于了解地方学务和学校教学的具体情况,并针对各种学务纠纷加以调解,所以通过调查,他对江苏教育特别是初等学校中存在的普遍问题进行了剖析,并提出了一些具体意见。如,他认为:适龄儿童的入学率低,不少私塾、高小乃至个别师范学堂,应考者寥寥,招生困难;学堂的学费和膳宿费较高,在县一级的地方学校,家庭负担较重;乡村的初等小学学生毕业后,就近几乎没有高等小学可以升学;初等小学的课程设置过多,图画科和手工科设置不普遍;各个阶层的士绅对教育资源的控制,以及地方自治公所设立和地方学务专员设置后所造成的地方教育权的转移形成的士绅间的矛盾,是教育冲突的重要原因。而对于其中不少通过调查所提出的具体问题,江苏教育总会多会及时进行针对性的解决。如,对于高邮教育会城乡冲突问题,江苏教育总会专门将黄炎培的《报告调查高邮教育会城乡冲突情形》,录呈给省提学使,并"祈札饬高邮州,将高等小学切实改良,撙节浮费,推广四乡小学,以免城乡之冲突"③。

---

① 黄炎培:《八十年来——黄炎培自述》,文汇出版社2000年版,第75页。
② 黄炎培:《八十年来——黄炎培自述》,文汇出版社2000年版,第75页。
③ 《致署宁提学李书》,见江苏教育总会编:《江苏教育总会文牍》六编乙,中国图书公司1911年版,第21页。

江苏学务总会自1906年起,决定年出文牍一册。是年由该会编辑的《江苏学务总会文牍》初编由上海商务印书馆印行。1906年11月,江苏学务总会改为江苏教育总会,后续出《江苏教育总会文牍》,至1911年共出五册,即《江苏教育总会文牍》二编至六编,由江苏教育总会编辑,中国图书公司印行。作为江苏学务总会与江苏教育总会的系统资料,文牍收有多篇黄炎培在任调查部干事员期间调查学堂的相关资料,如文牍第二编中所载的《黄炎培调查南菁高等学堂报告》、第三编中所刊的《黄炎培第二次调查南菁高等学堂报告》、第六编中所录的《黄炎培报告调查高邮教育会城乡冲突情形》等。

三、在革命洪流中归宿于教育

需要指出的是,在清末,除了投身新式教育外,适应当时的革命形势需要,受蔡元培等革命党人和民族革命思想、民族革命浪潮的影响,黄炎培还积极投入到当时的革命洪流中。如,1903年12月,蔡元培联合他人于上海创办《俄事警闻》后,便介绍黄炎培细读该刊并为之撰稿,并请黄炎培参与编辑《选报》。1905年8月20日,中国同盟会(以下简称"同盟会")在日本东京成立。9月初,身为同盟会会员兼上海总干事的蔡元培,即介绍黄炎培加入同盟会,成为一名正式会员。加入同盟会后,1906年6月29日,黄炎培陪同蔡元培参加了欢迎章太炎因《苏报》案刑满出狱活动;7月3日,又与蔡元培、刘季平等出席邹容墓前纪念塔落成仪式,成为蔡元培得力的革命助手。8月,蔡元培因有赴国外留学之意遂往北京,行前乃推荐黄炎培接替自己所担任的同盟会上海总干事一职。接任后,黄炎培不仅负责《申报》驻上海办事处的具体事宜,而且对保存有关秘密文件和保护同盟会会员做了大量工作。1909年9月,以张謇为议长的江苏省咨议局成立,黄炎培任常驻议员。1911年10月,受江苏苏南各县公推,他到苏州劝说江苏巡抚程德全反正;11月5日,程德全宣布江苏独立。此外,当时黄炎培还曾任上海南市工巡捐局议董、江苏地方自治筹备处参议等职。无疑,担任这些政治职务,参加这些政治活动,表明了黄炎培倾向革命、推翻清廷、创立民国的政治意识。

虽然所参加的一系列政治活动对黄炎培在当时所从事的教育活动并

没有不利影响,但在黄炎培的内心,他并不是想要自己在将来走上政治道路,他的理想还是"教育救国"。如,1909 年 6 月 10 日,上海地方自治研究会举行欢迎会,欢迎松江府属新议员黄炎培、姚文楠、秦锡田、雷奋、穆湘瑶等 11 人,黄炎培在演说中如是言道:"炎培自投身教育界以来七年矣,窃自抱定一宗旨,且常自勖以勤恕二字,今忽以乡父老之委托,将厕身政治界,实与炎培性情习惯均非所长。然窃有两言自誓于诸父老之前,曰不为利惑,不为威惕,他日谨实行此两语,亦吾同当选人之所共勉者也。"①也正是因此,在清末最后几年,他仍一直在为"教育救国"而奔波。

1911 年 4 月 29 日至 5 月 12 日,黄炎培和沈恩孚、杨保恒作为江苏教育总会代表,出席了各省教育总会联合会成立大会。这一早在 1910 年 8 月 21 日江苏教育总会第 6 次常年大会上,就决定发起组织的中国历史上第一个全国性的教育团体,"以公议关系全国之教育事宜,期于改良进步为目的"②。在成立过程中,黄炎培乃是一个重要的宣传、倡导和推动人物。之后,在 1911 年 7 月 15 日至 8 月 12 日,他又作为江苏教育总会代表出席了中央教育会议。会议期间,他多次被大会指定为审查员,审查《军国民教育咨询案》《国库补助小学经费案》《义务教育章程案》等,并积极主张废除小学读经、解经等。在中央教育会议行将结束时,他又和张謇、张元济、沈恩孚、侯鸿鉴、陆费逵、谭延闿、杨度、颜惠庆、严复、罗振玉、傅增湘、袁希涛、陈宝泉等共 50 人联合发起成立了中国教育会。

在清末江苏独立后,1911 年 11 月 16 日,黄炎培被委任为江苏省民政司总务科长兼学务科长,其原任的江苏教育总会常任调查员一职则改由袁希洛代理。无疑,被委任为专门的教育官员,既是对黄炎培作为当时江苏学界著名人物的肯定,也自然为他施展才华提供了广阔的舞台。

① 《欢迎松属新议员纪事》,载《申报》1909 年 6 月 11 日,第 2 张第 2 版。
② 《各省教育总会联合会章程》,见江苏省教育总会编:《江苏教育总会文牍》六编丁,中国图书公司1911 年版,第 124 页。

第二章　在民初教育改革洪流中

中华民国成立后，黄炎培受教育总长蔡元培之召，赴京出席全国临时教育会议，并担任江苏省教育司司长，在规划江苏教育发展的同时，针对教育内容脱离实际之弊，提出学校教育宜"采用实用主义"。之后，辞去了江苏省教育司司长的黄炎培，为"寻病源"，对国内数省教育展开了考察，极力宣传、鼓吹教育的实用主义，从而使实用主义教育在民初成为一种影响至广的教育思潮。

第一节　出席全国临时教育会议

1911 年 10 月 10 日，武昌起义爆发。翌年 1 月 1 日，孙中山在南京就任临时大总统，中华民国诞生。1 月 3 日，具有民主共和性质的临时政府在南京成立。同日，蔡元培被任命为教育总长。1 月 9 日，临时政府教育部成立。蔡元培任教育总长后，极力延揽人才到教育部任职，其中包括蒋维乔、王云五、钟观光、鲁迅、许寿裳、陆费逵等，而作为他的学生的黄炎培，自然也进入了他的视线。此后，蔡元培作为专使之一北上迎袁世凯南下就任大总统，失败后力辞教育总长未克。3月29日，南京参议院通过了唐绍仪内阁名单，其中教育总长一职仍由蔡元培担任，于是蔡元培决定适应政体变更的要求对教育进行改革。

4月22日，蔡元培致电黄炎培，其中言道，如果江谦不能到教育部来任职普通教育司司长的话，即请黄炎培速到京担任教育部普通教育司司长一职。电文如下：

> 苏州都督府黄韧之先生鉴：来电悉。江君（按：即江谦）被选，然教育部普通司司长需人至亟，仍请江君任部务，而提议以次补员任江苏参议员，谅可通过。如江君必不能来，则非公自任本部司长不可，并请速来。以全国与一省较，轻重悬殊，务请承诺。鹄候复电。①

4月26日，蔡元培正式到设于东铁匠胡同原学部旧署内的北京教育部任职。因没有收到黄炎培的回复，4月27日，他乃以"万急"电再致黄炎培。电文如下：

> 苏州都督府黄韧之先生鉴：前电未荷复，至念。普通司长，如江先生必不肯就，则非公自任不可。务乞承诺，即候电复。②

因各种原因，最终，黄炎培没有到北京受任。5月5日，教育部各部门职员确定，其中普通教育司司长由袁希涛担任。虽然黄炎培没有到教育部任普通教育司司长一职，但却在7月初接受教育部的邀请，作为教育部延请的议员，赴京出席了全国临时教育会议。

全国临时教育会议是有鉴于政体变更后，为适应政体需要拟制定新的

---

① 蔡元培：《致黄炎培电》，见中国蔡元培研究会编：《蔡元培全集》第10卷，浙江教育出版社1998年版，第140页。
② 蔡元培：《致黄炎培电》，见中国蔡元培研究会编：《蔡元培全集》第10卷，浙江教育出版社1998年版，第146页。

教育方针和新的学制,召集全国教育专家集思广益进行教育改革的一次重要会议。会议定于 7 月 10 日正式举行。但就在会议决定举行后,蔡元培于 6 月 21 日和 7 月 1 日先后两次提出辞去教育总长一职,虽然袁世凯数次恳切挽留,但蔡元培还是辞意坚决。7 月 7 日,黄炎培至京。此时,教育部延请至京参加会议的议员大部分已经到达。鉴于蔡元培的辞职与即将召开的全国临时教育会议关系至切,所以,7 月 8 日下午,各省议员 30 余人在北京高等师范学校开茶话会,公举黄炎培和何燏时、庄俞、张伯苓 4 人为代表,挽留蔡元培,以维持教育前途。7 月 9 日,教育部邀请参加全国临时教育会议的议员再开茶话会,50 余人与会。会上,黄炎培和何燏时、庄俞、张伯苓分别致挽留蔡元培之意。虽然蔡元培在对辞职所作的解答中,坚持"鄙人于教育事业,愿负责任。此次辞职,实关于人格问题,教育总长应以身为天下表率,不便强留,乞为原谅"①;但之后他还是以教育总长的身份出席了 7 月 10 日的全国临时教育会议开幕式,并致开幕词。这天 9 时开幕的全国临时教育会议,共有教育部延请的议员、教育部直辖学校所派、各部(农林部、商部、陆军部和内务部)所派及各省推选的代表共 58 人与会。和黄炎培一起作为教育部延请议员与会的,还有秦汾、庄俞、张伯苓、王劭廉、汤尔和、贾丰臻、俞子夷等。

全国临时教育会议从 7 月 10 日开幕,至 8 月 10 日止,历时 1 个月,基本上每日上午开大会,下午则开审查会。虽然黄炎培因故于 8 月 2 日即请假离京,但会议期间,他不仅和汤尔和、刘以钟、吴曾褆、侯鸿鉴、张佐汉、伍达、萧友梅、胡玉荪、徐炯、贾丰臻、邵章、陈润霖一并担任《教育宗旨案》的审查员,在蔡元培军国民教育、实利主义教育、公民道德教育、世界观教育和美育"五育并举"的思想指导下,参与讨论制定了新的教育方针;而且还参与讨论制定了其他相关教育系统的法令。如,7 月 11 日,在全国临时教育会议第一次会议上,讨论《教育系统案》《小学校令案》和《中学校令案》,黄炎培和胡玉荪、萧友梅、徐炯、王卓午、夏锡祺、刘宝慈等 11 人被指定为《小学校令案》审查员;7 月 15 日,黄炎培出席全国临时教育会议第二次会议,参与讨论了《师范学校令案》《各学校学年学期及休业日期规定

---

① 《中央教育会开幕情形》,载《申报》1912 年 7 月 16 日,第 3 版。

案》《祀孔子问题案》。

7月14日,袁世凯令准蔡元培辞去教育总长,这让黄炎培深感遗憾和失望。不过随着7月17日教育次长范源濂代理总长一职,7月26日又被任命为新的教育总长后,宣布"教育宗旨及行政大纲,业由蔡总长宣布或规定,悉当遵行",这又让黄炎培深感慰藉。8月10日,持续一个月之久的全国临时教育会议闭幕。会议不仅根据蔡元培"五育并举"的思想,制定了"注重道德教育,以实利教育、军国民教育辅之,更以美感教育完成其道德"的教育方针,而且通过了《学校系统案》,于9月3日由教育部以《学校系统令》为名公布,是即"壬子学制"。此后,至1913年8月,教育部又陆续公布了全国临时教育会议议决的《小学校令》《中学校令》《师范学校令》《专门学校令》《大学令》《实业学校令》(公布时对它们作了一定增删)和新制定的一些学校法令规程,合成一个更完整的学制系统,即"壬子癸丑学制"。这些相关改革措施,不仅对封建的旧教育给予了相当程度的荡涤,而且极大地推进了教育近代化的进程,具有极大的进步意义。

从北京回到上海后,想到适应政体的变更,教育有了新的发展政策和方向,黄炎培按捺不住心中的喜悦。为了让更多的人了解此次会议的内容和精神,1913年6月10日,他和贾丰臻以《报告临时教育会议情形书》为名,在江苏省教育会编辑的《教育研究》杂志上刊文,将自己出席会议的情况和会议最早议决的多个议案讨论议决时的概况,分别列出;此外,并附列已付审查各案。《报告临时教育会议情形书》不仅有助于当时人们及时了解会议的梗概,也给后人留下了关于这次会议的宝贵资料。

第二节 "实用主义"教育思潮

一、学校教育采用"实用主义"之提出

1912年12月20日,黄炎培被任命为江苏省教育司司长。这一职务对于黄炎培来说,可以说是十分适合的,因为作为江苏人氏,早在清末,他就

曾担任江苏教育总会常任调查员，就苏南等地的教育进行过一定的调查，对江苏教育多有感悟、了解和认识。而就黄炎培本人而言，他也希望通过服务桑梓，对家乡教育有所规划和贡献。于是，上任伊始，为了对本省教育状况及教育行政内容一一载录，"并选译东西各国教育制度及教育家新著述，藉资考镜"，在他的主持下，教育司决定从1913年1月起，刊行《江苏教育行政月报》，"藉为行政上之助力"。①

1913年1月，担任江苏省教育司司长仅两个月的黄炎培，即在《江苏教育行政月报》第1号上，发表了《江苏今后五年间教育计划书》。该计划书对江苏省未来5年间从小学校、中学校、师范学校、实业学校乃至留学教育均作了具体规划，尤其是关于实业教育方面，对农业学校、工业学校、商业学校和女子职业教育，析之甚详。其中规定有："对于农、工、商教育应尽先筹设甲种学校"；对于农业学校，可先设若干趋重于实验的甲种农学校；对于工业学校，则可甲种工校与专门工校并行设立；商业学校也"断不可忽"；此外还应设医学专门学校。② 黄炎培特别指出，"女子职业教育，吾所绝对主张者也"，所以宜"复设女子蚕桑学校，俾一部分趋于蚕桑事业；复筹设女子艺术学校，授烹饪、裁缝、刺绣、绘画等等，俾娴于家事手工，各赡其身家而有余"；"寓职业教育于初等教育，亦吾所绝对主张者也"。③ 可以说，这是黄炎培最早提及职业教育，虽然在此，他还没有将职业教育与实业教育加以区别，并具体阐述它的含义，但是他在文中，通过强调"生活教育之宜注重"，从而引出对职业教育的重视，实际上已经说明，此时教育上的"实用主义"，已经开始在他心中酝酿了。

然而，由于数千年来重士轻工、重义轻利等价值观念的根深蒂固，在民国成立之初，人们对实业学校少有问津，而对法政学校却趋之若鹜。据统计，1913年，全国计有专门学校89所，其中法政专门学校即有56所；④是年，江苏省有各种法政学校15所，在校学生4742人，而同期该省新办的6

① 《江苏教育行政月报条例》，载《江苏教育行政月报》1913年1月第1号。
② 黄炎培：《江苏今后五年间教育计划书》，载《江苏教育行政月报》1913年1月第1号。
③ 黄炎培：《江苏今后五年间教育计划书》，载《江苏教育行政月报》1913年1月第1号。
④ 参见黄炎培：《读中华民国教育统计》，见中华职业教育社编：《黄炎培教育文集》第2卷，中国文史出版社1994年版，第261页。

所省立农业、工业和师范学校仅招到合格学生 471 人。有鉴于此,6 月 1
日,黄炎培又在《东方杂志》上发表了《教育前途危险之现象》一文,叹曰,
"吾江苏教育前途,有极危险之现象焉",因为"戚邻友朋,驰书为子弟觅学
校。觅何校? 则法政学校也。旧尝授业之生徒,求为介绍入学校,入何校,
则法政学校也。报章募集生徒之广告,则十七八法政学校也"。① 然而"习
法政者所为事业,分利事业也,其趋之也如彼;农工,生利事业也,其弃之也
若此",这实乃"教育前途危险之现象"。②

　　江苏一省的教育前途"极危险之现象"乃是全国不少地方的缩影,而
黄炎培《教育前途危险之现象》虽针对江苏而发,但其目的乃是在"警告我
国民"。事实上,当时,一方面是法政学校泛滥,另一方面,由于《中学校
令》规定"中学校以完足普通教育、造成健全国民为宗旨"③,使得普通中学
以及相当一部分实业学校,学生所学多脱离实际的生活,各种学校的学生,
只要是一毕业,文凭拿到手,就认为目的已经达到,至于自己所学的是否合
于处世谋生之道,却从来不顾及。以致,毕业后多不能适社会之需,应社会
之用。有鉴于此,是年 8 月,黄炎培特作《学校教育采用实用主义之商
榷》,并在当月由江苏省教育会出版单行本。书中除收有黄炎培的《学校
教育采用实用主义之商榷》一文外,还附有《小学校实用的本领之发挥》和
《英国之(A)学校》两文,前者乃节译日本棋山荣次氏所著的《教育教授之
新潮》一书,"读之见德美两国实用教育实况之一斑"④;后者为译自法国人
狄慕仑所著的《安格罗萨克森民族优胜之理》,"录之,见英国实用实况之
一斑"⑤。与此同时,黄炎培还在江苏省教育会将《学校教育采用实用主义
之商榷》分送会员征求意见。

　　在《学校教育采用实用主义之商榷》中,黄炎培明确而深刻地揭示道,
"今之学子,往往受学校教育之岁月愈深,其厌苦家庭鄙薄社会之思想愈
烈,扞格之情状亦愈著。……即以知识论,惯作论说文字,而于通常之存问

① 黄炎培:《教育前途危险之现象》,载《东方杂志》1913 年 6 月第 9 卷第 12 号。
② 黄炎培:《教育前途危险之现象》,载《东方杂志》1913 年 6 月第 9 卷第 12 号。
③ 璩鑫圭、唐良炎编:《中国近代教育史资料汇编·学制演变》,上海教育出版社 1991 年版,第 659 页。
④ 黄炎培:《学校教育采用实用主义之商榷》,江苏省教育会 1913 年版,第 8 页。
⑤ 黄炎培:《学校教育采用实用主义之商榷》,江苏省教育会 1913 年版,第 9 页。

书函,意或弗能达也";"习算术及诸等矣,权度在前弗能用也;习理科略知植物科名矣,而庭除之草不辨其为何草也,家具之材不辨其为何木也"。①而这样的学生从学校毕业之后,往往"习农则畏勤动之多劳,习商则感起居之不适"。学生从学校毕业之后,往往所学不能致用,从实际应用上来说,可以说是所学一无所得。黄炎培断言,如果这一状况"循是不变,学校普而百业废,社会生计绝矣"。②

那么,如何根除这一积弊呢?黄炎培认为,必须使教育内容适应社会的需要,加强教育和现实生活的联系。他说:"教育者,教之育之使备人生处世不可少之件而已。人不能舍此家庭绝此社会也,则亦教之育之,俾处家庭间、社会间,于己具有自立之能力,于人能为适宜之应付而已。"具体而言,德育"宜归于实践",体育"求便于运用",智育则"授以生活所必需之普通知识技能"。从这一教育作用观出发,黄炎培主张学校的各种教科都应以实用为目的,以现实生活所需为内容,加强与个人生活和社会现实的联系。他以小学教育为例,提出了各学科的具体改良意见。如,修身"注重偶发事项及作法";国文"读本材料,全取应用",作文"多令作记事、记物、记言等体,尤多作书函或拟电报";地理"多用画图,少用文字";算术"演算命题,多用实事或实物",理科所用材料要以人们普通生活所接触和所需要的为断,"教授务示实物","必令实验,切戒专用文字,凭空讲授"。在黄炎培看来,如此的教育所施,乃是"打破平面的教育,而为立体的教育",也即"欲渐改文字的教育,而为实物的教育";一言以蔽之,即"实用主义教育"。它是治疗教育界种种弊端"惟一之对病良药"。③

黄炎培说,事实上,实用主义教育并非自己的"创论",在欧美一些国家"不仅著为学说,且见诸实行",日本也将之作为舶来品,辄以提倡注重。为了用事实说明这一学说"非无所据",黄炎培还决定"辑录关于实用主义之著述二种",即《教育教授之新潮》和《安格罗萨克森民族优胜之理》,"附供参究"。他希望学界对于"今日吾国教育是否宜采用此实用主义"以

---

① 黄炎培:《学校教育采用实用主义之商榷》,江苏省教育会 1913 年版,第 1 页。
② 黄炎培:《学校教育采用实用主义之商榷》,江苏省教育会 1913 年版,第 4 页。
③ 黄炎培:《学校教育采用实用主义之商榷》,江苏省教育会 1913 年版,第 1—7 页。

及"对于实用主义之批评",能够畅所欲言,积极发表意见。①

10月,《教育杂志》第5卷第7号也将此文刊出(是年11月和12月《中华教育界》第2卷第11期和第12期作了转载),立即在教育界引起了强烈反响,"一时为文表示对于斯主义之意见者,弗可数,日报月志,转相刊载,咸有论列"②。如,江苏省教育会所办的《教育研究》第7期(1913年11月)和第8期(1913年12月)先后刊有王朝阳所写的《读学校教育采用实用主义商榷书感言》《学校教育采用实用主义之研究》和江苏省立第二师范学校附属小学的《我校之施行实用主义》等文,《中华教育界》自第3卷第10期(1914年1月)起陆续刊登顾树森所写的《实用主义生活教育设施法》(1914年3月,以《生活教育设施法》为名,由上海中华书局出版单行本),提出"实用主义之不可视为缓图",而要达到实用之目的,必须"以生活二字为实用之标准"。③ 与此同时,张元济、潘文安、陆培亮、林可培、项镇方、朱华、孙平成、李荣怀、杨卫玉、俞子夷、林传甲、顾旭侯、赵宗抃、潘吟阁、袁虞臣、王定国、沈宗璜、周本培、袁培基等19人纷纷惠书黄炎培,对实用主义教育这一口号和理念发表自己的看法。其中虽有反对之辞,但更多的是支持之声。

针对大家的意见,1914年2月,黄炎培又作《学校教育采用实用主义第二回商榷书》。文中,黄炎培特别针对大家的反对意见("恐遍于器械的而缺精神的""恐专务实事实物而全废理论""不宜全废系统""恐不适于生徒程度"等等),一一进行了解释。他说,实用主义并非实利主义,"实用主义,实包含知识、技能与道德各方面";实用主义,也"并非不使之知,但使之行,并非专授法式,而不授原理",不过是所施之教育"切于应用,可见诸实行,即间授以理论,必以实事、实物为根据";所以实用教育的教材"务以儿童日常经验界为限""务以适应于儿童能力者为限"。④

3月10日,《教育研究》将黄炎培的《实用主义小学教育法》和《学校教育采用实用主义第二回商榷书》作为"新年号"(临时增刊)出版。之后,江苏省教育会又相继出版了杨保恒、黄炎培辑译的《实用主义小学教育

---

① 黄炎培:《学校教育采用实用主义之商榷》,江苏省教育会1913年版,第8页。
② 黄炎培:《实用主义产出之第一年》,载《教育杂志》1915年1月第7卷第1号。
③ 顾树森:《生活教育设施法》,上海中华书局1914年版,第7页。
④ 黄炎培:《学校教育采用实用主义第二回商榷书》,载《教育研究》1914年3月"临时增刊"。

法》(1914年3月)和黄炎培的《小学实用主义表解》(1915年1月)单行本。特别是《实用主义小学教育法》,已经辑译出多日,因黄炎培适在考察安徽、江西、浙江三省教育,一直未及出版,但是在考察期间,黄炎培"所至殆无不以此问题为谈话资料,或环坐讨论或对众演说,……则十分赞同此主义,而苦弗能十分了解其实施方法"。正是鉴此,黄炎培在三省考察尚未结束时,特及时将《实用主义小学教育法》正式出版,并在书末附有自己一月前所作的《学校教育采用实用主义第二回商榷书》,一方面是加大宣传,更主要的目的在于希望人们通过阅读了解该书所列的各种实施方法,以对实用主义教育更加明确,并坚定赞同实用主义教育者的信心。

在黄炎培看来,"今日者,教育教育之声,遍国中矣,起而观其学子,往往受学校教育之岁月愈深,其厌苦家庭、鄙薄社会之思想愈烈,扞格之情状亦愈著,此固职教育者所莫能为讳也",所以他认为"今兹教育,非于实用的方面,施大革新不可,非从小学校下手不可"。①故《实用主义小学教育法》旨在"发挥小学校之实用主义",其编辑大体虽然"以日本竹原久之助所著《小学校实用的施设》为准据,而内容则大加损益,不事直译,以求适切于吾国今日之实用","本书所述种种方法,可依地方及学校情形而斟酌取舍,庶无背乎实用之道"。②它计分15章,分别是:实用教育之必要、实用教育所当注意之事项、实用教育之关系事项、实用教育与各方面之关系、实用教育与教员之关系、实用教育与教授之关系、修身科之实用教育、国文科(读法)之实用教育、国文科(作文)之实用教育、国文科(书法)之实用教育、算术科之实用教育、理科之实用教育、技术科之实用教育、其他教科目之实用教育、各种之实用的设施。日后的事实证明,由于该书对实用教育的重要性、教师和教学的关系,以及各学科实用教育的实施等,都作了较为详细的分析说明,对当时国人了解、认识乃至实施"实用主义"的教育产生了重要作用。

---

① 杨保恒、黄炎培辑译:《实用主义小学教育法》,江苏省教育会教育研究部1914年版,第2页。
② 黄炎培:《例言》,见杨保恒、黄炎培辑译:《实用主义小学教育法》,江苏省教育会教育研究部1914年版。

二、促进实用主义教育思潮的发展与定型

黄炎培《实用主义小学教育法》和《学校教育采用实用主义第二回商
榷书》出版和发行后,对于实用主义教育,"鼓吹之声愈唱愈高,响应之区
渐推而渐广"①。至 1914 年间,实用主义教育蔚然成为一种教育思潮,激
荡于教育界。不仅有关实用主义教育的理论著作开始出版,如潘文安辑
《实用主义单级教授法》(嘉定匡华书局 1914 年版)、杨祥麟著《实用主义
课外教育实施法》(上海商务印书馆 1915 年版);而且冠名为"实用"或"实
用主义"的教科用书也不时推出,如《实用主义师范国文教本通论》《实用
主义理科答问》《实用主义化学答问》等等。特别是《教育杂志》,不仅于
1914 年 5 月刊登了顾绍衣的《实用主义理化新教授法》(第 6 卷第 2 号),
而且还针对"实用主义"向学界广泛征求意见,以相质证。7 月,《教育杂
志》社将有关这次以"实用主义"为名的征文,由该杂志编辑主任朱元善辑
之,以"教育研究实用主义问题"为名,"选择巨作数十篇","又采录日本最
近之学说","汇刊一册",作为第 6 卷"临时增刊",由上海商务印书馆正式
出版发行。这一增刊被认为是"诚我国研究教育以来未有之大著,凡为教
员者,不可不手此一编也"②。增刊除登有黄炎培和庄俞分别所写的叙和弁
言外,还登有由廉方、邢定云、王焱、丁德合 4 人所写的 4 篇《今日学校教育应
否采用实用主义》的同名文章,以及范善、黎标明、夏绍侯、潘文安 4 位小学
教员所写的 4 篇《实用主义实施法》的文章,另外还有日本学者佐藤仁寿所
著的实用主义各科教授法新论之一——《实用的教授法》。以上这些文字,
对实用主义教育进行了多方面、全方位的解读,概括起来厥有三端:

其一,极力论证实用主义教育的合理性和可行性。大家和黄炎培一
样,不仅认为实用主义教育实乃在欧美一些国家和日本已经得到了认可,
乃世界教育大势,而且也认为它是符合中国教育现状,适合社会生活需要
的。邢定云更断言:"实践的开发主义为何? 曰实用主义是也,实用主义

---

① 黄炎培:《实用主义产出之第一年》,载《教育杂志》1915 年 1 月第 7 卷第 1 号。
② 《〈实用主义问题〉广告词》,见黄炎培:《黄炎培考察教育日记》第一集,上海商务印书馆 1914
年版。

者,为在学校所施之教育,意能合乎人类之需而已。"①

其二,多方阐述施行实用主义的必要性。大家认为,施行实用主义的教育,不仅适于社会需求,符合中国教育现状,而且乃是确立实用新道德的途径。因为,"苟采实用主义,不惟应用知识不致偏废,即道德之标准,亦可依实用为旨归"②。此外,它还可以使中国学术发达、教授法得以改良,从而培养出更多的职业人才,最终使教育进步、生计发展、国家稳定。

其三,拓展实用主义于教育上的应用范围。人们认为,普通教育采用实用主义理所当然,但"不惟普通教育用之可养成完全之国民也,实业教育之可造就急需之技艺也,即专门与高等教育,用此主义亦可应时势之需要"③。因此,在普通教育中,教科书应随时、随景、随量等变换次序,如手工科"首宜与图书联络,尤宜置景物于前,而仿造之"④,算术科要调查每日市场物价、使学生练习计算书写等。在实业教育中,学校则应附设工场、商店等实习场所。

《教育杂志》以"教育研究实用主义问题","发为问题,征求海内意见",辑为"临时增刊"出版,无疑意义重大;因为它的刊行使得实用主义教育又前进了一大步。正如黄炎培在为之作的叙中所说:"今后之实用主义,脱离商榷采用时代,进而入于研究实施时代,盖可知也。"⑤

第三节　国内教育考察:促进实用主义教育思潮的发展

早在清末,黄炎培担任江苏教育总会常任调查员时,就重视教育调查。民国成立后,随着新的共和政体对教育发展提出新的要求,通过国内教育

---

①　邢定云:《今日学校教育应否采用实用主义》,载《教育杂志》1914 年 7 月第 6 卷"临时增刊"。

②　廉方:《今日学校教育应否采用实用主义》,载《教育杂志》1914 年 7 月第 6 卷"临时增刊"。

③　廉方:《今日学校教育应否采用实用主义》,载《教育杂志》1914 年 7 月第 6 卷"临时增刊"。

④　潘文安:《实用主义实施法》,载《教育杂志》1914 年 7 月第 6 卷"临时增刊"。

⑤　黄炎培:《叙》,载《教育杂志》1914 年 7 月第 6 卷"临时增刊"。

调查和国外教育考察以发现中国教育之弊病与痼疾,并进而寻找"治病"之方和指导之策,逐渐引起了教育界的重视。而在民初的国内外教育考察中,作为江苏教育界著名人士的黄炎培,通过对国内教育的考察,对当时实用主义教育思潮的发展,起到了极大的促进作用。

黄炎培对实用主义教育的倡导虽然使得"实用"逐渐深入人心,但是,人们认为,要真正使得实用主义教育付诸实行,产生有效的作用,还必须考察学校中种种不适于实用的病源,通过调查揭示其种种不实用的表现,进而对症下药。因此,在倡导实用主义教育的同时,1914 年 2 月 22 日至 5 月 27 日和 9 月 14 至 10 月 21 日,黄炎培分别对安徽、江西、浙江和山东、直隶的教育现状进行了考察。

一、考察安徽、江西和浙江教育与实用主义教育的宣传

1914 年 1 月,鉴于教育经费棘手,加之不满袁世凯的独裁统治,黄炎培毅然决定辞去江苏省教育司司长的职务。在辞职声明中,他说:

> 为呈请事:窃炎培佐理本省教育行政,二年于兹,力小职重,时惧弗称,会遭宁变,具呈恳辞。民政长莅任,面申前请,未获俯允。只念大难初平,凡百倥偬,不敢以一部分之教育行政,重烦台座之忧。追随三月,愧悚有加,短绠无望于汲深,驽力已疲于屡策。即使忘其固陋,勉效驱驰,而斗筲之材既穷,恐尺寸之效莫见。惟有沥陈下悃,求遂初衷。特宽羁勒于风尘,予以退修之岁月,不如人而犹壮。报国之日方长,既信斯之未能,进贤之路宜让。为特具呈,恳请鉴核,准予转呈大总统,免去本官,一面迅赐遴员接任,不胜屏营待命之至。谨呈。①

1 月 29 日,《申报》刊登了黄炎培的辞呈。2 月 17 日,黄炎培正式交卸江苏省教育司司长一职,由新任教育司司长江谦接替。之后,他在好友《申报》总经理史量才的支持下,以《申报》记者的身份开始对安徽、江西、浙江三省教育进行考察。

---

① 《江苏教育司长黄炎培辞职呈文》,载《申报》1914 年 1 月 29 日,第 7 版。

在黄炎培看来，"吾辈业教育，教育此国民，譬之治病。外国考察，读方书也；内国考察，寻病源也。方书诚不可不读，而病之所由来与其现象，不一研究，执古方，治今病，执彼方，治此病，病曷能已"①。是次考察历时95天，黄炎培对三省的教育状况、社会情形乃至山川名胜等作了详尽的记载，编辑成《黄炎培考察教育日记》第一集，由上海商务印书馆于1914年12月出版；并编辑《黄山》（吕颐寿摄影），和吕颐寿编纂《庐山》《西湖》，和庄俞编纂《泰山》等画册，由上海商务印书馆纳入"中国名胜"丛书，于1914年11月至1915年12月出版。这些画册，通过所拍的大量照片，以图文并茂的形式，对考察作了补充介绍。而由于黄炎培此次国内之游其目的是作教育考察，故日记内容也重点记录教育状况；而在这次考察的日记出版之前，黄炎培还将有关的考察内容陆续写成《考察本国教育笔记》等，在《教育杂志》上刊载，并将有关的考察学校情况写成《葆灵女学校》《皖南之师范学校》等专文，在《教育研究》上刊出。

在考察时，黄炎培马不停蹄，对三省一些主要的小学、中学、师范学校、实业学校作了较为详细的调查。如，在江西，他先后参观了湖口县立高等小学校、省立女子师范学校、省立高等农林学校、葆灵女学校、私立义务女学、省立模范初等高等小学、洪都中学、省立第一小学校、省立师范学校及中学校、省立第五初等小学、葆灵幼稚园、饶州中学、潘阳县立高等小学、陶业学校、景德镇女子公学和省立模范初等高等小学等；在安徽，他先后参观了省立第二女子师范学校、圣雅各高等学校、铜陵县立初等高等小学校、大通初等高等小学校、省立第二初等高等小学校、省立第一师范学校、圣保罗高等学校、培媛女学、省立第三高等小学校、省立第二初等高等小学校、怀宁中学、省立第二师范学校、阳湖乙种农业学校、新安中学、歙县第一高等小学等；在浙江，他先后参观了淳安县立高等小学、省立第九中学、建德县立模范两等小学、桐庐女子初等和高等小学、富阳高等小学、省立女子师范学校、省立第一师范学校、省立第一中学、省立第一师范附属小学、宏道女学、惠兰中学等。在考察中，黄炎培不仅对三省的这些学校状况及优劣作了详细记载，而且多次应邀进行教育演讲，如，2月27日于芜湖圣雅各高

① 黄炎培：《黄炎培考察教育日记》第一集，上海商务印书馆1914年版，第1—2页。

等学校演说《实用教育主义之关系》,3 月 9 日于安徽省立师范学校讲演《实用主义之趣旨》,3 月 24 日于九江应圣约翰中学之邀演讲《学求实际》,4 月 9 日于南昌心远中学演说《谨希望诸君各注意切近平实之学问与道德》,4 月 11 日在义务女学演说《理想的女学校》,4 月 22 日在景德镇女子公学演说《景德镇之教育与瓷业》。

通过考察和演说,黄炎培以点带面、点面结合,通过对一个个学校的了解、认识和分析,在肯定优点的同时,更多地指出各学校的不足和应行改进之处,并进而总结出了当时三省教育的弊端所在。如,对于安徽省立第二师范学校,他说:"本校明年所授各学科,公同商榷,本实用主义,预先编纂细目,以便按日程功。"①三省教育的共同点有:"各种社会,无一不困于生计,但求得过且过为佳,断无三年九年之蓄""各地以书院或私塾改设之学校,每不能尽脱向日习气""各地方视初等小学之重,每不如其视高等小学""各地中等学校,其教材类有过多之病,于脑力上既患用之过度,于智识上尤患食而不化""一般学校通行之教授法,多系注入式,求能用启发式者绝鲜"等等。②

不仅如此,考察结束后,黄炎培还在多地介绍对三省教育考察的情况。如,7 月 7 日,黄炎培应城东女学校长杨白民之邀,在该校讲游历三省情形,主要就考察中有关女学的情况进行了介绍。7 月 12 日,江苏省教育会于暑假期间延请中外人士研究学术,开第一次演讲会,百余人莅会听讲。是次所延为德文学校教员格勒尔及穆藕初、黄炎培,其中,格勒尔报告《德国小学之教授法及其关系》,穆藕初报告《自述留美时所受之教育及其研究所得之意见》,黄炎培报告《考察皖浙赣三省教育情状》。在报告中,黄炎培介绍说,此次考察,分学校和社会两个方面,期得教育上之真相,就三省教育大概比较言之,浙为上,赣次之,皖最下;浙江省的教育不仅办学者热心,而且教育行政机关对教育也十分重视,所憾者中学多师范少,所以应该多设师范。在报告中,黄炎培还提出,对图画的教授宜注重写生图案,修身教授的法则须合乎儿童心理。8 月 4 日,应松江教育会之邀,他又演讲

---

① 黄炎培:《皖南之师范学校》,载《教育研究》1914 年 7 月第 13 期。
② 黄炎培:《黄炎培考察教育日记》第一集,上海商务印书馆 1914 年版,第 205—206 页。

"游历皖赣浙三省情形",言道,在所考察的93所学校中,南昌模范小学的教法最为令人钦佩。

考察不仅使黄炎培对国内教育状况有了更深的认识,也更坚定了他对实用主义教育的信心。此可以一例证之。9月13日,他在《申报》上发表《敬绍介实用教育绝好资料日用须知于教育界》一文。文中,黄炎培说,自己在和杨保恒辑译《实用主义小学教育法》后,"小学教育重常识,其材料重日常应用,盖已为谈教育者所公认",因之,自己乃谓杨保恒"更宜予小学校教师以各种关于实用之教材,相约搜辑,他日成帙以行";因适在商务印书馆得《日用须知》一书,虽然日常应用之事物,随时随地有所不同,书中所辑也为普通事物,如"凡夫昏丧宴会之节,山河道路之名,农田畜植之方,医药经验之术,工商沿用之习惯,省县单行之规章",但是由于该书与自己"所欲辑者不谋而合",故特予以介绍。①

二、考察山东、直隶教育与实用主义教育的鼓吹

1914年9月14日,黄炎培再次北上,至10月21日止,对山东、直隶两省进行了为期38天的考察,所撰文稿笔记编辑为《黄炎培考察教育日记》第二集,由上海商务印书馆在1915年7月出版。

考察期间,黄炎培在山东先后参观了省立第一师范学校、省立第一模范初等小学、省立第一女子师范学校、省立第二女子师范学校、省立模范初等高等小学校、省立竞进女子初等高等小学校、省立商业专门学校、省立工业专门学校、省立第三中学、泰安师范学校、曲阜县立高等小学、省立第二师范学校等;在直隶则先后参观了省立女子师范学校、私立普育女学等。在参观学校的同时,黄炎培仍不时发表演讲,对实用主义教育奔走呼号。如,10月16日,黄炎培应天津教育界之邀发表演讲,认为"中国兴教育几二十年矣,然皆纸片的、书本的,而非实际的","今欲打破平面的教育,为立体的教育,非用实物或模型标本教授不可"。② 通过对两省教育的考察,黄炎培总结道,"学校训练难言矣,教授大都用注入式";"各种学校毕业

① 黄炎培:《敬绍介实用教育绝好资料日用须知于教育界》,载《申报》1914年9月13日,第11版。
② 黄炎培:《黄炎培考察教育日记》第二集,上海商务印书馆1915年版,第149页。

生,除升学外几无他路,此为方今教育亟待研究之点,若中学校为尤甚"。①
同时,他还在《教育杂志》上发表了《参观京津通俗教育记》《考察本国教育
笔记》,在《教育研究》上发表了《山东广智院》等文章,介绍考察期间的有
关情况。

第二次国内教育考察结束后,在各地的演讲中,黄炎培更加注重对实
用主义教育的宣传和倡导。如,11月1日,他在城东女学演讲《山东直隶
两省旅行记》,因时间紧张,在演讲中,略直隶而仅及山东,主要"择有趣味
及关系于女学生者"进行说明,介绍了在青州女学校、广智院、山东第一女
子师范学校等参观的情况。1915年1月7日,黄炎培应寰球中国学生会邀
请在该会演讲《第一年间之实用教育主义》。他说,实用主义一词并不是
一个新名词,在西方已经行用已久,而在考察中发现,浙江、山东、直隶三省
的一些学校,"教育多有不适于实用,故出校学生每不易得职业,若长此以
往,欲为子弟谋职业者,将以学校为畏途矣"。有鉴于此,在演讲中,黄炎
培认为,修身科教师但讲品行及道德的意义,即让学生来写论说,根据论说
的优劣来确定学生该科的程度,而不考察学生的行为动作能否合乎修身之
理,"此皆空言而无补于实用"。他同时向大家介绍了一年来实用主义教
育的初步发展:以实用主义编辑的理算图书达五六种之多;苏州某校的园
圃教师每天让学生进行种植;江苏第二师范学校附属小学校内的服务俱由
学生兼任;上海县的96所小学校中,有38所学校将学生的国文由重视论
说改为注重信札、便条、明信片及电报、广告、票据、契券、请帖、签条等。②
演讲毕,黄炎培还专门将自己所著的《小学校实用主义表解》一书,分赠给
在座诸君。2月,黄炎培又于江苏省立第三师范单级教授研究会上演讲
《实用主义之真谛与一年间之实施状况》。演讲分"实用主义之真谛""实
用主义一年间之实施状况"和"实用主义实施之必要"三个方面,在总结实
用主义教育研究、实行现状的同时,继续阐发实用主义教育的实质内涵和
实施的必要性及重要意义。同时,他将《实用主义表解》一文分赠给大家,
以供"从容研究"。在演讲最后,黄炎培希望"于实施教育诸君,及将来有

---

① 黄炎培:《黄炎培考察教育日记》第二集,上海商务印书馆1915年版,第158—159页。
② 《教育家之实用教育谈》,载《申报》1915年1月9日,第10版。

实施之责者,须随时随地致意实用主义之研究,举凡教授、管理、训练、养护诸方面,一以实用主义之精神贯之";"诸君之有教育行政责者,考察学校之标准,务须以实用为的,而优劣以是定焉";并希望大家在办学实施实用主义后,将利弊告知,以"与海内诸教育家共同研究";对于赠给大家的《实用主义表解》,研究后如"觉有缺漏及谬误处",亦请告知,以便"与诸君反复讨论之"。①

4月9日,也就是黄炎培赴美考察的当天,上海县教育会举行的小学教育演讲会开讲,黄炎培、顾树森、曾致公、李墨飞分别演讲《教育问题》《蒙台梭利氏教具及使用法》《算术教授法》和《小学校读法研究之商榷》。在演讲前,黄炎培先向大家分发了《小学校实用主义表解》一书,接着演讲道,欲谋教育的发达,必须以实行、研究、统计为三要素;实用主义,要求"智育须授与生活必需之知识技能,德育宜归于实践,体育求便于运用";训练和管理应当准备好实施,教授的方法和科目应注重实用。黄炎培说,由于本日即赴美考察教育,不克讲毕,但希望与会者能够在自己的教育工作中实行实用主义!②

黄炎培对实用主义教育的宣传和倡导,使教育界对实用主义益加鼓吹、愈加响应。为了对一年来各地实用主义教育的实施情况进行总结,更是怀着对实用主义教育的执着和信念,黄炎培特撰了《实用主义产出之第一年》,于1915年1月发表在《教育杂志》上,详细地介绍了1914年间实用主义在国内教育界的发展盛况,包括有关编辑教育用书和教科书冠以"实用主义"者,江苏第一、第二师范学校的附属小学实施实用主义和上海县各小学施行实用主义的实况,以及在考察期间教育界一些人士"莫不以实用主义为其谈话之资料"的情况。他说,一年间,实用主义取得了"突飞之进步",且已"罕闻异议矣";"鼓吹之声愈唱愈高,响应之区渐推而渐广"。③

在总结了实用主义教育的实施情况后,黄炎培愈加坚定地认为:教育不可不急求改良,以趋实用;教学不能让学生读死书,应更加注意实用之材

① 《黄任之先生演讲实用主义之真谛与一年间之实施状况》,载《教育研究》1915年3月第21期。
② 《小学教育演讲会开讲纪》,载《申报》1915年4月10日,第10版。
③ 黄炎培:《实用主义产出之第一年》,载《教育杂志》1915年1月第7卷第1号。

料。总之,"欲求学校教育之见功,教育主义必注重实用而后可"。^① 他自信地断言:如果这样,那么即"可以挽回今日教育之颓风"^②。

综上,黄炎培对实用主义教育的号召与倡导有着深刻的教育背景。由于他的倡导,最终使实用主义教育在民初成为一种影响至广的教育思潮。日后的事实也有力地证明,实用主义已经为教育界所认可。看到自己所倡导的教育理念已经开花结果,1915 年底,黄炎培高兴地又写了一篇《实用主义产出之第二年》的文章,他反复说明:"实用主义初非仅作文授书札、信条、广告、票据,习算授簿记,写字授行书,图画授写生、图案,遂足为毕乃业。苟徒备是种种形式,而材料与意思非儿童应用上所必需,犹无当也。即以形式论,亦以能就地取材,用意变化为上,专事模仿者次之。"^③他欣喜地向大家介绍说,"今朝野上下,一致赞同斯主义矣";"若出版物以是为标题者日多,若教育会议以是为议题者亦复不少,虽前者不获尽悉其书籍之内容,后者亦不获尽悉其实际之效果,要其东推西荡之潮流,未或息也"。^④黄炎培的预言是准确的!因为,越来越多的教科书和教育理论书籍冠以"实用主义"字样出版。当时,虽然在黄炎培 1915 年 8 月从美国考察回国后,职业教育已经被介绍到国内,但由于在黄炎培等人看来,"美国教育,凡所设施,无一非实用"^⑤,使得当职业教育最初引入时,因与国内提倡"实用主义"相契,从而更加对当时脱离实际的教育产生了猛烈的冲击,激发了人们教育观念的巨大变化。因此,可以说,实用主义教育的发展也为此后职业教育的萌生奠定了坚实的理论和实践基础。

---

① 《黄任之先生演讲实用主义之真谛与一年间之实施状况》,载《教育研究》1915 年 3 月第 21 期。
② 《黄任之先生演讲实用主义之真谛与一年间之实施状况》,载《教育研究》1915 年 3 月第 21 期。
③ 黄炎培:《实用主义产出之第二年》,载《教育杂志》1916 年 1 月第 8 卷第 1 号。
④ 黄炎培:《实用主义产出之第二年》,载《教育杂志》1916 年 1 月第 8 卷第 1 号。
⑤ 黄炎培:《实用主义产出之第二年》,载《教育杂志》1916 年 1 月第 8 卷第 1 号。

第三章　职业教育在中国的萌生

　　如果说国内教育考察使黄炎培寻得了中国教育"病源"的话，那么对美国的教育考察则使黄炎培找到了改革中国教育的"方书"，这个"方书"就是东方辞典向所未载的"职业教育"。此后他通过组织职业教育研究会对职业教育进行宣传和研讨，通过赴日本、菲律宾进行教育考察对职业教育有了更多的体认和理解，从而为中华职业教育社的成立创造了成熟的条件，最终促使职业教育在中国得以萌生。

第一节　美国之行:职业教育的孕育与引入

　　两次国内教育考察，使黄炎培对中国教育的症结问题有了更为明确、清醒的认识，而这个症结就是中国教育和实际相脱离，不能适应社会的需求。因此，在考察中，他仍在不遗余力地宣传、强调教育上的实用主义，号召学求实际。虽然期间他没有明言要通过在中国发展职业教育来改变中国教育的窘状，但是他在考察过程中所提出的社会生计问题、学校毕业生特别是中学校毕业生的出路问题等,实际上又反映出他已经开始在致力寻求一种更好形式的教育。当然,真正地对职业教育开始体认并倡导、引入,则是自他的美国之行始。

一、对美国教育的考察

1915 年 4 月,中国组织了以全国商会联合会会长张振勋为团长、聂云台为副团长,包括余日章、陈遇春、孙润江等在内的共 17 人组成的游美实业团,赴美考察美国农工商业盛况,并参加在旧金山举行的巴拿马太平洋万国博览会,黄炎培受聘担任记者随行,调查美国教育。农商部为组织游美实业团所致黄炎培的函中曰:

> 迳启者:本部组织游美实业团,曾经函约台端,共襄盛举,当荷惠允,无任欣幸,兹本部以集团游美考察实业,足迹之所至,视察之所及,不能无所纪述,夙稔执事文章经世,学识超群,拟以该团编辑一席,敬请担任。挹友邦之精萃,益我国之文明,将于是乎赖之。①

当时美国职业教育体系已基本得以确立,职业教育的开展在美国已经取得了突出成就。因此,心中已经开始孕育职业教育的黄炎培,是次调查美国教育的目的"一为职业教育之状况,一为职业教育与普通教育联络问题"②。

4 月 9 日,黄炎培和考察团一行在上海乘太平洋公司"满洲利亚"号轮船出发。他们经日本、檀香山,于 5 月 3 日到达旧金山后,小住 7 日,即向南美进发,之后又转赴美国中部、北部和东部,先后在芝加哥、华盛顿、费城、纽约、波士顿、春田、斯克内克塔迪、布法罗、底特律、西雅图等 26 个城市进行参观考察,其中在芝加哥 4 天、华盛顿 3 天、纽约 7 天、波士顿 4 天。

---

① 农商部:《中华游美实业团报告》,上海商务印书馆 1916 年版,第 2 页。
② 黄炎培:《调查美国教育报告》,见中华职业教育社编:《黄炎培教育文集》第 1 卷,中国文史出版社 1994 年版,第 266 页。

期间,考察团每到一地,都受到美国方面的热烈欢迎和重视,"全国倾城相待,樽酒酬酢,殆无虚日",并受到美国总统威尔逊的接见。至 6 月 30 日,美方为考察团共举行正式宴会 40 次,非正式宴会 37 次,茶会及园艺会 13 次,谈话会 12 次,观剧 2 次,听音乐会 1 次,观足球会 1 次。[①] 当时,不仅美国的报纸不时报道考察团的行踪;而且在 1916 年,Halpin Lithograph Company 还出版了名为 *History of tour of United States by honorary commercial commissioners of China* 的一本著作,介绍了考察团自 5 月 3 日到 6 月 30 日在美考察的具体情况。

由于考察团考察的目的主要在农工商和教育,所以,考察团成员"计观商店、学校、农场各不下数十,工厂多至百数十处,其专函邀往参观而未能应者尚不知凡几"[②]。而为了让国人及时了解考察团在美的情况,黄炎培还以《申报》旅行记者的身份,写了近十篇通讯稿,刊登在《申报》上,其中有《游美实业团之过日本》《游美实业团之行踪》《中华实业团之南美旅行》《华盛顿欢迎中华实业团》《游美实业团见大总统纪事》《纽约欢迎中华实业团志盛》《美利坚之全国商会联合会》《中华实业团环游美国纪程》《美国务卿白乃安氏之演说》等。

在各地考察期间,虽然黄炎培也参观了一些非教育机构,如斯克内克塔迪市电城公司、底特律市摩托车厂等,但鉴于自己对教育的理解和认识,每到一地,他都将大部分时间用于教育考察,希望尽可能多地了解美国的职业教育。而这,又主要表现在两个方面:

一是积极和当地教育行政部门有关人员及有关学校负责人士接洽,向他们了解当地教育的发展情形,征询他们对中国教育改革的意见。如,5 月 26 日,黄炎培和余日章拜访华盛顿教育局长克拉士登,"畅谈中学分科制"。当克拉士登了解到黄炎培正"注意职业教育,特介绍其本局职员工业教育专家鲍登博士,开示将往各地含有职业性质之各学校,与研究职业教育专家"[③]。6 月 3 日,在纽约市教育局,负责实业教育的伊新革、哈伦向

---

① 抱一:《中华实业团环游美国纪程》,载《申报》1915 年 8 月 3 日,第 3 版。

② 抱一:《中华实业团环游美国纪程》,载《申报》1915 年 8 月 3 日,第 3 版。

③ 黄炎培:《新大陆之教育》上编,上海商务印书馆 1917 年版,第 99 页。

黄炎培介绍道,纽约市"现定之教育方针,在提倡职业教育,期以教育扶助生计";并赠给"表示教育机关与职业机关联络方法"的最新的 11 种图表。6 月 6 日,黄炎培和美国全国职业教育联合会书记盖鲁威就职业教育进行交谈。盖鲁威说,教育政策往往与社会需要歧异,"欲沟二者而通之,非提倡职业教育不可"。黄炎培深以为然,言曰,在中国,"失业游民,遍地皆是,农工苦力,不识一丁,惟冀普通教育与职业教育同时并进",方可逐渐"救生计之穷"。[①] 6 月 11 日,在波士顿,黄炎培造访创立职业教育社的职业教育家蒲鲁非,向他询问职业教育社发起的宗旨及方法;访该市学务委员裴隆,向他询问"普通中学毕业生,是否有不易谋生之现象","在小学教育上,曾否有使之易就职业之计划"以及"男女同校之利害"等。

二是参观考察当地学校。从 5 月 10 日始,黄炎培开始参观考察美国学校。据统计,在美期间,黄炎培共参观学校 52 所。其中中学校 19 所,小学校 12 所,师范学校和实业学校各 6 所(包括波士顿市师范学校、春田市职业学校等),大学校 4 所(包括哈佛大学、哥伦比亚大学等),以及蒙养园 2 所,其他学校 3 所。[②] 鉴于自己对国内中学教育的弊端已经有了更多更深的认识,加之职业教育与中学关系密切,黄炎培将调查学校的重点放在了中学上。如,在芝加哥市,他参观了市立中学校,并索得公订的该校课程;在香槟市,他参观了市立中学;在波士顿市,他考察了女子实用艺术中学校、拉丁文中学校、英文中学校;在春田市,他参观了工艺中学和商业中学;在布法罗市,他参观了实业中学;等等。

通过和美国有关教育人员的交流、讨论,黄炎培深受启发,真切地感受到美国的教育乃是"足以助人生活"的教育。他说,美国的教育有两大特点:应用和各别,即"有用者教之,不用者不教也","求各各发表其特色,而不求统一也"。[③] 而通过考察美国学校,黄炎培更深深感到:美国之于职业教育极为重视;职业教育与普通教育相互联络、互相依赖、互相调剂已达相当之程度;职业工人社会地位和经济地位相当高;美国教育无论何科教育,

---

① 黄炎培:《新大陆之教育》上编,上海商务印书馆 1917 年版,第 141 页。

② 黄炎培:《游美随笔》,见中华职业教育社编:《黄炎培教育文集》第 1 卷,中国文史出版社 1994 年版,第 165 页。

③ 黄炎培:《新大陆之教育》上编,上海商务印书馆 1917 年版,第 256 页。

皆注重实用;美国所设的专为学生介绍职业的职业指导机关,使得职业学校的学生毕业后绝大多数都有相当的职业;等等。这一切,都给黄炎培留下了极好、极深的印象。因此,在考察之余,他随时将考察经过写成《游美随笔》,寄回国内,陆续刊登在《教育杂志》上,其中不仅介绍了美国教育"省自为政,故其制度各不相同"的情况和"男女同学问题颇为美国教育家所研究而未能解决"的现状,而且特别说明了美国学校不计形式、专重实际的"实用主义"体现。他既感慨又无不号召地说:"吾侪比年所研究之实用主义,此行实予我以无数崭新材料。盖此主义在美国实为全国所倾向,日进而未有已。……今乃使我耳目亲闻见之,而益深信其必可行,且必有效,而弥哀我国之瞠乎其后也。"①特别是,其中,他还专门录了一份美国中央教育局《全国职业教育大扩张计划表》,通过其中关于"国库补助金预计"的具体数字,意在说明美国对职业教育重视之程度。他感慨道:"他国之教育,其进行也有方针,其设施也有计划,全国上下,万众一的。而吾国何如? 求生存之政府与国民,宁终无动于中耶!"②

在美期间,黄炎培还在纽约郊外拜访了时年已经 68 岁的世界著名发明家——爱迪生,爱迪生热情地请黄炎培试用了他所发明的留声机。同时,他还结识了时在哥伦比亚大学留学的蒋梦麟。

自 1908 年 8 月底来美留学,蒋梦麟曾在加州大学肄业多年。当他得知黄炎培正在研究加州省的教育行政制度时,特地以自己调查所得,制成一个《美国加利福尼亚省教育行政制度一览表》,呈示给黄炎培,并和黄炎培在纽约一起参观了公立第六十四小学校——一所预备职业小学。后来,蒋梦麟还特地写了一篇《美国纽约小学预备职业教育》的文章,在黄炎培从美国调查回国后,由黄炎培推荐刊登在由江苏省教育会发行的《教育研究》上。发表时,黄炎培特在文前加志道:

余游美至纽约参观学校,日与蒋君梦麟偕。六月四日访市立华盛顿欧文第六十四小学,睹其种种预备职业教育之设施,为之惊叹。脚

---

① 黄炎培:《游美随笔》,载《教育杂志》1915 年 8 月第 7 卷 8 号。
② 黄炎培:《游美随笔》,载《教育杂志》1915 年 11 月第 7 卷 11 号。

跟蓬转,不能久淹,乃浼蒋君重复往观,详记而摄其景,蒋君则遂纵论美国职业教育之起原,为文寄示。蒋君者,留古仑比亚大学习教育,以明锐之头脑,用深邃之功夫,明春且毕业,得博士位以归,余将藉是介蒋君于吾教育界也。①

应该说,在美国考察,黄炎培得到了蒋梦麟的帮助,而日后当蒋梦麟回国后,蒋也受到黄炎培的关心和提携,并曾钟情职业教育。虽然,后来蒋梦麟在蔡元培、胡适的影响下进入北京大学,最终没有像黄炎培一样走上"职教救国"的道路,但他和黄炎培自此时起即建立的友情,却陪伴了他们一生。虽然晚年因为海峡相隔,他们一直没能见面,但彼此却仍在思念着对方。

在 6 月 30 日返回旧金山结束对美国教育的考察后,实业考察团就此解散。按照原来的计划,黄炎培专门留下来利用一个月的时间,参观了在旧金山举行的巴拿马太平洋万国博览会,一直到 8 月 25 日回到国内。这样除了途中所耗一个半月及参加巴拿马太平洋万国博览会外,黄炎培计在美考察了约两个月。

1914 年 8 月,巴拿马运河通航,极大地缩短了美国东西海岸间的航程。巴拿马太平洋万国博览会是为纪念巴拿马运河通航,而在美国旧金山举行的一次盛会。举办博览会,既是促进经济发展的途径,也是当时国际交流的一种手段。

为了能够更好地参观博览会,黄炎培和蒋梦麟等在与旧金山仅有一海湾之隔、且有汽船可径达博览会埠的伯克利合租一屋,几乎每天去观摩学习。在参观博览会期间,黄炎培写了多篇观感,其中有《一月间所见之巴拿马太平洋万国博览会》《巴拿马博览会陈列装饰法之一斑》《巴拿马万国博览会之教育馆》,在回国后先后发表在《申报》上。其中,在《巴拿马万国博览会之教育馆》中,黄炎培对美国的职业教育给予了介绍和肯定。其中言曰,"美国人有一种理想,以为国家已达政治上之共和,宜进求经济上之共和,道在予一般劳动家以较高之知识技能,俾其能事日增,不至终为资本

---

① 黄炎培:《〈美国纽约小学预备职业教育〉志》,载《教育研究》1915 年 11 月第 25 期。

家所抑制,于是职业教育成为全国上下研究之焼点";这次博览会,美国每一省都有职业教育陈列出品,其中在政府的出品中,还有一《全国职业教育大扩张计划表》,该计划表根据下议院议定案,预计国家补助提倡职业教育费"分为三项:农业教员费,工商业教员费,一九一六年各补助五十万圆,以后递增,至一九二四年,各增为三百万圆;其农工商家政教员养成费,一九一六年补助五十万圆,至一九一九年增为一百万圆。以后类推。又揭示种种预拟提倡方法,吾知今后十年间此方面定有一日千里之进步"。①不仅如此,在博览会教育馆内,黄炎培还十分关注德国的教育,在他看来,美、中、德三国教育不同:美国"知识贵切实适用而高深次之",中国"知识重虚文而少切实",德国"知识切实而更求精深"。②

二、对美国职业教育的宣传

美国之行使黄炎培对中美教育有了深刻的认识。在他看来,中美教育的根本不同有:"彼之教育,大都取自然,而我取强制也""彼之教育,大都取各别,而我取划一也""彼之教育,最重改造,而我惟重模仿也""彼之教育,最重公众,而我惟重一己也"。③ 中国必须学习美国,不仅可以舶来职业教育这一词汇,而且还要大力实施职业教育,让它在中国得以萌生、发展。

亲眼目睹、亲身体验了"美国教育之发达,较之中国实不可以道里计,而其尤注重者为职业教育"的现实,回国后,黄炎培马不停蹄地在短期内多次在有关学校或有关机构部门,公开演讲、介绍、宣传美国教育的发展特别是职业教育的发达。

1915 年 8 月 27 日,江苏省教育当局值江苏省第二次教育行政会议开会之际,特延请名人莅会演讲,以裕见闻而增学识,每日下午 4 时开演讲会,本日为第一日,演讲者有黄炎培、穆藕初等,其中黄炎培演讲《南北美之教育》,属在美调查最新之言论。8 月 29 日,江苏省教育会开第十一次

---

① 抱一:《巴拿马万国博览会之教育馆》,载《申报》1915 年 9 月 13 日,第 3 版。
② 《黄任之先生讲演美国教育状况笔记》,载《教育研究》1915 年 11 月第 25 期。
③ 黄炎培:《东西两大陆教育不同之根本谈》,载《教育杂志》1916 年 1 月第 8 卷第 1 号。

常年大会,身为该会副会长的黄炎培与会,被推为大会主席。会上,黄炎培报告了自己游历美国考察教育的情形。他说,美国教育,在物质上已经极为完备,精神上尤足致以崇拜;吾国教育亟以仿行美国教育的要点有三:实用教育、体育、校外教育。9月2日,在江苏省教育行政会议第四次讲演会上,由江谦、沈恩孚、余日章、黄炎培分别讲演《根本教育》《教育前途之希望》《菲律宾教育》《报告考察美国教育状况》。黄炎培的演讲,"所语皆就美国学校课程实际考察而得者,详述其内容,不尚空理,演辞质洁"。他言曰,"美国教育其优长之点,乃在实现教育之功用,约而言之,不外实用主义发达而已,因而其职业教育之组织尤足显其特长",如在所参观的近20所中学校中,"莫不有工场,设备皆极完美,课程不分文实。如农艺、商业、土木、机器等科,女子则家政、烹饪、美术等科,其课程悉取实习主义,不专恃教科书,亦不专恃仪器";美国的教育,"以职业为旨,凡有学科皆支配于职业科目之下,因此,凡入学校者,他日即有职业。斯即实现教育功用之最显著者"。他最后说,最近美国已经提出扩充职业教育的议案,加大对职业教育的经费投入,"国家强弱之本在于教育,而教育之根本,则在职业技能。质言之,教育事业为实用的,而非空言也"。[1] 9月9日下午,寰球中国学生会请游美实业团成员聂云台、余日章和黄炎培于上海戈登路伍廷芳住宅演说考察情形。9月10日晚,寰球中国学生会在上海戈登路观渡庐开会,欢迎游美实业团诸君,黄炎培和聂云台、余日章等参加。在会上,首先由主席伍廷芳致欢迎词,聂云台、黄炎培和余日章先后演说。黄炎培在演说中说:"美国所设实业学校学生半工作半读书,在学生时代而已得生活上之利益,逮毕业后,则生机不谋而就,非如吾国学成者之难求职业;且美国实业精进,犹且日事讲求,返观吾国实业景象,适成反比例,殊足慨然。"[2] 9月13日,应浦东中学附属高等小学校之请,黄炎培在该校演讲《美国小学生在学之情状》,大意为:美国小学生崇尚勤俭,在学时皆练习职业上之必要能力,故能做工以营利;其最可钦佩者,则为学生无一不活泼灵敏。10月2日下午,江苏省教育会特开讲演会,召集上海中小学校100余

<hr>

① 《江苏教育会议第四次讲演会详纪(续)》,载《申报》1915年9月6日,第6—7版。
② 《学生会欢迎游美实业团纪事》,载《申报》1915年9月11日,第10版。

名教职员听讲,由黄炎培讲演赴美考察目的、概况以及美国学校教育发展概况。在前半段,黄炎培首先叙述了赴美的目的及游历大概,然后讲了美国的学制和教授设备的方法,以及注意研究之点与一般学风的趋势。在讲演中,黄炎培就在美所见所闻,随处触发,旁征博引,并与本国情形对照,"议论极其酣畅";同时,他还将自美携带回的种种成绩品、纪念品、图画写真、书籍等陈列于会场。后半段,黄炎培又讲了《美国幼稚园假期游戏学校及校内工作实习情形》和《学校图画之教法》。10 月 14 日,寰球中国学生会又请黄炎培演说《美国之社会教育》。

12 月中旬,黄炎培至京,"教育部长官因黄君于教育原理、教育行政经验均富,春间因赴美参观巴拿马博览会,兼考察美国学校,心得尤多,故特约黄君于十四、十五两日,至部演说,闻到会听演者,仍以本部人员及直辖各学校之校长、教员为限"①。最终,从 12 月 15 日至 17 日,黄炎培在教育部连续演讲了 3 天,演讲内容分别为"中学校职业教育之状况""职业教育与普通教育之联络办法"和"美国社会教育状况"。在演讲中,黄炎培说,"美国教育之发达,较之中国寔不可以道里计,而其尤注重者为职业教育,此盖美国办教育者研究之结果也"②;"方今世界竞争,日益剧烈,一国之教育,非注重生计,绝不适于生存"③,欧美国家为"救生计""达生存",多注重职业教育,它在学说上虽为"后起之名词",在社会上则为"切要之问题",特别是它"在教育上实为最新最良之制度也";而中国由于"地未辟,而人苦多,故失业者甚众",加之"我国向来贵士而贱工,学生毕业后有为工者,人必以为降格",这种不正确的认识也造成了失业者愈来愈多,从而导致中国生计短绌,所以,欲解决学生毕业后的失业问题,"将不适宜之习惯渐渐变更,殆非提倡职业教育不可也"。④

教育部讲演结束返回上海途中,黄炎培又应南开中学校长张伯苓之约,在 12 月 17 日晚和 18 日,分别在天津青年会和南开中学演讲《在美调

---

① 《教育部近事:黄炎培演说》,载《申报》1915 年 12 月 18 日,第 6 版。

② 《黄炎培调查美国教育报告》,载《教育杂志》1916 年 4 月第 8 卷第 4 号。

③ 《黄炎培调查美国教育报告(续)》,载《教育杂志》1916 年 6 月第 8 卷第 6 号。

④ 《黄炎培调查美国教育报告》,载《教育杂志》1916 年 4 月第 8 卷第 4 号。

查学校之见闻录》，"一时津地学界人员往听者颇众"①。其中，在天津青年会演讲时，黄炎培谈道，美国教育之特点有五："因国民生计问题而研究学生修业年限"；"中学校分科教授，由学生各随性之所近任择一科，而以余科附属之"；"凡设一科目，必为地方所需要者"；"女学生作烹饪定为必修科"；"学生视作业为乐事"。②

不仅如此，一些演讲稿经过整理，以《美国教育状况纪要》《美国教育状况》《调查美国社会教育报告书》等为名，多随即刊登在当时一些重要的教育刊物上。其中，在教育部的报告，不仅以《黄炎培君调查美国教育报告》为名在《教育杂志》上刊载，而且还于1915年12月出版了单行本。与此同时，黄炎培还在最短时间内将他这次美国之行整理成《新大陆之教育》上、下编，分别叙述自己在美进行教育考察和参加巴拿马太平洋万国博览会的情况，作为《黄炎培考察教育日记》的第三集，先后于1917年1月和4月由上海商务印书馆出版。在这些演讲文稿和著作中，他不仅向人们介绍了此前不被人知的美国教育对公德教育的重视，对体育的极端强调，发达的社会教育，以及"自小学以至大学，均男女同校"的情形；而且盛赞美国对职业教育之推崇，介绍美国职业教育的盛况、引入美国实施职业教育的方法、探索职业教育之理论，并通过中美教育的差异与比较分析，说明、倡导在中国实施职业教育的重要性、必要性和可行性。如在《美国教育状况纪要》中，他说，美国"无论何种教育，皆注重实用"，其学制"办法与中国最不同者，厥维中学。直可称美国无中等实业学校，都是中学校；亦可称美国无中学校，都是中等实业学校。盖美国中学，非如中国之各科通习，苟得先生许可，生徒可随意选择"。③ 在《美国教育状况》中，他说，在美国中学实行分科制，"任人自便"，而中国的中学，十几门科目必须全部学完才能毕业，"似乎多材多艺，然弊在无一专长，可赖以生活。如此想来，还不如美国分科法之适切"。④ 在《新大陆之教育》下编中，他说，"职业教育之入手方法，首重调查"；"职业教育，尤重在与社会联络"；如何解决多数

---

① 《地方通信（天津）：黄炎培演讲美国教育》，载《申报》1915年12月21日，第7版。
② 《地方通信（天津）：纪黄炎培在青年会之演说》，载《申报》1915年12月23日，第7版。
③ 《黄任之先生报告美国教育状况纪要》，载《教育研究》1915年11月第25期。
④ 《黄任之先生讲演美国教育状况笔记》，载《教育研究》1915年11月第25期。

小学生和中学生不能升学的问题,"此职业教育所为急也"。①

总之,通过对美国教育进行考察和回国后对美国教育特别是职业教育发展状况的介绍,黄炎培充分认识到,美国发展职业教育对美国社会和美国教育产生的重要效用;同时,通过中美教育的对比,他更加认识到中国教育之弊端所在,并认为学习美国重视、发展职业教育乃是解决中国教育之弊端及其所导致的一系列社会问题的根本所在。有鉴于此,黄炎培坚定而明确地指出,必须要学习欧美国家特别是职业教育发达的美国,注重学校教育和社会生活的密切联系,力求教给学生切实适用的知识,"认职业教育为方今急务"!②

第二节　组织职业教育研究会

黄炎培此次美国之行收获巨大,因为他对美国职业教育有了了解,对职业教育有了最初的认识,也坚定了他在中国发展职业教育的决心。他坚信中国必须也必然要实施职业教育——不仅可以舶来职业教育这一词汇,更可以让它在中国得以萌生、实施。进入 1916 年,虽然忙于江苏省教育会的事务,但他仍然不时地发表着自己对职业教育的理解与看法。如,1916年 1 月 3 日,他在松江演说,提出,"凡提倡职业教育,宜先从调查入手。其种类,一宜注意其至普通者,如男子木工、女子裁缝之类;一宜注意其至特别者,则根据地方状况与夫特殊之土宜物产而定之。……凡职业教育,一以经济为中心,而以教育为其手段可也"③。4 月 16 日,江苏省教育会邀请省内各实业学校校长开谈话会,黄炎培担任主席,并在会上报告说:"职业教育,须加研究,程度固宜降低,然必须自高等小学校三年起,加入职业教

---

① 黄炎培:《新大陆之教育》下编,上海商务印书馆 1917 年版,第 108 页。
② 黄炎培:《新大陆之教育》下编,上海商务印书馆 1917 年版,第 7 页。
③ 黄炎培著,中国社会科学院近代史研究所整理:《黄炎培日记》第 1 卷,华文出版社 2008 年版,第 227—228 页。

育,方可应用。"①

在宣传职业教育的同时,为了消除人们对职业教育的偏见,黄炎培特联合沈恩孚等人在江苏省教育会组织了职业教育研究会,开展职业教育研讨。

组织教育研究机构,开展教育讲演,推动教育的普及与宣传,乃江苏省教育会的一项重要任务。中华民国成立后,依教育部 1912 年公布的《教育会规程》关于"教育会为讲求各项学术及开通地方风气,得分设各项研究会"②的规定,江苏省教育会分门别类设立了各种各样的教育研究会,如1914 年 9 月成立的英文教授研究会,10 月成立的小学教育研究会,11 月成立的理科教授研究会,12 月成立的体育研究会,1915 年 1 月成立的师范教育研究会,1916 年 5 月成立的幼稚教育研究会,7 月成立的教育法令研究会,9 月成立的职业教育研究会等。这其中,以"专事研究各种职业教育之设施,以及提倡推广方法"为宗旨而设立的职业教育研究会是当时职业教育界十分引人注目的一个教育机构。

1916 年 8 月 27 日,江苏省教育会第十二次常年大会举行,154 名会员与会,黄炎培和沈恩孚、庄俞、郭秉文、蒋炳章、吴邦珍、贾丰臻、张志鹤等出席,黄炎培任会议主席。在上午的会议上,黄炎培报告开会宗旨,并作关于修改会章的报告;在下午的评议员会议上,他提出《提倡实施职业教育方法案》,经共同议决,先就到会会员组织职业教育研究会,将此案办法交会详细研究,再行决定。9 月 1 日,在江苏省教育会常年大会全体职员会上,黄炎培任会议主席。会议提议《组织职业教育研究会办法》,决定由黄炎培和童季通、周厚坤、张叔良、顾树森 5 人拟定会章。9 月 12 日,由黄炎培联合沈恩孚、周厚坤、庄俞、郭秉文等发起组织的我国最早的省级职业教育研究机构职业教育研究会成立,黄炎培亲自担任该会主任。

《职业教育研究会简章》规定,研究会共设职员 15 人,"分司调查、评议及各项干事,由会员互举之";作为一个"专事研究各种职业教育之设

---

① 《实业教育谈话会纪事》,载《临时刊布》(江苏省教育会)1916 年 5 月第 8 号。
② 朱有瓛、戚明琇、钱曼倩、霍益萍编:《中国近代教育史资料汇编·教育行政机构及教育团体》,上海教育出版社 1993 年版,第 252—253 页。

施,以及提倡推广方法"的研究机构,研究会主要会务有"研究关于普通教育范围内设职业科之方法""研究关于职业补习教育之设施方法""研究关于职业学校之设施方法";每年召开一次大会,并不定期地召开职员会和研究会,凡"在教育界而有志研究职业教育者"及"在职业界而有志研究职业教育者"均得入会为会员。① 初设时,研究会即有会员 148 人,其中包括黄炎培、沈恩孚、江谦、贾丰臻等人。

为了使人们咸知亟宜提倡职业教育的种种原因,并探讨实施方法,江苏省教育会以"职业教育研究会"为中心,开展了多种有关宣传职业教育思想、介绍西方职业教育、研讨职业教育理论、推动职业教育普及的活动,如关于于普通教育范围内设置职业科的方法和职业补习教育的设施方法等问题的研究。而在众多的活动形式中,组织职业教育讲演活动,尤为引人注目。

如,1916 年 10 月 1 日,小学教育研究会与师范教育研究会共同讨论职业教育问题;10 月 29 日,江苏省教育会特开职业教育讲演大会;12 月 3 日,职业教育研究会和师范教育研究会、小学教育研究会联合召开职员会,讨论职业教育问题,决定就上海社会需要拟定职业学校办法草案,并推童季通、顾树森、周厚坤 3 人负责;12 月 11 日,江苏省教育会请蔡元培演讲《中国教育界之恐慌及其救济方法》,极言职业教育之重要。

在江苏省教育会对职业教育的积极宣传和提倡下,研究职业教育在上海甚至全国渐成风气。不仅有关职业教育的文章不时刊登在杂志上,如,刊登在《教育杂志》上的有庄俞《今日之职业教育》(第 8 卷第 9 号)、天民《小学校职业教育实施法》(第 8 卷第 11 号)、黄炎培《职业教育实施之希望》(第 9 卷第 1 号)、贾丰臻《实施职业教育之注意》(第 9 卷第 3 号)、天民《国民经济之发展与职业教育》(第 9 卷第 3—4 号)等,刊登在《中华教育界》上的有顾树森《论职业教育与实业教育之区别》《德美英法四国职业教育之实况》(第 6 卷第 1 期)、杨聘渔《小学校乡土科与职业教育》(第 6 卷第 1 期)、王则行《对于设施职业教育之意见》(第 6 卷第 2 期)、侯鸿鉴《论女子职业教育之实际》(第 6 卷第 3 期)、李廷燮《职业教育之理科教

---

① 《记事:江苏省教育会研究职业教育》,载《教育杂志》1916 年 10 月第 8 卷第 10 号。

授》(第 6 卷第 4 期),以及陈霆锐的译文《发展学童个性与职业教育之关系》(第 5 卷第 9 期)、《美国职业教育之最近状况》(第 5 卷第 10 期),方克和的译文《美国职业教育之设施》(第 5 卷第 12 期)和《国民经济之发展与职业教育》(第 6 卷第 2 期)等;而且还出版了以"职业教育"命名的专著,如朱景宽译述的《职业教育论》(上海商务印书馆 1916 年版)等。而成立于 1915 年 4 月的全国教育会联合会,则"以体察国内教育状况,并应世界趋势,讨论全国教育事宜,共同进步为宗旨"①,不仅在 1915 年 4 月 23 日至 5 月 13 日举行的第一届年会上,通过了《实业教育进行计划案》,提出了推进实业教育发展的方法;而且在 1916 年 10 月 12 日至 10 月 25 日于北京召开的第二届年会上,鉴于自民国成立以来所规定的中学校以"完足普通教育"为原则的宗旨不仅有误,而且在这一宗旨指导下,造成了对学生的训练不当,故建议将中学校的办学宗旨由"完足普通教育,造成健全国民"改为"以完足普通教育为主,而以职业教育为辅"。其方法规定中学校"自第三学年起,就地方情形,酌授职业教科","断不宜以极少数人之升学,牺牲多数人之生计"。② 黄炎培和沈恩孚、庄俞作为江苏省教育会代表参加了第二届年会,并在会上和经亨颐、沈恩孚、邓萃英等共 20 人担任审查员。1917 年 3 月 12 日,根据全国教育会联合会所呈建议书,教育部考虑到"近年中学校卒业之升学人数,远不及不升学之人数",故也认为,中学校"在完足普通教育之时,于不求升学之学生,酌授以裨益生计之知识技能,自无不可",于是特颁布《酌定中学增设第二部办法》(五条),以草案形式通行各省、区征求意见。其中规定:"中学校自第三学年起,得设第二部";"中学校第二学年修业生志愿于中学毕业后从事职业者,得入第二部";"第二部应节减普通学科,视地方情形,加习农业或工业、商业"。③

与此同时,黄炎培仍然或撰文探研,或奔波讲演,继续从理论上阐述职业教育在中国实施的可能性、可行性和重要性。如,1916 年 12 月 1 日,他

---

① 朱有瓛、戚明琇、钱曼倩、霍益萍编:《中国近代教育史资料汇编·教育行政机构及教育团体》,上海教育出版社 1993 年版,第 199 页。

② 李桂林、戚明琇、钱曼倩编:《中国近代教育史资料汇编·普通教育》,上海教育出版社 1995 年版,第 811 页。

③ 《记事:教育部酌定中学增设第二部办法》,载《教育杂志》1917 年 4 月第 9 卷第 4 号。

在所写的《沪海道属教育方面所宜注意之要项》中，首列"职业教育"，认为要改变除师范学校外的毕业生舍升学别无出路、"几求一饭之地而不可得"的窘状，"惟有全力提倡职业教育。一方设立男女职业学校、职业补习学校，于适宜之学校分设职业科；一方使普通教育内一切设施，务合于职业上之准备，尽力为之"。① 1917 年 1 月 5 日上午，沪海道属高等小学校长联合会第二次会议在上海也是园举行，各属校长等 50 余人与会，由上海市学务委员会会长贾丰芸任主席。黄炎培因调查沪海道属各县教育状况，特与会会晤各县学校校长，并在会上作了题为"职业教育"的演讲，历述高等小学应注意职业教育的理由、办法，以及各国的职业教育制度。1 月 20 日，他在《教育杂志》上同时发表《职业教育实施之希望》和《实用主义产出之第三年》两文。在《职业教育实施之希望》一文中，黄炎培提出，实施职业教育，一在确立职业教育制度，一在审择职业的种类及其性质，而"今之教育，不能解决社会、国家最困难之生计问题"②。他断言："今后中国数年之间，民生尚不已其穷蹙，变故尚不已其纠纷。教育非不逐渐扩张，而其无补于社会、国家最困难之生计问题，将日益显明，其显明之区域，将日益推广；而社会、国家一切现象所以表示其对于改革教育之要求，将日益迫切，其迫切之程度，将日益增加。因而使教育讲演者不得不大发挥职业教育，著作者不得不大揭橥职业教育。"③而在《实用主义产出之第三年》中，黄炎培更是决然地说道，"实用教育主义产出之第三年，谓是职业教育萌生之第一年"，当时，鉴于"一般社会生计之恐慌""百业之不改良"和"各种学校毕业生失业者之无算"，提出"实用主义"，但"顾就抽象言，则教育不实用之害中之；而就具体言，则职业教育之缺乏，实为其直接感受苦痛处"；而如今，"职业教育之声喧腾众口矣"，"语以抽象的实用教育，不若语以具体的职业教育之警心动目"。④ 可见，两文在一种杂志的同一期刊出并非偶然，实为有意为之。这既是要给大家表明由西方传入的职业教育已经在中国

① 黄炎培著，中国社会科学院近代史研究所整理：《黄炎培日记》第 1 卷，华文出版社 2008 年版，第 270 页。

② 黄炎培：《职业教育实施之希望》，载《教育杂志》1917 年 1 月第 9 卷第 1 号。

③ 黄炎培：《职业教育实施之希望》，载《教育杂志》1917 年 1 月第 9 卷第 1 号。

④ 黄炎培：《实用主义产出之第三年》，载《教育杂志》1917 年 1 月第 9 卷第 1 号。

萌生,也是要向众人说明实用教育和职业教育其实一脉相承!而1917年上半年由江苏省教育会出版的"实用教育丛书"(六种),包括《两汉学风》(江谦编)、《新教育论》(卫西琴辑)、《欧美职业教育谈》(秦翰才、周维城辑译)、《小学工场之设备》(黄炎培辑)、《美利坚之中学》(黄炎培、周维城、秦翰才编辑)、《职业教育设施法纲要》(顾树森辑译),将多种有关"职业教育"的著作列入"实用教育",也是对当时教育主义"由实用而趋重职业"的一个极好注脚。

1917年8月25日,职业教育研究会召开会议,会议主要讨论了本会应否与中华职业教育社临时联合研究的问题:一种意见认为,中华职业教育社成立后本会会员大半即彼社社员,形同骈枝,似无存在之必要,应予取消;一种意见认为,鉴于中华职业教育社已经成立(有关中华职业教育社成立的情况可参阅第四节),应该请省教育会与彼社协商,将本会附设于彼社内,以便联络研究。经表决,多数人赞同第一种意见。此后,职业教育研究会即加入中华职业教育社共同开展职业教育研究。

第三节　赴日本、菲律宾考察与职业教育的萌生

一、考察日本、菲律宾教育

1915年黄炎培随游美实业团赴美进行教育考察期间,在旧金山巴拿马太平洋万国博览会上,当他看到时为美国殖民地的菲律宾的种种职业教育出品和图表,大为惊异。原为西班牙属地的菲律宾,其教育向来较为落后,然而自隶属美国不及20年,其教育发展却"一日千里,为东亚新进之少年"和"东方实施职业教育之中心地"。[①] 为了究其原因并以取法,黄炎培认为必须"亲履其地,周览博考",于是回国后,他即向当时代理部务的教育部次长袁希涛提出考察菲律宾教育的建议。袁希涛"极韪之",认为"我

---

① 黄炎培:《民国六年之职业教育》,载《教育与职业》1918年2月第4期。

国教育制度,向多取法日本,欲更取美国方法移植我国,容有未尽适当者,故不若以日本斐律宾合观而比较之,乃有所折衷而节取;且考察教育,尤以身任学校事业者,为亲切有味,易收直接设施之效"①,故决定由教育部组织派北京高等师范学校校长陈宝泉、该校附中主事韩振华、武昌高等师范学校校长张渲、南京高等师范学校教务主任郭秉文赴日本、菲律宾进行教育考察。作为倡议者,黄炎培欣然同行;而刚刚再次履任教育部参事的蒋维乔亦愿加入,并得到批准。这样,这一民初重要的国外教育考察团就此形成。为使考察更加顺利进行,在考察团即将出发前的1917年1月6日,教育部特致函菲律宾施绍常总领事:"北京高师校长陈宝泉、江苏教育会副会长黄炎培等七人,定于一月初旬起程同赴斐律宾考察教育事项,届时即希照料一切。"②

这次教育考察,从考察团1917年1月8日由上海出发,11日抵东京,28日结束对日本的考察,再乘船于2月3日抵达马尼拉,到26日离开菲律宾,时间计一月有半。在考察期间,陈宝泉、韩振华、张渲、郭秉文将考察的重点放在了师范教育上,而黄炎培和蒋维乔则更注目于职业教育。身历两国,他们深深认识到"日本于职业教育之名词,虽未见十分绚烂,而于实际则励行弗懈。观其全国实业补习学校,多至八千余所,可知其从前之强国政策,得力于军国民教育;而今后之富国政策,将取径于职业教育",而"菲律宾之职业教育,完全以政府之力设施之,故其组织最完密而有秩序。……虽普通教育亦盛含职业教育之意味"③。基于以上认识,黄炎培、蒋维乔认真对两国职业教育进行考察、体认,并就有关职业教育问题与日本教育名家交换意见;而郭秉文、陈宝泉等人在重点考察两国师范教育的同时,也对两国的职业教育进行了一定的了解。

从1月11日抵达东京,至28日离开长崎赴菲律宾,考察团在日本考察时间为时仅半月有余。期间,黄炎培先后参观了东京共立女子职业学

① 袁希涛:《缘起》,见韩振华、黄炎培、陈宝泉、张渲、郭秉文、蒋维乔编纂:《考察日本斐律宾教育团纪实》,上海商务印书馆1917年版。

② 教育部:《致斐律宾施总领事绍常电》,见韩振华、黄炎培、陈宝泉、张渲、郭秉文、蒋维乔编纂:《考察日本斐律宾教育团纪实》,上海商务印书馆1917年版,"教育部函电"第2页。

③ 黄炎培:《弁言》,见《东南洋之新教育》前编,上海商务印书馆1918年版。

校、东京美术学校、东京高等师范学校及其附属小学、东京府立青山师范学校、东京府立工艺学校、东京高等工艺学校、千叶县立师范学校及其附属小学、千叶女师范学校、横滨商业学校、侨商公立中华学校、育英高等小学校、广岛高等师范学校附属中小学、长崎商品陈列所等，和东京高等师范学校校长嘉纳治五郎、东京高等师范学校附属小学主事佐佐木吉三郎、东京府立工艺学校教务主任铃木重幸、东京高等工艺学校校长阪田贞一及原校长手岛精一等人，就"日本一般教育家对于职业教育之意见"、东京府立工艺学校"与实业界之联络状况""教育与职业联络方法""实业专门教育与职工教育的缓急先后""普通教育如何养成其职业教育之基础"等问题，向他们进行了请教；并及时撰写了《日本分设职业科之小学》一文，于2月20日发表在《教育杂志》第9卷第2号上，较为详细地介绍了在日本所参观的大阪育英高等小学校的基本情况。黄炎培是在1月20日参观了这所分设职业科的小学的，当时他对这所学校印象深刻，认为它有多处优点，如"感于社会之需要而计及职业教育不足"加以变通，通过职业教育注重学生的训练和人格修养，设置职业科等。正是因此，黄炎培在文末跋之曰："寓职业教育于普通教育之中，是为革新东方教育之先声。"①

而在菲律宾的20余天，黄炎培等人除了参观马尼拉中学、菲律宾商业学校、中西学校及嘉年华会陈列所、菲律宾大学农科和林科、菲律宾师范学校、中吕宋农业学校、菲律宾工艺学校等外，还作了多次演说。如，2月12日晚，应中西学校之邀，黄炎培演讲《职业教育》，400余人聆听；2月20日晚，应阅书报社、普智学校之邀，黄炎培和郭秉文等前往演说，黄炎培演说《提倡爱国之根本在职业教育》，郭秉文演说《爱国》，500余人聆听；2月21日晚，应广东会馆之邀，黄炎培和陈宝泉、郭秉文分别演说《职业道德与知识》《劳动之神圣》《华侨爱国之方法》，400余人聆听；2月25日下午，应爱国学塾、《民号报》社之邀，黄炎培和陈宝泉、郭秉文前往演说，黄炎培演说《手工与实用教育》，陈宝泉演说《社会教育》，郭秉文演说《爱国》，百余人聆听。此外，黄炎培还向菲律宾教育总长罗哈士了解了菲律宾教育的整体情况，和马尼拉教育局局长麦夸交换了对职业教育的看法。麦夸向黄炎培

① 黄炎培：《日本分设职业科之一小学》，载《教育杂志》1917年2月第9卷第2号。

介绍说,在菲律宾,办理职业教育重在普及,自初等小学开始即有之,其要点一在"与家庭联络",一在"与商业联络"。

由于当时黄炎培等人已在着手联合全国教育界、实业界著名人士计划发起成立中华职业教育社,因此,早在来菲律宾之前,黄炎培已决定趁这次到菲律宾考察教育之机,在考察职业教育外,兼事鼓吹推广职业教育,并考虑到菲律宾侨民热心赞助职业教育的热情,即和郭秉文商议,与已经施行职业教育的上海清心实业学校联合,共同在华侨中倡议捐金,以其中一半作为即将成立的中华职业教育社的经费。所以,在菲律宾,为了得到广大华侨的支持,2月15日,在法兰西旅馆答宴侨商时,考察团集体发表了《对于斐律宾华侨教育意见书》,其中提出"宜注重农工商职业教育",并决定由中华职业教育社作为联络机关,以互相研究。22日,黄炎培特在华侨教育会所开的饯别会上作了《中华职业教育社之组织》的演讲,并在26日召集各侨商于总领事馆演说《职业教育社之大意及组织法》,"议捐金于中华职业教育社"①。捐金活动得到了广大侨商的热情支持,仅26日在总领事馆,当场即认捐菲律宾币11500元。期间,侨商还特赠银鼎一尊以作纪念。本次共募得菲律宾币16800元。

关于这次教育考察中的有关情况,黄炎培以《抱一通信》②为名,先后在《申报》上予以刊登。通信计15封,第一封自1月26日始,末一封到3月28日终,不仅使国内对日本、菲律宾的政治、经济、语言、人口概况有了初步了解,对其教育有了一个比较完整的认识,而且使得人们得以及时知悉这次考察的情况。在通信中,黄炎培特别对职业教育进行了大量肯定性的介绍。其中言曰,"菲立宾之教育,其最重要之点,可一言揭之曰职业教育是也。职业教育之重,自其普通言之,几为世界共同之趋向";"菲岛关于职业教育之设施,特设之职业学校全岛凡十九所,每省必设一工艺学校一家事学校"。③此外,他还特别介绍了菲律宾"普通教育中关于职业教育之设施""职业科教员之所由养成"以及"教育局的实业教育科所司"等的情况。

---

① 黄炎培:《考察日本菲律宾职业教育游程日记》,见中华职业教育社编:《黄炎培教育文集》第2卷,中国文史出版社1994年版,第222页。

② 第一封和第二封以《抱一通讯》为名,此后各封则均以《抱一通信》名之。

③ 《抱一通信(十二)》,载《申报》1917年3月18日,第6版。

二、职业教育在中国的萌生

2月26日,考察团一行乘船离开菲律宾,经香港、澳门,于3月2日到达广州,3月9日抵达上海。回国后,黄炎培一行立即将考察的具体起因、过程等材料加以整理,并将据考察所得撰写的有关文字汇编成《考察日本斐律宾教育团纪实》,由上海商务印书馆于1917年9月出版。书中有全体考察团成员的合影、考察行程图、考察教育机关一览表,及黄炎培《游程日记》《日本斐律宾之职业教育》、蒋维乔《斐律宾之教育行政》《斐律宾之体育》《斐律宾之农业教育》《斐律宾之工业教育》《斐律宾之商业教育》《斐律宾之家事教育》《华侨教育》、郭秉文《斐律宾之概况》《斐律宾学校之编制教授训练》、张渲《日本斐律宾之师范教育》、韩振华《日本之军国民教育》、陈宝泉《日本及斐律宾之社会教育》、考察团全体成员所写的《对于斐律宾华侨教育意见书》等文章。黄炎培本人也专门写就《东南洋之新教育》,对这次考察的前后情况作了详细的介绍,并作为《黄炎培考察教育日记》的第四集,由上海商务印书馆于1918年6月出版。

对日本和菲律宾教育的考察,使黄炎培更加坚定了教育救国的决心和信心。如,在《对于斐律宾华侨教育意见书》中,他言曰,"吾辈宜十分信仰教育为救国惟一方法,而以全力注重之",因为"纷纷扰扰之原因,与其归之于道德问题、知识问题,不如归之于教育问题",所以必须"种善因"以发展国家,而"善因惟何,厥惟教育"。① 而由于黄炎培此行主要目的之一,乃是考察职业教育,所以在《日本斐律宾之职业教育》一文中,他对两国的职业教育进行了详细介绍。如,日本东京府立工艺学校的学科"分金属细工科、精密机械科、家具制作科,各四年毕业";日本东京共立女子职业学校"其目的在授女子以适切之技艺,并养成其常识与诚实勤勉之美德。其编制分甲部、乙部。甲部内分本科、受验科、高等师范科;乙部内分本科、受验科、家庭科。甲部皆三年卒业,乙部皆二年卒业。甲部各科于裁缝、编物、

---

① 韩振华、蒋维乔、陈宝泉、张渲、郭秉文、黄炎培:《对于斐律宾华侨教育意见书》,见韩振华、黄炎培、陈宝泉、张渲、郭秉文、蒋维乔编纂:《考察日本斐律宾教育团纪实》,上海商务印书馆1917年版,第176—177页。

刺绣、造花四种,令选习二种,乙部各科但令习一种";菲律宾"自初小起即设职业科,自高小起即分设农、工、商及家事科,中学分设农、工、商、家事等";菲律宾工艺学校分铁工、木工、建筑、机械画、摩托车、机械预备、航海、测量八科,在"斐岛之中央,设一师范学校,分普通科、工艺科、家事科、体育科。工艺科于通常学科外,课制篮、园艺、木工、竹工、制鞋、制帽、刺绣、花边、缝纫、家事、烹饪等科;家事科于通常学科外,课家事、烹饪、裁缝、各种工艺。此皆职业科教员之所由养成也"。① 而《东南洋之新教育》则更是详录了日本东京共立女子职业学校的各科课程开设表、菲律宾小学校职业科各学年课程表,以及与日本教育家铃木重幸、手岛精一等人关于职业教育的谈话内容。

不仅如此,考察团回国后,黄炎培还在广州、上海、南京、北京等地,广泛介绍、宣传日本、菲律宾的教育特别是两国职业教育的发展情况,并强调在中国实施职业教育的重要性和必要性。

1917 年 3 月 3 日,黄炎培在广东高等师范学校演说职业教育。3 月 11 日,江苏省教育会在本会会所开谈话会,请刚刚回到上海两天的黄炎培、陈宝泉、张渲、郭秉文、蒋维乔、韩振华报告考察菲律宾教育所得,畅谈感想,以便共同讨论,以资借鉴,在上海的江苏省教育会各会员暨中等以上各学校教师出席。会上,黄炎培向与会者介绍了此次考察的基本情况。是月,在江苏省教育会,黄炎培和江苏省立各实业学校校长、职业介绍部主任开展讨论了如何借鉴日本经验,加强学校与实业界联络之方法。4 月 3 日和 4 日,江苏省教育会和江苏省公署商定举行演讲会,分别在上海和南京各演讲两天,请黄炎培、蒋维乔、郭秉文报告考察日本及菲律宾教育情形。4 月 3 日的演讲会,共有沪海苏常道属教育行政人员、中小学校教员及江苏省教育会会员 300 余人听讲,分别由郭秉文讲《菲律宾之概况》《菲律宾之教育编制教授训练》,蒋维乔讲《菲律宾之教育行政》《日本及菲律宾之师范教育》。4 月 4 日的演讲会,上午由黄炎培讲《日本及菲律宾之体育》《菲律宾各种运动会之组织及学校运动方法》和《日本及菲律宾之职业教育》。

---

① 黄炎培:《日本斐律宾之职业教育》,见韩振华、黄炎培、陈宝泉、张渲、郭秉文、蒋维乔编纂:《考察日本斐律宾教育团纪实》,上海商务印书馆 1917 年版,第 93—102 页。

在《日本及菲律宾之体育》的讲演中,黄炎培详细讲述了日本学校体操运动的方法及社会对于体育的观念,并谈道,日本体育不仅谋个人的健康,并实含有军国民教育的意味;在《菲律宾各种运动会之组织及学校运动方法》的讲演中,黄炎培说,菲律宾全岛人民均注重体育,其体育完全谋个人之健康,并无军国民教育意味,这是与日本大异之点;在《日本及菲律宾之职业教育》的讲演中,黄炎培则详述了两国在职业教育上的具体设施,并对中国办理职业教育的种种途径作了说明。当天下午,演讲会则就职业教育及其他种种问题进行了探讨。4月13日和14日,应江苏省公署教育科敦请,黄炎培和蒋维乔、郭秉文又在南京通俗教育馆演讲。这两天的演讲,规模宏大,先期通告省立各学校教职员以及各道、各县视学等,均应来省城听讲,省内大小各学校一律放假两天。第一天,虽下雨,仍有290余人听讲。演讲会上,蒋维乔作了《菲律宾教育行政》、郭秉文作了《菲岛学校编制教授训练》的演讲,而黄炎培则先后作了《菲律宾之教育行政》和《菲律宾职业教育概况》的报告。期间,黄炎培并携有菲律宾关于教育实业以及华侨情状的参考书籍、杂志数十种,最近各种教育统计图表数十种,实业手工物品及土产原料数十种,日本大阪、长崎高等小学校统计表数种,一一陈列,供众人阅览研究。此后,黄炎培仍然在不同场合,利用不同机会,介绍菲律宾职业教育的情况,特别是在4月23日和24日在教育部演讲时,以及在4月29日的中华职业教育社成立预备会上,他均报告了菲律宾职业教育的有关状况。4月30日,在浦东中学演讲中,黄炎培更以自己对菲律宾农工商学校的认识,言道,"欧美以及菲日之学生,多志在职业,虽贱役如驾驶摩托车,亦乐为之。我国学生,一入学校,即庞然自大,所志惟博得学位而已,至生计职业,则不之愿也";并以吴稚晖以学校为油锅、学生为面筋之比喻,呼吁"破除成见,勿学位之是求,而蹈面筋学生之弊也"。①

可见,此时的黄炎培对职业教育已经有了比较清晰的认识。这从他自美国考察回国后所整理并于1917年4月出版的《新大陆之教育》下编中,他关于职业教育的解释也可见一斑。该书中,除了介绍各国职业教育的发展外,字里行间更是无处不流露出黄炎培对职业教育的认识、赞赏和渴望,

① 钱振遄:《黄任之先生演说辞》,载《学生杂志》1917年8月第4卷第8期。

以及对职业教育的深刻理解。如其中,他曾从职业教育与实业教育的不同特点再次解释了职业教育的内涵:

> 职业教育,以广义言之,凡教育皆含职业之意味。盖教育云者,固授人以学识技能,而使之能生存于世界也。若以狭义言,则仅以讲求实用之知能者为限,亦犹实业教育也。惟实业教育,兼含研究学说之意味,而职业教育,则专重实习,纯为生活起见。实业教育所养成之人物,其一部分主用思想,而职业教育所养成之人物,则完全主用艺术。盖自欧洲十八世纪工业革命以来,乃有所谓实业教育,至晚近实业益发达,而生计问题亦日以急迫,于是复有所谓职业教育。……是故职业教育者,在学说上为后起之名词,在社会上为切要之问题,而在教育上实为最新最良之制度也。①

总之,赴日本、菲律宾考察使黄炎培亲眼看到了日本特别是菲律宾"教育以生活为基础"的现实状况,菲律宾职业教育的发达给他留下了深刻印象,使他对职业教育有了更多的认识和理解。鉴于"职业教育"这一"东方教育辞典向所未载"的名词,在中国已"嚣嚣于口,洋洋于耳"②,此时的黄炎培是多么希望自己倡议发起的中华职业教育社尽快成立啊!

第四节　中华职业教育社的成立

前曾述及,早在去菲律宾之前,黄炎培等已在着手联合全国教育界、实业界著名人士计划发起成立中华职业教育社(以下简称"职教社");同时,他还亲自起草了《中华职业教育社宣言书》。为了增强职教社的影响,黄炎培广泛联系发起人,其中1916年12月初,即专门致函蔡元培,并将《中

---

① 黄炎培:《新大陆之教育》下编,上海商务印书馆1917年版,第5—6页。
② 黄炎培:《职业教育实施之希望》,载《教育杂志》1917年1月第9卷第1号。

华职业教育社宣言书》初稿寄与蔡元培阅示,请蔡元培任职教社发起人。1917 年 1 月,《中华职业教育社宣言书》铅印本发行,并附有黄炎培和伍廷芳、袁希涛、张伯苓、邓萃英、梁启超、张元济等共 44 人联署的《中华职业教育社组织大纲》及《募金通启》。为了使广大华侨了解即将成立的职教社,支持国内开展职业教育,3 月 25 日,由黄炎培草拟的《中华职业教育社宣言书》又由寰球中国学生会主办的《环球》第 2 卷第 1 期刊出。

办任何事业都需要充足的经费,教育事业也不例外。由于职教社乃一民间团体,加之,当时众多的人对职业教育不了解,甚至存在很深的偏见,使得职教社在酝酿成立时期,经费成为一个重大的问题。为此,黄炎培以其深厚的社会人脉和社会影响,动员实业界乃至政界的人士加入发起职教社,直接从经费等方面给予支持。所以,在职教社的发起人中,既有来自教育界的蔡元培、严修、范源濂、袁希涛、陈宝泉、张伯苓、周诒春、蒋维乔、邓萃英、顾树森、余日章、郭秉文、黄炎培等个中翘楚,又有来自实业界、出版界乃至政界的著名人士,像伍廷芳、唐绍仪、汤化龙、王正廷、张元济、陆费逵、史量才、穆藕初,甚至有尚在美留学的蒋梦麟。他们虽然所受教育背景不同,甚至学术思想也有分歧,但却对职业教育怀有共同的情结、期盼和希冀。

在职教社同仁看来,“本社之立,同人鉴于方今吾国最重要最困难问题,无过于生计,根本解决,惟有沟通教育与职业。同人认此为救国家救社会唯一方法,故于本社之立,矢愿相与终始之”。① 宣言书中更为明确言道,“吾侪所深知确信而敢断言者,曰,今吾中国至重要至困难问题,厥惟生计;曰,求根本上解决生计问题,厥惟教育”,而“教育不与职业沟通,何怪百业之不进步”。② 同仁亦认为,救济之主旨有:“推广职业教育”“改良职业教育”“改良普通教育,为适于职业之准备”;③ 规定职教社所办事业有:调查、研究、劝导、指示、讲演、出版、表扬、通讯答问、设立职业学校、设立教育博物院、组织职业介绍部。其中,“调查”包括调查现行教育及职业

---

① 《中华职业教育社组织大纲》,载《东方杂志》1917 年 7 月第 14 卷第 7 号。
② 《中华职业教育社宣言书》,载《东方杂志》1917 年 7 月第 14 卷第 7 号。
③ 《中华职业教育社宣言书》,载《东方杂志》1917 年 7 月第 14 卷第 7 号。

界的状况,调查社会各业供求及学校毕业生的状况,调查各地已办职业教育的状况;"劝导"是指"劝政府使注意促办职业教育;劝导社会有力者倡办职业学校;劝普通学校之堪以兼办职业教育者务注意办理并指导之;劝职业学校之有须改良其教育方法者务注意改良并指导之;劝导学生与学生父兄凡青年力不能升学者速受职业教育;劝导社会咸注意职业教育"等等。① 可见,宣言书既是这些有志的发起人士基于中国教育弊端所作的沉痛概括,更是他们基于借鉴西方国家教育发展经验为民族强盛所开的救国之方。

4月1日,黄炎培和郭秉文作《中华职业教育社第一号社务通告》,报告菲律宾侨商捐款情形,于4月11日刊登在《申报》上。从此,社务通告成为反映职教社动态的一项重要内容,长时间不定期地刊登在《申报》上。4月19日,黄炎培和王正廷在京面谒大总统黎元洪,向其面呈筹备中的中华职业教育社有关印刷品,黎元洪深以为然,允留览,并说:"今之学生竞思作官,殊非是。"②4月22日,应王正廷之邀,在京的黄炎培和蔡元培、蒋维乔、秦汾、裴昌运、雍剑秋、龚翰青、钱新之、李祖绅、陈宝泉、周诒春等在北京长安饭店共餐,蔡元培、蒋维乔、秦汾、裴昌运、龚翰青、钱新之、李祖绅、陈宝泉、周诒春等皆签名为职教社社员或特别社员,并定由在京诸君每人各募集特别社员十人,普通社员百人。4月25日自北京回到上海后,黄炎培和他的同仁们明显加快了筹备职教社成立的进程。4月29日晚7时,中华职业教育社成立预备会在一品香召开,黄炎培和萨镇冰、朱葆三、王一亭、陆费逵、史量才、穆藕初、张嘉璈、刘垣、周仲容、龚杰、沈恩孚、朱少屏、朱叔源、贾丰臻、蒋维乔、蒋炳章、张之铭、杨廷栋等共20余人出席,会上黄炎培向大家报告了《菲律宾职业教育之状况》和侨商捐款情形,以及本月19日在京面谒黎元洪时的情况。

鉴于条件已经成熟,1917年5月6日下午2时,中华职业教育社成立大会于上海西门外林荫路江苏省教育会召开,约有340人与会。会议由萨镇冰主席。会场中,陈列有菲律宾学校的工艺出品多种以及有关职业教育

---

① 《中华职业教育社组织大纲》,载《东方杂志》1917年7月第14卷第7号。

② 《中国职业教育社之预备会》,载《申报》1917年4月30日,第10版。

的意见书。

在会上,主席萨镇冰致开会辞,他特别强调,为求生计,应该提倡职业教育,以与各国竞争。黄炎培报告了发起职教社的经过。他特别感谢菲律宾华侨的热心捐助,说明并阐释了职教社的"入手办法"在于"注重调查研究"的原因。此后,黄炎培、沈恩孚、朱兆莘、赵正平、沈宝昌、郭秉文等作了讲演。黄炎培在会上作《教育界与实业界联络之必要》的演讲,大意为:"教育本包孕实业,无端加一界字,致驱实业于教育之外,所以成为种种不良之结果。此后宜将界字除去。从前办学真如一场春梦,至今日始能警醒,然由日本及斐岛调查回国以来,数向各方面提倡,乃有学生反对,家族不赞成之困难,但余等并不以高尚为非,不过因一般教育均当从近者小者做起,今不提倡则无提倡之时矣,此后宜合群力而提醒之,则前途幸甚。"①

本次成立大会制订了组织大纲,发表了宣言,通过了《中华职业教育社章程》。章程中进一步明确,创办职教社的目的就在于"推广及改良职业教育""改良普通教育,俾为适于生活之准备""辅助职业之改进"。与此同时,会议并推举黄炎培和聂云台、张元济、史量才、王正廷、杨廷栋、郭秉文、沈恩孚、朱少屏等9人为临时干事,组成临时干事会综理社务。5月7日,中华职业教育社开第一次临时干事会会议,黄炎培和张元济、史量才、郭秉文、朱少屏、沈恩孚6人与会,会议议决推定沈恩孚为临时主任。职教社成立初,暂借江苏省教育会会所办公。

从1917年1月起,酝酿中的职教社即开始募集社员,以罗致研究职业教育的同志。职教社成立后,按照规定,"凡有正当职业之个人及农工商业或教育团体,愿研究并提倡职业教育者,得以社员二人以上之介绍,并经审查及格后为本社社员";"凡现任职业学校教职员,得依其志愿自由加入本社,不必经介绍手续"。② 社员分"甲种普通社员""乙种普通社员""永久社员"和"特别社员"四种,另设赞助员。按照章程,社员大会是职教社的最高权力机关。

5月底,职教社决定由特别及永久社员互选议事员,组成议事员部。7

---

① 《中华职业教育社开成立大会纪事》,载《环球》1917年6月第2卷第2期。
② 江恒源:《十六年来之中华职业教育社》,载《教育与职业》1933年7月第146期。

月 15 日,职教社名义上的权力机关——议事员部成立,黄炎培、沈恩孚、郭秉文、张元济、贾丰臻、杨廷栋、袁希涛、史量才、穆藕初、朱少屏、王正廷、吴馨等 12 人当选为议事员。7 月 15 日和 7 月 20 日,上海《东方杂志》第 14 卷第 7 号和《教育杂志》第 9 卷第 7 号分别刊登了职教社 44 名发起人共同署名的《中华职业教育社宣言书》(附《中华职业教育社组织大纲》),表明职教社得到了社会的广泛认可,也说明其影响正在不断扩大。

7 月 29 日,中华职业教育社举行第一次议事员会,贾丰臻、史量才、朱少屏、郭秉文、吴馨、穆藕初、沈恩孚与会。会议决定,成立中华职业教育社的实权机构——办事部,临时干事会即行取消。会议公举黄炎培为办事部主任,沈恩孚为基金保管员。办事部主任和基金保管员均为三年一任,连举者连任。会议还议决公推由沈恩孚、吴馨和贾丰臻起草《议事部议事细则》和《办事部细则》,呈请教育部和江苏省公署备案。

9 月下旬,由黄炎培和沈恩孚共同具名的《中华职业教育社呈教育部及江苏省长公署请予备案文》,经中华职业教育社议事员会议决通过。文中言曰:"……转使莘莘学子,得业于学校,失业于社会,识者每以高等游民之增进,愈卜国家秩序之难安。炎培等蒿目时艰,杞忧如痗,既确认病根所在,辄思效其绵力,藉遏横流。爰集同志组织中华职业教育社,……冀稍挽社会之危机,亦聊尽匹夫之责任。"①12 月,教育部批准中华职业教育社备案,发文曰:"该员等发起职业教育社,欲从教育上解决生计问题,热心毅力,实堪嘉尚,应即准予备案。并望联合同志,积极进行,实力劝导,增进国民生活能力,跻国家于富强之域。"②至此,中国历史上第一个专门倡导、研究、实施职业教育的团体诞生。

---

① 黄炎培、沈恩孚:《中华职业教育社呈教育部及江苏省长公署请予备案文》,载《申报》1917 年 9 月 28 日,第 11 版。

② 《文牍:教育部批准备案》,载《教育与职业》1917 年 12 月第 2 期。

第四章　投身职业教育运动

作为从欧美国家舶来的职业教育,在当时无疑是一个新生事物,所以要使政府特别是广大社会民众真正从内心认同并接受它,还有赖于对其本身及其理论的宣传、探讨和推行。中华职业教育社成立后,黄炎培对在中国发展职业教育给予了极大的热情、期望和信心。然而在职教社成立之初,不仅广大的民众对职业教育及其理论相当模糊,而且即便是职教社的大部分发起人,对职业教育这一舶来的新生事物的内涵、意义以及其在整个教育体系中的地位,也没有太多深刻的认识。特别是在社会上,不少人对职业教育还存在很深的偏见。有的认为在普通教育中不应涉及职业教育;也有的认为职业教育与实业教育"名异而实同";特别是由于职业教育关注生计,有人即认为,接受职业教育,仅仅只是为将来谋得一个饭碗,故将职业教育视为"饭碗教育""吃饭教育""饭桶教育";更有的将职业教育鄙视为舶来的"奴隶教育",或利用谐音称之为"作孽教育"。种种不实、不符、不当之词,不一而足。有鉴于此,职教社成立后,黄炎培基于对中国传统教育弊端的深刻认识和对西方职业教育的熟谙及崇尚,通过讲演等形式,大力宣传职业教育;并积极开展调查活动,以明晰中国社会实际发展情况和教育的具体现状,阐明职业教育在中国实施的重要性、必要性和可能性;并创办中华职业学校,推行和实践职业教育。

第一节　对职业教育的宣传和调查

1917 年 5 月职教社成立后,黄炎培开始将全部精力投入到职业教育发展的事业中。此后,在 1921 年 12 月 25 日和 1922 年 6 月 12 日,虽然北洋政府先后两次任命他为教育总长,但他坚持不就任,其因正如他自己所言:"年来矢愿为职业教育服务,区区此心,稍谋社会国家根本补救,现方努力进行,不忍中途抛弃。"[1]而基于"职教救国"的理想和信念,他首先开展了对职业教育的宣传和调查。

一、对职业教育的宣传

职教社成立后,为加强对职业教育的宣传,经常有计划地组织相关人员开展职业教育的讲演活动,且其讲演形式多样,不拘地点。据统计,职教社仅在成立后的一年内,即组织讲演 35 次,其中在职教社讲演 4 次,其他均在职教社外进行。在讲演时,讲演者常常"备有讲演材料:计说明职业教育问题之图表若干种,本国各学校实施职业教育幻灯片若干种,表示职业教育必要之大幅写生画若干种"[2]。

作为职教社的主要领导者,黄炎培自然也积极投身于职业教育的讲演活动之中。如,1917 年 10 月 1 日,黄炎培至南汇县教育会讲演《职业教育之必要》,并报告《南洋华侨教育状况》;10 月 22 日,黄炎培在杭州女子职业学校演说;11 月 24 日,黄炎培在南京高等师范学校演讲《职业教育》;11 月 30 日,黄炎培在江苏省立师范学校演讲《职业教育》。

---

① 《黄任之坚辞教长电:复京同乡电》,载《申报》1922 年 7 月 17 日,第 13 版。
② 《本社第一年度办事概况》,载《教育与职业》1918 年 6 月第 7 期。

1918年3月16日晚,寰球中国学生会在东亚旅馆举行第十三次年会,100余人与会,余日章任主席,黄炎培、朱少屏等参加了会议,黄炎培并作演说。1919年1月5日,黄炎培赴川沙商会讲演《职业教育》;1月6日,黄炎培在川沙县立高等小学校讲演,讲演均用幻灯影片,"闻者咸为感奋"。1920年3月18日,黄炎培赴奉贤南桥参观学校并开会讲演;3月26日,黄炎培在青浦演讲。1921年5月28日,在职教社第四届年会上,黄炎培演讲《南洋职业教育之新趋势》;7月22日,黄炎培在江苏省立第二女子师范学校暑期讲演会讲演《职业陶冶》和《职业教育与地方行政》;7月23日和24日,黄炎培在江苏省第五次教育行政会议上先后演讲《职业教育与地方行政》和《农村职业教育》;7月29日,黄炎培在南京高等师范学校暑期学校讲演《最近之职业教育》;7月31日,黄炎培在武术研究会暑期讲习会讲演《体育与职业之关系》;8月10日,黄炎培在山东暑假讲习会讲演《对于职业教育之重要与现时提倡状况》;8月11日,黄炎培在山东暑假讲习会讲演《职业教育之实施法》;8月14日,黄炎培应上海商务印书馆附设国语讲习所之请,和陈鹤琴分别作《职业教育》和《心理测验》的演讲;8月16日,黄炎培应上海三林、陈行、杨思三乡教员暑期讲习会之邀,讲演《乡村之职业教育》;8月27日,黄炎培在南汇县教育会讲演《教育与人生问题》。1922年5月10日,在中华职业教育社同志研究会成立会上,黄炎培出席,并讲演《关于职业教育问题》;6月11日,黄炎培赴兼善县教育会讲演;7月3日,中华教育改进社第一届年会开幕,黄炎培在开幕式上演讲《职业教育》。是年暑假,南京、松江、金山等地及湖南省教育会、武昌中华大学均举办暑期讲习会,列职业教育一门,这些讲习会,多约请黄炎培前往讲演。如,7月20日,黄炎培赴嘉定暑期讲习会和无锡省立第三师范学校暑期讲习会讲演;此后,黄炎培又应湖南省教育会和武昌中华大学等举办的暑期讲习会之请,于8月21日,偕本社办事员沈肃文起程,"先至长沙,计讲五日,次至武昌,共讲三次,又在汉口讲二次。武汉共留三日。三处讲演,听者均甚众,且饶有精神。在长沙时,讲演余间,并从事调查,所至为衡粹女子职业学校、涵德女子职业学校、孤儿院、蚕桑女学校、甲种工业学校、第一职业学校、乙种工业学校、甲种商业学校等处"[1]。8月29日,黄炎培在湖南第一中学讲演《职业教育》;9月初,黄炎培应武汉大学暑期学校之聘,到湖北讲演《职业教育》,"大受各界人士之欢迎";9月7日,汉口慈善会邀请武汉实业界多人开欢迎黄炎培大会,30余人与会,黄炎培在会上讲演《职业教育要旨及汉口应办之职业教育事项》。

在这些讲演中,黄炎培不仅对职业教育进行了全方位的解读,更重要的是,对职业教育作了实际的宣传。

如,1918年3月16日在寰球中国学生会第十三次年会上的演说中,黄炎培以"菜单内之西米布丁"为题,言道:"今世界争权夺利者,无非为饭碗主义。吾人当一思户外贫民,其困苦之状况为何如,宜以设法,使若辈各有生计。此实吾侪应负之责任。欲为贫民增高生活程度,非普及职业教育不可。凡吾同志,皆当极力提倡。"[2]1921年8月14日在应商务印书馆附设国语讲习所之请所作《职业教育》的演讲中,黄炎培主要讲了三个方面的问题:职业教育之原理,造成社会上优良之分子,能为自己谋生,能为社会服务;职业教育之分业,农工商家事四项,统言之,均为职业教育,分言之,则有农业教育、工业教育、商业教育、家事教育;职业教育之推行,要在应时应地,施以相当之设置,重实地的试验,不重纸上的空谈。1922年5月10日在中华职业教育社同志研究会成立会上所作的演讲中,黄炎培主要讲了两个方面的问题:为什么要提倡职业教育和什么叫作职业教育。关于第一方面,他说,中国没有接受职业教育的人太多,无职业则为国家的游民,这些游民,乃是妨碍治安的一个重要因素,所以职业教育就是要人人都能有职业;关于第二个方面,他希望接受职业教育的人,无论从事农工商何业,都应有相当的生活,树立正确的人生观,并为社会服务。7月3日在中华教育改进社第一届年会开幕式上所作的《职业教育》的讲演中,黄炎培言道:"职业教育所包括的农、工、商、家事等,不仅是为个人谋生的,并且是为社会服务的。所以凡是含职业性质的学校,同时须注意使学生知服务的

[1]　《社务报告:讲演调查》,载《教育与职业》1922年12月第39期。
[2]　《第十三次年会大宴之盛况》,载《环球》1918年3月第2卷第4期。

义务,并养成服务的习惯。"①8月29日在湖南第一中学所作《职业教育》的演讲中,黄炎培分别对职业教育的起源、分类、界说及中国职业教育的现状进行了说明。在谈到职业教育的意义时,针对人们对职业教育的偏见和误解,他说,职业是为社会服务的,不仅仅是为吃饭,"服务是义务,吃饭是权利,有了义务,自有权利,故为社会服务,当然要得到相当的报酬——权利,决不能拿得到报酬认为职业的目的"②。他并说,职业教育的"意境",一方面在于使接受教育的人能够为社会服务,增进其幸福;一方面又同时使之得到社会相当的报酬而自谋其生。可见,职业教育就是使接受了这种教育的人,能够以他所掌握的知识技能,从事于社会的生产事业,并借此获得个人适当的生活;在此基础上,培养青年"有知识的能力,固定的意志,优美的感情,能应用于职业",而要达此目的,必须手和脑联络。总之,"为救济中国现象的危难,而兼谋将来的发展,不可不提倡职业教育";"为巩固中国的基础,而适应民主政治的趋势,不可不提倡职业教育";"顺应世界新潮流,而免除其危害,不可不提倡职业教育";"为补救中国现行教育的阙失,而求其效果的显著,不可不提倡职业教育"。③ 而在9月7日的《职业教育要旨及汉口应办之职业教育事项》的讲演中,黄炎培更是言道:"职业教育要旨,不外使无业者有业,有业者乐业。武汉为全国中枢,又为长江巨埠,惜全埠职业学校,远不足供应全埠工商界之需要,今欲急起直追,又苦于金融困迫,且按教育上实际应用,对于大规模之职业学校,在鄂不妨暂缓。据愚见所及,有四种学校,费轻而易举,可先创办,即(一)商业学校,(二)手工艺(如藤竹工等)学校,(三)女子工艺学校,(四)工商补习学校。此四项并不需巨额经费,而于使无业者有业,有业者乐业之要旨,且可尽量实施。"④

二、对职业教育的调查

调查既是职教社开展职业教育理论研究的前提,更是其宣传和推行职

---

① 黄炎培:《职业教育》,载《新教育》1922年10月第5卷第3期。
② 黄炎培:《职业教育(续)》,载《大公报》(长沙)1922年9月1日,第2版。
③ 黄炎培:《职业教育(续)》,载《大公报》(长沙)1922年9月4日,第2版。
④ 《武汉实业界之迎黄大会》,载《申报》1922年9月11日,第10版。

业教育的重要形式。自职教社成立伊始,黄炎培就对调查竭力倡导。1917年9月,他曾引美国瑟娄博士言曰:"苟与我六十万金办中国教育,我必以二十万金充调查费。"①正是因此,职教社成立后,即开展了多种形式的有关职业教育的调查活动。这其中,有在本国开展的实地调查(如调查全国职业学校概况),也有奔赴国外的异域调查(如1918年3月,顾树森、庄俞等赴日本考察职业教育),甚至还有本国和异域同时进行的调查。据统计,仅在职教社成立后的一年内,即调查49次,其中"调查公司厂店二十一次,已办职业教育之各学校十二次,小学校学生父兄职业三次,物价、工价十三次,成报告书二十二通"②。而在职教社开展的调查中,黄炎培不仅起着重要的领导作用,而且常常身体力行。如,1917年5月至8月,他在赴南洋调查华侨教育期间,即调查了南洋职业教育状况;11月,他因暨南学校规复事赴京,经过天津时,特地调查了直隶省立第一中学商业科及南开中学商业科;之后,他又至常州调查江苏省立第五中学陶冶科。而在黄炎培开展的对职业教育的调查中,有四次调查最为引人注目,即赴东三省调查教育状况和三赴南洋考察。

1. 赴东三省调查教育状况

1918年6月16日,黄炎培和职教社总书记蒋梦麟以职教社名义,赴东三省调查教育状况,并携带图表、幻灯片等,讲演职业教育,同时征集社员,此次行程计划两个月。他们由上海出发,经天津、北京至奉天,过安东,然后渡过鸭绿江赴朝鲜,考察新义州、汉城、仁川等地,之后又绕道经大连、旅顺,至长春、哈尔滨而返,行程两万里,最后经北京、青岛,于8月15日回到上海。在调查期间,黄炎培和蒋梦麟"所至讲演颇有影响,入社者亦甚踊跃"③。在调查之余,共发表演讲19次,试验幻灯片6次,有力地宣传了职业教育。如,6月24日,奉天省教育会开大会欢迎黄炎培、蒋梦麟来奉调查学务,100余人与会。会上,该会会长李树滋作报告后,黄炎培和蒋梦麟分别作了演说。黄炎培在讲演中,极言对职业教育的重视,强调在"精神

---

① 黄炎培:《南风篇》,载《教育杂志》1917年9月第9卷第9号。
② 《本社第一年度办事概况》,载《教育与职业》1918年6月第7期。
③ 《社务纪要:调查讲演》,载《教育与职业》1918年10月第9期。

上发展儿童本能,实质上注重职业教育"①。6月25日,黄炎培和蒋梦麟参观国立沈阳高等师范学校,当晚该校开欢迎会,全校职员学生参加,黄炎培作了《国民教育和职业教育》的演讲,历述教育经验及改良意见,并演幻灯片以参证经验。7月7日晚,黄炎培和蒋梦麟调查朝鲜教育经过奉天,奉天省教育会特开研究会,两人演说了《中国与美国职业教育问题》。

调查结束后,黄炎培又在各地报告演讲此次调查的情况。在演讲中他不时对职业教育进行宣传。如,8月22日上午,黄炎培在江苏省教育会举行的第十四次常年大会上,报告《考察东三省及朝鲜、青岛教育情形》。会场上,摆设有黄炎培、蒋梦麟考察东三省及朝鲜、青岛所得的资料,以备各会员及来宾参考,其中包括新义州公立简易工业学校、大连公学、旅顺高等学校、旅顺工科学校、大连第二寻常小学校、新义州公立普通学校、奉天省立第四中学校、黑龙江省清真学校、仁川公立商校、朝鲜总督府试验所及传习所等校所一览表,以及奉天省、吉林省教育统计图表等。黄炎培的报告分"奉天""安东""鸭绿江""新义州""汉城""仁川""大连""旅顺""长春""齐齐哈尔""松花江"等部分,对各地教育和自然等作了介绍。他说,此次考察重在了解我国东三省、青岛及朝鲜等地教育,发现我国教育的不足和弊病。9月4日,在暨南学校,黄炎培演讲《考察东三省及朝鲜情形》。9月14日,中华职业教育社开讲演会,黄炎培讲演《东三省职业教育》,并试演新制及新购幻灯片。9月28日晚,寰球中国学生会请黄炎培演说《东三省与朝鲜之教育》,由朱少屏任主席。演讲中,黄炎培在介绍朝鲜学校教育和东三省教育情况后言道,发起组织职教社和创设职业学校,其目的就是要改变目前学校仅是造就舞文弄墨、不能自谋生计的游民境况,通过"注重种种工艺,务使毕业诸生俱能自立与自谋生计"②;他希望大家能热心赞助支持正在募集维持费的中华职业学校,并将《创设中华职业学校募金启》分发给在场人员。

2. 赴南洋考察

黄炎培第一次去南洋是1917年5月。当时,有鉴于南洋荷属爪哇等

① 黄炎培著,中国社会科学院近代史研究所整理:《黄炎培日记》第2卷,华文出版社2008年版,第14页。
② 《演说东三省与朝鲜之教育》,载《申报》1918年9月30日,第10版。

地华侨众多,南洋群岛英属、荷属向来职业教育颇为发达,足资借鉴,北洋政府教育部特委黄炎培为视察南洋学务专员,于是月 15 日赴南洋调查华侨教育,至 8 月 23 日回到国内。由于这次主要任务在调查华侨教育,黄炎培对南洋教育的关注点自然不在职业教育上(参见第五章第一节),但考察后他还是专门写了《南洋之职业教育》一文,发表在《教育与职业》第一期上。文中分"南洋需要职业教育之确证""南洋先觉者之注重职业教育""南洋职业教育现有之萌芽"和"余对于职业教育未来之希望"四点,对南洋职业教育的概况进行了说明,并对南洋职业教育的实施提出了自己的看法。他认为,"南洋之职业教育不惟重商,尤当重农工,各地于商业学校外,宜兼设农工学校,或于普通学校分设农工科";"商业教育,必备种种相当之设施,若商品陈列室、若商事调查、若商业实习,庶使技能归于切实";"农工商职业教育,一以实用主义为基础,凡普通教育各科,咸使改良,以为职业之准备"。[①] 他在考察间所写的《南洋华侨教育商榷书》中,也就南洋职业教育的实施方法提出了自己的建议:"以实用主义为基础";"商业教育须有种种相当之设施";"兼重农工业教育";"宜注重迅速主义";"予以补习应用文言之机会"。[②]

此后,黄炎培又在 1919 年 1 月和 1921 年 1 月先后两次赴南洋。这两次南洋之行,虽然任务是多方面的,但都与职业教育有着密切关系。

1919 年 1 月 25 日,黄炎培和韩希琦、李康源等乘法国公司"斯芬克斯"号离开上海,赴新加坡、仰光等处,于南洋华侨界为中华职业教育社征求特别社员,另外鉴于暨南学校"开办业经年余",一拟将学校宗旨办法详细宣布于侨胞,俾得深晓学校内容,"二则考察南洋教育状况",借为学校将来办事方针之参证,"三则探望诸父兄以资联络而慰远念"[③](有关暨南学校规复情况参见第五章第一节)。此行黄炎培计划利用三四个月时间,预定行程为经香港,至新加坡、槟榔屿、苏门答腊、爪哇等处。下午 2 时,船开了。想起这次南洋之行任务的艰巨,展望未来职业教育的前景,黄炎培

---

① 黄炎培:《南洋之职业教育》,载《教育与职业》1917 年 10 月第 1 期。
② 黄炎培:《南洋华侨教育商榷书》,载《教育杂志》1917 年 12 月第 9 卷第 12 号。
③ 司徒赞、吴邦杰笔述:《黄任之先生南游归来讲演词》,载《中国与南洋》1919 年 8 月第 6、7 期。

倍感责任重大,内心十分激动,深夜仍久久不能入睡。于是他和乘船赴欧的李石曾就共同关注的职业教育问题进行畅谈。黄炎培向李石曾说明了国内中学分科的情况,李石曾则向黄炎培介绍了法国农业教育制度的情况。二人均认为,在中学设置农、工、商等职业科,"为职业教育制度上一种必要之办法"①。2月上旬,在新加坡,黄炎培又多次和陈嘉庚就中学分科问题交换意见。与此同时,为使中华职业教育社得以迅速发展,他还在各地演讲计17次,为职教社征求社员并募集经费,且"每届开会,必殿以中华职业教育社之幻灯,共试验四次,即在星洲、槟城、仰光、棉兰是也"②,共募得国币4400元。其中,4月2日在槟城召开的华侨会议,更议定在中学校设中华职业教育社通讯处。他在4月3日自槟榔屿寄给中华职业教育社的报告(4月20日职教社收悉)中云:"在此间日日演说,昨夜为征求社员事开会……陈君嘉庚例捐万元,分五年匀交。"③

5月4日,黄炎培赴南洋调查华侨教育回到上海。《申报》特报道曰:"江苏省教育会副会长黄韧之君,春初亲往南洋各埠调查华侨教育,数月以来,身历数十埠,演说一百数十次……带回华侨教育之成绩及其工业制造品标本甚多,不日将开会讲演。"④然而回国时,适值五四运动在北京爆发,并迅速影响全国各地。和很多省份一样,上海也相继爆发了工人罢工和学生罢课。5月7日,上海各界两万余人在上海公共体育场召开国民大会,黄炎培任主席并作了演说。会议议决:收回青岛,惩办卖国贼,释放被捕学生,抵制日货。5月19日,上海学生联合会议决自本月22日起罢课。黄炎培为劝学生暂缓罢课面见学生,又邀请各校校长会商办法,加之杜威莅华不久,作为邀请杜威来华的五大团体之一的江苏省教育会的副会长,原本繁多的事务比原来更为需要处理。此外,在7月,他又应陈嘉庚之邀,赴厦门参观陈所办的集美学校。所有这一切,使得黄炎培此次回国后,除了5月12日在暨南学校为学生作了演讲,较为详细地介绍了这次调查南洋华侨教育的情况,并例行向教育部作了书面报告外(参阅第五章第二

---

① 黄炎培:《与李石曾君谈职业教育》,载《教育与职业》1919年3月第12期。
② 司徒赞、吴邦杰笔述:《黄任之先生南游归来讲演词》,载《中国与南洋》1919年8月第6、7期。
③ 《中华职业教育社通讯》,载《申报》1919年4月22日,第11版。
④ 《教育家南游返国》,载《申报》1919年5月7日,第10版。

节），并没有能够按照自己原来的计划，到各地进行更多的演讲，宣传介绍此次南洋之行的成果。

1921年1月30日，承中华职业教育社议事员会之委托，黄炎培又和王志莘赴南洋考察。此次考察目的有二："一为暨南学校访问侨情、接洽学生家属，以期推广教育影响；二提倡南洋职业教育而以见推于中华职业教育社议事会。"①

出发时，《申报》特作如下报道：

> 中华职业教育社自提倡职业教育以来，南洋方面，亦多响应，近来侨商回国者，希望该社派人前往，实地鼓吹，该社徇其请，因由主任黄君炎培，偕同王君志莘，于昨日乘俄罗斯皇后号出发，到菲律宾、香港、汕头、暹罗、苏门答腊、新加坡等处，期以三个月回国，随带该社各种出版物，及附设中华职业学校出品。又南京暨南学校，近来侨生日益发达，黄君乘便与侨界接洽，以期侨学前途，更得发展。②

此次考察历菲律宾、马来群岛、新加坡及香港、汕头、潮州等地，计109天，其中携带书籍、幻灯片等到各地演讲共43次，至5月18日回到上海。③考察期间，黄炎培每到一地，随时将在当地考察的结果写成《十春南游通讯》，寄回国内，刊登在《中国与南洋》杂志上。

考察中，无论是推广暨南学校在南洋的影响，还是提倡南洋职业教育，显然重点都在华侨教育。但由于提倡南洋职业教育，意在"见推于中华职业教育社议事会"，所以矢志推行职业教育的黄炎培和王志莘，怀着对职业教育的深深情愫，一路上自然也必然会对职业学校加以关心、关注和指导。特别是自菲律宾返回于2月25日途经汕头等地时，他们曾多次进行演讲，参观甲种商业学校和汕头职业学校等，专门对当地的职业教育进行规划，并应友人陈欣木之嘱，赴潮州樟林规划明德女子职业学校。

---

① 黄炎培：《十春南游通信》，载《中国与南洋》1921年5月第2卷第2、3号。
② 《黄任之昨日首途赴南洋》，载《申报》1921年1月31日，第10版。
③ 许汉三编：《黄炎培年谱》，文史资料出版社1985年版，第49页。

黄炎培和王志莘2月3日抵达马尼拉,18日离开菲律宾赴香港,21日到香港,逗留三日后于24日离港,25日抵达汕头。此后他们又先后到达潮州、樟林、澄海,于28日回到汕头。在汕头,黄炎培参观了甲种商业学校、汕头职业学校等,并建议汕头职业学校在商科中可考虑设英暹商事及暹罗语、马来语诸科,以备将来与暨南学校联合研究。据统计,在汕头和樟林,黄炎培共演说8次,并使用幻灯片1次。3月4日,黄炎培乘船离开汕头赴暹罗,途中,和王志莘作《调查汕头职业学校报告书》,并写了《汕头职业学校添设商业科计划书》和《樟林明德女子职业学校计划书》。其中,《调查汕头职业学校报告书》提出,“职业学校,不惟注意于职业,尤当注意于教育”;“工艺教育初期,总以多方诱导,唤起其对于作工之兴趣为第一义”;并从“所设学科,务切于其所需要”和“注重实习”等方面对汕头职业学校在商科的课程设置方面提出了多方面的建议,希望该校商业科的开办“务求合于地方状况与来学者志愿”。①

为了使人们及时了解这次考察的情况,特别是南洋职业教育的发展情况,黄炎培和王志莘回国后,多次就南洋职业教育进行演讲。如,5月28日下午,中华职业教育社在上海于中华职业学校举行第四届年会,由聂云台任主席。黄炎培在会上作了社务报告,并演讲《南洋职业教育之新趋势》,述1月至5月中旬间和王志莘南行赴菲律宾、暹罗、新加坡等地考察职业教育的所见所闻。其中,他特别对菲律宾补习教育的发展盛况给予了充分肯定,言道,“小吕宋华侨学校极发达,夜间并办有工商界职业补习科”;“槟城、棉兰、新加坡,华侨所办学校均大有进步,实行国语教授,注重课外作业,其最好之学校,比之国内著名学校,不相上下”。② 6月17日,黄炎培又应中华职业学校邀请,和王志莘莅校演讲《赴南洋提倡职业教育及募款情形》。

---

① 黄炎培、王志莘:《调查汕头职业学校报告书》,载《教育与职业》1921年9月第28期。
② 《中华职业教育社年会纪》,载《申报》1921年5月29日,第11版。

第二节　研究、探讨职业教育

理论是实践的先导,但它和实践又是相辅相成的。当 20 世纪初职业教育传入中国并实施之初,由于它乃一新事物,既无实践准备,更乏理论基础,以致人们对之不仅不了解,甚至有偏见,有误解。职业教育的内涵究竟是什么? 其意义何在? 怎样借鉴欧美国家职业教育的经验? 采取什么方法才能使之在中国实施有所成效? 所有这些,都困惑着当时职业教育的倡导者与实践者,迫使他们去思考、去探索。

1917 年 9 月 16 日,职教社第一次办事员会议决定将职教社成立后编印出版的以刊载社中情况为主要内容的《社务丛刊》停刊,另辑印一种月刊——《教育与职业》,作为职教社的机关刊物。

10 月 20 日,《教育与职业》创刊,蒋梦麟任主编,最初定每卷 12 期,年出 1 卷。① 在第 1 期上,刊登有黄炎培的《南洋之职业教育》和《本社宣言书之余义》两文,其中前者概括介绍了菲律宾等国家职业教育的基本情况;而后者则是对此前宣言书的进一步阐释,其中言曰,"职业教育者盛行于欧洲,渐推于美国,而施及东方,万非本社所敢创";"本社之倡职业教育,非专事推荡世界潮流,以徇时尚,诚恫夫今之国家与社会,不忍不揭橥斯义"。②

《教育与职业》是开展职业教育理论探讨的主要阵地。然而,由于第 1 期封面上,以一幅幼儿画的一个饭碗、一双筷子和一只汤匙三件人们天天都离不开的普通餐具的画揭示与人,致一时议论蜂起,不少人鄙之曰,原来职业教育也就是哙饭教育。针对这种看法,为澄清人们的偏见,广大职业教育界人士纷纷撰文进行反驳。而作为中华职业教育社的主要发起人和

---

① 1922 年 3 月 22 日,职教社办事员会议决,自第 4 卷第 1 期(第 37 期)始,改为每卷 10 期,一年内出齐。

② 黄炎培:《本社宣言书之余义》,载《教育与职业》1917 年 10 月第 1 期。

组织领导者,黄炎培更感责无旁贷。有鉴于此,为使自己所钟情的职业教育事业能够在中国生根、发芽、开花、结果,为了使自己的同胞兄弟姐妹能够"无业者有业""有业者乐业",饥有所食,寒有所衣,更为了使贫穷落后、灾难深重的祖国日渐走向富强,黄炎培在职教社成立之初,基于自己对世界职业教育最发达国家之一——美国的职业教育的认识和理解,在对欧美国家、特别是美国职业教育发展情况不时介绍的基础上,在对职业教育极力进行宣传和调查的同时,结合职业教育在中国的实际推行情况和发展情形,就职业教育的含义、目的、意义、内容乃至实施方法等,进行了开拓性的理论探索和研究。

11月,黄炎培特地撰《职业教育析疑》一文,刊于《教育杂志》第9卷第11号上。在这篇为《教育与职业》第2期所转刊的文章中,他首先从澄清职业教育与实业教育的区别出发,阐明了职业教育的涵义所在:

> 实业教育与职业教育,二者皆以解决生计问题为目的,然其范围不同。实业教育之高焉者,高等专门实业亦属之;其下焉,仅为职业之预备者亦属之。故论其长,可谓过于职业教育。英语 Industrial education 之名词,依其本义,仅限于工业教育。东方译为实业教育,亦仅限于农工商三种,而医生、教师等不与焉。职业教育(Vocational education),则凡学成后可以直接谋生者皆是。故论其阔,又可认为不及职业教育。①

可见,在黄炎培看来,授以人们从事某种职业所需要的具体知识、技能,解决当时学校特别是中学校毕业生和青年学生的失业问题,使他们求得生计,乃职业教育的根本宗旨所在。

然而,对于黄炎培的这种看法在当时虽有不少人给予赞许,但更多的人则持怀疑态度。为了更深入地对职业教育理论加以探讨,12月,职教社特设研究部,"以本社社员中有志研究职业教育者组织之",专门研究关于职业教育的种种问题及实施方法。其中,理论方面的研究包括"职业教育

---

① 黄炎培:《职业教育析疑》,载《教育杂志》1917年11月第9卷第11号。

正确之解释""职业教育设施之范围""职业教育上疑难问题",实施的方法包括"实施职业教育前各种调查之方法""职业陶冶实施之方法""职业教科材料之调查与支配""其他关于职业教育实施之事项"。① 研究部成立后,配合职教社年会,积极开展了大量相关研究工作。

1918 年 1 至 5 月,黄炎培又在《教育与职业》第 3 至 6 期上发表了《职业教育谈》。这篇仅有不足两千字的文章之所以会分 4 期连载,想来也是希望能够引起人们更长时间的关注。在文中,黄炎培明确地说:

> 职业教育之旨三:为个人谋生之准备,一也;为个人服务社会之准备,二也;为世界、国家增进生产力之准备,三也。……职业教育之效能,非止为个人谋生活,而个人固明明藉以得生活者。以啖饭教育概职业教育,其说固失之粗浮,高视职业教育,乃至薄啖饭教育而不言,其说亦邻于虚骄。……欲解决"地"与"人"与"物"、生产能力之增进问题,舍职业教育,尚有他道邪? ……欧战终了以后,正职业教育大发展之时期也。……吾国之战后教育,更舍职业教育无所为计。所以图存者在此,所以图强者亦在此。②

是年 5 月,中华职业教育社在江苏省教育会举行第一届年会。会毕,黄炎培在特地所撰的《年会词》中,针对一年来"世多有认职业教育为一种狭义的生活教育者"再次重申,职业教育的目的有三:"为个人谋生之预备,为个人服务社会之预备,为世界及国家增进生产能力之预备"。③

需要指出的是,在当时,黄炎培只是众多职业教育理论研究和探讨者中的一个突出代表。事实上,自职教社成立至 1919 年初,一年多间,有关职业教育理论的研究成果不断涌现。这些第一代的"职教人",怀抱着"职教救国"的理想,在近乎崇拜地引入西方特别是德美等国职业教育发展状况的同时,也虔诚地探讨着职业教育的理论,寻觅着职业教育在中国实施

① 《职业教育研究会加入职业教育社》,载《申报》1917 年 12 月 26 日,第 11 版。
② 黄炎培:《职业教育谈》,载《教育与职业》1918 年 1 月第 3 期,1918 年 5 月第 6 期。
③ 黄炎培:《年会词》,载《教育与职业》1918 年 6 月第 7 期。

的途径和方法。这些既体现于他们的实践活动中,更反映在他们所写的篇篇研究文章及所辑译、译述或通过借鉴西方职业教育理论著述所撰的少量著作上。据统计,当时研究职业教育理论的文章主要有王正廷《论举办职业教育为当今之急务》(载《中华教育界》第 6 卷第 5 期),庄俞《补习教育与职业教育》(载《教育杂志》第 9 卷第 7 号),蒋维乔《职业教育进行之商榷》(载《教育杂志》第 9 卷第 11 号),陶行知《生利主义之职业教育》(载《教育与职业》第 3 期),顾树森《论职业教育与普通教育之关系》(载《中华教育界》第 7 卷第 2 期),贾丰臻《说女子职业教育之必要》(载《教育杂志》第 10 卷第 3 号),张觉初《小学校职业教育实施法》(载《教育杂志》第 10 卷第 6 号),蒋梦麟《职业教育与自动主义》(载《教育与职业》第 8 期),朱鼎元《对于实施职业教育之管见》(载《教育与职业》第 10 期),费揽澄《职业教育之商榷》(载《教育杂志》第 10 卷第 12 号),庄泽宣《中国职业教育问题》(载《教育与职业》第 11 期)等;而著作则主要包括朱元善译述《职业教育真义》(上海商务印书馆 1917 年版),江苏省教育会编《小学校职业科教授要目》(江苏省教育会 1918 年版),徐甘棠编译《职业教育》(上海国光书局 1918 年版)等。

这些论述和黄炎培对职业教育理论的研究、探讨一起,对于当时尚处于萌芽时期的中国职业教育理论的建设,起到了开路先锋的作用。

第三节　推行、实践职业教育:中华职业学校

中华职业教育社成立后,即将设立职业学校、职业补习学校、在中学设置职业科视为推行、实践职业教育的重要途径,而这其中,中华职业学校作为黄炎培发起创办的职教社实验职业教育的基地,尤为引人注目。

一、学校的创办

创办中华职业学校是黄炎培推行、实践职业教育的重要措施之一。

由于职教社的经费基本全靠筹集,要开设职业学校,经费无疑是首要

问题。早在 1917 年 10 月 5 日，鉴于中华职业教育社拟办中华职业学校，黄炎培乃和穆藕初、阮介蕃、顾树森等人集议预算，拟定职业学校开办费为 19750 元，经常费为 11728 元。为筹集这笔经费，在 11 月初因暨南学校规复事赴京时，黄炎培专门在京谒见财政部次长梁士诒，呈请财政部特赐补助经费。黄炎培在呈文中写道，"炎培等鉴于方今吾国最重要、最困难问题，无过于生计，而欲求根本解决，惟有从教育下手，必使教育与职业相联络，庶其结果乃能影响于民生"，自中华职业教育社创设后，"一时教育界实业界闻风响应"，除从事调查、研究、劝导、讲演、出版外，近欲于上海创设一职业学校，"以为实际研究之资，兼备各省观摩之地"，但现在建筑校舍、购置仪器等最经济预算，"约计须开办费二万元，第一、第二两年合计经常费约二万元，计共四万元，以后工艺出品当略有收入，可资抵补"，故希望"念兹事重要，直接在谋教育实业之沟通，其间接实与国计民生大有裨益。上海为全国具瞻之地，行见一校立，而千百校随之，下为地方行作始之源，上为政府灭如伤之痛，断非他项团体、他项学校可以比拟"，所以希望财政部能特赐补助经费，以示提倡。① 黄炎培的呈文得到了财政部的理解、肯定和支持，财政部特批呈职教社："悉该主任组织职业学校，开办需费，应由本部补助五千元。"② 与此同时，社会有关各界也给予了一定支持。如，商务印书馆董事高翰卿、张元济、张謇等即捐助 600 元，分两年交付；1918 年 1 月，上海县知事沈宝昌于公款项下拨助 1200 元。

　　由于筹得了一定的经费③，1918 年 5 月 15 日，中华职业教育社决定正式开办中华职业学校。该月制订的《中华职业学校设立之旨趣》中这样写道："同人鉴于我国今日教育之弊病在为学不足以致用，而学生之积习尤在鄙视劳动而不屑为，致毕业于学校而失业于社会者比比。根本解决，惟有提倡职业教育，以沟通教育与职业。虽然，空言寡效，欲举例以示人，不可无实施机关，故特设此职业学校。"④ 故学校设立的旨趣一为"沟通教育

① 《中华职业教育社通讯：财政部补助职业学校经费》，载《申报》1917 年 12 月 7 日，第 11 版。
② 《中华职业教育社通讯：财政部补助职业学校经费》，载《申报》1917 年 12 月 7 日，第 11 版。
③ 预算建筑费银一万元，设备费银一万元，三年间经常费银四万元，先筹得一万元。
④ 《中华职业学校设立之旨趣》，见《中华职业学校三十周年纪念特刊》，中华职业学校 1948 年编印，附录第 1 页。

与职业",二为"适应现时需要提倡劳动培养国民生产能力"。①

6月15日,中华职业学校举行立础纪念仪式,由朱庆澜、陆金山两人署名础石。会上,首先由黄炎培报告了中华职业学校设立的原因及筹募经费的情形,接着行立础礼,继由前广东省省长朱庆澜、上海县知事沈宝昌分别代表江苏省省长齐耀琳、教育部佥事沈彭年相继演说职业教育的重要性,共同希望将来职业学校之发达。7月1日,职教社办事部办事员顾树森任学校校长(时称主任),随之该月公布了《中华职业学校章程》,规定"本校专为无力升学之学生欲从事于职业者授以木工、铁工,或其他相当职业科,兼陶冶其良善品性,培养其生产能力,俾将来适于生活为目的"②。其实施方案有三:"养成耐劳耐苦习惯,俾将来适于自立生活";"培养自治自动精神,俾将来足以发展事业";"养成服务社会美德,俾将来成为善良公民"。③ 可见,学校设立的目的,就是通过它实践职业教育,探索职业学校在培养适应社会发展的人才方面的新途径,进而为各地树立典范,提供经验。考虑到"上海为通商巨埠,工厂林立,商店栉比,实业机关需才甚殷,苟无相当学校为之特别训练,恐难得适宜之人才,即实业亦未易有发达之希望"④,故学校地点设于职教社所在地上海。

根据对上海西南区社会职业的需求调查,并考察地方的状况,中华职业学校于7月25日先设铁工、木工和钮扣三科。其中,铁工和木工科各招20名,钮扣科招30名。铁工科最初定为五年制,嗣改为四年制,后又改为五年制机械专科,以养成"技士"为目的;入学资格为:高小毕业程度或相当学力,年在12岁以上,且须志愿在工业界服务、能耐劳苦者。在职教社看来,"居今日之工业社会,高等人才,固不可少,而中等之工业人才,尤为需要。姑就江苏而言,实施工业教育之机关,不可谓少:上海之南洋大学、中法通惠学校、吴淞之同济大学、南京之河海工程及工艺专门学校,均以造就高等技师为目的,而养成中等工业人才之学校,则除同济中等机械科外,

---

① 《中华职业学校概况一览》,载《教育与职业》1919年9月第14期。
② 《中华职业学校章程》,载《申报》1918年7月9日,第11版。
③ 《中华职业学校概况一览》,载《教育与职业》1919年9月第14期。
④ 《中华职业学校设立之旨趣》,见《中华职业学校三十周年纪念特刊》,中华职业学校1948年编印,附录第2—3页。

尚属寥寥。下之如职工,则养成机会,所在而有,以故国内各工厂中,有技师,有职工,而独鲜技士。实则职工长于技能,技师重于计划,各有所偏。而技士则既有技能,又具学识,在工业上关系深切,尤不容忽视"①。

8月25日,中华职业学校举行入学试验。9月5日,学校校舍大体告竣。9月8日上午10时,学校举行开学仪式,从小学和中学毕业生中考取的80名学生成为第一届新生,正式入校学习。开学仪式上,先行谒国旗礼,接着黄炎培向大家报告了职业学校成立的原因及其组织方法,以及到目前为止各界人士向学校捐款的情形。在介绍学校设立的原因时,黄炎培说:"吾国今日教育弊病,实由于学生鄙视劳动,而所学又不足致用,故设此职业学校。又以上海为通商大埠,工厂林立,需材孔殷,而西南区一带,为贫民聚居之所,故特设职业学校于此。"②此外,沈恩孚、蒋梦麟等也分别作了讲演。校长顾树森在讲话中特别强调了中华职业学校的培养目标:不仅使学生求得职业上的知识技能,而且要注重道德及体育,还要养成耐劳、耐苦的习惯及创造、自动的能力,以开辟将来的新职业。

二、学校的初步发展

由于"学校开办费预算建筑约一万元,机器及校具约一万元,其经常费第一年至第三年共四万元,应共筹六万元,先已募得万余元,计尚不足五万元"③,所以早在1918年8月26日,职教社于上海公共体育场召开会议,决定组织募金团,续议筹足5万元,分25队募金,并委托上海商业储蓄银行为收款总机关。9月8日,职教社特邀集上海绅商各界巨子筹议募集办法,朱庆澜、聂云台、苏筠尚、穆湘瑶、丁赓尧、吴馨、龚杰、谢复初、谢碧田、陈光甫、钱新之、史量才、张效良、叶养吾、林木卿、阮介蕃、朱少屏等数十人在大东旅社开会。在会上,黄炎培和沈恩孚首先向大家报告了中华职业学校成立的经过,大家一致表示,将众志成城为校募金。最后,议定组织"中华职业教育社创设职业学校募金团",由朱庆澜和聂云台分任正、副总队

---

① 《中华职业教育社通讯:中华职业学校之五年工科新计划》,载《山东教育月刊》1925年7月第4卷第7号。
② 《中华职业教育社通讯:中华职业学校开学记》,载《申报》1918年9月10日,第11版。
③ 《社务纪要:职业学校募金》,载《教育与职业》1918年12月第10期。

长,实行"分团募金办法",共分 25 个队,每队有队员若干人,从 9 月 16 日至 30 日分头募集学校所需要的开办费及第一年至第三年的经常费,计 5 万元。不仅如此,募金团并以总队长朱庆澜和副总队长聂云台的名义,自 9 月 16 日始在《民国日报》上连续一周刊登名为"中华职业学校开始募金"和"期限两礼拜,金额五万元"的广告,向各界人士发出号召:为救国贫、民贫和百业改良,赞助职业学校,推动职业教育发展,希望"仁人君子玉成之"。①

与此同时,黄炎培和蒋梦麟、顾树森联合发布了《创设中华职业学校募金启》,号召各界"仁人君子"为中华职业学校解囊捐款。在募金启中,黄炎培说:"诸君欲救国贫乎?欲救民贫乎?速赞助职业教育,欲求教育有善果乎?欲求社会百业改良与进步乎?速赞助职业教育。职业学校是教育事业,亦是慈善事业。"募金启中规定,若独立捐助中华职业学校开办费及历年维持费,即以捐助人的名字或其所"特命之名"作为校名;若一次捐助两千元以上,则推为职教社永久特别社员并赠给金质徽章;一次捐助二百元以上,则推为永久特别社员;凡捐助者均依照《捐资兴学条例》呈请教育部给予奖励,并一律"镌名于本校,永为纪念"。②

此后,募金团开始赴各地募金,经过近半个月的努力,取得了一定成绩,于是 9 月 29 日,职教社于大东旅社宴请募金团各队队长暨各界要人,商榷结束办法,参加者有黄炎培、姚石荪、余日章、郭秉文、朱庆澜、程龄孙、史量才、朱少屏、张叔良、丁赓尧、贾丰臻、沈恩孚等 20 余人。黄炎培在会上报告说,自募金团募金以来,难得各队队长竭力募集,各界人士热心赞助,可见职业教育之重要,已为社会所公认。但是截至 9 月 30 日,募到的 35496 元,距 5 万元的定额尚有一定距离,加之各地纷纷要求学校增加招收名额,会议决定本埠募金延期至 10 月 7 日结束,外埠 10 月 14 日结束。

至 10 月 7 日,总计募到的数额与定额已相差无几,此时外埠募金尚有一周限期。为使如期募得的基金超出定额,使中华职业学校经费充裕,得以积极有效地发展,黄炎培特地携带中外职业学校幻灯影片,前往无锡、武

---

① 载《民国日报》1918 年 9 月 16 日,第 4 版。

② 《中华职业教育社通讯:创设中华职业学校募金启》,载《申报》1918 年 9 月 12 日,第 11 版。

进一带讲演,以作宣传、鼓吹,并与在当地开展募金的诸同仁广泛接洽。10月18日,职教社议事员会议议决募金工作将于10月21日结束。经过努力,至10月21日,这次募金活动共募得国币66785元及俄币22000元。1919年1月8日,中华职业教育社举行议事员会临时会,黄炎培和沈恩孚、史量才、穆藕初、朱少屏、郭秉文、杨廷栋、吴馨、贾丰臻、蒋梦麟、顾树森出席,由沈恩孚任主席。会议报告了社务近况和募金近况,对此次募金给予了充分肯定。

5月31日,中华职业教育社在上海市西南区迦陵桥南中华职业学校校内举行第二届年会,并补行中华职业学校开幕式暨募金团纪念品赠予式,黄炎培在会上报告社务和募金团事项。在报告中,黄炎培特别强调,"生计问题一日不解决,即世界一日不能和平,而世界和平未来之大劫难,即伏于是,欲解决此问题,唯有亟设施职业教育",对于"各界热心志士赞助之结果,同人所永感不忘者也"。①

充足的资金为中华职业学校的顺利运作和发展奠定了坚实的基础。募金活动结束后,学校得到了较快发展。

1918年11月,学校添设珐琅科(1921年7月停办);1919年9月,学校添设留法勤工俭学预备科(1921年7月停办);1920年8月,学校添设商科;是年暑假后,学校添办工商补习夜学校、电镀部、病理模型制作部;10月,学校添办职业教员养成所(分珐琅、钮扣、电镀、铁工和木工等科,1923年7月停办),以备学员学成后回到各省创办职业学校。同时,鉴于职工缺乏补受教育之机会,为陶冶其道德、丰富其知识,学校决定募款筹建可容1000多人的职工教育馆。该馆除重视演讲外,并有音乐、运动、影片放映等活动,充分发挥其通俗的社会教育功能;馆内分图书部、博物部、卫生部、科学部,职工可于工作之暇,随时入内游览。1922年2月,学校又开办职业师范科(分铁工、木工和染织等科,1924年7月停办)。1923年初,鉴于学生升学谋取职业者不断增多,且谋取职业日见困难,学校又添办职业补习科,以使学生"分科补习。一方面增进升学之学力,一方面准备谋事之技能。普通科一任青年就其所能,量其所需,自由选择。即就事为职业界

---

① 《中华职业教育社年会纪》,载《申报》1919年6月1日,第12版。

者,倘以某种智能,自觉不敷应用,业务之余,亦可选定学科,从事补习"①。1924 年,学校又与上海中华针织厂合办中华职业学校简易工艺科,招收学校附近无业的男女青年入校肄业,教以简易工艺。

不久,为增进商店职员及学徒的应用知识和技能,学校又分设第一业余补习学校,使之利用肄业余暇学习。第一业余补习学校分国文、英文、算学、商业、打字 5 科,每科学额 40 名,均以 6 个月为一期。1925 年 2 月,学校创办文书科(1925 年 8 月停办;后在 1928 年 4 月重新开办,8 月即又停办);9 月,学校创办机械科制图班(1927 年 7 月停办)。另外,在 1925 年学校还添招商科二级,各 40 人,专收商界子弟,授以切要之技能与商业之训练;年限由原来的四年(三年读书,一年实习)改为五年,其中三年为初级(从第二年起,半日读书,半日实习),二年为高级,"初级以养成商业机关之事务生为目的,高级以养成商业机关之事务员为目的","程度不求其高,惟其适用;学科不求其多,惟其切实;尊重服务,俾有充分之练习,以沟通教育与实际之生活"。②

从创立起到 1952 年,中华职业学校共存在 34 年之久。其中在 1927 年 8 月前,先后有 3 位职业教育家任校长之职:首任校长是顾树森;1922 年 10 月,顾树森因为赴欧考察职业教育,由黄伯樵继任;1924 年 12 月,黄伯樵因事北上,由潘文安担任,直至 1927 年 8 月。③ 除校长外,学校另设商科、工科、教务、训育、事务主任各一人。

据统计,从 1918 年到 1927 年,中华职业学校历年入校学生人数为:1918 年,84 人;1919 年,145 人;1920 年,125 人;1921 年,414 人;1922 年,368 人;1923 年,273 人;1924 年,165 人;1925 年,303 人;1926 年,434 人;

---

① 《中华职业学校添设补习班》,载《山东教育月刊》1923 年 2 月第 2 卷第 2 号。
② 《中华职业教育社通讯:中华职业学校商科之新办法》,载《山东教育月刊》1925 年 9 月第 4 卷第 8、9 号。
③ 此后先后任中华职业学校校长的有:姚颂馨(1927 年 8 月至 1928 年 8 月),赵师复(1928 年 8 月至 1930 年 12 月),杨卫玉(1930 年 12 月至 1931 年 7 月),贾观仁(1931 年 7 月至 1943 年 7 月),杨卫玉(1943 年 7 月至 1945 年 8 月),贾丰臻(1945 年 8 月至 1945 年 11 月,工商学艺所),王怀冰(1945 年 11 月至 1946 年 2 月,工商学艺所),贾观仁(1946 年 2 月至 1950 年 1 月),江恒源(1950 年 1 月至 1952 年 1 月),庞翔勋(1952 年 1 月至 1952 年 12 月)。

1927 年,441 人。① 历年毕业学生人数为:1920 年,留法勤工预备科 26 人,钮扣科 1 人,职业教员养成所 69 人(木工科 18 人,铁工科 22 人,钮扣科 4 人,珐琅科 23 人,电镀科 2 人);1921 年,铁工科 12 人,木工科 8 人,珐琅科 22 人,钮扣科 11 人;1922 年,铁工科 10 人,木工科 22 人,机械科 10 人,师范木工科 31 人,师范染织科 39 人,商科 21 人;1924 年,机械科 9 人,师范铁工科 9 人,商科 41 人;1925 年,机械科 29 人,商科 25 人,文书科 19 人;1926 年,商科 48 人;1927 年,机械科 10 人,机械科制图班 18 人,商科 66 人,铁工科 23 人。②

三、学校主要特色

1. 注重职业道德教育

中华职业学校设立的预定目的,在于为社会培养经济发展所急需的技能型人才。这些人才,应是既有一技之长,足以自谋生活,又具有健全人格,有益于社会的具有良善品性的公民。有鉴于此,中华职业学校在章程中的"入学资格"一项,即要求"以品性良善、身体健全、能耐劳苦者为合格";③以在立校的第一天黄炎培所手书的"敬业乐群"为校训,要求学生热爱专业,认真学习职业知识技能;同时,强调学生优良职业道德的养成。学生在入学时,一律要写《誓约书》,保证"尊重劳动""遵守纪律""服务社会"。

针对当时整个社会和学校一些学生鄙视生产劳动的实际情况,学校以黄炎培的题词——"劳工神圣"为口号,以"双手万能,手脑并用"图案为校徽,注重劳动与实习,以树立劳动光荣的观念;严格规范学生行为,设立之初,于 1918 年 10 月 10 日即组织职业市自治会等学生组织,由教职员随时指导,以养成学生自治能力和精神,更好地服务社会;④要求学生具有"金的人格,铁的纪律";用"人生以服务为天职,利居群后,责在人先"来教育

---

① 《中华职业学校概况》,见《中华职业教育社第二十四周年纪念刊》,中华职业教育社 1941 年版。
② 江恒源编著:《十六年来之中华职业教育社》,中华职业教育社 1933 年版,第 36 页。
③ 《中华职业学校章程》,载《申报》1918 年 7 月 9 日,第 11 版。
④ 《职业市自治会规程》规定:"职业市由中华职业学校全体学生组织之,专以办理本市自治事宜、练习个人服务社会为主旨。"

学生。学校并以这些精神谱写了校歌。校歌由黄炎培、江恒源作词,黄自作曲。歌词写道:"努力! 努力! 自己的努力,过自己的生活。努力! 努力! 我的努力,帮助别人的生活。努力,努力,一致的努力,养成大众共同生活。用我手,用我脑,不单是用我笔。要做,不单是要说。是我中华职业学校的金科玉律。"①可见,校歌的主旨就是"自己努力过自己的生活,更以我的努力帮助别人的生活"。

2. 强调实习和实地参观

由于学校培养的人才强调手脑并用,因此十分重视实习和实地参观。可以说,实习和实地参观既是中华职业学校的办学特色,也是其教学的重要形式。早在 1918 年设立之初,学校就开设了铁工场、木工场和钮扣工场,设立了中央木工教室;1919 年,又开办了珐琅工场。此外,学校还经常按照学科不同组织学生实地参观:商科学生常常赴本埠各银行、公司、商店,工科学生常常赴机械厂、纱厂、电气公司、发电厂、水泥公司、砖瓦厂、制磁公司等处,俾学生对所学知识有所印证,并增进种种阅历。

3. 讲演职业教育理论

为增进学生知识,1919 年 9 月,中华职业学校在学校中设"讲演会",每周六晚间,或请名人莅校讲演,或由本校教师演说,内容多与职业教育相关。如,学校设立之始,曾请南洋中学教员王引才讲《职业与地方自治之关系》。除此之外,学校还经常邀请有关人士到校专门讲演。如,1921 年 4 月 16 日,学校请高阳讲演《欧洲之职业教育》;6 月 17 日,学校请黄炎培和王志莘演讲《赴南洋提倡职业教育及募款情形》。

自职教社创立后,可以说,"职教救国"一直是黄炎培的理想,为此他通过教育调查,积极宣传、倡导、研究、探讨、推行和实践职业教育。因为在他看来,中国政局之扰攘不定,风潮迭起,"恶环境相逼",都不是根本之患,"所患者,国民常无自治能力",如果国民有了自治能力,通过接受职业教育,"使无业者有业,有业者乐业",那么,"虽有国患奈何"?!②

---

① 黄炎培著,中国社会科学院近代史研究所整理:《黄炎培日记》第 3 卷,华文出版社 2008 年版,第 214 页。
② 黄炎培:《职业教育救国》,载《申报》1922 年 10 月 10 日,"周庆纪念增刊",乙组第 1 张第 2 版。

第五章 华侨教育和高等教育实践活动

南洋华侨与中国教育有着密切的关系,对中华职业教育社的创立和发展也给予了极大帮助,这使得黄炎培对南洋华侨有着特殊的感情,对华侨教育也有着深刻的理解。而正是基于此,他不仅受命规复了暨南学校,而且多次赴南洋调查华侨教育和职业教育。与此同时,适应中国高等教育改革和发展大势,黄炎培积极参与国立东南大学的创立,并促进了中国第一所商科大学——上海商科大学的创建和发展。

第一节 华侨教育实践活动

一、赴南洋调查华侨教育

重视华侨教育是黄炎培的一贯主张。早在 1917 年 2 月 15 日于菲律宾考察期间,他就和陈宝泉、张渲、蒋维乔、韩振华、郭秉文在宴答侨商时,发表《对于斐律宾华侨教育意见书》,对菲律宾华侨教育提出了8条意见,并对菲律宾华侨教育提出了发展建议,其中谈道:"宜十分信仰教育为救国惟一方法而以全力注重之""宜注意培养专门人才""宜注意推广小学""宜以教育之力,保存发展中华国民之特性""宜注重农工商职业教育""注重体育""宜注重培养教员""宜与祖国教育界、实业界联络研究"①。在当时,这些意见和建议,深获赞许。

1917年5月15日,黄炎培被教育部特委为视察南洋学务专员,赴南洋调查华侨教育情况。至8月23日,经香港返沪,共计3个月零8天。

在3个多月的考察期间,他们"由新加坡而马来半岛,经柔佛、麻六甲、麻坡、吉隆坡及其附近各埠,乃至怡保、槟榔屿,渡海至苏门答腊之棉兰及其附近各埠,遂至爪哇。由巴达维亚、茂物、士甲巫眉、万隆、牙律、日惹、梭罗而至三宝垅、泗水。参与荷属学务总会所组织之教育研究会。获与六十二埠六十六学校七十八教员上下议论者四日夜"②,最终共历大小29埠,参观调查学校79处,以及阅书报社、青年会会馆和其他多个公益机关,并在多地先后作了《理想之华侨青年》《兴教育为发达侨民事业之根本》《华侨教育问题》《南洋华侨之教育》《自立与爱国》等演讲。调查之余,黄炎培将他在国外的考察情况写成《抱一通信》,在《申报》上刊登。通信共10号,自5月26日刊登第1号始,到8月28日刊登第10号终,使人们得以及时了解了这次南洋考察的情况。

回国后的当天,适逢江苏省教育会幼稚教育研究会开研讨会。江苏省教育会幼稚教育研究会以"研究幼稚教育关于教授训练养护之各种重要问题"为宗旨,黄炎培是该会积极的发起赞成者。在研讨会上,黄炎培应邀作了《幼稚教育宜注重觉悟力》的演讲,介绍了此次在南洋考察所见幼稚园的情况,并畅谈体悟和感想。如介绍马来地区幼稚园时,他说,当地尚无正式幼稚园,仅仅在小学附设幼稚班,或幼童保育所,但仍用蒙台梭利法教授;并建议,值此研究幼稚教育时代,教授儿童应该注重记忆力和"觉悟

---

① 韩振华、蒋维乔、陈宝泉、张渲、郭秉文、黄炎培:《对于斐律宾华侨教育意见书》,见韩振华、黄炎培、陈宝泉、张渲、郭秉文、蒋维乔编纂:《考察日本斐律宾教育团纪实》,上海商务印书馆1917年版,第177—180页。
② 黄炎培:《南洋华侨教育商榷书》,载《教育杂志》1917年11月第9卷第11号。

心"，发挥儿童脑力。之后，他乃利用有关机会，开始在多地宣传华侨教育。

如，8 月 29 日，江苏省教育会召开第十三次常年大会，在会上黄炎培报告了《考察南洋英荷两属之教育情形》，他将携回的各种物品及学校成绩逐一进行说明，并提出对于南洋英荷两属教育上应行研究及注意之点，供大家参考和讨论。10 月 1 日，黄炎培赴南汇县教育会讲演《职业教育之必要》，并报告南洋华侨教育状况。10 月 15 日，在全国教育会联合会第三届年会上，受华侨学务总会委托出席的黄炎培，报告了《南洋华侨教育情形》，主要谈了南洋华侨学务之进行及办法，并述其优点及缺点，并言曰："华侨对于祖国十分热心，吾国侨民多优秀分子，当施完善教育以发展之。"①

另外，黄炎培还写了《南风篇》《南洋荷属华侨教育研究会之盛况》《南洋之职业教育》《南洋华侨教育商榷书》等文章，在回国后及时发表在《教育杂志》《教育与职业》等刊物上，对南洋华侨教育的状况进行了多方面的介绍，并对华侨教育的意义、方法作了阐释，对华侨教育的实施提出了建议。如在《南洋之职业教育》中，他提出，应"以职业教育与国民教育定为侨学两大宗旨"，自己对于南洋职业教育的最大希望，就是"在本国宜组织一发展华侨一切事业之中心教育机关，或即利用暨南学校，一方养成师范及农、工、商各种教员，以应南洋各埠之需要，一方收容南洋各校毕业生，予以国民教育，及适应于南洋需要之农、工、商教育，使毕业后活动于南洋社会，为中国增拓未来之富源"。②

值得指出的是，在黄炎培考察回来忙于宣传、介绍华侨教育，倡导、实践职业教育的这段时间，教育部曾委任他为直隶省教育厅厅长，然而却被他婉言拒绝了。

从南洋考察回国后，按照教育部的要求，黄炎培需要到京作汇报演讲。9 月 3 日黄炎培赴京报告调查南洋英荷两属华侨教育情形，9 月 5 日至京，并准备讲演一天。9 月 7 日，大总统任命黄炎培为直隶省教育厅厅长，沈

① 《全国教育会联合会开会之第四日》，载《申报》1917 年 10 月 16 日，第 7 版。
② 黄炎培：《南洋之职业教育》，载《教育与职业》1917 年 10 月第 1 期。

恩孚为湖南省教育厅厅长,许寿裳为奉天省教育厅厅长。9 月 10 日黄炎培在京演讲,结束后他马不停蹄地往回赶。9 月 12 日夜,黄炎培回到上海,立即声明请辞。9 月 14 日,《申报》刊登了黄炎培的辞呈:"比来集合同志,创一职业教育社,研究教育与职业联络方法,冀以笔舌之功,稍移风气,并创立职业学校,备各地实施之参考,一面继续游历,且考察且劝导,一切计划已在著手进行。若遽舍而从政,行不顾言,硁硁之愚,以为不可。伏望大总统收回成命,另简贤能。炎培愿以在野之身,尽匹夫之责,不负初心,以答隆遇。"[①]9 月 21 日,大总统令,鉴于黄炎培坚决恳请辞职,"准免本职"。

二、暨南学校的规复

暨南学校是专为海外华侨子弟回国求学实施切用教育而设的一所华侨学校,所谓"宏教泽而系侨情",同时也担有规划海外华侨教育事业的责任。所谓"暨南",最初取《尚书·禹贡》中"朔南暨,声教讫于四海"之说,又以华侨子弟在南洋群岛最多,也"取声教暨于南方之意"。其前身是成立于 1907 年 3 月的暨南学堂。学校设在南京鼓楼南薛家巷。1911 年 10 月武昌起义爆发后,师生星散,学堂随即停办。

中国在海外华侨,以南洋群岛为最多,时南洋群岛为英、荷两国所属,其中英属为马来西亚、新加坡等地,荷属为苏门答腊、爪哇等地,共计 20 余个国家。广大华侨在赞助革命党推翻清王朝的过程中,颇多贡献,而民国成立后,华侨和祖国的联系开始加强,不少爱国华侨更是回国举办各项实业,毕业侨生回国求学者日众,但苦无相当的升学机关,实为华侨前途一大缺憾。有鉴于此,为了使华侨子弟回国得受良好教育,规复暨南学校,使之担负起其所负的使命,无疑意义重大。于是,当时各界规复学校的呼声不断。

赴南洋考察华侨教育,使得黄炎培不仅对南洋华侨教育有了深入的了解,也对华侨教育的实施有了更多新的看法和认识。多年后,黄炎培回忆说:"这次旅行,为一九一八年在上海开办暨南学校招收华侨学生,进行高

---

① 《大教育家无暇从政》,载《申报》1917 年 9 月 14 日,第 10 版。

等教育，打下基础。"①

1917 年 10 月下旬，各埠华侨推复旦大学校长李登辉领衔致电教育部，请拨暨南学校经费。10 月 31 日，教育总长范源濂特复电李登辉："沁电悉。暨南学校现已委定黄君炎培筹办，特复。请转告旅侨诸君。"②11 月 1 日，北洋政府教育部批准规复暨南学校，定名为"国立暨南学校"，并委派黄炎培为筹办员，负责主持筹办复校工作。

教育部委任黄炎培负责规复事宜后，黄炎培为规复做了大量工作。11 月 4 日，黄炎培为暨南学校事赴京，11 月 7 日抵京后，在京 5 天。回来后，他即与赵正平、李登辉等就暨南学校规复交换意见。11 月 24 日，他就南京旧时暨南学校校址创立暨南学校筹备处，并邀赵正平共同筹划规复的有关事宜，拟定了《暨南学校开办章程》。11 月 26 日，他又和负责暨南学校学校工程建设的孟酉钊、汤允中等到校任职，并陪同孟、汤二人审视校舍计划工程。11 月 27 日，江苏省省长派员点交前暨南学校校舍、校具、书籍、仪器等，黄炎培将邀同赵正平拟定的《暨南学校开办章程》呈报教育部，并于 1918 年 1 月 8 日将亲自拟定的《暨南学校章程》《南京暨南学校规复宣言并招生启》寄往南洋各埠，以广为宣传。

《暨南学校章程》具体规定了暨南学校的宗旨和任务："本校以招集华侨子弟已在南洋受有初步之教育者，授以适应于南洋需要之知识技能，并发达其爱国思想，俾毕业后从事于华侨教育或实业，冀其事业之改良与发展为宗旨"；"暂依中等程度办理，渐进乃施高等教育。在未施高等教育时，华侨有欲送其子弟入本国大学或专门学校，或为升学计欲入普通之中等学校者，本校负指导绍介之义务。须补习者，并设法使之补习"。学校暂设师范科和商业科，各暂定为三年，其中师范科毕业生应在南洋华侨所设的高等小学校或国民学校服务五年；入学资格为"身体健全、品行端正、年在十四岁以上，通晓国语，在南洋高等小学校毕业，或与有同等学力；但入师范科者，须年在十六岁以上"。③ 在宣言并招生启中，黄炎培则言道，

① 黄炎培：《八十年来——黄炎培自述》，文汇出版社 2000 年版，第 113 页。
② 《筹办暨南学校》，载《民国日报》1917 年 11 月 8 日，第 10 版。
③ 黄炎培：《暨南学校章程》，载《教育杂志》1918 年 2 月第 10 卷第 2 号。

虽然近年来南洋的华侨学校不断得到发展,但是却"有毕业生而无相当之升学机关,求良教员而无特设之培养机关。回国就学者,日见发达,而无指导之人。学科程度,或有参差,而无补习之地",因此将暨南学校"从新恢复,扩充规模,改良办法,分设专科,并经营有利于华侨教育之各种事业",以使广大的华侨子弟回国后受到适宜的教育,"造成有用之青年,以增进华侨文明程度,发达华侨实业"。① 此后,黄炎培多次组织召开学校规复会议。3 月 1 日,暨南学校补习科正式开课。3 月 7 日,教育部委任赵正平为暨南学校校长,同时令黄炎培继续筹办并会同赵正平规划校务。

在暨南学校即将规复之时,黄炎培为学校的发展竭尽心力。1918 年 3 月,为"使华侨明了祖国事情及国人明了南洋侨况,并宣布在祖国之华侨教育状况"②,学校创办的《中国与南洋》杂志出刊。黄炎培不仅对学校名称作了解释:"《尔雅》不云乎:暨,与也。中国与南洋,亦犹名吾校之名而行吾校之志也"③;而且在 2 月 28 日,专门写成了《〈中国与南洋〉发刊词》。同时,在《中国与南洋》杂志第 1 卷第 1 期上,扉页即是黄炎培和赵正平同作的《暨南学校特别启事》:

> 本校奉教育部令,炎培正平会同筹办规复,数月以来,修理校舍,商订课程,一切粗有端绪,学生随到随令补习,业经分班授课。兹于三月七日奉到部令,委任正平为校长,并令炎培继续会同经画校务,自维本校关系侨学前途至为重大,既受委任,不敢不勉力奉行,惟希我侨南同胞暨内国热心侨学诸君子,随时赐以匡扶,俾无陨越,本校幸甚,炎培等幸甚。④

依《暨南学校章程》规定,学校拟只招收华侨学生,但之后,考虑到若侨生和国内学生一起学习,可以取长补短,相互促进,共同进步,乃于 1918 年 5 月呈报教育部:"凡国内高等小学毕业,其父兄或保护人现在南洋经营

---

① 黄炎培:《南京暨南学校规复宣言并招生启》,载《教育杂志》1918 年 2 月第 10 卷第 2 号。
② 《本杂志简章》,载《中国与南洋》1918 年 3 月第 1 期。
③ 黄炎培:《〈中国与南洋〉发刊词》,载《中国与南洋》1918 年 3 月第 1 期。
④ 黄炎培、赵正平:《暨南学校特别启事》,载《中国与南洋》1918 年 3 月第 1 期。

商业者,又师范科华侨学生有缺额,而国内学生有赴南洋为教师之志愿,且具有相当资格者,均得适用入学手续,准予入学试验。"①8 月,学校在南京、上海、北京进行考试,招收内地学生,应试者400 余人。9 月 9 日,学校正式举行开学典礼,共有学生 110 人,包括华侨学生 70 人,内地学生 40 人,其中师范科49 人,商业科25 人,补习科25 人,其余 11 人则分到小学学习。至此,停办 7 年之久的暨南学校终于规复!

第二节　赴南洋考察与华侨教育

一、赴南洋考察华侨教育

暨南学校规复后,为了进一步了解国外侨民教育,更好地发展国内华侨教育,同时也为扩大职教社在海外的影响,在 1919 年和 1921 年,黄炎培又先后两次赴南洋考察。这两次考察使得黄炎培对华侨教育有了更为深刻的认识和理解。

1919 年 1 月至 5 月,黄炎培在赴南洋考察间,虽然有为中华职业教育社征求特别赞助社员的任务在身,但他仍不时考察侨民教育,参观当地华侨学校;在各地发表演讲,并介绍、宣传暨南学校;和李石曾等作《致法属华侨劝其遣派子弟留学法国及暨南学校书》,鼓励华侨子弟到暨南学校肄业;在新加坡访华侨领袖林文庆、陈嘉庚等人,并与陈嘉庚商谈有关集美学校创办事宜。而其中,特别是几乎每到一地,他即与侨商洽谈,邀集暨南学校"学生父兄,宣布校况,参观学校,集会讲演,并携有本国及外国教育幻灯片,随演随讲,一面由当地教育界组织临时教育研究会,研究种种问题,兼以搜集商品、选购图书",备充暨南学校"商品陈列所及图书馆之用,百日之间,殊鲜暇晷,前后统计,参观男女学校七十一所,开会四十

① 《暨南学校概况报告书(第一次)》,载《中国与南洋》1919 年 12 月第 8 期。

七次"。①

　　而在参观侨民学校之余,在各处演讲时,黄炎培多极力倡导华侨教育,或对侨民教育提出真挚的建议。如,2 月 24 日,在仰光,教育总会举行欢迎会,黄炎培在演说中向 60 余名与会者报告了暨南学校的概况,建议侨民们注意职业教育,并注重国语的学习。2 月 27 日,在参观中华学校时,黄炎培谈道:"方今新教育主义,咸主张发展儿童天赋之本能,以运之于实用学校,一切设施悉本此旨。而在海外华侨教育,尤注重提倡国语,以发挥爱国之精神。"②3 月 4 日,教育总会开谈话会,黄炎培讲演《对于仰光侨学设置意见书》。3 月 5 日,黄炎培草就《请设新中华学校意见书》。3 月 6 日和 3 月 8 日,黄炎培分别撰联留题新加坡槟城中学和新中华学校:"发挥天赋本能,将以用诸事物;增进人群幸福,非第爱其国家。"③

　　回国后,黄炎培主要在暨南学校就这次考察的情况对学生作了讲演,并例行向教育部作了报告,其中向教育部所作的报告主要为 5 月 3 日写就的《报告华侨教育状况》中的内容:"两年来侨民教育之猛进""新加坡槟榔屿两中学之状况""缅甸侨民教育之概况""安南侨民教育之状况""居留政府对于侨民教育之新政策""侨界对于本校之希望与本校应负之责任"。④ 此外,他还参考中华职业学校校长顾树森在《教育与职业》上所发表的《职业陶冶之意义与其方法》一文,与暨南学校校长赵正平和该校师范科主任姜琦讨论,写就《南洋小学教育要领》,依据"发展儿童天赋之本能,使之自动自治,俾应用于实际之事物为目的方法",对各种"教科"和"课外作业"分别明其"要领"。⑤

　　1921 年 1 月 30 日,黄炎培又和王志莘赴南洋考察。由于自职教社成立后,菲律宾的华侨和新加坡的陈嘉庚首先捐巨金,而前者所捐之款尚未往领,所以黄炎培和王志莘此行先赴菲律宾商洽此事。2 月 3 日他们抵达

①　《黄炎培先生南游报告书》,载《中国与南洋》1919 年 12 月第 8 期。

②　黄炎培著,中国社会科学院近代史研究所整理:《黄炎培日记》第 2 卷,华文出版社 2008 年版,第 43 页。

③　黄炎培著,中国社会科学院近代史研究所整理:《黄炎培日记》第 2 卷,华文出版社 2008 年版,第 45—46 页。

④　《黄炎培先生南游报告书》,载《中国与南洋》1919 年 12 月第 8 期。

⑤　黄炎培:《南洋小学教育要领》,载《中国与南洋》1920 年 4 月第 9 期。

马尼拉,这是黄炎培第二次到菲律宾。巧的是,1917 年他第一次来时,也是在这一天到的马尼拉。在菲律宾,黄炎培先后参观了中西学校、华侨公学、普智学校、华侨基督教女学等,并作了 7 次讲演,其中,多有涉职业教育和华侨教育。此外,他还和华侨商会会长李清泉及留学生杜定友等进行了会晤。特别是,当时菲律宾的华侨教育和他第一次来时相比,"学校数学生数皆增加,教授法亦渐改进,图书多数已注重写生、图案,英语亦间有采用直接教法者"①,看到这些进步,黄炎培十分高兴。

此后,黄炎培一行离开菲律宾赴香港,之后到汕头、潮州等地参观职业学校,并规划当地的职业教育,3 月 4 日离开汕头前赴暹罗。在赴暹罗前,黄炎培特作《上旅菲商意见书》,认为"教育事业为商业与一切事业发达之根本"②,并特向在菲的侨商提出两点希望,一是希望旅菲的同胞加强团结,二是希望旅菲的同胞加强与菲岛人民情感上的联络。另外希望侨商们对教育应有特别的注意,并建议菲律宾的华侨商会能够借鉴国内上海总商会和东南大学会商办理商业教育的办法,与当地的教育会加强联络。最后,他希望记者能将自己的观点在《中国与南洋》杂志上予以披露。不久,《上旅菲商意见书》以《致旅斐侨商意见书》为名在《中国与南洋》第 2 卷第 2、3 号上刊出。

3 月 10 日,黄炎培抵达暹罗。在暹罗,他不仅参观了旅暹华侨教育的盛况,而且与一些学校和教育会相关人员开讨论会,发表演讲,并就学校的编制、教科书、学校管理等问题进行商讨,并作《留别旅暹同胞并陈教育意见书》,对改进当地华侨教育提出了 7 点建议:提倡国语、设商科、遣送学生特别是回国到暨南学校就学、提倡补习教育、筹集学校基金、培养教师、组织教育参观团。5 月 18 日,黄炎培从南洋回到上海。

此次考察因兼有考察各地职业教育并为职教社募款之任务,所以回国后,黄炎培曾在各地介绍职业教育和募款情况,但同时也不时介绍华侨教育。如,5 月 21 日上午,黄炎培在暨南学校商科演讲《南洋近况》,商科全体教职员听讲,校长赵正平、教务主任高阳出席。在演讲中,黄炎培首先

---

① 黄炎培:《十春南游通信》,载《中国与南洋》1921 年 5 月第 2 卷第 2、3 号。
② 黄炎培:《致旅斐侨商意见书》,载《中国与南洋》1921 年 5 月第 2 卷第 2、3 号。

向大家讲述了在南洋各埠与诸生家属接洽时,家长们对于暨南学校皆尚满意,但希望学生能节用,严格学校管理;其次讲述了南洋各埠教育的进步情况。

此后,黄炎培对华侨教育一直怀有很深的情结,时时关注、关心、重视着华侨教育。如,1921 年 9 月,鉴于颜文初、佘柏昭、刘春泽合编的《菲律宾华侨教育考察团日记》旨趣之一乃在"采取祖国精华,改进华侨教育",他特为之题写书名,并为之作序。1928 年 9 月 21 日,他又为李长傅《南洋华侨史》作序,其中言曰:"民国六年春,始游斐律宾,同年五月,有新加坡、马来半岛、槟榔屿、苏门答腊、爪哇之游;八年春,有安南、马来半岛、苏门答腊、缅甸之游;十年春,有斐律宾、暹罗、马来半岛、苏门答腊之游。自此'南洋'之名,入余脑海,日缭绕不去。"①

二、关心暨南学校发展

暨南学校规复后,海外学生来学者日众。到 1921 年 3 月,除毕业者不计外,在校学生达 200 余人,分商业、师范、中学补习各科。在暨南学校规复后,黄炎培担任名誉赞助员,并于 1922 年 3 月和范源濂、林文庆、袁希涛、简照南、黄奕住、史量才、韩希琦、郑洪年、李登辉、柯成懋、赵正平、张謇、严家炽等 18 人被聘为校董。而自暨南学校规复后的两次赴南洋考察,也使黄炎培对暨南学校的发展有了更加充分的信心。所以,他仍一如既往地关心着暨南学校的发展。

如,1922 年 3 月 19 日晚,暨南学校第一次校董会在上海一品香召开,黄炎培和袁希涛、赵正平、韩希琦、柯成懋、张剑心(代表郑洪年)、孙折吾(代表叶兆崧)、张君劢(代表范源濂)、史量才等 10 余人出席,由赵正平任主席。会议推黄炎培和袁希涛、史量才、韩希琦、赵正平、郑洪年、柯成懋为办事委员,并议决了《校董会规程案》《设置筹备新校舍委员会案》《扩充海外教育案》和《补推新校董案》。1922 年春,身为暨南学校校董的黄炎培、袁希涛和校长赵正平会商,决定筹办女生部,并于当年秋季开始招生。1923 年 5 月 10 日下午,黄炎培应邀在暨南学校商科演讲《我对于新暨南

---

① 黄炎培:《序》,见李长傅:《南洋华侨史》,国立暨南大学南洋文化事业部 1929 年版。

之希望》。在讲演中,黄炎培首先叙述了暨南学校发展的方面,包括平面的发展、向外的发展和实际的发展;接着叙述了暨南学校发展的方法,包括设立商业图书馆、商品陈列所,开办商报及商业通讯机关等;最后提出商校青年"自省七则":汝能了解商的真意义在"为群服务"而实行之乎,汝能以一"诚"字为一切道德之基本而实行之乎,汝能作事勤乎,汝能发挥"合作"精神乎,汝能养成精细而敏锐之头脑乎,汝能使己之习惯适于汝所欲入之商业社会而以稳健之手段改进之乎,汝能使应用的知识及技能十分纯熟乎。[1] 听者均为之动容。

7月30日,黄炎培又和钱玉如、沈志万、任鸿隽、袁希涛、钱贵三等当选为国立暨南学校新村委员会委员。此后,他多次出席学校关于附设暨南新村的有关会议。如,1924年2月27日晚,暨南学校于江苏省教育会开暨南新村建设会议,黄炎培、程庆涛、刘王立明、沈恩孚、朱经农、袁希涛、钱玉如、高阳等10余人出席,由赵正平任主席。会议讨论了村内造路分区之设计图及建设概算等事宜。3月28日正午,暨南学校在一枝香开暨南学校新村委员会临时会,黄炎培和朱经农、陈霆锐、高阳、钱玉如、袁希涛、沈恩孚、甘鸿逵、赵正平等出席会议,会议议决了缴费抽签及给凭次序。4月10日下午,暨南学校在江苏省教育会举行村友大会,报告有关事宜并讨论相关问题,黄炎培和袁希涛、朱经农、沈恩孚、贾丰臻、阮介蕃、任鸿隽、毕云程、张颂周、高阳、赵正平等40余人出席,由沈恩孚任主席。会上,黄炎培代表校董会报告《筹设暨南学校村之旨趣》,认为在学校旁边建设暨南新村"有利于学校生活与社会生活互相联络,使学生了解按照理想实现新生活新社会的精神";"使南洋华侨回国者有适宜之居住处,以鼓舞其回国振兴实业之念"。[2] 所以,他希望热心新村事业者通过筹设暨南新村,促进学校发展。1927年6月,暨南学校正式升格为国立暨南大学。这样,黄炎培在规复暨南学校时所制订的章程中"暂依中等程度办理,渐进乃施高等教育"的计划,得以完全实现。

---

[1] 《黄任之在暨南商科演讲》,载《申报》1923年5月11日,第14版。
[2] 《暨南学校村村友大会纪》,载《申报》1924年4月15日,第14版。

第三节　高等教育实践活动

一、创办国立东南大学

民国成立后,重视发展高等教育。其中对于大学,教育部先后颁布《大学令》《私立大学规程》《修正大学令》等,规范和指导大学教育的发展;特别是 1917 年 9 月公布的《修正大学令》,规定"设二科以上者得称为大学,其但设一科者称为某科大学"[①],改变了 1912 年 10 月《大学校令》中"文、理两科并设者",或"文科兼法、商二科者",或"理科兼医、农、工三科或二科一科者"方得名为大学的规定[②],致使之后不少专门学校纷纷"改大",相应地促进了大学的发展。然而,当时的大学主要集中设在上海、北京等地,表现出较大的发展地域性。

1919 年 10 月,受第一次世界大战后西方资本主义发达国家发展大学教育的启示和国内"改大"风潮的影响,有人提出在南京建立东南大学的主张。1920 年 4 月,南京高等师范学校校长郭秉文在校务会议上提议将南京高师改办为东南大学,得到与会委员的一致赞同。鉴于东南地区尚没有大学,经讨论,大家认为该大学可暂名为东南大学,并决定自行组建东南大学筹备委员会,以"教育界的权威,对国务院有影响的人物,辅以经济实业界巨头"来确定发起人名单。黄炎培和蔡元培、郭秉文、穆藕初、王正廷、张謇、江谦、袁希涛、沈恩孚、蒋梦麟等共同被推举确定为发起人。他们认为,在南京创办国立东南大学,其利有十,主要包括:南京交通发达,气候温和,风景秀美;作为历史都会,南京文化影响可谓流风余韵;以南京高师为基础改建大学,驾轻就熟;东南地区向为输入欧美文化之捷径,于南京设

---

① 璩鑫圭、唐良炎编:《中国近代教育史资料汇编·学制演变》,上海教育出版社 1991 年版,第 815 页。
② 《教育部公布大学令》,载《教育杂志》1913 年 1 月第 4 卷第 10 号。

立大学,有助于学术发展,使之进入世界大学之林;等等。① 在向教育部呈文之前,黄炎培、沈恩孚等鉴于全国高师不仅南京高师一处,如以南京高师名义请改为东南大学,恐各地高师援例请改,将使教育部为难,故向筹委会建议采取"积极筹备,不事声张"的态度。

实际上,在南京建立东南大学也并不仅仅是这些教育界和实业界有识之士的看法。1920 年 9 月至 10 月间,李纯在任江苏督军时也有此意,只不过由于他在 10 月 11 日夜突然去世而中辍。此时,筹委会虽采取"积极筹备,不事声张"的态度,但还是引起了教育部的关注。

1920 年 9 月 25 日,黄炎培和王正廷、沈恩孚、张謇、蔡元培、蒋梦麟、穆藕初、江谦、郭秉文等 10 人联名上书教育部,"拟就南京高等师范学校校址及南洋劝业会旧址,建设南京大学,以宏造就"②。同日,黄炎培携带南京建设国立大学理由书、计划及预算书和蒋梦麟、郭秉文一起赴京,至京后,于 9 月 27 日和时任北京大学校长的蔡元培一起谒见教育总长范源濂,并于次日和教育次长、司长、参事等广泛接触,力陈在南京创办国立大学的根由和具体建立计划,得到了范源濂和时任教育部专门教育司司长任鸿隽的赞同和支持。唯有一点,教育部认为所拟计划中,规定自 1921 年起,南京高师停止招生,俟旧有学生全部毕业后,即将南京高师之名取消,无异于停办高师,专办大学,故建议将南京高师原来所设的"程度较高、范围较大"的教育、农、工、商各专修科改归大学,其他各科则赓续办理。于是,黄炎培、蔡元培等又根据教育部的意见进行修改,拟就了新的《东南大学计划书》。

新计划书规定:学校定名为"国立东南大学";先设教育、农、工、商四科,"即以南京高等师范学校之教育、农业、工艺、商业各专修科分别归并扩充之";自 1921 年起,南京高师各专修科停止招收新生,改招大学预科生300 人,本科则照常进行;学校除设校长和主任各一人外,特设董事会,"对于校内负辅助指导之责";董事会人员由"教育部代表""南高原有评议员""曾捐巨款于本校者""教育界素有声望而对于本校曾尽力者"和"曾在本

---

① 黄炎培等:《国立东南大学缘起》,载《申报》1920 年 12 月 25 日,第 7 版。
② 《南大百年实录》编辑组编:《南大百年实录》上卷,南京大学出版社 2002 年版,第 102 页。

校尽力有年者"组成。① 11 月 18 日,黄炎培和郭秉文将修改后的《东南大学计划书》寄给教育部专门教育司司长任鸿隽,二人和王正廷、沈恩孚、蔡元培、蒋梦麟、张謇、穆藕初、江谦、袁希涛一起致函教育部,表示已经将原计划书"如命改订"。12 月 7 日,在国务会议上,教育总长范源濂"以我国大学无多,为发展教育计,非多办大学不可,乃拟具计划"②,会议经讨论最终一致通过了计划书;同时,教育部委任郭秉文兼任东南大学筹备员。12 月 16 日,"东南大学筹备处"正式成立。规定筹备日期为 1920 年 12 月 15 日至 1921 年 3 月 15 日。

看到东南大学终于快要设立了,黄炎培抑制不住内心的喜悦。1920 年 12 月 25 日,他和张謇、蔡元培、江谦、王正廷、袁希涛、穆藕初、蒋梦麟、郭秉文、沈恩孚联合在《申报》上发表《国立东南大学缘起》一文。文中,他们言曰:"吾东南人士夙夜企梦之大学行且涌现于目前……兹举乐助厥成,或诏以植学之规,或附以劝学之费,尤我东南诸省百十万亿民兄子弟无疆之休。"③12 月 29 日,东南大学召开全体职员会议,决议据此前发起人呈经教育部核准的计划书,组织董事会,并制订简章,推举张謇、蔡元培、王正廷、袁希涛、聂云台、穆藕初、陈光甫、余日章、严家炽、江谦、沈恩孚、黄炎培、蒋梦麟为董事(按:1921 年 3 月,又加推钱新之、荣宗敬二人,一并呈教育部函聘),他们"或为耆德硕学,或为教育名家,或为实业巨子,于社会事业均极热心"④。1921 年 2 月 5 日,筹备处经开会讨论,拟就了《国立东南大学校组织大纲》。3 月 24 日,包括钱新之、荣宗敬在内的 15 名人员组成的董事会人选呈教育部函聘。3 月 28 日,教育部核准了董事会人选。6 月 6 日,筹备处函请各校董在上海开会,商榷学校成立事宜。7 月 13 日,教育部核准了筹备处所拟的组织大纲。至此,国立东南大学正式成立。8 月 23 日至 24 日,学校举行了大学预科新生考试。9 月 5 日,校董会奉教育部复文,准南京高师校长郭秉文兼任国立东南大学校长。

然而在东南大学创立伊始,经费奇窘。为此,担任校董的黄炎培和蔡

---

① 《南大百年实录》编辑组编:《南大百年实录》上卷,南京大学出版社 2002 年版,第 103 页。

② 《南高将改办东南大学》,载《民国日报》1920 年 12 月 10 日,第 3 版。

③ 黄炎培等:《国立东南大学缘起》,载《申报》1920 年 12 月 25 日,第 7 版。

④ 《南大百年实录》编辑组编:《南大百年实录》上卷,南京大学出版社 2002 年版,第 116 页。

元培、穆藕初等为初创的东南大学的发展竭力出谋划策,做了大量有实效的工作。他们不仅大力帮助学校兴办暑期学校,而且多次到校讲演或举办讲座。而在黄炎培对东南大学的付出中,他联合众校董促成"孟芳图书馆"的兴办,实为显例。

由于经费竭蹶,东南大学成立伊始,对于学生最为需要的"万事中尤急之一"的图书馆也无款兴建。于是,黄炎培和其他校董一起,联名号召国内"博施之士"为东南大学捐资建馆。1921 年 10 月,当得知江苏督军齐燮元秉承其父齐孟芳之意准备出巨资为东南大学捐建图书馆时,黄炎培立即和其他校董联合写信给齐燮元特致谢忱,称齐此举使得"东南学子,感受沾溉"。翌年 5 月,图书馆建成,命名为"孟芳图书馆",但新建的图书馆既缺图书又乏设备,于是黄炎培联合其他诸位校董联名发布了《东南大学孟芳图书馆募图书启》,并拟"募捐图书办法"数条,呼吁国内藏书之家、奖学之士,或割爱转赠,或捐资购备有关图书,以期东南大学"在校内师生,参考授受,由此而益明;在校外士庶,研摩教育,缘兹而普及"[①]。

二、创办上海商科大学

在国立东南大学创设的过程中,国立东南大学、暨南学校合设上海商科大学也在酝酿之中。

暨南学校规复后,两年来,南洋英、荷、美、法各属侨民子弟,积极踊跃赴该校学习。而有鉴于南洋华侨在发展经济上的要求,外洋商业亟待扩张,高等专门人才需求甚殷,且中国以农立国,商业经济衰颓,当时黄炎培和暨南学校校长赵正平认为,扩张商科以造就华侨子弟,使之成为商业专门人才,无疑意义重大;但是学校的商科,"程度性质,均为特殊,即较国内之所谓商业专门稍次,而较甲种商业特高,所授科目,多以西籍为教本,所延教员,大多留学欧美之商业专家,惟南京地方,延聘教员既不易,实习机(关)又缺乏"[②],考虑到上海作为中国第一商埠,居国际贸易之枢纽,于是主张将商科移至上海单独办理。二人的主张得到拟自办商业专门学校的

---

① 《东大图书馆募捐图书》,载《浙江公立图书馆年报》1922 年第 7 期。
② 《暨南学校商科迁沪记》,载《申报》1921 年 3 月 4 日,第 10 版。

丘心荣和主张筹划高等商业教育机关的韩希琦、熊理以及张謇等人的肯定和支持。于是,在 1920 年初,他们决定发起规划在上海设商科大学,以教育华侨子弟为主要宗旨,遂由赵正平草拟计划书和理由书,寄往南洋征求意见,并在上海商学界征求同志,同时推丘心荣、谢碧田赴广东征求赞助。

经过一段时间的努力宣传和积极筹划,上海总商会、江苏省教育会等组织加入发起行列,而广州军政府政务会议也通过决议,决定拨款 5 万元进行赞助。在获得一定的舆论和资金支持后,3 月 26 日,黄炎培和章士钊、王恭宽(代表钱新之、王正廷)、郭秉文、史量才、沈恩孚、侯德广、丘心荣、谢碧田、赵正平等 10 余名发起人,在上海青年会开会。会议首先由黄炎培、丘心荣、赵正平等报告了商科大学立校宗旨及筹备经过情形,继而提议组织学校筹备处,通过了筹备处大纲,并推出筹备董事 15 人,决定借江苏省教育会为筹备处地址。3 月 28 日,商科大学筹备董事在上海青年会食堂讨论进行方法,黄炎培和史量才、王正廷、穆藕初等 10 余人参加。会议决定,将要组建的这一商科大学,"既以教育华侨子弟为主要之宗旨,又以广集内外人才为入手之方法,则中国与南洋间之同志,不可无一共同之组织,以为大学中心,且兼谋其他教育实业等一切事业之发展"[1],于是决定联合同志,共同发起一中国与南洋间之协会,以图南洋和中国双方教育与实业的互助,并推赵正平、郭秉文、丘心荣等草拟协会大纲,以广集发起人。另照商科大学筹备处大纲,会议决定设筹备处主任一人,副主任一人,干事一人,并推黄炎培为主任,丘心荣为副主任,赵正平为干事。

6 月 25 日,由中国与南洋华侨间的教育、实业界巨子所发起的中国与南洋协会在上海马玉山公司开第一次发起人会,讨论筹备进行事宜,黄炎培和韩希琦、丘心荣、赵正平、沈恩孚、胡道南、谢碧田、谢复初、高阳、陆规亮、朱叔源、徐士远、史量才、侯德广、余日章、陈光甫、穆藕初等与会,由韩希琦任主席。黄炎培在会上作了演说。他在演说中说,自 1917 年初到南洋,乃始知南洋之实况,大有发展之希望;南京暨南学校的规复,为中国与南洋间的联络机关,但是"仅恃此一学校,尚不能普及,况近今南洋需用高等商业人才甚亟,故必设商科大学以应其求";中国与南洋协会成立后,将

---

[1] 《上海筹办商科大学再志》,载《申报》1920 年 3 月 31 日,第 10 版。

"以筹办高等商业教育机关为一种事业,而其他种种之实业,亦将以本会为双方之媒介"。① 会议决定成立中国与南洋协会筹备理事会,推举黄炎培和熊希龄、韩希琦、丘心荣、沈恩孚、吴应培、赵正平、黄少岩、史量才、钱新之、穆藕初、陆规亮、谢复初、傅溪水、侯德广、谢碧田、高阳、柯成懋、余日章、陈光甫、马玉田、劳敬修、陈炳谦、冯裕芳、胡道南等 26 人为筹备会理事。

中国与南洋协会筹备会成立后,因其中不少理事即商科大学的发起人,所以此后他们不时开会讨论商科大学的具体创建事宜。6 月 27 日,中国与南洋协会在华侨联合会开第一次筹备理事会会议,韩希琦、黄炎培、赵正平、沈恩孚、谢复初、胡道南、陆规亮等出席,推韩希琦为临时主席。会议讨论通过了《中南协会筹备理事会职务大纲》,并推韩希琦为理事长,黄炎培为副理事长,赵正平、沈恩孚、史量才、马玉山、柯成懋、穆藕初、劳敬修、余日章、陆规亮、丘心荣、钱新之、胡道南、谢碧田等 24 人为理事。中国与南洋协会筹备理事会的正式成立,对商科大学的加速兴办产生了积极的促进作用。7 月 7 日,中国与南洋协会于《申报》馆举行第二次筹备理事会会议,黄炎培和赵正平、史量才、陆规亮、胡道南、谢碧田、沈恩孚、钱新之等出席。因理事长韩希琦回闽,身为副理事长的黄炎培任主席。会上,黄炎培对《筹设商科大学案》的制订经过情形及进行办法作了说明,最后会议通过了该案。这样,商科大学的兴办进入了加速期。

中国与南洋协会成立后,即以筹办高等商业教育机关为重要事业之一,其在上海规划设立商科大学的决定很快得到了东南大学的响应。1921年 2 月东南大学遵照上年教育部对《东南大学计划书》的关于商科"因人材与环境关系,应在上海择地建设"②的批复,决定将商科设在上海,并在 4 月购定霞飞路尚贤堂房屋作为商科校舍。而暨南学校也早有在上海设商业专门部的计划,并在黄炎培等人的努力下,为便利学生参观实习起见,于1921 年 2 月初决定将其商科由南京迁至上海,2 月 28 日正式迁毕,假徐家汇松社为校所。③ 于是,中国与南洋协会乃提议,请东南大学和暨南学校

---

① 《中南协会筹备会成立纪》,载《申报》1920 年 6 月 26 日,第 10 版。

② 上海财经大学校史研究室编:《国立上海商学院史料选辑》,上海财经大学出版社 2012 年版,第 49 页。

③ 1921 年 3 月 1 日,暨南学校一部分教职员和商科全部 50 名学生到沪。

在上海联合组织设立商科大学,以集中人才,节省经费;并由两校推出各自的代表,和中国与南洋协会代表一起,群策群力,进行协商办理。之后,经过东南大学、暨南学校和中国与南洋协会三方对开设办法进行数月协商,至 1921 年 6 月中旬初,达成最后决定:东南大学、暨南学校合组商科大学名为上海商科大学,经费由东南大学和暨南学校酌量分担,并由两校就上海商界深孚众望者中各推若干人,合组商科大学委员会,作为最高权力机关。随即推出的委员会委员共 15 人,他们是:黄奕住、史量才、聂云台、穆藕初、钱新之、张嘉璈、陈光甫、简照南、郭秉文、柯成懋、黄炎培、高阳、朱进之、张子高、赵正平。6 月 20 日,上海商科大学委员会第一次合组委员会举行会议,黄炎培和张嘉璈、钱新之、朱进之、郭秉文、柯成懋、史量才、赵正平、张子高、高阳等参加,会议详细讨论了筹建上海商科大学的具体办法。会上,公推郭秉文兼商科大学校长,黄炎培和柯成懋、张子高为委员会会章起草员。会议议决由郭秉文会商暨南学校,迅速制订《商科大学计划书》;学校校舍为已租定的尚贤堂全部房屋;本年秋季开学。7 月 13 日,由东南大学筹备员郭秉文和暨南学校校长柯成懋在合呈教育部的《呈教育部报合设上海商科大学请鉴核备案文》中如是言道,"上海为吾国通商大埠,商业人材,普通者虽渐见众多,而于商科应有各科目极深研几、足膺大学专门教授之选者,现尚寥寥之可数。……两校举办商科,意在造就高等商业人材";校名拟定为"国立东南大学、暨南学校合设上海商科大学"。①

鉴于新的学年即将开始,商科大学的成立刻不容缓。7 月 14 日,郭秉文亲自到沪,邀请黄炎培、马寅初、朱进之、柯成懋、刘树梅、高阳、张子高、周启邦等集议,决定在上海霞飞路尚贤堂设上海商科大学筹备处。7 月 21 日,上海商科大学委员会又在上海一枝香开会,黄炎培、史量才、钱新之、聂云台、朱进之、陈光甫、柯成懋、郭秉文、张子高、高阳等出席,由史量才任主席。会议议决了招考办法、预算案、简章、委员会简章等;决定招预科与本科一年级生各一级,并设夜校。根据委员会简章,"委员凡十五人,任期三年,每年改选五人,连举连任,但第一次委员任期,一年二年三年者各五人,

---

① 上海财经大学校史研究室编:《国立上海商学院史料选辑》,上海财经大学出版社 2012 年版,第 49 页。

抽签决定之"①。公推黄炎培、郭秉文为抽签人,签定第一次委员任期。三年者:聂云台、张嘉璈、黄奕住、穆藕初、柯成懋;二年者:简照南、钱新之、黄炎培、赵正平、朱进之;一年者:陈光甫、史量才、郭秉文、张子高、高阳。

9月23日,上海商科大学获准教育部备案正式开办,校名仍用"国立东南大学、暨南学校合设上海商科大学",由郭秉文任校长,马寅初任教务主任。9月28日,黄炎培和杨瑞生、沈恩孚、赵正平、高阳等参加了上海商科大学开学典礼,因校长郭秉文因公进京未回,由校长办公处副主任朱进之任主席,约一百五六十名学生参加。在会上,沈恩孚、杨瑞生、黄炎培、赵正平相继发表演说,勖勉学生将来注重商业道德;黄炎培更是向大家讲述了学校创办的原因,并特别鼓励学生要具有世界眼光,努力吸收商业新文化。

上海商科大学成立后,"学生异常发达,课学极为完美"②,并特别注重发展职业补习教育。这主要包括设立商科夜校和参与上海商业补习教育会的设立,而其中后者,黄炎培乃是主要的参与者。

早在1920年职教社职业指导部调查上海各公司商店后,即认为商业人才缺乏,且学徒缺乏补习知识的机会,于是在中华职业学校设商科与夜校。上海商科大学正式开办前,1921年8月18日,职教社和上海商科大学委员会为组织商业补习教育研究会举行第三次会议,黄炎培和郭秉文、顾树森、潘文安、李静珊、沈恩孚、朱进之、章伯寅、赵正平等与会,并在会上报告了职教社与上海商科大学组织商业教育委员会情形;为推广商业教育,会议推定黄炎培和朱进之、杨瑞生、章伯寅、刘树梅先就镇江、扬州实地调查,再商进行方法;并讨论了由职教社草拟的《上海市商业补习教育进行计划》;推定黄炎培和顾树森、沈恩孚为职教社委员,同上海商科大学委员与上海总商会接洽。是月下旬,为使得各银行、公司等的人员利用余闲接受补习,在较短时间内学得切实实用的知识,上海商科大学特在校内添设商科夜校,规定"以充分发展商界青年之商业智识及能力为宗旨";凡具有

① 《上海商科大学委员会会议记》,载《申报》1921年7月24日,第14版。
② 上海财经大学校史研究室编:《国立上海商学院史料选辑》,上海财经大学出版社2012年版,第72页。

中学毕业或相当之程度,自量具有听讲能力者,均可报名免考入学。[①] 第一期招收学生 180 人。9 月 30 日,夜校举行开学典礼,共有一百五六十名学生参加。之后,由于报名者络绎不绝,第二年又扩充、添加学程,增聘教授。统计仅 1921 和 1922 年两年,就学者达 600 余人。

10 月 14 日,由中华职业教育社和上海总商会、上海商科大学组织的商业补习教育会举行会议,黄炎培和沈恩孚、顾树森代表职教社与会,钱新之、方椒伯代表上海总商会与会,郭秉文、朱进之、刘树梅代表上海商科大学与会,会议由郭秉文主持。会上,黄炎培报告了该会成立经过情形。议决名称为上海商业补习教育会,即日宣告成立,事务所设于上海商科大学,由郭秉文任主任。11 月 29 日,黄炎培和钱新之、赵晋卿、沈恩孚、郭秉文、刘树梅、张则民、杨聘渔等在上海青年会出席商业补习教育会第二次会议,会议由该会主任郭秉文主持。会议讨论了《上海商业补习教育会简章》,照原案略加修改通过;推举钱新之为会计;该会干事刘树梅报告了该会经过情形。依照简章规定,上海商业补习教育会以"扶助上海商界青年、增进商业智识、养成商业适当人材"为宗旨;由上海总商会、中华职业教育社和上海商科大学三个基本团体,"及本会邀请加入志愿赞助本会事业之各团体",共同组成;应办事务包括:调查上海商业教育情形,调查上海商界人员需要商业补习教育情形,调查上海商店需要适当人才情形,研究实施上海商业补习教育方法,筹设及扶助上海商业补习学校,组织商业讲演部,编辑及印行关于商业补习教育各项调查及言论。[②]

上海商业补习教育会成立后,根据应办事务,开展了诸多活动,并设立了上海第一商业补习学校。此时的黄炎培不仅在 1921 年 12 月和刘树梅、杨瑞生自上海赴镇江、扬州、南京调查商业教育,商榷进行办法,而且多次出席会议,讨论有关活动事宜。

如,1922 年 3 月 17 日,上海商业补习教育会在上海青年会开委员会讨论进行事宜,黄炎培、郭秉文、沈恩孚、刘树梅、方椒伯、钱新之、杨聘渔等

---

① 参见上海财经大学校史研究室编:《国立上海商学院史料选辑》,上海财经大学出版社 2012 年版,第 58 页。

② 参见《上海商业补习教育会简章》,载《教育与职业》1921 年 12 月第 31 期。

10 余人与会。4 月 5 日,上海商业补习教育会联合各商业补习学校在宁波旅沪同乡会开第一次商业教育讨论会,共有 18 所学校的代表与会,黄炎培、郭秉文、沈恩孚、贾丰臻、刘树梅等出席,由沈恩孚任主席。会上,郭秉文报告了本会发起及经过情形。会议讨论了商业补习学校的设科、教科书、招生分班、学费、教员薪俸等 10 个问题。黄炎培在会上言曰:"商业补习教育,关系商人学识,应加以详密之考虑,最好先从调查入手,俾知商业应用之要需,而施以适当之指导。"①

由于暨南学校扩充海外华侨教育的需要,1922 年 3 月由校董会通过的《扩充海外教育案》决定"从下半年起自办专门部,停支合办商科大学经费,所节余的款项即为扩充海外补习教育之用"。鉴此,1922 年 6 月,东南大学和暨南学校联合决定,自 7 月起,国立东南大学、暨南学校合设上海商科大学之名取消,学校由东南大学独办,改名为国立东南大学分设上海商科大学。学校改名后,商科大学委员会重组,黄炎培不再任委员,但他仍长期担任着东南大学校董会成员一职,并多次出席东南大学校董会与商科大学委员会联席会议,对东南大学及其分设上海商科大学的发展,做出了积极的贡献。

---

① 《纪商业补习教育之讨论》,载《申报》1922 年 4 月 6 日,第 14 版。

第六章　推动职业教育制度确立

　　学制是学校教育制度的简称,它具体规定各级各类学校的教育目的、课程设置、教学时数等方面的内容,对各级各类学校具有法律上的规范作用和指导意义。中华民国成立后,适应政体变更下教育改革的要求,教育部制定了"壬子癸丑学制",取代以"中体西用"为指针的"癸卯学制",但是由于制定时过于匆忙、仓促,缺乏理论和实践基础,致使颁布不久,在实施中即弊端日显,要求改革之声不断。而在 20 世纪 20 年代前后的学制改革浪潮中,深谙中国教育问题且于西方教育有所熟悉和认知的黄炎培,在和广大教育界同仁宣传、研究职业教育的同时,依靠全国教育会联合会和中华教育改进社等团体,矢志于职业教育改革,并邀请孟禄来华进行教育调查,指点迷津,最终使得职业教育的地位在学制中得以确立。

第一节 在学制改革浪潮中

一、参与全国教育会联合会年会

全国教育会联合会成立于 1915 年 4 月 20 日,它"以体察国内教育状况,并应世界趋势,讨论全国教育事宜,共同进行"①为宗旨,成立后,沿袭清末各省教育总会联合会的传统,每年定期召开会议。据统计,从 1915 年至 1925 年,全国教育会联合会共召集举行过 11 届年会,"凡全国教育上之大经大法,以及种种教育之实际问题,如新学制、职业教育、义务教育、乡村教育、公民教育、童子军教育等,与夫处置各国退还之庚款问题,靡不由该会研究讨论,建议于政府及各省教育机关,采择施行。其于全国教育,关系甚巨"②。特别是,在 20 世纪 20 年代前后的学制改革浪潮中,全国教育会联合会做出了突出贡献。而在学制的改革中,确立职业教育的地位是其中一项重要成就。

自中华职业教育社成立后,在职教社同仁的倡导下,职业教育已经渐渐为越来越多的人所了解和认可。发展职业教育,取代原来的实业教育,几乎成为教育界、实业界的共识。有鉴于此,1917 年 10 月全国教育会联合会于杭州召开的第三届年会,议决通过了《职业教育进行计划案》,后呈给教育部,得到了教育部的充分肯定。教育部认为,"全国职业教育甫在萌芽,非积极进行无以谋国民生活之发展,非集思广益无以谋职业教育之改进",该计划案"所拟办法,议多可采","当兹职业教育亟待筹设,此项计划颇足示进行标准",故审核后,稍作增损,于 1918 年 6 月 25 日抄录核定,通咨各省区"酌量办理"。③ 1918 年 10 月,全国教育会联合会第四届年会

---

① 教育部编:《第一次中国教育年鉴》戊编,上海开明书店 1934 年版,第 157 页。
② 《教育界消息:行将开幕之全国教联会》,载《教育杂志》1924 年 10 月第 16 卷第 10 期。
③ 《教育部抄发全国教育会联合会职业教育进行计划案》,载《教育公报》1918 年 11 月第 5 年第 11 期。

于上海召开。此次大会仍将"职业教育问题"列为讨论的重要内容。在会上,由广东代表金曾澄提出的《提倡职业教育意见书》备受重视,被认为"极有价值"。与会代表特别肯定了其"精到之处,大足唤起吾国教育者之注意",只是由于上届所议决的《职业教育进行计划案》业已经教育部"通令各省区正在预备实施中,毋庸再列议案,……故大会讨论时,众意列入附件"。① 此外,本届大会还决定将"注重学生毕业后前途"和"职业教育"一同列为下届"紧要问题"。② 而黄炎培则先后参加了 1916 年 10 月、1917 年10 月、1920 年 10 月至 11 月、1921 年 10 月至 11 月举行的全国教育会联合会第二、三、六、七届年会,并在会上对学制改革中的有关问题提出了重要意见。

如,1917 年 10 月 10 日至 26 日,黄炎培和郭秉文、沈恩孚作为江苏省代表参加了全国教育会联合会第三届年会。在 10 月 11 日举行的第一次大会上,他介绍了各类提案的种类,提议分类讨论,得到与会者赞同,并说"体育为现在教育中之大问题,吾辈当十分注意"。③ 10 月 26 日,在会上,他又发言说,下届提案方针除以道德教育为最重要问题外,义务教育、体育和职业教育也应作为"紧要问题",对于这些问题,应该先调查,再进行研究,以其结果制定为议案。最终,会议采纳了黄炎培的这一建议。在随后的闭幕式上,他还演说了《教育实用主义》。而在 1920 年 10 月 20 日开幕的全国教育会联合会第六届年会上,黄炎培被推定为 11 月 9 日举行的第十一次大会和 11 月 10 日举行的闭幕式的主席。在闭幕式上,他首先报告了提议案、议决案件数及会议经过情形,然后致闭会词。在闭会词中,他说,全国政治中心在国民,全国教育中心在教员,希望全国教育会联合会此后以提倡实行新教育为精神。不过,在黄炎培参加的历届全国教育会联合会年会中,他与学制改革最为密切者则是 1921 年 10 月至 11 月举行的第七届年会。正是在这次会议上,黄炎培对职业教育在学制中的确立做出了重要的贡献。

① 《第四届全国教育会联合会大会议决案》,见邰爽秋等合选:《历届教育会议议决案汇编》,上海教育编译馆 1935 年版,第 28 页。
② 《第四届全国教育会联合会大会议决案》,见邰爽秋等合选:《历届教育会议议决案汇编》,上海教育编译馆 1935 年版,第 22 页。
③ 《全国教育会联合会两日记》,载《申报》1917 年 10 月 12 日,第 6—7 版。

二、《学制系统草案》的颁布与首拒教育总长

1921 年 10 月 27 日至 11 月 7 日,全国教育会联合会第七届年会在广州召开。这次会议的中心议题就是讨论学制改革。

10 月 27 日上午,全国教育会联合会第七届年会开幕,31 人与会;下午,即议改革学制系统案。由于本次会议各省有关学制的提案达 11 件之多,会议以全体代表为委员,组成审查会,对各省有关学制的提案进行详细讨论审查,推举黄炎培为审查长,并推举黄炎培、袁希涛、金曾澄为起草员,草定审查报告。10 月 28 日,会议继续审查学制案,代表们一致认为广东的提案最为妥善。会议议决审查方法,以"广东案"为根据,与其他各案比较审查;先审查标准,次审查基本内容,再分节进行审查。其中审查的标准为:根据共和国体,发挥平民教育精神;发展青年个性,使得选择自由;注意国民经济力;使一般国民获得均等受教育的机会;多留各地方伸缩余地;求时间之经济;使教育易于普及。①

经过两天半的审查,至 10 月 29 日,审查报告通过。10 月 31 日至 11 月 1 日,大会对所审查的学制案进行二读,11 月 2 日又举行三读后,经过广泛讨论和审查,最终以"广东案"为基础,议决通过了《学制系统草案》。草案标准为:"根据共和国体,发挥平民教育精神";"适应社会进化之需要";"发展青年个性,使得选择自由";"注意国民经济力";"多留各地方伸缩余地";"使教育易于普及"。② 草案并规定:中等教育采用选科制,可设职业科和师范科;"为推广职业教育计,得于高级中学职业科内附设职业教员养成科"。③ 黄炎培在这天的会上就《学制系统草案》发表意见道:"系统草案,经已议决,而推行之法,亦属要紧之事。鄙意以为,(一)须各省区教育会代表,向各该省区实力推行;(二)请各教育行政机关,将旧制从新改革;(三)请各省区法团加以研究;(四)请全国报馆为之鼓吹,使此学制早日实行。庶几不负此次会议之精神。"④11 月 14 日,《申报》刊登了

---

① 《纪广州之教育大会(二)》,载《申报》1921 年 11 月 7 日,第 11 版。
② 璩鑫圭、唐良炎编:《中国近代教育史资料汇编·学制演变》,上海教育出版社 1991 年版,第 860—861 页。
③ 璩鑫圭、唐良炎编:《中国近代教育史资料汇编·学制演变》,上海教育出版社 1991 年版,第 864 页。
④ 《纪广州之教育大会(三)》,载《申报》1921 年 11 月 10 日,第 12 版。

黄炎培《第七次全国教育会联合会始末记》一文,文中具体叙述了会议的经过和通过的具体 15 件议案的名称。鉴于"各议决案中自以《学制系统草案》为最占重要",故"将以专讯详述之"。① 11 月 15 日,《申报》即刊出黄炎培"专讯详述"的《全国教育会联合会议决之新学制草案披露》一文,具体叙述了《学制系统草案》出台的经过和内容,并评之曰:"新制之异于旧制无他,惟活动耳,惟活动故适于平民教育,适于社会需要,适于发展青年个性,适于各地方之伸缩施行。"②

然而,就在黄炎培矢志为职业教育制度的确立而不遗余力地努力时,12 月 25 日,教育总长范源濂辞职,黄炎培被任命为教育总长。12 月 26日,《申报》刊登了《黄炎培来函》:

> 敬启者:日来屡有人以报载北京新内阁教育总长,有提及鄙人之说,来问宗旨如何,此事确曾两次来电,征求同意,早经坚决谢却,且声明矢愿以在野之身,为职业教育略效奔走,志不可渝,义不可舍,诚恐各地知交,未喻衷曲,致劳驰问,敬乞将此意登入来函,感荷感荷。黄炎培敬启。③

12 月 26 日,大总统颁令:黄炎培未到任以前,特任齐耀珊兼署教育总长。同日,黄炎培接梁士诒电,促其北上就任教育总长。然而,黄炎培却心已决。12 月 28 日,《申报》刊登了《黄炎培复梁士诒电》:

> 北京国务总理梁燕孙先生鉴:前以组阁,推长教育,叠荷电征同意,业于养有两电,掬诚恳辞,方期鉴及初衷,忽奉电传明令,炎培愿以在野之身,为职业教育服务,匹夫有志,息壤在先,务乞代达下情,收回成命,无任感幸。黄炎培感。④

---

① 抱一:《第七次全国教育会联合会始末记》,载《申报》1921 年 11 月 14 日,第 11 版。
② 抱一:《全国教育会联合会议决之新学制草案披露》,载《申报》1921 年 11 月 15 日,第 10—11 版。
③ 《黄炎培来函》,载《申报》1921 年 12 月 26 日,第 12 版。
④ 《黄炎培复梁士诒电》,载《申报》1921 年 12 月 28 日,第 10 版。

第二节　在杜威、孟禄来华期间

一、在杜威来华期间

在 20 世纪 20 年代前后,中国教育界为改革中国旧教育、借鉴美国新教育,曾邀请美国教育家杜威、孟禄等人来华。这一举措对中国当时的教育改革产生了重要影响。其中杜威(1859—1952)在 1919 年 4 月 30 日来到中国后,开始宣传实用主义哲学和实用主义教育理论,直至 1921 年 7 月 11 日离华。杜威在华期间,不仅江苏省教育会和中华职业教育社曾邀请杜威进行讲演,而且黄炎培本人由于对杜威所宣传的平民主义教育的认可和肯定,也曾利用有关机会对杜威在华讲演助力。

1919 年 5 月 4 日,杜威在江苏省教育会演说《平民教育》。在演讲中,杜威言曰:"教育之为事,不惟训练人之脑,尤当训练人之手。今科学之昌明,皆人类手与脑二者联络发达之成绩也。"杜威之言,使黄炎培觉得,杜威所提倡的平民教育实际上也含有职业教育的意味。所以,在 1919 年 7 月 17 日所写的《我之最近感想》中,黄炎培说,杜威"其世界之福星哉","其所提倡之主义不啻与吾人以最有力之证明……吾社向所提倡之主义,今后其可无庸疑骇"。[①] 正是由于黄炎培对杜威所宣传的理论的这一认识,当 1920 年 5 月 5 日他在南京出席江苏省议会第二届第一次临时会时,特在当晚和 5 月 7 日分别听了杜威所作的《职业教育》和《世界近代之标准》的演讲。5 月 15 日,黄炎培在南京出席江苏省议会第二届第二次临时会。因只有 78 人与会,不足法定人数,只好又开谈话会。适值杜威在南京高等师范学校的演讲即将结束,会上,黄炎培提议请杜威到会讲演,得到众人赞成。会议决定 5 月 16 日晚 8 时 30 分请杜威讲演。杜威愉快地接受了邀请。在这次演讲中,杜威讲了《平民教育之精义》。

---

① 黄炎培:《我之最近感想》,载《教育与职业》1919 年 9 月第 14 期。

5月17日,黄炎培又偕杜威赴镇江。在镇江,杜威于5月18日先后作了《学生自动之真义》和《教育家之天职》的演讲。由于在南京高等师范学校的讲演已经结束,黄炎培、郭秉文乃以中华新教育共进社的名义,商请杜威至苏州、常州、扬州等地演讲。5月18日晚,杜威由镇江抵达扬州,并于5月20日在扬州大舞台演讲《教育与社会进化之关系》。5月27日,在中华新教育共进社的敦请下,杜威在其夫人、二女儿和刘伯明、杨贤江等人陪同下到达上海,黄炎培和沈恩孚、刘汝梅到站热情迎接。5月29日下午,中华职业教育社在中华职业学校举行第三届年会,1300余人与会,黄炎培和杜威均出席。会上,黄炎培报告了3年来职教社所推行的事业,而杜威则作了《职业教育之精义》的讲演。当晚,江苏省教育会、中华新教育共进社、中华职业教育社在一品香公宴杜威及其夫人与女儿,黄炎培和王正廷、郭秉文、余日章等200余人出席。5月31日下午,江苏省教育会邀请杜威夫人讲演《男女同学问题》,赴会听讲者"十分拥挤,会场上至无立足之地,后至者竟不得入,诚数年来讲演会未经见之盛况,而亦足见社会上对于该问题之注意也"①。讲演前,黄炎培报告了杜威夫人此次讲演问题的重要性,他认为,该问题不仅是中国的问题,在美国也主张不一。

由上可见,杜威在华期间,黄炎培对杜威所宣传的实用主义教育理论是给予肯定的。正是因此,虽然由于各种原因,他没有像杜威的一批学生如胡适、陶行知、蒋梦麟等人一样,鞍前马后地陪伴其左右,并极力加以宣传,但还是积极地进行参与。这是应当特别说明的。

二、邀请孟禄来华进行教育调查

孟禄(1869—1947),美国著名教育家和教育史学家,曾任哥伦比亚大学师范学院院长,一生中曾多次来华,是近代中美教育交流史上一位重要人物。1921年9月至1922年1月,孟禄来华进行教育调查。黄炎培作为发起者之一,在孟禄在华期间,积极投身其中。

早在1913年,孟禄率基督教代表团在考察菲律宾教育后顺道访华。时由黄炎培任教育司长的江苏省教育司特函请江苏省教育会,派人陪孟禄

---

① 《男女同学问题之演讲》,载《民国日报》1920年6月1日,第10版。

参观江苏省可以代表中国"幼稚、小学、中学、大学、实业、师范、女学等之教育,每种一二处"。参观之余,孟禄并在江苏省教育会发表演讲,建议中国教育"仿效西国,只宜采人之长,补我之短,而中国固有之长仍须保守"①;并劝告黄炎培等人,应注重实业教育和学校卫生教育。

1921 年 8 月,黄炎培和张一麟、范源濂、严修、梁启超、张謇、郭秉文、张謹、孙凤藻、陈宝泉、张伯苓、蒋梦麟、金邦正、凌冰、邓萃英等联合发起了"实际教育调查社",作为孟禄来华进行教育调查的枢纽和将来组织永久性教育研究机关的预备。由于北京是中国的教育枢纽,北京高等师范学校教育科又是当时中国研究教育最重要的学术机关之一,所以实际教育调查社决定于北京高等师范学校设筹备处,并推举北京高等师范学校校长邓萃英为临时主任,主持一切事务。

实际教育调查社取"从事实上调查,作实地的研究,以为实行改良的基础"②之意。而为了使孟禄此次来华的教育调查取得良好效果,实际教育调查社的全体发起人特发出"捐启",其中言道,"我国兴办教育,已近廿稔。言实际者,概墨守成规;谈理论者,多不求甚解。欲二者融合无间,俾教育与社会相一致,而合夫世界最新之潮流者,犹不易易覯也";虽然此前杜威、罗素等先生来华促使我国教育界、思想界为之一振,"于教育理论方面其成效昭然可睹,然此理论如何而可施诸实际,则非集合学识经验丰富之教育家,为实际的调查研究不易为功,故同人等应时势之需要,组织实际教育调查社,首约美国孟禄博士来华,共同担任其事";其进行方法,"一、募集款项,二、预备招待及聘请译员,三、介绍社员及组织委员会,四、调查研究",而其中"以募款一项,尤关紧要",所以殷"望开明认捐数目,以便汇齐,确定进行之计划"。③

8 月 26 日下午,江苏省教育会召开全体职员会,黄炎培出席并任会议主席。会上,东南大学校长郭秉文提议就招待孟禄来华调查教育事进行讨论,最终议决请孟禄研究学制,并先推郭秉文、袁希涛、贾丰臻、张叔良、黄

---

① 《招待孟禄博士纪略》,载《教育研究》1913 年 10 月第 6 期。

② 王卓然编纂:《中国教育一瞥录》,上海商务印书馆 1923 年版,第 5 页。

③ 王卓然编纂:《中国教育一瞥录》,上海商务印书馆 1923 年版,第 6—7 页。

炎培、沈恩孚 6 人从事接洽招待事宜。

9 月 5 日上午,孟禄在其女儿陪同下抵达上海海关码头,黄炎培和魏馥兰、郭秉文、余日章、朱经农、陶行知、袁复礼、王志莘等到埠迎接。9 月 6 日上午,孟禄在上海商科大学与中国教育界人士就学制改革问题进行座谈,黄炎培和余日章、沈恩孚、郭秉文、贾丰臻、朱经农、陶行知、张叔良等参加。9 月 7 日上午,上海教育界请孟禄在江苏省教育会谈话,黄炎培和沈恩孚、余日章、郭秉文、陶行知、贾丰臻、王文培、张叔良、顾树森、孔祥熙、潘竞民等出席,谈话就前一天提出的学制问题等进行了讨论。当日,黄炎培还和孟禄在江苏省教育会就学制问题单独进行了交谈。孟禄言道,美国某处 19 所中学中,虽 18 校注重文学,但却均设置有手工、木工、铁工等课程,他希望中国的中学借鉴美国。对于孟禄的建言,黄炎培深以为然。9 月 8 日中午,江苏省教育会、上海总商会、中华新教育共进社、上海县教育会、中华基督教青年会全国协会、中华职业教育社、寰球中国学生会、上海青年会、江苏童子军联合会、上海县商会、上海女青年会、交通大学、东南大学、上海商科大学、复旦大学、同济医工学校、南京高等师范学校、江苏省立第二师范学校、暨南学校等计 19 个团体设宴欢迎孟禄,黄炎培和余日章、聂云台、郭秉文、沈恩孚、穆藕初、吴家煦、张剑心、张叔良、许树屏等上海商学各界百余人出席,郭秉文任主席。宴会上,郭秉文、黄炎培、蒋梦麟次第致辞,孟禄则作了《教育与实业之关系》的演说。黄炎培在致辞中说:"吾国八九年前,曾有两大教育家惠临,一为美国哈佛大学校长爱奥突先生,其一即为孟禄博士。当此吾国教育,视现在程度尚远,纯为东方式,及经两位西贤指示一一,顿觉恍然,乃谋改进。至于今日,博士又来华,所以惠我国者,将益厚,此深可欣慰者也。盖教育方面,吾国虽能觉悟,而临时感察,总以弱点甚多而无办法为大缺憾,如学制等事,吾侪先应研究,俟下次博士来沪时,再可讨论。"①接着,他深刻地指出,今日中国教育界有不少问题亟待解决,"第一大病,即在统一;各校教务,事事仰承官厅之旨,不知变通"。② 最后,他诚挚地希望孟禄先生能对中国教育指点迷津。宴毕,黄炎培与余日

---

① 《欢迎门罗博士之宴会记》,载《申报》1921 年 9 月 9 日,第 14 版。
② 《社务丛录》,载《教育与职业》1921 年 10 月第 29 期。

章、王志莘陪同孟禄及其女儿参观了《申报》馆。

孟禄到华时,正值中国学制改革处于紧锣密鼓之际,他对之十分关注,而全国教育会联合会也特地邀请他出席了正在举行的第七届年会。10月29日,适值第七届年会进入关键期,处于紧张的学制审查阶段,孟禄由香港一早到达广州后,即到广东省教育会访晤负责学制审查工作的黄炎培和袁希涛等人;下午,黄炎培造访了孟禄,就学制改革等问题交换了意见;晚间,广东省青年会举行公宴,欢迎孟禄和参加全国教育会联合会第七届年会的各省区代表,包括黄炎培在内的30余名会议代表和孟禄出席了宴会。10月30日晚,广东省教育会举行孟禄与全国教育会联合会第七届年会代表谈话会,黄炎培和沈恩孚、汪精卫、雷沛鸿等共35人出席。会上,大家针对黄炎培提出的幼稚园是否进入学制系统以及幼儿入园的年龄问题进行了讨论。10月31日下午,孟禄在广东省青年会对出席年会的各省代表演说《"德谟克拉西"的教育》①,百忙之中的黄炎培特抽出时间前去听讲;晚间,孟禄与代表们讨论学制问题,黄炎培出席,并和孟禄再次就学制问题交换了意见。11月6日上午,黄炎培又出席了孟禄与出席全国教育会联合会第七届年会的代表在广东省教育会召开的谈话会,谈话会就"男女同学问题"进行了讨论;之后,黄炎培与孟禄进行了谈话。而当《学制系统草案》议决通过后,孟禄立即写了《论中国新学制草案》一文,认为草案较之旧制,活动程度较高,"既可以应付地方特别情形,又可以顺应学生的个性与兴趣";"课程种类多,而又有渐进之便";等等。② 由于孟禄在华期间对学制的改革献言良多,黄炎培曾这样评之曰,在全国教育会联合会第七届年会期间,特请孟禄博士到广州,在大会期间,"开讲演会一次,谈话会三次,所讨论者皆属根本重要问题。博士本教育行政专家,此会得其助力不少,尤为本届一大特色"。③

然而,在孟禄在华期间,却发生了一件令人痛心的事情。

10月22日,孟禄在苏州参观江苏省立第二师范学校附属小学并在该

---

① 关于这次孟禄演讲的题目,《黄炎培日记》记为《共和国的教育》。这里依据的是当时陪同孟禄到各地演讲的王卓然的记录。

② 孟禄:《论中国新学制草案》,载《新教育》1922年1月第4卷第2期。

③ 抱一:《第七次全国教育会联合会始末记》,载《申报》1921年11月14日,第11版。

校讲演后,前往陆军第二师第六团参观军队职业教育,该校教员毛慧云亦陪同前往。当车经间门外下津桥附近的小桥时,"因桥面过窄,路又不平,驾车者未改速率,致颠覆入水"①,多人落水,毛慧云则不幸身亡。

毛慧云(1897—1921),字杏秀,生前系江苏省立第二师范学校附小教师。11月20日,苏州教育界在吴县教育会开毛慧云追悼会。而就在前一天,自福州到达上海的孟禄特地到黄炎培处,两人谈话多时。当得知第二天将在苏州为毛慧云举行追悼会时,20日这天一早,孟禄即随黄炎培等人一同赶赴苏州参加。追悼会上,黄炎培作了演说,并报告全国教育会联合会各省代表已为此事决定发起中华杏秀游泳社,以纪念惨死的毛慧云,并以之提倡人们学习游泳。11月25日,江苏省教育会举行干事员常会,黄炎培任会议主席。会议报告了组织中华杏秀游泳社的经过,决定公推黄炎培、沈恩孚会同陶行知担任筹备工作,以江苏省教育会为筹备机关。之后,孟禄和包括黄炎培在内的出席全国教育会联合会第七届年会的各省区代表沈恩孚、汪精卫、袁希涛、雷沛鸿以及陶行知、凌冰等共38人,联合发起了中华杏秀游泳社。依《中华杏秀游泳社简章》之规定,该社"以促进国人游泳技能之培养为宗旨",主要社务有"提倡游泳技能之操练并普及游泳应用之知识""承受私人或公共教育机关对于游泳组织计划之委托""分地创设模范游泳池"。②

1922年1月4日上午,孟禄应邀赴南京参加东南大学图书馆、体育院等立础纪念,黄炎培也从上海赶往参加。是日下午,东南大学特与孟禄约定开谈话会,俾江苏近地教育界人士得聆听孟禄关于教育的意见,黄炎培和郭秉文等百余人与会。会上,孟禄作了演讲,分别对中国的小学、中学、师范发表了自己的看法;黄炎培则发言希望行政方面和办学人员分别研究实行,以不负孟禄博士一番热心。1月5日下午,江苏省教育会及东南大学邀请孟禄在江苏省教育会开谈话会,黄炎培和郭秉文、邹秉文、张叔良等60余人与会,黄炎培任主席。在会上,孟禄就中国的职业教育谈了自己的

---

① 《江苏省教育会大事记》,见《江苏省教育会年鉴》1922年第7期。
② 黄炎培:《中华杏秀游泳社简章草案》,见江苏省立第二女子师范学校校友会编辑:《毛慧云君追悼录》,锡成印刷公司1921年印刷。

看法;黄炎培则对孟禄前一天的演讲作了详细总结和评价。当晚,江苏省教育会、江苏实业厅、中华基督教青年会全国协会、中国科学社、江苏银行公会、上海总商会、中华农学会、中华职业教育社、寰球中国学生会、中华教育改进社、东南大学、南京高等师范学校、上海商科大学、江苏省立第二师范学校、同济医工学校等共 24 个团体,在一品香设宴欢送孟禄,并欢迎来华调查教会学校的英美教育参观团以及江苏昆虫局局长吴伟士,黄炎培、郭秉文、聂云台、沈恩孚、袁希洛、贾丰臻等出席。餐毕,郭秉文致辞,孟禄、吴伟士等作了演说。

1 月 7 日,孟禄顺利结束对中国教育的调查,乘"亚细亚皇后"号归国,黄炎培和郭秉文、沈恩孚、陶行知等均到埠送别。

在孟禄离华后半个月,即 1 月 22 日,黄炎培特作了《我所希望孟禄来华的效果》,这一刊登在《新教育》第 4 卷第 4 期上的文章,将孟禄在华的言论最切中国实际者概括为三个方面:"提倡科学问题""改良中学问题"和"养成教育指导员问题"。针对孟禄在这三个方面的建议,黄炎培希望:其一,国家应发展科学,这乃是关乎国家命运和危亡的重要问题,应该使"数年以内,采用集中设备制度,各省成立科学馆若干所,各大学专门学校各得埋头实验室的专门科学教师若干人,即中等学校,亦各有相当的科学设备";其二,希望各省会集有关专家组织教育调查会,将中学的课程和各方面彻底地调查一下,并"速采行选科制,与以相当的设备,唤起学生研究的兴味";其三,在高等师范学校内设立专科,以养成教育指导员。①

第三节　中华教育改进社与职业教育的改革

一、发起创办中华教育改进社

中华教育改进社是在 1921 年 12 月由中华新教育共进社、《新教育》杂

---

① 黄炎培:《我所希望孟禄来华的效果》,载《新教育》1922 年 4 月第 4 卷第 4 期。

志社和实际教育调查社联合改组而成。黄炎培不仅在中华新教育共进社主办的《新教育》杂志上多次发表文章,对职业教育进行宣传,而且还担任该社职业教育委员会主任一职,极力促进职业教育制度的确立。

早在 1918 年 12 月 22 日,江苏省教育会、北京大学、南京高等师范学校、暨南学校、中华职业教育社"慨吾国学术之堕落,著作之缺乏",在江苏省教育会会所开会,筹备联合发起组织中华新教育社。黄炎培受北京大学校长蔡元培函托,代表北大出席;沈恩孚、郭秉文、赵正平、余日章分别代表江苏省教育会、南京高等师范学校、暨南学校和中华职业教育社出席。会议共同讨论了进行办法,并公推蒋梦麟为该社主任,决定翌年 1 月即行开办。之后,为灌输教育新知,"欲直接输入西洋学术,使吾国固有之文化受新潮之刺激,而加速其进化率",又计划 3 年中出《新教育》月刊 30 册、"新教育丛书"18 册,其中,"新教育丛书""悉以西洋原著为本,不假重译;月刊资料,悉取欧美最近刊著……壹是以知识的忠实为本"。① 1919 年 1 月 16 日,中华新教育社经教育部批准备案;3 月 15 日,更名为中华新教育共进社,由教育部立案,社址设在上海西门外江苏省教育会。

2 月,中华新教育共进社开始编辑出版《新教育》月刊②,推蒋梦麟为主编,黄炎培和王文培、过探先、郭秉文、顾树森同任职业教育组编辑员,并和李建勋、袁希涛、陶行知、邓萃英等同任教育行政组编辑员。最初,该刊由发起的五大团体负责编辑,不久北京高等师范学校亦加入编辑。杂志出刊不久,销路逐渐兴旺,很快普及全国教育界。

10 月,天津南开大学、南京河海工程专门学校、上海高等工业专门学校、同济医工专门学校、中华基督教青年会全国协会加入合组,和江苏省教育会、北京大学、南京高等师范学校、暨南学校、中华职业教育社、北京高等师范学校共 11 个团体机关,各派出代表在江苏省教育会召开会议。会议通过了《中华新教育共进社简章》,规定"本社集合国内教育团体或教育家,以联络国外教育团体或教育家,输入新教育,共同研究进行,并宣布国

---

① 《新教育共进社编译书报》,载《民国日报》1919 年 1 月 10 日,第 3 张第 10 版。
② 1921 年 12 月改由中华教育改进社主办,至 1925 年 11 月停刊,共出 11 卷,计 53 期。

内教育状况于国外为宗旨"①。1920 年 1 月，各方代表于江苏省教育会再次召开会议，选举黄炎培为该社主任，郭秉文、蒋梦麟为副主任，沈恩孚为会计，另聘陈鹤琴为英文书记，沈肃文为中文书记，并设交际部，推余日章为主任，张伯苓、陶孟和、朱友渔、阮介蕃为干事，设办事处于江苏省教育会内。

1921 年 12 月中旬，实际教育调查社邀孟禄至京开教育讨论会，国内教育界代表云集京师，教育界同仁乃决定将中华新教育共进社、《新教育》杂志社和实际教育调查社联合改组为中华教育改进社。是月 21 日，三方代表开会通过了《中华教育改进社简章（草案）》；23 日，黄炎培和蔡元培、范源濂、张伯苓、袁希涛、李建勋、汪精卫、郭秉文、熊希龄 9 人被推举为该社董事。中华教育改进社"以调查教育实况，研究教育学术，力谋教育进行为宗旨"，规定主要社务有"通信或实地调查各种教育状况""依据实际问题研究解决方法""辅助个人或机关对于教育之实施或改进事项""编译关于教育之书报""提倡教育事业之发展及学术之研究""其他关于教育改进事项"，决定总事务所设于北京，下设 31 个委员会，其中在 1922 年已成立教育行政、高等教育、中等教育、初等教育、成人教育、美育、义务教育、心理教育测验、师范教育、职业教育、女子教育、童子军教育、公民教育、科学教育、国语教学、生物教学、历史教学、地理教学、教育统计等计 24 个专门委员会。②

在各专门委员会中，由黄炎培、邹秉文分任正、副主任，钟道赞担任书记的职业教育委员会，是规模较大的一个专门委员会。该委员会成立之初即有 32 名委员，位居各委员会前列；其任务是"与中华职业教育社协作，聘请专家讲演职业教育，并指导职业教育事业"；方法主要包括"（一）经费：由本社与中华职业教育社担任募集。（二）讲演：物色各国著名专家。（三）讲员任务：甲、巡行讲演，唤起国人注意；乙、担任讲授，造就专门人材；丙、实际调查职业教育状况，指导改良"。③ 在这些任务和方法的指导下，职业教育委员会成为改进社推进职业教育制度确立的主导力量。

---

① 《中华新教育共进社成立记》，载《申报》1920 年 4 月 19 日，第 10 版。
② 朱有瓛、戚明琇、钱曼倩、霍益萍编：《中国近代教育史资料汇编·教育行政机构及教育团体》，上海教育出版社 1993 年版，第 544—545 页。
③ 《中华教育改进社年会中之职业教育组》，载《教育与职业》1923 年 9 月第 48 期。

　　1922 年 1 月,由于蒋梦麟作为中国国民代表赴美参加华盛顿国际会议,中华教育改进社乃公推东南大学教育科主任陶行知自第 4 卷第 2 期起担任《新教育》主编。陶行知任主编后,《新教育》在"养成健全的个人,创造进化的社会"的宗旨指导下,不仅致力于"宣传教育思潮,讨论教育问题,提倡教育事业,传布教育消息"等活动,而且实行分科编辑的办法,在所设的十六个编辑组中,特设"职业教育组",以黄炎培和王文培、过探先、顾树森、邹秉文等为编辑员。不仅如此,在 2 月 8 日中华教育改进社于上海召开的董事会上,各董事均到会。会议讨论了《新教育》杂志的经费问题和黄炎培提出的《督促并计划扩充全国教育案》。在《督促并计划扩充全国教育案》中,黄炎培提出,虽然全国人民希望扩充教育,但由于"困于经费,不惟无望扩充,几并维持现状而不获",因此他特别分析了扩充教育经费的三点希望,同时也袒露了自己的顾虑,"无猛进之运动,则虽有人提倡,而不成事实;无严密之监督,则虽成事实,而款将为政府挪用;无预定之计划,则款即不至被挪,而一任政府漫为支配",但鉴于"兹事体大,断非仓卒所能定议",所以他提议请改进社"推举委员若干人,组成委员会,切实进行"。① 会议根据黄炎培的提议,决定组织筹划全国教育经费委员会,黄炎培、熊希龄、范源濂、蔡元培、李石曾、张伯苓、袁希涛、沈恩孚、郭秉文、蒋梦麟、余日章、陶行知、穆藕初、史量才等 31 人被推定为委员。2 月 15 日下午,中华教育改进社附设筹划全国教育经费委员会在《申报》馆开第一次委员会,黄炎培、蔡元培、陶行知、张一麟、史量才、范源濂、汤尔和、郭秉文、穆藕初、余日章、谭仲达(代表汪精卫)、袁希涛、沈恩孚、熊希龄等出席。会上,黄炎培、余日章、袁希涛、谭仲达、熊希龄、穆藕初等先后发言。会议推黄炎培和陶行知起草了委员会简章,并于当晚通过,依据简章公推了职员及分部部员,其中,熊希龄为主任,黄炎培为副主任,陶行知为总书记。简章规定,中华教育改进社附设筹划全国教育经费委员会"以督促并计划全国教育费之扩充及支配为宗旨"②。

　　中华教育改进社附设筹划全国教育经费委员会成立后,曾积极推动教

---

① 黄炎培:《督促并计划扩充全国教育案》,载《申报》1922 年 2 月 10 日,第 16 版。
② 《筹划全国教育费委员会纪》,载《申报》1922 年 2 月 17 日,第 14 版。

育经费的扩充(见本节第二部分)。而与此同时,黄炎培还在《新教育》《教育与职业》上发表了《民国十年之职业教育》《一个全国教育界的大问题》等文章。这些文字,处处可见黄炎培对当时职业教育发展的欣慰、希冀和发展职业教育的信心、决心! 如在《民国十年之职业教育》中,他说,职业教育这一名词的产生虽然不及十年,中华职业教育社的创设也仅有四年,但是职业教育的影响和推广却"由通都而及于腹地,由空论而见诸实事,由浮动之气体而渐变为坚实之固体,由散漫的表见而渐进于系统的团结";可以说,职业教育已经成为人们共同关注和重视的问题,如若"集全国共同之心思材力以赴之,后此发展正未可量。而所谓社会生计问题,国家经济问题,将因此得一透澈之解决"。[1]

二、出席中华教育改进社第一届年会

由于中华教育改进社成立时,《学制系统草案》刚刚制定不久,学制改革如火如荼,这使得这一全国最大的民间教育团体,在当时对新学制的制定,包括对职业教育制度的确立,显得举足轻重,其所起的作用仅次于全国教育会联合会。

1922 年 7 月 3 日至 8 日,中华教育改进社第一届年会在济南山东省议会举行。[2] 这次会议讨论的问题主要有学制、教授方法和教育经费 3 个方面。开幕式上,来自全国各地的代表和来宾等共 1000 余人与会,黄炎培和邹韬奋、沈肃文作为中华职业教育社代表出席,会议由蔡元培任主席。会上,陶行知报告了社务,黄炎培作了名为《职业教育》的演讲。黄炎培在演讲中说,虽然会场图表大部分是关于职业教育的,到会诸君也都知道职业教育非常重要,但是由于最近有人以为职业教育仅仅就是"为个己谋生活",对于这一误会,不能不阐明;职业教育"不仅是为个人谋生的,并且是为社会服务的";教育不仅要教给人们一些知识、技能,更"应重在发展本能",办理职业教育的,亦应当使学生将来依靠本能的发展,担负起改造社会的责任;在现今,女子职业学校尚不足百分之十,因为"女子职业教育连

---

[1] 黄炎培:《民国十年之职业教育》,载《教育与职业》1922 年 1 月第 32 期。
[2] 在中华教育改进社第一届年会期间召开的还有全国职业学校联合会临时会及全国农业讨论会。

萌芽时代还谈不到",必须注意及此。最后,黄炎培对义务教育与职业教育的关系以及军队职业教育,谈了自己的认识。他说,"义务教育并非同职业教育隔开";"义务教育中亦可有职业教育";"中国第一问题为裁兵,裁兵惟一方法为军队职业教育,否则后患便无穷"。①

在年会期间,由黄炎培任主席的职业教育组,计开会5次。与会人员认为,在职业学校学程和行政机关中添设职业教育专科、职业指导与介绍、职业补习以及女子职业教育,均为时下职业教育至为重要的问题,故在讨论的数十项议案中,通过了多项重要的职业教育议案:《编造全国职业教育统计案》《各种职业团体筹款设立职业学校案》《组织职业学校学程标准案》《省教育行政机关应设职业教育科并置专科视学员案》《推广女子职业教育案》《推广工人工徒职业教育补习案》等。特别是在7月6日下午,黄炎培和钟道赞、李师膺、顾树森、徐秉钧、沈秉文、钱剑石、程振东、王煦、王慧经、陶文美等,参加中华教育改进社职业教育组第四次会议暨全国职业学校联合会联席会议。在会上,黄炎培将《省教育行政机关应设职业教育科并置专科视学员案》加以修正,提出,"欲职业教育之进行易而收效大,须有计划、有研究、有组织、有系统";"吾国年来虽提倡职业教育,除少数省区外,大都收效甚微,其原因可概括之如下:(1)无机关为之全盘计划、专门研究、特别指导。(2)职业人才缺乏,不免有目的而无方法,或有计划而无实行,势不得不出于敷衍。间有一二专家,效力仅及于一二校。(3)成绩无统计,无以鼓励其进行精神。(4)视学员大半无职业教育学识,对于所属各县及各校,未能督促其进行。欲除此弊惟有仿菲律宾办法,并参酌中国情形,在各省区教育行政机关设职业教员科,……专司关于职业教育之调查、设计、研究、统计、视察等事",并"宜设关于职业教育之专科视学员"。② 此外,根据会议议程,在7月6日,黄炎培还专门作了《职业教育》的演讲。

值得指出的是,在中华教育改进社第一届年会召开之际,全国职业学校联合会也趁机于7月4日至7日开临时会。黄炎培不仅参加了7月4

---

① 黄炎培:《职业教育》,载《新教育》1922年10月第5卷第3期。
② 《中华教育改进社第一次年会职业教育组分组会议纪录》,载《新教育》1922年10月第5卷第3期。

日、6 日和 7 日的临时会,而且出席了会议期间筹划全国教育经费委员会在济南商埠商会所开的四次会议,并任会议主席。期间,由中华职业教育社提议的《提议请求筹定专款提倡补助全国职业教育案》得到了与会者的赞同。而黄炎培和蔡元培、沈恩孚、史量才、穆湘瑶、陈光甫、郭秉文、袁希涛、庄俞、袁希洛、王一亭、王舜成、杨卫玉、吴承洛、钟道赞、顾树森等中华职业教育社议事员和各有关职业学校校长,则一并作为《呈大总统国务院教育部文》具呈人。该呈文随同《提议请求筹定专款提倡补助全国职业教育案》一并呈大总统、国务院和教育部。在呈文中,黄炎培等言道,"年来我国俶扰不宁,究其由来,莫不归本于社会经济之压迫与人民知识之匮乏,欲求彻底补救,舍提倡职业教育其道末由",所以请"政府于停付俄国庚子赔款、各国退还庚子赔款、德国欧战议和后赔款及关税增加后收入各项内,酌量提拨","专充提倡补助全国职业教育之用";其办法包括:设中央职业教育局,就全国相当地点设立职业学校,令各省区制订职业教育进行计划,奖励优良私立职业学校。①

第四节　职业教育制度的确立

一、对《学制系统草案》的评议与再拒教育总长

《学制系统草案》公布后,全国教育会联合会一方面请各省区教育会及教育行政机关组织讨论会,对草案详加讨论;一方面将草案函寄全国各报馆及教育杂志社,请其披露,以广泛征求意见。此后一年间,各地纷纷开展了针对草案的研讨,对草案的评议也是汹涌如潮。其中中华职业教育社还在 1922 年 1 月 9 日发布了《征求教育界对于新学制草案职业教育一部分意见的问题》。黄炎培更是和教育界众多的有识之士一起,加入了这场汹涌如潮的讨论评议之中。在讨论和评议中,黄炎培或参加江苏省的新学

---

① 黄炎培等:《呈大总统国务院教育部文》,载《教育与职业》1922 年 8 月第 37 期。

制研讨会,或撰文加以分析说明,或在相关场合进行宣传,而无论是哪一种形式,他都对《学制系统草案》中职业教育地位的确立给予了充分的肯定。

如,1921年12月8日,江苏省教育厅应本省教育会请求,召集全省公立、私立中等以上学校校长、各师范学校附属小学校长,以及省长公署三科科长科员、教育厅各科长、省视学视察员,在南京公共演讲厅召开《学制系统草案》讨论会,由江苏省教育厅厅长胡玉荪任主席,黄炎培和袁希涛、沈恩孚、陶行知、廖世承、俞子夷应邀出席。黄炎培在会上报告了组织全省讨论会的原因和办法,希望以公开的态度进行详细的研究,并提议了《新学制讨论结果办法》,其中提出,"师范学校,甲种农、工、商学校,各宜按照地方情形,拟定适当的改制方法及其手续";"甲种农、工、商学校苟非改办专门,必须确认为职业教育性质"。① 12月24日,江苏省新学制草案讨论委员会在江苏省教育会开第三次会议,黄炎培、郭秉文、刘勋麟、王舜成、陆步青、吴邦珍、杨聘渔、贾丰臻、赵师复、沈恩孚、章伯寅等出席,由郭秉文任主席,会议就《学制系统草案》各部分内容分别进行了研讨。

1922年1月,黄炎培所写的《民国十年之职业教育》一文刊于《新教育》第4卷第2期,对于《学制系统草案》关于职业教育地位的确定给予了充分肯定,对职业教育的未来发展表现出极大的希望。文中,黄炎培指出,在1921年,"职业教育之进展可得而叙述者,有十事",而其中之一,即是"新学制确定职业教育之地位"②。2月23日,黄炎培又撰《我对于新学制的希望》一文,刊登在5月出版的《教育杂志》第14卷"号外"上。文中,黄炎培既对《学制系统草案》的有关改革给予了充分肯定,也指出了它的不足,并提出了进一步改进的建议。其中言道,"本案之精神,全在中等教育段,所谓纵横活动是也",而其"纵横活动"的重要体现之一,就是在中学设置灵活多样的职业科,兼顾中学升学和就业的双重功能;废置预科乃是高等教育的一大改革;对于在大学和高等师范学校所设的附属中学,应首先按照《学制系统草案》的规定举办;对于甲种农、工、商业学校,如果不改为专门学校的话,则必须将之确认为职业教育性质;建议组织学程研究会,专

---

① 《江苏对于新学制草案讨论会议决案》,载《新教育》1922年5月第4卷第5期。
② 黄炎培:《民国十年之职业教育》,载《新教育》1922年1月第4卷第2期。

事研究实施《学制系统草案》所规定的各级各科课程;鉴于《学制系统草案》"诚活动也",必须"根据教育原理与地方情形,善为运用"。[1] 3 月,对于《学制系统草案》关于初级教育中职业准备何以必自第五年始,黄炎培又解释道:"职业准备根据于美国各州办法,因为在十二岁以下所受各种功课有特别关系于职业者,不宜称职业教育,只称职业准备。此非一定入正式的职业科,或竟谋生或更入学。"[2]而对于补习教育何以必须要在接受完初等教育后,黄炎培解释说:"补习教育,参看小学教育段说明第八项,即可知壬癸(按:指"壬子癸丑学制")补习不限于小学毕业后入之,余意或在学制系统图上删去补习一项。"[3]

《学制系统草案》的颁布,使黄炎培对职业教育更加充满了信心,也更加坚定了他"职教救国"的信念和决心。然而由于当时教育棘手,教育总长像走马灯式地频繁更换。6 月 12 日,黄炎培再次被任命为教育总长,未到任前由高恩洪兼。6 月 13 日 2 时 30 分,北京政府发布 12 日任命内阁令,黄炎培被任命为教育总长。但在几天后的 6 月 16 日,黄炎培即致电国务总理颜惠庆恳辞。电文曰:

> 北京国务总理颜骏人先生鉴:奉电被命教育总长,惶悚无任,年来国家傲扰,究其症结,实惟人民生计与知识两大问题,炎培矢愿于职业教育,勉服微劳,藉谋根本补救,在朝在野,其为服务正同。特此恳辞,敬乞代陈,务求鉴谅。黄炎培铣。[4]

然而,大总统黎元洪还是希望黄炎培能够就任。几天后他致电黄炎培,请其掌教育部:

> 黄任之先生:国家多难,祸变纷乘,奠定中枢,端资群力,昨有明令,请执事屈长教部,苍生霖雨,薄海钦迟,为国求才,望公若崴,特虚

① 黄炎培:《我对于新学制的希望》,载《教育杂志》1922 年 5 月第 14 卷"号外"。
② 《对于新学制草案疑问的解释》,载《新教育》1922 年 3 月第 4 卷第 3 期。
③ 《对于新学制草案疑问的解释》,载《新教育》1922 年 3 月第 4 卷第 3 期。
④ 《谭黄电辞长内教》,载《申报》1922 年 6 月 17 日,第 13 版。

前席,佇候高轩。何日首途,望先电复。元洪,寒。①

而黄炎培和上次一样,再次请辞,且言语更加坚决。其曰:

北京大总统钧鉴:恭奉任命,谨电颜总理请代恳辞,兼陈衷曲,乃
梗日由宁转到寒电,温词敦促,感悚万分。炎培自民国三年,辞谢行
政,愿为职业教育勉服微劳,藉谋社会国家根本救济,数载以来,以钧
座之特加赞助,同人一致提倡,教育界观听渐易。乃者忽膺特简,命
长教育,未尝不怦然生感,中外报载钧座慨捐廉俸,以一部分充京师学
校经费,想见四方风动,乐效驰驱,只以炎培社务校务,本良心之主张,
受公众之委托,虽事业限于局部,而责任亦有专归,苟非善后有资,势
难仔肩立卸。共和国民,在野在朝,同为服务,幸承垂爱,敢掬衷诚,伏
求准予恳辞,选贤另简,临电不胜惶恐之至。谨复。黄炎培有。②

不过,黎元洪并没有灰心。由于在 6 月 27 日,黄炎培和黄以霖并请王
清穆、沈恩孚、钱崇固、方惟一、徐果人、张孝若、朱绍文联合致电大总统、国
务院和教育部,鉴于"新任江苏教育厅长邓振瀛,资望毫无,行仪不检,既
与文化潮流相抵触,尤为江苏舆论所不容",故请收回邓振瀛执掌江苏省
教育厅之命。很快,黎元洪致函黄以霖并请王清穆、沈恩孚、钱崇固、方惟
一、徐果人、张孝若、朱绍文等劝说黄炎培,希望能够敦促黄炎培赴京任教
育总长:

上海黄伯雨先生并转黄任之总长暨王沈钱方徐张朱诸先生同鉴:
寝电悉,所请一节,已交院核办矣。中央教长一席,关系重要,急望任
之北来就职。诸公关怀教育,并恳就近敦劝,毋任固辞。至为感盼。
元洪俭印。③

---

① 《黎黄陂与黄炎培来往电》,载《申报》1922 年 6 月 26 日,第 13 版。
② 《黎黄陂与黄炎培来往电》,载《申报》1922 年 6 月 26 日,第 13 版。
③ 《黎黄陂复苏绅俭电》,载《申报》1922 年 6 月 30 日,第 13 版。

7月17日,《申报》一并刊登了黄炎培《复黎黄陂电》《复京同乡电》。这两篇电文对黎元洪和在京同乡众议院邵冶田诸君来电给予了答复,也最终表达了自己坚辞教育总长的不可更改的决定和矢志献身职业教育事业的决心:

> 北京大总统钧鉴:自沪传命,更奉艳电,感何可言,只以社务羁身,如蚕纳藕,骤难脱卸,不敢久悬要职,以误国家,务恳迅赐另简。图报方长,愿以异日。敬求鉴谅。①
>
> 北京众议院邵冶田先生并转王谢吴朱汪于杨王徐诸君钧鉴:属有济南之行,归读鱼电,敬悉教长一席,蒙元首及骏人总理迭电下招,兹复荷诸公敦促,感愧何极。炎年来矢愿为职业教育服务,区区此心,稍谋社会国家根本补救,现方努力进行,不忍中途抛弃。当轴殷殷相属,非不感于心,只以职有专归,义难竟舍,即欲勉从责望,亦非一二月之功,不能布置定妥,最近征求社员,筹集经费,期以八月底藏事,现方奔走筹划,何忍遽弃前功,而阁席重要,讵可久悬,惟有吁恳当轴,迅予另简。图报方长,愿以异日,敬乞诸乡先生善为我辞,曷胜感幸。②

二、出席学制会议与"壬戌学制"的颁行

1. 出席学制会议

1921年11月全国教育会联合会第七届年会所制定的《学制系统草案》未曾正式呈报教育部。对此草案,各省或讨论,或试行。而1922年10月又将召开全国教育会联合会第八届年会,以对《学制系统草案》进行修改、讨论,并在此基础上,制定议决新的学制系统,呈教育部颁布实施。故而,教育部深知原有"旧制"必定不能保全,于是1922年9月,决定在全国教育会联合会议决学制之前,组织召开学制会议。

---

① 《黄任之坚辞教长电:复黎黄陂电》,载《申报》1922年7月17日,第13版。
② 《黄任之坚辞教长电:复京同乡电》,载《申报》1922年7月17日,第13版。

是次会议的参会人员包括：由各省及特别区域教育行政机关各选派代表1人；由各省及特别区域教育会各推选代表1人；国立专门以上学校校长，内务部民治司长；教育部参事司长；教育总长延聘或指派者15人。9月上旬，教育总长王宠惠致电江苏省教育会转黄炎培和袁希涛，希望他们参加9月15日在北京举行的学制会议。电文曰："江苏省教育会转黄任之、袁观澜先生鉴：本部现定于九月十五日在本部举行学制会议，素仰执事硕学宏识，海内同钦，……聘为本会会员，务希慨允担任，惠然莅止，共策进行，无任跂盼。"①

学制会议原定9月15日召开，但临期鉴于各省代表难以到齐，特延至9月16日。黄炎培和袁希涛本定9月12日起程，"但一因公羁身，不克如期北上；一因教部又展缓一日，致未成行"②，最后乃定9月14日转乘津浦火车赴京与会。9月15日，因报到者尚不足法定人数，教育部又决定会议延至20日召开。9月20日上午，学制会议在教育部会场开幕，到会代表58人，蔡元培担任临时主席，黄炎培和汪精卫、陶行知、袁希涛、许崇清、蒋梦麟、胡适等作为教育总长延聘者出席了会议。从9月20日至9月30日，在11天的会议期间，共开大会10次，审查会若干次，进一步讨论了学制改革问题，而黄炎培均参加了会议，并不时对学制改革提出自己的建议和意见。如，在9月21日上午举行的第二次大会上，黄炎培就教育部学制案发表了自己的看法：

> 本席对于部案，大体赞同，惟尚有三点，似应加以研究。（一）部案既采四二制，又许将初级之前二年附设于小学校，实属不妥。查教育之分段，虽应贵多，但每段必须有一结束，今将前二年附设于小学校，此二年修业期满，即无结束可言，如改采三三制，则可使小学校附设初级中学，即无此弊。（二）部案对于中等高级，既许分设农工商师范家事等科，则中等初级亦未尝不可分科，且中等高级仅有二年，分科教授，似年限不足，如改采三三制，则对于此弊，亦可防止。（三）部案

① 《学制会议代表展期北上》，载《申报》1922年9月9日，第13版。
② 《袁观澜黄任之今晨联袂北上》，载《申报》1922年9月14日，第13版。

既有职业学校之规定,又有甲种实业学校改为中等高级农工商各科之说,似有冲突,应补充一句,作"得改为职业学校与高程中学农工商等科"。①

再如,在 9 月 21 日下午举行的第三次大会上,主席蔡元培推定由胡敦复、黄炎培、袁希涛、陈启修、程时煃、王义周、经亨颐、王卓然、秦汾、沈步洲、邓萃英、王家驹、李建勋等 15 人为审查员,组成第一组审查会,审查有关议案。9 月 22 日上午,学制会议开第一次第一组审查会,黄炎培、胡敦复、袁希涛、王家驹、李建勋、沈步洲、邓萃英、秦汾、经亨颐、程时煃、王义周、王卓然、陈启修俱到。会议以各会员提案为参考,审查了部交《学制系统改革案》,并定自本日起,每日上午 9 时至 11 时半开审查会,下午 2 时半至 5 时开大会。9 月 22 日下午,学制会议召开第四次大会,蔡元培任主席,黄炎培和陶行知、袁希涛、王家驹等出席并发言。会议讨论了《规定大学年限废止高专案》《县市乡教育行政机关组织大纲案》《县教育局组织法草案》《拟改各县劝学所为教育局、局长由教育厅直接委任以杜倖进而整顿案》。其中,《县教育局组织法草案》为黄炎培所提议,黄炎培就提议该案理由作了说明。他说:"本案实非本席个人所提出,乃江苏省教育会去年年会所决定者。此组织法因讨论之时,非欲推行全国,故完全本乎江苏情形而规定。至于本案之内容,其应说明者,(一)教育局长资格及董事资格,不主张从严;(二)在此等地方办理教育,教育界应与实业界联络,始易收效。现在提出本案,希望加以注意,而从宽定一标准,使各县之程度之较同者,不受拘束,而低者不受障碍。至于市乡之组织,因彼此相差过远,应由各地斟酌情形,分别办理,故本案只言及县教育局之组织也。"②9 月 28 日下午,黄炎培又出席学制会议第七次大会,会议讨论了《县市乡教育行政机关组织大纲案》和《特别市教育行政机关组织大纲案》。在会上,黄炎培提议于下次全体大会上首先讨论"学制系统案",得到全体代表的赞同。9 月 29 日上午,黄炎培和邓萃英、王家驹、陈宝泉、李廉方、袁希涛等出席

① 《教育部学制会议续记》,载《申报》1922 年 9 月 24 日,第 10 版。
② 《学制会议之第四幕》,载《申报》1922 年 9 月 25 日,第 10 版。

学制会议第八次大会,由于蔡元培因事未到,由副主席王家驹任主席。在会上,黄炎培以第一审查会主席身份对《学制系统改革案》从"标准""系统图""说明"和"注意"四个方面作了报告。最终,会议议决通过了《学制系统改革案》。

学制会议议决通过的《学制系统改革案》无疑是一项重要成果。对于这一重要成果,黄炎培给予了充分肯定。10月4日,他在《申报》上发表《学制会议之经过》一文。文中详细介绍了学制会议召开的缘起经过和《学制系统改革案》与《学制系统草案》的区别,并言曰,此次会议,大抵会场议论,"对于学制多主解放,惟其解放范围有大小之不同";会议"自始至终,仅有反复之辩论,初无愤激之意气,此种会议气象,在近年以来,恐将为教育界所独占矣"。①

2."壬戌学制"的颁行

1922年10月11日,全国教育会联合会第八届年会在济南召开。这次会议的重要议题就是讨论学制改革。黄炎培虽然因故没有全程出席这次会议,但在会议期间他还是多次对学制改革提出了自己的意见。如,10月19日,全国教育会联合会第八届年会举行第三次大会,黄炎培与教育部特派员胡家凤暨各省代表许倬云、经亨颐、刘炯文等30余人出席。会议讨论商议了职业学校年限是否缩短及与高级中学等齐问题,众推黄炎培任学制起草主席,然因黄炎培说晚上还要赴京,故另推袁希涛起草。10月23日,黄炎培在《申报》上发表《全国教育会通过新学制案》,叙述了从《学制系统草案》议决到全国教育会联合会第八届年会通过《学制系统改革案》一年间学制改革的大况,并全文录第八届年会所议定的《学制系统改革案》的内容。11月1日,北洋政府以"大总统令"的形式公布了《学制系统改革案》,即《审查会报告案》,是为"壬戌学制",也称"新学制"。

"壬戌学制"在诸多方面都有了新的改革,特别是它第一次确立了职业教育在学制上的地位。它规定:"小学课程得于较高年级,斟酌地方情形,增置职业预备之教育";"初级中学施行普通教育,但得视地方需要,兼设各种职业科";"高级中学分普通、农、工、商、师范、家事等科",酌量地方

---

① 抱一:《学制会议之经过》,载《申报》1922年10月4日,第6版。

情形,单设一科,或兼设数科;"依旧制设立之甲种实业学校,酌改为职业学校,或高级中学农、工、商等科";"依旧制设立之乙种实业学校,酌改为职业学校";"职业学校之期限及程度,得酌量各地方实际需要情形定之";"为推广职业教育计,得于相当学校内酌设职业教员养成科";"大学校及专门学校得附设专修科,修业年限不等",招收志愿修习某种学术或职业且有相当程度者入学肄业。[①] 至此,经过包括黄炎培在内的无数教育界、实业界人士近十年的努力,职业教育终于形成了一个完整独立的制度体系,取得了法律上的地位,这不能不使黄炎培欢欣鼓舞。12 月,满怀喜悦之情的黄炎培写了《民国十一年之职业教育》一文,其中言道,1922 年的职业教育,承上年之趋势,发展迅速,而在其荦荦大者的四件事中,第一件就是"职业教育在新学制位置之确定"[②]。

第五节　对农业教育制度的改革

农业教育制度是职业教育制度的一个重要方面。在当时教育界人士看来,要改良农业必须通过农业学校造就相当人才,所谓"一国之农业教育制度良否,实与一国农业之兴衰有密切关系"[③]。正是基于这一认识,针对农业专门学校和甲、乙种农业学校之弊端(如课程太繁、学生所学不精、轻视实习等),教育界人士曾群策群力,积极开展农业教育制度的改革。而在推动农业教育制度改革的过程中,黄炎培积极投身其中,不仅参与组织了农业教育研究会,而且积极开展了对农业教育理论的研讨。

一、组织农业教育研究会

重视农村教育是黄炎培的一贯主张。在黄炎培看来,中国以农立国,

---

① 璩鑫圭、唐良炎编:《中国近代教育史资料汇编·学制演变》,上海教育出版社 1991 年版,第 991—993 页。
② 黄炎培:《民国十一年之职业教育》,载《教育与职业》1922 年 12 月第 40 期。
③ 邹秉文:《读先生农业教育意见书后》,载《教育与职业》1921 年 1 月第 25 期。

而农业又是百业之本。有鉴于对农业教育重要性和当时农业学校弊端的认识，黄炎培决定首先开展对农业学校的调查，以期在此基础上，寻找改革农业教育的方药。

1917 年 11 月 27 日，黄炎培偕沈恩孚至江阴参观"注重农业"的公立南菁学校，并于次日在该校演讲《农业教育》。11 月 29 日，他又赴南通，于次日参观"注重植棉试验"的私立甲种农业学校，演讲《南通农校前途之希望》。12 月 2 日，他再赴苏州，应"以改良一般农事为宗旨"的江苏省立第二农业学校之邀，参加该校成立五周年纪念会。之后，他将对这 3 所学校的参观写成《江阴、南通、苏州农业教育调查报告》一文，文中不仅肯定了 3 校的办学成绩和特点，而且提出了办学建议，如"中学设职业科，何等利便""农校宜视地方状况而定其特别注重之点"等。① 此后，在 1920 年 2 月，实业界巨子徐静仁捐银 5 万元，就其本乡当涂拟创设一职业学校，委托中华职业教育社规划一切。黄炎培因此特于 3 月 1 日赴当涂进行调查，以该地富于农产，"士人多业农"，故在拟定的《当涂职业学校计划书》中特别规定，学校应"以农科为主，以工科为辅"。②

对农业学校的调查，使黄炎培对农业教育有了更多的认识。为进一步商榷开展农业教育的方法，10 月 4 日，在他的组织下，中华职业教育社约请热心农业教育的同志在该社事务所开会，黄炎培和郭秉文、邹秉文、李敏孚、王舜成、郑紫卿、穆藕初、沈恩孚等与会，公推邹秉文为主席。会议议决成立"中华职业教育社农业教育研究会"；推定黄炎培、沈恩孚、郭秉文、邹秉文、王舜成、穆藕初、郑紫卿、沈素生等 25 人为会员；公推邹秉文、王舜成调查各地农业教育状况，于两个月内提出报告，并起草宣言，以通告各农业教育机关。黄炎培在《本社农业教育研究会宣言书》中如是言道，"职业教育者，实对个人为解决生计问题，对社会为增高各种事业之效率功能"，有鉴于实施农业职业教育的甲、乙种农校其制度未尽完善，故爰于本社内组织农业教育研究会，希望海内外农业教育专家和热心吾国农业发展的有识

---

① 黄炎培：《江阴、南通、苏州农业教育调查报告》，载《教育与职业》1918 年 1 月第 3 期。

② 黄炎培：《当涂职业学校计划书》，载《教育与职业》1920 年 4 月第 19 期。按：中华职业教育社农业教育研究会成立后，该校的筹划事宜交由该会，并经推定由该会主任即东南大学农科主任邹秉文赴当地实地研究，草定校纲；当涂职业学校于 1921 年 8 月正式成立，校长为孙守廉。

之士,建言献策,"俾能为吾国确定一良好之农业的职业教育制度"。①

农业教育研究会成立后,职教社明显加强了对农业教育的研究,而黄炎培则多次参加针对农业教育的研究会议,参与讨论关于农业教育的改革。如,1921 年 1 月 2 日,他和邹秉文、沈恩孚、郭秉文、原颂周、唐荃生、袁希洛、季子峰等出席农业教育研究会会议,会上公推邹秉文为主席。由于农业教育研究会成立后即开始征求各处对于现行农业专门学校及甲、乙种农业学校的意见,并委托邹秉文、王舜成等先赴本省各地调查,所以在会上邹秉文报告了偕王舜成、原颂周调查农校的情形,并将所附报告书中关于改革乙种农校的办法略加修正,由职教社呈请教育部改订乙种农校规程。8 月 18 日为江苏省教育会年会前所举行的研究职业教育会的第二天,仍由中华职业教育社主持其事。上午,农业教育研究会开会,黄炎培、张沅、王引才、袁希洛、王舜成、葛敬中等与会,会议就邹秉文所提出的《实施农业的职业教育法》进行了广泛的讨论。11 月 2 日《学制系统草案》议决通过后,黄炎培和农业教育研究会的同仁们一起,又不时地展开了对农业教育制度的探讨。如,12 月 7 日晚,农业教育研究会在东南大学农事试验场第一分场内召开第三次会议,黄炎培和袁希涛、沈恩孚、郭秉文、袁希洛、王舜成、唐荃生、秉志、陶行知、胡先骕、邹秉文、葛敬中等出席,由邹秉文任主席。会议主要讨论了《学制系统草案》与农业教育的关系及本会对于推行义务教育应取的辅助方法。黄炎培在会上报告了农业教育研究会成立的经过大略情形,并发表了对于《学制系统草案》的意见。12 月 8 日下午,农业教育研究会又在东南大学农场菊厅召开第四次会议,黄炎培和原颂周、邹秉文、唐荃生、沈恩孚等出席。会议进一步讨论了农业教育研究会对于《学制系统草案》的意见及其进行办法,以及对于义务教育之辅助方法。

二、研讨农业教育理论

鉴于农业教育理论薄弱,职教社将农业教育理论的研讨置于十分重要的地位,而黄炎培则对之给予了特别的关注。1921 年 1 月,《教育与职业》辟第 25 期为"农村教育号",刊登了《本社农业教育研究会宣言书》《本社

---

① 黄炎培等:《本社农业教育研究会宣言书》,载《教育与职业》1921 年 1 月第 25 期。

农业教育研究会征求农业教育意见之问题》等文章。黄炎培特为之撰写弁言,其中说:"吾国方盛倡普及教育,苟诚欲普及也,学校十之八九当属于乡村;即其所设施十之八九,当为适于乡村生活之教育。……乡村生活偏于农工,即乡村学校宜注重农工。就令不特设农工学校,亦宜于普通学校内设农工科;且宜于普通学校教授注重农工教材;且宜于普通师范学校外特设乡村师范学校,以养成乡村教员。"[①]7 月 24 日,在江苏省第五次教育行政会议上,黄炎培作了《农村职业教育》的演讲,他批评将教育的着力点置于城市的做法,提出,由于乡村人口占总人口的 95% 以上,所以"今日之教育不言普及义务则已,若言义务教育则当以农村学校为重",而农村学校在制度、课程、设备等方面均应与城市学校不同,如在制度方面,应用"混合之制度",因地制宜视各地情形而设半日学校、夜学校或农隙学校,课程科目"宜视地方情形而为活动之加减",在校舍附近可购买田地以其收入作为学校经费的补助,设乡村师范学校,以培养乡村学校的师资。[②]

1922 年 5 月 19 日,中华职业教育社第五届年会在新建的中华职业学校职工教育馆举行。上午,职教社与中华农学会开会讨论"实施全国农业教育计划大纲及筹划经费办法",黄炎培、邹秉文、吴伟士、郭次璋、过探先等 20 余人出席,由邹秉文任主席。会上,江苏昆虫局局长吴伟士作了《对于中国农业教育之意见》的演讲。会议并推定黄炎培、郭次璋、过探先、邹秉文、王舜成、何尚平等 7 人为委员,研究农业教育计划大纲;决定由中华职业教育社、中华教育改进社、中华农学会发起组织全国农业教育讨论会,推定邹秉文、郭次璋、王舜成、唐荃生、陶行知 5 人为委员,向各方接洽;由于组织全国农业教育讨论会事关重大,决定和全国农林界共同图之。之后,经过一段时间的准备,由中华农学会、中华教育改进社和中华职业教育社联合发起的全国农业讨论会于 1922 年 7 月 4 日至 7 日在济南举行,黄炎培和梁启超、张一麐、袁希涛等来自 17 个省的 174 名代表与会。在 7 月 4 日的开幕式上,黄炎培致开会辞,他说:"我国向以农立国,何以农业之不能改良,盖半由于教育上无研究之缺点,今组织此会,即可讨论农业教育如

---

① 黄炎培:《农村教育弁言》,载《教育与职业》1921 年 1 月第 25 期。
② 《苏教育行政会议开会纪》,载《申报》1921 年 7 月 26 日,第 11 版。

何改进,农事试验用如何之科学方法以促成之。鄙人对于农业,虽无研究,然对于农业教育,颇加注意,曾行调查全国之农业学校,百分之七十六设在都市,故农业教育无确切的研究可知矣。今日聚全国人士于一堂,对于农业教育农业科学有一确切之讨论,明日即可有决心之实行,此本会所以组织之宗旨也。"①最终,会议发表了《中华教育改进社、中华职业教育社、中华农学会发起全国农业讨论会宣言》,通过了由中华教育改进社、中华职业教育社、中华农学会共同草拟的《实施全国农业教育计划大纲及筹划经费办法》。会毕,有关这次讨论会的详细经过被编成《临时会刊》出版,黄炎培特为该会刊题词曰:"今日合全国人之知识坐而言,尤愿明日合全国人之能力起而行。"②

---

① 《记山东之三大盛会》,载《申报》1922 年 7 月 9 日,第 10 版。
② 傅焕先:《第一届全国农业讨论会纪实》,载《教育与职业》1922 年 9 月第 38 期。

第七章 "新学制"颁布后的
教育实践活动

"新学制"颁布后，黄炎培并没有因为职业教育的地位在学校教育系统中得以确立，而停止对它的舆论宣传、理论探讨和实践追求。他不仅继续参加全国教育会联合会及中华教育改进社的年会，和教育界同仁共商发展职业教育大计；而且继续宣传职业教育理论，规划各省职业教育的发展，参与《新学制职业科课程标准》的制定等，为职业教育的鼓荡奔波。

第一节 职业教育的理论宣传

一、出席全国教育会联合会第九届年会

在"新学制"颁布后，黄炎培仍不时参与对职业教育的理论研讨，他不仅参加了 1923 年 8 月和 1924 年 7 月分别在北京和南京举行的中华教育改进社第二届和第三届年会，而且出席

了 1923 年 10 月在昆明举行的全国教育会联合会第九届年会。

如前所述,在"新学制"制定的过程中,全国教育会联合会曾经起到了重要作用。"新学制"颁布后,全国教育会联合会例行举行年会,继续推进教育改革。在第九届年会上,黄炎培不仅继续对职业教育加以理论探讨,而且对"新学制"制定伊始职业教育的推行给予了指导。

1923 年 8 月 27 日,江苏省教育会召开常会后全体职员会,会议讨论了会务进行方针,并选举袁希涛、黄炎培、庄俞为出席全国教育会联合会第九届年会本会代表。

10 月 22 日,全国教育会联合会第九届年会在云南昆明召开,计有来自全国 16 个省的 23 名代表与会,黄炎培和袁希涛作为江苏省教育会代表与会,黄炎培同时还兼任南洋华侨教育会代表。此次会议至 11 月 5 日,计 15 天。在开幕式上,黄炎培发表演讲。他说,要讨论解决国家的教育问题,应该要有全世界的眼光;欲解决全国的教育问题,必先从一省的教育做起。所以,他希望代表们回到本省后,"须去实际的实行"。[①] 不仅如此,在会议期间,黄炎培还于 10 月 26 日、27 日、29 日和 30 日,先后在云南省议会、女子师范及中学、成德中学和省立第一师范学校分别演讲《职业教育概况》《女子职业教育》《大同的合作——本位的向上》和《教育最高之目的与主义》。其中,在《职业教育概况》的讲演中,他向云南各界再次宣传了自己正在着力倡导、推行和实践的职业教育。

昆明,这一位于中国西南端的著名春城,在 10 月里仍暖意浓浓。天气如此,主办方对于来自全国各地出席会议的代表热情亦然。会议期间,云南各方在乘会务之隙集会对与会代表极表欢迎的同时,不时邀请与会者即席发表演讲。黄炎培在省议会所作的《职业教育概况》即是其中之一。在演讲中,黄炎培提出,鉴于中国人口众多,但却民穷财尽,从事职业进行生产的人又极少,以致社会上,一方面是普通人"谋事艰难",一方面又是专门"人才缺乏",即一方面是供过于求,一方面又是求过于供,"这真是异常危险的事";而造成这一窘况的根源,乃是"教育不当",是因为"许多学校

---

① 《第九届全国教育会联合会演说词》,见中华职业教育社编:《黄炎培教育文集》第 2 卷,中国文史出版社 1994 年版,第 398 页。

天天在那里提倡不生产的教育",而要改变这一窘况,则必须提倡"生产的教育",也即职业教育。接着,黄炎培从"职业教育的目的""职业教育的定义""职业的类别""职业教育的分类"和"职业教育机关之认定"5 个方面,就职业教育作了基本介绍和说明。①

全国教育会联合会第九届年会对各省区教育会所提出的共 59 个议案进行了讨论。其中,黄炎培、袁希涛提交的江苏议案共有 5 个:《促进全国义务教育计划案》《提倡科学教育案》《推广童子军教育案》《请各省区教育官厅积极提倡职业教育并设全省区总机关确定系统计划案》《推广全国平民补习教育案》。最后,大会议决通过了 30 个议案,其中包括在对江苏所提议案讨论后通过的《提倡科学教育案》《推广童子军教育案》。11 月 3 日,在年会的第八次大会上,依照《对于各国退还庚子赔款问题之进行方法案》之附案,即《全国教育会联合会退还庚子赔款事宜委员会组织大纲》,以及《续组委员会草拟师范及职业科课程标准案》的规定,分别选举出了退还庚子赔款委员会干事和师范及职业科课程标准起草委员会委员。黄炎培和袁希涛、由云龙、文缉熙、金曾澄当选为退还庚子赔款委员会干事,并和段育华、袁希涛、金曾澄、王希禹当选为师范及职业科课程标准起草委员会委员。11 月 4 日,怀着对职业教育的深情,基于云南的社会和教育状况,黄炎培起草了《对于云南职业教育进行之意见》,就云南职业教育下一步的发展建言献策。意见依云南省教育会所提的《请各省区教育实业官厅积极提倡职业教育并确定计划指拨专款组设全省区总机关案》,从"组设全省职业教育总机关""农业教育""工业教育""商业教育""女子职业教育"和"职业指导"等方面,为云南职业教育的发展提出了规划和建议。

11 月 5 日,全国教育会联合会第九届年会闭幕。即将离开美丽的春城,黄炎培与云南学界同志依依惜别,特作《留别滇中同志》一诗。诗曰:"万里关山一片心,愁欢离合最难禁;滇池便化桃潭水,那许君情抵得深。天放祥云护五华,南征长谢越裳车;春风他日螺峰展,桃李荫成绿万家。"②

---

① 黄炎培:《游滇参会记(三)》,载《教育与人生》1923 年 12 月第 7 期。
② 黄炎培著,中国社会科学院近代史研究所整理:《黄炎培日记》第 2 卷,华文出版社 2008 年版,第 182 页。

这首诗表达了他即将离开云南的惜别之情和对未来云南职业教育发展的美好期望。

全国教育会联合会第九届年会不仅对当时的教育发展有着重要影响，而且对于已经在学制系统中确立地位的职业教育来说，也是意义非凡。因为，这次会议不仅成立了《新学制师范及职业科课程标准》起草委员会；而且通过了《请各省区教育实业官厅积极提倡职业教育并确定计划指拨专款组设全省区总机关案》，就各省区职业教育下一步的发展提出了具体、系统的计划和指导意见。也正是因此，黄炎培在离滇返沪途中，不仅写了《游滇参会记》，对这次出席会议期间及返回上海的经过作了详细记载，在《申报》上发表了《第九届全国教育会联合会一览》和《第九届全国教育会联合会记》等；而且还写了《第九届全国教育会联合会议决案一览表》《第九届全国教育会联合会议决案之一斑》等，刊登在《教育与人生》上，分别对这次会议所通过的议案情况及内容作了较为详细的说明，使人们得以第一时间了解到本次会议的成果。

二、宣传、探讨职业教育理论

"新学制"从法律上确立了职业教育的地位，这让黄炎培兴奋不已。但是，黄炎培又深知，要真正使得职业教育深入人心，为广大的民众所"内化"接受，则还需要进一步对之进行宣传和倡导。不过，值得指出的是，"新学制"颁布施行后，黄炎培对职业教育制度的关注与讨论和此前有所不同。如果说在"新学制"颁布前，黄炎培主要是通过倡导、鼓吹、宣传职业教育的意义和重要性等，以确立职业教育制度为鹄的的话，那么此时，在"新学制"实施之时，他所关注讨论的则是施行"新学制"以后的职业教育问题，包括职业教育如何实施，如何通过实践的推行加以检验、推广职业教育制度等等。

职业教育制度确立后，黄炎培在 1923 年至 1924 年间，继续对职业教育进行着理论宣传。如，1923 年 3 月 4 日下午，南洋公学同学会假一品香开常年大会，黄炎培、张叔良、张廷金、胡次珊、沈叔达、李复基、徐恩弟、徐佩琨、周琦、周厚坤等 84 人出席，由黄炎培任主席，会上黄炎培演说《人生哲学与职业教育》。3 月 12 日，黄炎培赴苏州，在江苏职业师范学校染织科讲演《职业教育》。3 月 31 日,黄炎培应上海三育大学之邀,在该校讲演《职业教育与新学制》。7 月 25 日上午,江苏省立第五中学请黄炎培主持开职业教育讨论会,有关教育行政人员及各校校长 20 余人出席,会后黄炎培讲述了《新学制中之职业教育》;下午,武进暑期学校举行开学礼,黄炎培、杨卫玉及江苏教育厅厅长蒋维乔等共 500 余人出席,会后由黄炎培讲演《职业教育》,杨卫玉讲演《职业教育与设计教育》。8 月 20 至 25 日,在中华教育改进社第二届年会期间,黄炎培发表了《施行新学制后之职业教育》的演讲。10 月 26 日,在出席全国教育会联合会第九届年会期间,黄炎培应云南省教育界之邀在省议会会场演讲《职业教育概况》,千余人听讲。12 月 10 日下午,江苏省第七次教育行政会议延请黄炎培演讲《新学制与职业教育之关系》。1924 年 4 月 1 日,徐州讲演会在吴氏小学开幕,黄炎培讲演《职业教育要义》,分宗旨、种类、训练标准大纲,反复说明,历举利弊,讲至三小时之久,共有千余人听讲。5 月 29 日,黄炎培在汉口教育会演讲《理想的平民职业学校》。7 月 4 日,中华教育改进社在东南大学体育馆开社务会议,在职业教育组第一次会议上,黄炎培任主席,并宣读论文《中国职业教育之经过及计划》。这些演讲,在继续对职业教育进行宣传的同时,无疑也加强了对职业教育理论的探讨。

如,在 1923 年 3 月 4 日南洋公学同学会常年大会的演说中,黄炎培说:"提倡职业教育之主旨,为使无职业者有职业,有职业者乐其业。乐业之道,非在所入丰、地位高、事务简、责任轻,而在求心之所安。故无业者固当谋业,以免流为游民,而有业者亦不当斤斤于地位或收入,宜鼓起其心灵上精神上之快乐,以尽其职业。尤有进者,职业与谋生当别为二事,故有饭吃者,亦当服务于社会。"[①]在 3 月 12 日黄炎培于江苏职业师范学校染织科所作的《职业教育》讲演,计分 5 节内容:职业教育之起源、目的、分类,职业教育在学制上之位置,职业教育设施法,关于职业教育训练上之要点,中国现在职业教育状况。在 8 月 20 至 25 日中华教育改进社第二届年会期间所作演讲中,黄炎培在对"新学制"中确立职业教育制度、增强职业教育地位给予充分肯定的同时,提醒各地施行"新学制"时,不能削足适履

---

① 《南洋公学同学会常年大会》,载《申报》1923 年 3 月 5 日,第 13 版。

地仅仅增加职业学校的年限,应当充分考虑职业教育制度在实施过程中可能出现的各种新问题。

需要指出的是,在这一时期对职业教育的理论宣传和探讨中,还有一种有组织的形式,这就是为暑期讲习会或暑期学校讲课。

顾名思义,暑期讲习会或暑期学校即一些学校或组织在暑期开办的有关知识教育的培训,主要以讲座的形式进行。在20世纪20年代初,为加强职业教育研究,增加学生知识,增进学生技能,一些机构或举办暑期讲习会,或组织暑期学校。而鉴于当时职业教育越来越为人所重视,在暑期讲习会和暑期学校中,时常列有"职业教育"一门,邀有关人士讲演或授课,其中黄炎培就多次被邀请或聘请讲有关职业教育的理论。如,1923年7月30日至8月1日,黄炎培在商务印书馆暑期学校讲《职业教育概论》《新学制与职业教育》《家事教育》《职业指导》等。8月3日,黄炎培在宁波暑期讲习会讲《职业教育》。1924年8月7日,黄炎培在宝山暑期讲习会讲《平民主义的教育》。而在这些讲学中,尤以在东南大学和南京暑期学校的讲课最为典型。

早在1923年3月,东南大学即特设"职业教育讲座",聘黄炎培为教授,每隔一周,于星期二、三两日上午各讲两个小时,预定讲题19项,共讲32个小时,期于暑假前结束。讲座收到了极好的效果。如3月20日和21日,第一次开讲,听讲者83人(加旁听者共130余人),不限于教育科学生。从第二次开始,拟于课后用谈话会形式,提出种种职业教育问题,共同讨论。5月27日,在中华职业学校联合会第二次年会上,鉴于在上年中华职业学校联合会年会上,吴县乙种商业学校提议,请职教社办理暑期职业教育讲演会,因种种原因未能实行,本次会议通过了职教社提出的《拟与东南大学暑期学校协办职业教育讲演会案》。依此案,职教社与东南大学商定于该校暑期学校中加入"职业教育组",进行职业教育讲演。该年时间自7月10日始,至7月23日止,分别请黄炎培讲"职业教育概论",朱经农、杨卫玉讲"职业教育课程",廖世承、邹韬奋讲"职业智能测验"。7月10日,黄炎培讲"职业教育概论"第一讲"职业教育之定义与分析",并请江苏教育厅厅长蒋维乔、东南大学代理校长刘伯明、商务印书馆编辑朱经农等参与讨论。此后在7月12日、13日、16日至19日,黄炎培总计6天就职业教育的一些基本理论问题作了系统的讲解。和黄炎培所讲的内容相配合,7 月 11 日,杨卫玉讲"职业教育概论"第二讲"新学制与职业教育",并请东南大学农科主任邹秉文参与讨论;另外,杨卫玉和朱经农合讲"职业教育课程"(其中,杨卫玉讲"初级职业教育之课程"),廖世承和邹韬奋合讲"职业智能测验"(其中,邹韬奋讲"职业智能测验之性质、范围及历史")。在讲演时,黄炎培不仅参考使用了各种图表和书目,还参考了职教社所编的《全国职业教育统计》等。

由于之后东南大学主楼"口字房"遭受火灾,1924 年,暑期学校不得不暂停举办,于是,职教社乃又与江苏省教育会、江苏省立第一中学校一起,呈准江苏省教育行政当局,开办南京暑期学校,仍加入职业教育一组,聘请专家分任教授。5 月中旬,南京暑期学校职业教育组聘定各科讲师:职业教育概论,庄泽宣;职业教育行政,黄炎培;职业指导,邹韬奋;职业陶冶,杨卫玉;职业课程,朱经农;农业教育,过探先;商业教育,赵师复;小学工艺教学法,熊翥高。该年暑期学校时间为 7 月 10 日至 8 月 7 日,报名者络绎不绝。此后,在 7 月 18 日、19 日、21 日至 25 日,黄炎培到南京暑期学校讲课,期间虽发热生病,但"仍力疾上课"。其中,在 22 日和 23 日他还分别在金陵大学暑期学校和南京公共讲演厅讲了《教育的结果是怎底?》《教育的结果在那里》,要旨皆在推行职业教育。

此外,在 7 月 29 日晚,南京暑期学校职业教育组还于江苏省立第一中学开讨论会,黄炎培和杨卫玉、邹韬奋、黄竹铭、潘指行等被邀入会,计有百余人参加。讨论问题有:"一般社会尚有不知重视职业,仍视职业学校为升学机关,不视为养成社会服务人材之处所,如何始能取得社会对于职业教育之信仰";"如何使地方行政人员重视职业教育,肯与以相当之协助,俾能向前发展";青年往往轻视服务,如何使青年了解职业学校之目标,养成热诚服务之精神;"如何使职业学校所授与之知识技能,可适用于今日中国新旧交接之职业界"。在讨论会上,黄炎培针对学员中有因办职业教育棘手而对职业教育表示灰心的现象,"力劝办理职业教育之同志坚毅做去,万勿灰心"。他说,二十五年前一般社会之不了解不信任普通教育,尤甚于今日一般社会之不了解不信任职业教育,故困难乃必经之阶级,吾人但忍苦做去,必有相当之效果,必有比较满意之解决方法。他并引东南大学已故教授刘伯明的话说,吾人愈知愈不知,做事愈做愈难,故吾人不做事则已,做事必须预备遇着困难,尽心做去。[①]

由于 1923 年和 1924 年的暑期学校所办理的职业教育讲座取得了很好的效果,1925 年,职教社决定在上海续办,后因东南大学加入,乃决定在东南大学办理。其中职业教育组仍由职教社负责。此年学程包括"德美职业教育之行政""欧美职业教育之新趋势"和"职业教育之实际问题"等三项,讲授者除职教社的黄炎培、杨卫玉、邹韬奋外,还有同济大学教授、德国人培伦子博士和清华大学教授庄泽宣等人。

第二节　职业教育的实践推行

一、规划各省职业教育发展

服务于区域经济社会发展需求是职业教育的重要目的之一。所以,举办职业教育必须从当地自然资源、社会资源优势和产业结构特点等实际出发,合理布局职业学校及其相关专业,使职业教育满足当地社会发展的需要。"新学制"的颁布虽然从法律上规定了职业教育的具体兴办要求,但由于中国幅员辽阔,各地区经济发展不平衡,各省市在遵守"新学制"关于职业教育有关统一规定的同时,也必须采取各种措施,制订本地区职业教育发展的相关规划。对职业教育有着深入思考、研究和理解的黄炎培,自然深谙于此。他说,"新学制"的颁行无疑是"过去一年间教育改革上极大之纪念",但是"全国教育界果十分了解新学制之精神矣乎? 其实施也,果能切合各地方之需要矣乎? 课程问题、教科书问题,是否完全解决矣乎? 以改进教育事业之繁且重,而谓一纸公文可以奏绩,吾不信也"。[②] 正是基于这一认识,黄炎培和广大教育界、实业界人士一道,为了充分发挥新学制

---

① 《南京之职业教育讨论会》,载《申报》1924 年 7 月 31 日,第 10 版。
② 黄炎培:《年会日刊发刊词》,载《新教育》1923 年 10 月第 7 卷第 2、3 期。

在职业教育方面的"弹性",使之在实施过程中真正产生实效,在对职业教育理论进行宣传的同时,还就各地职业教育的发展进行规划和设计。除了前面提及的在出席全国教育会联合会第九届年会期间所作的《对于云南职业教育进行之意见》对云南职业教育的推行提出建议外,黄炎培还特别对河南、江苏、安徽的职业教育发展进行了具体规划和指导。

1922 年 10 月 28 日,应河南省教育厅厅长凌冰之邀,黄炎培赴开封参与规划河南职业教育的推行。10 月 30 日至开封后,第二天,黄炎培即先后参观了省立农业专门学校、甲种农业学校及农事试验场、省立甲种工业学校、女子师范学校等,并于下午在文庙作了演讲。在演讲中,黄炎培勉励大家说,不仅"人人要用两手做事",还须"协力共进,如此我们中国才有希望";"不要仅以读书为事,读书之外,要用双手做工,并且彼此互助原谅,以达到我们真正的共和"。①

之后,他与凌冰进行了晤商,并基于对所调查的各实业学校情况的掌握和对职业教育的理解,于 11 月 2 日夜拟写了《草拟河南职业教育进行计划》,对河南职业教育的发展,就职业教育的行政机关及各类职业教育的设施、方式等,作了较为明确的说明。他说,河南的职业教育,除了依照"新学制"应改职业学校名称及组织外,还应:由省教育行政和实业行政部门合设一个专办全省职业教育的总机关,该机关或称教育、实业两厅联合会,或称职业教育委员会;创办大学农科;可将省立专门学校并入大学;酌予扩充省立甲种工业学校;亟宜将省立甲种商业学校迁往郑州,"以应其地之需要,而谋学、商两界之联络";各县应就财力所及,先设乡村职业学校(注重农工)和城市职业学校(注重工商)各一所,并将旧有的乙种农、工、商校,分别并入。② 11 月 4 日,黄炎培回到上海。11 月 9 日晚,中华职业教育社和中华职业学校举行社校联席会议,黄炎培任主席。在会上,黄炎培报告了赴开封代为规划河南职业教育并在 11 月 1 日谒见河南督军冯玉祥与之讨论军队职业教育的情形。

1922 年 12 月 7 日,江苏施行新学制行政委员会开成立会,蒋维乔、吴

---

① 《黄任之先生在文庙为省垣各校学生讲演辞》,载《河南教育公报》1922 年 11 月第 2 年第 2 期。
② 黄炎培:《草拟河南职业教育进行计划》,载《教育与职业》1922 年 11 月第 39 期。

邦珍、周昌寿等与会,黄炎培、袁希涛作为顾问出席。会议议决了拟定委员会办事细则以及应行讨论问题的范围,包括解释"新学制"之疑义、关于施行"新学制"之重要事项等。会上,黄炎培报告了制定"新学制"的经过情形,并发表了对于"新学制"实施的意见。此后,鉴于加强教育与实业联络的重要和必要,江苏省乃采纳黄炎培的建议,组织了江苏教育实业行政联合会,该会规定每年召开会议三次。1923 年 1 月 21 日至 23 日,该会召开了是年度第一次会议。黄炎培不仅参加了这次会议,而且"根据本省地方状况、就平日调查研究所得",制定了《江苏职业教育计划案》,由大会议决通过,并交由江苏教育实业行政联合会附设的职业教育委员会详细讨论具体办法。该计划案不仅提出由江苏省教育会及中华职业教育社会同作为全省职业教育的总机关,担负计划职业教育的专职任务,而且要求应根据"新学制"对于职业教育所作范围的规定,明确各类职业教育的宗旨,"一切设施依之以行"。此外,计划案还制订了各类职业教育推行的方针,如农业教育"采系统计划""定分区制度";工业教育提倡"机械工业"与"手工业";商业教育以"正式商业教育"与"商业补习教育并进";女子家事教育注重"设科"与"传习"问题;等等。①

　　1924 年初,蒋维乔出任江苏省教育厅厅长,从"为桑梓服务,以大义见责"的态度出发,决定对中学教育、师范教育、职业教育、专门教育等未来几年的发展进行规划。2 月 11 日,江苏省教育会讨论施行新学制委员会在江苏省教育会开会,黄炎培和沈恩孚、袁希涛、朱经农、庄俞、殷芝龄等委员及教育厅厅长蒋维乔、教育厅第三科科长吴邦珍等参加,会议对所议的《江苏今后五年间教育概画草案》进行了深入讨论,通过了其中的"师范教育""中学教育"两章。2 月 12 日,在第二次会议上,黄炎培、沈恩孚、袁希涛、朱经农、殷芝龄、穆湘瑶等 6 名委员及蒋维乔、吴邦珍等人与会,会议又对《江苏今后五年间教育概画草案》中的"职业教育"章进行了深入讨论。2 月 18 日下午,江苏省教育厅为财政整理委员会削减中华职业教育社、中华教育改进社、中国科学社经费事,召集三团体代表在江苏教育实业行政联合会举行会议,黄炎培、杨卫玉(中华职业教育社代表)、陶行知(中华教

①　《江苏制定职业教育计划案》,载《新教育》1923 年 3 月第 6 卷第 3 期。

育改进社代表)、任鸿隽、竺可桢(中国科学社代表)及蒋维乔出席。会上,黄炎培、杨卫玉提出拟具《江苏职业教育推行计划书》,经讨论后,大家均表示满意,即请杨卫玉主持,按照计划次第推行。在《江苏职业教育推行计划书》中,黄炎培和杨卫玉提出,未来江苏职业教育的发展,必须"实地指导职业学校","整理旧制乙种实业学校","举行暑期职业教育讲习会","劝办平民职业教育",推行职业指导,"为各县习艺所、贫儿院设计","设立职业介绍所","调查毕业生出路"。①

3月19日,因《江苏职业教育推行计划书》中第一项"系实地指导职业学校,先由该社函商各职业教育机关,征求同意,然后派员前往,会同各该机关教职员研究种种问题,期得相当之解决",黄炎培乃会同职教社推行股主任杨卫玉计划"先赴无锡,与省立第三师范学校附属小学校接洽","次赴常州武进县立女子职业学校及贫儿院,又次赴镇江苦儿院"。② 当晚两人至无锡,并于3月20日上午参观了江苏省立第三师范学校附属工科、商科等,在该校会同各科主任开会研究关于职业教育的编制、设科、招生、出路等问题;下午又参观了江苏省立第三师范学校附属农科及实业中学。之后在3月21日和22日,他们又在常州、镇江先后发表了《贫儿习艺之必要》《女子职业之要点》的演讲,就职业教育问题和众人进行了详细的讨论,受到两地职业教育界的热烈欢迎。

安徽省在"新学制"颁布后,决定除旧布新,为恐思虑不周、规划不详,特于1923年2月1日召集省内外教育专家组织召开"安徽省实施新学制讨论会",参加会议的有:中华职业教育社主任黄炎培,教育部普通教育司司长陈宝泉,东南大学农科主任邹秉文,东南大学教授兼附中主任廖世承,东南大学教授兼江苏省立第一中学校长陆殿扬,东南大学教授兼预科主任孙洪芬,中华教育改进社主任干事陶行知,北京高师教授张小涵,东南大学教授韩安,安徽女子职业学校校长李寅恭等,共计24人。

2月2日,会议进行分组讨论研究,由黄炎培、韩安、刘式庵、李寅恭、邹秉文、孙洪芬、徐连江组成职业专门教育组。当天的分组会议通过了黄

---

① 黄炎培、杨鄂联:《江苏职业教育推行计划书》,载《申报》1924年2月19日第15版、20日第16版。
② 《职业教育社指导员今日出发》,载《申报》1924年3月19日,第14版。

炎培和邹秉文、韩安制订的《安徽实行新学制后之农业教育办法》,供大会讨论。2月3日,会议又通过了黄炎培拟订的《改进安徽职业教育办法案》。在该办法案中,黄炎培提出职业教育所应包括的机关有:旧制甲种农工商业学校,旧制乙种农工商业学校,男女各种职业学校、工艺学校、工读学校、职工学校及各种职业传习所、讲习所等,高级中学农工商家事科及初级中学职业科,小学校各种职业预备科,各种职业补习学校或职业补习科,各种职业科教员养成机关,慈善性质或感化性质之各种习艺机关;并特别指出,"大学农工商矿科或农工商矿等专门学校,虽未定在职业教育范围之内,亦应谋绝对联络办法";建议安徽省由教育行政部门会集于职业教育有学识和经验者,共同组成研究、指导全省职业教育的总机关——职业教育委员会,以办理开展地方学科调查及职业教育的相关教学、研究事宜。此外,办法案并就农业教育、工业教育、商业教育和女子职业教育等的改进办法作了明确说明。[①] 此后,根据黄炎培的建议,安徽省教育厅决定采纳《改进安徽职业教育办法案》,特设职业教育委员会为研究、指导全省职业教育的总机关,除厅长为当然委员外,另聘请黄炎培、邹秉文、郭秉文、陶行知、韩安、李寅恭等14人为委员;规定该委员会职权为协助教育厅草拟各种职业教育计划,受教育厅委托担任调查、指导本省职业教育事宜,以及其他关于改进职业教育事宜。

二、参与制定《新学制职业科课程标准》

颁定"新学制"必然要求设置新的课程,从而要求制定新的课程标准。所以,在1922年10月20日全国教育会联合会第八届年会第六次大会上,公举袁希涛、金曾澄、黄炎培、经亨颐、胡适为新学制课程标准起草委员会委员,专门负责在"新学制"颁布后课程标准的起草工作。此后,黄炎培作为课程标准起草委员会委员之一,多次出席新学制课程标准的起草会议。如,12月6日至8日,黄炎培和袁希涛、胡适、经亨颐、金曾澄等5人作为被全国教育会联合会推定的课程标准起草委员会委员,在南京召集专家举行会议,商订大中小学课程标准。1923年4月25日至28日,新学制课程标

---

① 黄炎培:《改进安徽职业教育办法案》,载《教育与职业》1923年3月第43期。

准起草委员会在南京公共体育场举行第三次会议,起草审查新学制课程标准,黄炎培和胡适、袁希涛、经亨颐出席。

1923 年 10 月,全国教育会联合会第九届年会决定制定《新学制师范及职业科课程标准》,并于 11 月 3 日在第八次大会上,依照《续组委员会草拟师范及职业科课程标准案》之规定,选举出师范及职业科课程标准起草委员会委员 5 人——段育华、袁希涛、黄炎培、金曾澄、王希禹。其中《新学制职业科课程标准》委托中华职业教育社起草。对此任务,职教社认为责无旁贷,于是乃推朱经农、邹秉文、王舜成、黄伯樵、赵师复、杨卫玉等人为委员,负责具体事宜。此后在 11 月 9 日至 11 日,黄炎培多次出席新学制师范及职业科课程标准起草委员会所召开的会议。1924 年 2 月 15 日,新学制师范及职业科课程标准起草委员会又在南京江苏省教育会分事务所开会,请专家讨论师范科课程标准起草事宜,黄炎培和袁希涛、段育华等委员及朱经农、赵迺抟、程湘帆、朱君毅、郑晓沧、汪懋祖、经亨颐、舒新城、陈宝泉等专家参加。2 月 18 日,中国科学社南京事务所暨新学制课程标准起草委员会在南京万全酒楼设宴欢迎出席新学制师范及职业科课程标准起草委员会会议的专家及委员,黄炎培、袁希涛、朱经农、程湘帆、杨卫玉、陶行知等 10 余人出席。席间,众人详细讨论了中国科学社所拟的《提倡科学教育方法》,并将师范六年及高级中学两部分课程标准起草完成。

1924 年 3 月,为广泛征求意见,新学制师范及职业科课程标准起草委员会将已经起草完成的四案交付《教育与人生》公布,黄炎培特写成《新学制师范课程起草委员会纪事》一文,刊于《教育与人生》上,对之作了说明。是年 5 月《新学制职业科课程标准》起草完成后,职教社又致函各专家征求意见,并报告于全国教育会联合会第十届年会。同时,委员会又多次召开会议,对标准进行修正。其中在 9 月 25 日、26 日及 10 月 3 日召开的第七、第八次会议中,与会委员袁希涛、段育华、黄炎培、朱经农等参考各专家的意见对《新学制职业科课程标准》作了修正;并议决"总说明"道,"职业教育应依各地各业之特殊状况分别规定课程",目前的"标准",因"仅由一部分专家根据其试验或研究之结果草拟,以供参考,实施时仍宜由当局自行酌定",待"由全国职业学校联合会议决,调查全国职业学校现行课程,邀请专家汇合研究,俟有结果,容再刊布"。① 与此同时,鉴于"新学制"中职业教育部分实包括"高级中学职业科""初级中学职业科""职业学校""大学职业专修科"和"小学职业预备科"等,委员会议决:"先假定为三个阶段:以收容四年小学毕业而已届受职业教育年龄者为第一阶段;以收容六年小学毕业者为第二阶段;以收容初级中学毕业者为第三阶段。每阶段应于农工商家事各科中提出主要的分科(或不分);每主要的分科应假定最短修业年限及其修业终了后之资格;再于各分科草拟科目(包括实习)及毕业程度标准。"②

1925 年 2 月 27 日,新学制师范及职业科课程标准起草委员会召开第九次会议,黄炎培、袁希涛、段育华、朱经农等与会。会议讨论了后三年师范各科课程纲要。2 月底,经过长时间的广泛讨论,《新学制职业科课程标准》终于定本,乃决定发刊;3 月,审定告竣后,职教社特辟《教育与职业》第33 期为"新学制职业教育研究号";5 月,《新学制职业科课程标准》由中华职业教育社出版,其中包括"农业科课程"两种、"工业科课程"十种、"商业科课程"三种、"家事科课程"一种,另有"各级各科学程年限图"一种。

第三节　对职业指导的倡导与实践

一、倡导职业指导

在职教社同仁看来,职业教育与职业指导二者互相为用,没有轻重先后之分,故"不研究职业教育则已,如研究职业教育,必研究职业指导,不提倡职业教育则已,如提倡职业教育,则必提倡职业指导"③。和职教社同仁一样,在黄炎培看来,职业指导不仅是职业教育的重要组成部分,甚至是

---

① 《课程标准起草委员会之议案》,载《教育与人生》1924 年 10 月第 52 期。
② 中华职业教育社:《新学制职业课程标准序》,载《教育与人生》1924 年 11 月第 55 期。
③ 王志莘:《何谓职业指导》,载《教育与职业》1919 年 10 月第 15 期。

"职业教育的先决问题",所以,职教社成立后,他将职业指导视为沟通教育与社会、实践职业教育的一个主要途径,在开展对职业指导理论探讨和宣传的同时,积极参与职教社所发起的大规模的职业指导实践运动。

由于重视职业指导,1918年2月8日,职教社研究部召开第一次职员会,黄炎培和沈恩孚、庄俞、杨聘渔、顾树森等与会。会上公推顾树森为研究部主任;提议征集职业教育疑难问题;提议研究职业陶冶实施方法;议决先由顾树森将职业陶冶的性质及其种类分别解释,依次列为问题,于下届职员会公决通告。3月15日,中华职业教育社研究部召开第二次职员会,黄炎培和沈恩孚、贾丰臻、蒋梦麟、顾树森、余芷江、张叔良等与会。会议议决登报通告:征集对于职业陶冶实施方法的意见,征集对于职业陶冶实施的方法,征集各校实施职业陶冶各种方法的现况,并均于4月30日前报教育部。

为了从组织上规范和领导职业指导的开展,真正使职业指导工作有所成效,1919年5月,职教社第二届年会决定成立职业指导部,同时由该社办事部议定有关职业指导工作进行程序和期限,且"以学校毕业生求事者纷纷,为根本补救计,先事之指导,尤重于临时之介绍"①。其中在1919年8月,根据计划,职业指导部就实业界对于任用学校毕业生的有关条件向上海地区著名的实业家函征意见,不少实业家就此畅谈己见。此后,职教社"搜集同人关于职业指导之意见,征求各实业家对于雇用生徒必要之条件,调查外国关于职业指导机关之组织方法"②,将之汇成为"职业指导号",于1919年10月作为《教育与职业》第15期出版。"职业指导号"是《教育与职业》创刊后的第二个专号,黄炎培在该专号的介绍语中如是说:"我们既办了职业学校,在学生分科选业上很有关系。因而想到岂但是职业学校有这种情形,就是别的学校学生来学,凭怎么方法替他们分科?用怎样方法教导他们养成他们职业界的种种资格?学成以后,更有怎么方法使得他们走一条相当的出路?仔细想想,这个职业指导,简直是职业教育

---

① 黄炎培:《弁言》,见中华职业教育社编:《职业实验谈》,上海文明书局1920年版。
② 黄炎培:《弁言》,见中华职业教育社编:《职业实验谈》,上海文明书局1920年版。

的先决问题了。"①

需要指出的是,职业指导不仅要使人们择定适宜的职业,而且必须要使所择职业和人的性格、气质、兴趣等相适应。对此,黄炎培早有认识。早在1918年4月,黄炎培即指出,"研究职业教育,注重于职业心理学,此可谓为世界思潮之新趋向。吾国此时职业教育,诚在萌芽,倘能于下手时,即根据职业心理,为倡导之标准,必且易于收效"②,实施职业指导"脱不了两个标准,一个是职业心理,一个是社会状况"③。因此,在开辟"职业指导号"后不久,1920年2月,《教育与职业》又刊出"职业心理号",刊载了由黄炎培等译、美国哥伦比亚大学教授荷令华甫所著的《职业心理学》一书。该书介绍了当时流行于西方的一些考察人的品性的方法,阐述了职业试验与学校课程的关系,强调根据人们不同的心理来确定职业,主张男女均应当具有相应的职业。鉴于"全书都是根据实验,并非理想,都是在数量的多少上、尺度的长短上试验比较,并非糊里糊涂的猜测武断",所以黄炎培说"这就是最新的科学态度,也就是这书的特别价值"。④ 其实,将《职业心理学》翻译介绍到中国,本身即表明了黄炎培对于职业指导的科学态度。

二、关注职业指导

为进一步加强对职业指导的推进,1920年3月13日,中华职业教育社职业指导部正式成立。该部"专搜集关于儿童选择职业时应行注意之条件",其主要任务有:"把各地重要的职业切实调查明白";"调查各学校将毕业生徒的年龄、体力、学业、品性、能力和志愿";"征集各实业家对于毕业生服务上必要的条件,印送各校,以供教师学生的参考";在本地各校学生毕业以前,派员"前往演讲选择职业的要点","介绍毕业生入相当学校"。⑤ 为具体开展这些事宜,职业指导部特组织委员会,由办事员会推定黄炎培和陆规亮、顾树森、俞泰临、潘文安、黄伯樵、秦翰才、沈恩孚、杨本立

① 黄炎培:《〈职业指导号〉的介绍语》,载《教育与职业》1919年10月第15期。
② 黄炎培:《职业教育谈(五)》,载《教育与职业》1918年4月第5期。
③ 黄炎培:《〈职业指导号〉的介绍语》,载《教育与职业》1919年10月第15期。
④ 黄炎培:《〈职业心理学〉的介绍词》,载《教育与职业》1920年2月第17期。
⑤ 《本社第三年度办事方针》,载《教育与职业》1919年9月第14期。

等人为委员（其中陆规亮为主任），全面负责职业指导的领导与开展工作，议定进行程序和期限；决定定期召开常会，必要时得召开临时会；并议决通过了由潘文安和陆规亮分别拟定的"成立宣言书"和"进行顺序及期限"。

职业指导部成立后，为了对职业指导"切切实实从根本上做去，下一番彻底研究工夫，实地的去试验"①，依原定计划，首先对上海等地实业界的职业种类和教育界的一些重要学校毕业生的基本情况作了一定调查，并将与上海实业界著名人物的谈话所得由陆规亮汇集成《职业实验谈》一册，于 1920 年 5 月作为《教育与职业》临时增刊出版。黄炎培特为之写了弁言，恳望广大青年"务宜精细审察己之境地品性能力，以从事于相当之学业，一线到底以求有成，既成，从事于相当之职业，一线到底，以行其所学"；"须念从事职业，最大病根曰虚浮，最大要素曰诚实，厚道待人，严格律己，虚心求学，实力任事，服务社会之道不外乎此"。②

由于重视职业指导，黄炎培对于当时为数不多的有关职业指导的书籍总是给予格外的关心和重视。如，邹韬奋最初开始编译美国《职业智能测验法》时，黄炎培特别对他说，"合于英美人胃口的编法和措辞，未必即合于中国读者的胃口"，我们在编译外国人著作的时候，千万不能忘记我们的重要对象——中国读者，要处处考虑和照顾到读者的理解力、心理和需要。1923 年 7 月，《职业智能测验法》由上海商务印书馆出版时，黄炎培为之校订，并在此前的 4 月 20 日特给该书作序，言道，"职业指导为施行职业教育之前一步工夫，而职业测验又为施行职业指导之前一步工夫。对于曾就职业者，因测验而识其知识与能力之程度；对于未就职业者，因测验而识其天赋才能长短优劣之所在"③，对于邹韬奋编译的该书及在职业指导中运用测验的方法给予了充分肯定。

1923 年 7 月初，职教社在职业指导部的基础上设立职业指导委员会，9 月 26 日，又改组办事部，设立指导股，"专掌执行职业指导委员会议决案及办理其他关于职业指导事项"，并负责编译职业指导相关书籍。④ 此后，

---

① 中华职业教育社：《本社创设职业指导部宣言》，载《教育与职业》1920 年 4 月第 19 期。
② 黄炎培：《弁言》，中华职业教育社编：《职业实验谈》，上海文明书局 1920 年版。
③ 黄炎培：《序》，见邹恩润编译：《职业智能测验法》，上海商务印书馆 1923 年版。
④ 《社务丛录·办事部之新变迁》，载《教育与职业》1923 年 9 月第 48 期。

到 1926 年前,研究部联合指导股,编辑出版了"职业指导丛书""职业教育丛刊"等。黄炎培对其中一些职业指导书籍给予了特别的关注。如,1925年 5 月,杨卫玉和彭望芬编译的《小学职业陶冶》出版,黄炎培不仅亲自校订,而且为之作序,其中言曰,"获得职业焉而治生,服务之功能大著,要其初步之根基实惟职业陶冶";"职业教育于吾国,其为基至薄,诚欲厚培之,必自推行职业陶冶始"。①

由于对职业指导的深刻认识,黄炎培不时地宣传职业指导。如,1923年 10 月 24 日,在参观云南省立第一中学时,他演说了《略述职业指导之必要》。10 月 26 日,在参加全国教育会联合会第九届年会期间于云南省议会所作的《职业教育概况》的演讲中,他言道,职业教育其实最终有一个"大问题",就是"做一个人",而"究竟要做一个什么人,这便是叫做职业的选择";无论从事何种职业,接受哪种职业教育,最终只有每个人都"就各自的特长选择一种相当的职业,才能够发挥自己的天才";而由于男女青年未必能够有选择的见解,所以"'职业指导'是现在最切要的一个大问题"。② 11 月 4 日,在所作的《对于云南职业教育进行之意见》一文中,他特就职业指导这一"先决问题"提出了自己的方法:"一、调查、发表各种职业状况及学校状况,使学生有选业、选校之根据与准备。二、测验或查询个人职业性能,俾择适宜于己、有益于群之职业。三、调查各职业机关所需人材、各学校学科及人数,以谋供求相应。四、用出版、演讲及其他方法,宣传职业指导之重要及发表调查、研究所得之结果";尤其重要的是,"对于男女青年,用种种方法发挥其服务社会之精神,唤起其从事职业之兴味";此外,并设职业介绍机关,"调查其所介绍之适宜与否,以供指导时之参考"。③

三、推行职业指导

黄炎培不仅对职业指导给予大力宣传和关注,而且积极参与职教社所开展的职业指导运动。

---

① 黄炎培:《小学职业陶冶——序杨鄂联君、彭望芬女士合著》,载《教育与职业》1925 年 4 月第 64 期。
② 黄炎培:《游滇参会记(三)》,载《教育与人生》1923 年 12 月第 7 期。
③ 黄炎培:《对于云南职业教育进行之意见》,载《教育与职业》1923 年 12 月第 51 期。

早在 1920 年 6 月 19 日,中华职业教育社职业指导部请各学校职员及各实业家于江苏省教育会开会,商榷对于毕业生指导职业的办法,黄炎培和沈恩孚、陆规亮、顾树森等与有关学校校长、教员与会,由陆规亮任主席。会议讨论了本届暑假前各校毕业生职业指导办法,议决由各校酌定或函知中华职业教育社派员到校讲演,或由学校教职员自行讲演。

1923 年 7 月初,职教社在职业指导部的基础上设立了职业指导委员会。委员会由刘湛恩为主任,职教社办事员邹韬奋为副主任,并负执行之责;朱经农、廖世承、杨卫玉、黄伯樵、陆规亮为委员;另外,聘请国内外对职业指导有研究者庄泽宣、顾树森、王志莘等人为通讯委员,以收集思广益之效。7 月 18 日晚,职业指导委员会在东南大学开第一次讨论会,黄炎培、杨卫玉、邹韬奋等出席,会议议决先从调查入手进行。8 月 22 日,职业指导委员会因委员中赴北京参加中华教育改进社年会者甚多,乃在清华学校开第二次会议,黄炎培和刘湛恩、朱经农、庄泽宣、杨卫玉、陆规亮等与会,刘湛恩任主席。会议议决事项有四:调查职业及社会状况,注意供求相应,与江苏教育实业行政联合会合办;测验个人职业性能,与中华教育改进社心理测验组合办;宣传用出版、演讲及其他方法;介绍注意三事,一为人谋校,二为人谋事,三为事谋人。庄泽宣在会上报告了清华学校开展职业指导的情形,并强调宜多定调查个人性能表格,以供职业指导委员会参考。9 月 17 日下午,职业指导委员会于上海青年会开第三次会议,黄炎培和刘湛恩、陆规亮、廖世承(代表邹韬奋)、朱经农、杨卫玉等与会。会议通过了修正的学校状况调查表;决定先选定相当学校,开展职业指导运动;并择定一所学校,在若干时间内,逐日于课余请专家演讲关于择业的重要问题,以唤起学生对于职业的兴趣;同时举行填注职业性能表格及个人谈话等,其详细办法,公推刘湛恩起草。10 月,职教社决定试办职业介绍部。与此同时,由刘湛恩编制的旨在"补助十五岁以上的学生分析自身的特性、兴趣、志愿与环境,藉以选择终身的职业"①的《择业自审表》,首先在牯岭青年会夏令学校中试验,并颇见成效。

经过近一年的准备,职业指导委员会决定推行职业指导运动。1924

---

① 邹恩润编纂:《职业指导实验(第二辑)》,上海商务印书馆 1925 年版,第 45 页。

年 2 月 23 日晚,委员会于上海青年会召开第三次常会,黄炎培和刘湛恩、邹韬奋、杨卫玉、陆规亮、黄伯樵、朱经农等与会。会议讨论通过了由刘湛恩起草、经职业指导委员会酌改的《择业自审表》,并议决于是年 4 月上旬至 6 月举行职业指导运动。经商定,此次运动命名为"一星期职业指导运动",举办的学校为上海澄衷中学、上海青年会中学、南京省立第一中学、济南正谊中学和武昌中华大学附属中学。而在"一星期职业指导运动"期间,黄炎培作为其中的主要成员,积极参与,并不时赴各地讲演。

如,4 月 7 日,"一星期职业指导运动"首先在上海澄衷中学和上海青年会中学拉开序幕,黄炎培和刘湛恩、邹韬奋、陆规亮等积极参与,其中在上海青年会中学,校长朱树翘任主席,黄炎培和刘湛恩分别作了名为"职业原理"和"择业方法"的演讲。4 月 8 日,上海青年会日校请刘湛恩和黄炎培演讲《职业指导》,黄炎培主要就"职业原理大意"进行讲解,言道,职业乃人类共同生活之下各种确定的系统的互助行为,无论农工商及其他各业,皆不外乎一种互助生活,而学生每藐视职业,殊不知学以致用,人人终必出于职业之一途。4 月 9 日,应上海澄衷中学校长曹慕管之邀,黄炎培、刘湛恩、邹韬奋等在上海青年会食堂开研究会,该校有关领导和职业指导员多人出席,大家就与会者提出的相关问题进行了讨论。

4 月 14 日为"一星期职业指导运动"在江苏省立第一中学开展的第一天,黄炎培和邹韬奋、杨卫玉、吴叔安及该校校长陆殿扬、职业指导员及学生数百人出席。黄炎培和邹韬奋分别作了《何为职业》和《择业的方法》的演讲。黄炎培的讲演内容有:第一,分析的解答,包括农业、工业、商业、家事、专门职业(如教师、律师、医生、新闻记者等);第二,综合的解答,认为在人类共同生活之下,凡确定的系统的互动行为,皆谓之职业;第三,结论,不论何人,皆须执一职业,不论何业,其目的皆是为己谋生,兼为人群服务,"职业无贵贱,苟有利于人群,皆不可少","升学非贵,就业非贱"。[①]"演讲历一时余,发挥职业意义,至为透彻,且为之旁征曲引,以确实其观念。学生听讲者数百人,掌声不绝。"[②]4 月 17 日,陆殿扬宴请职教社参加南京

---

① 邹恩润编纂:《职业指导实验(第二辑)》,上海商务印书馆 1925 年版,第 37—38 页。

② 《各省教育界杂讯:职业教育社在宁施行指导运动》,载《申报》1924 年 4 月 16 日,第 11 版。

职业指导运动诸君,黄炎培和廖世承、刘伯昌、苏樵山、茅以升、邹韬奋、杨卫玉等出席。席间,众人对中等学校学生出路问题及择业方法,分别进行了详细讨论。5 月 26 日,"一星期职业指导运动"在武昌中华大学附中拉开序幕,黄炎培和邹韬奋、廖世承、邹秉文等出席,黄炎培作了《职业原理》的演讲。

在"一星期职业指导运动"进行期间,5 月 9 日,中华职业教育社教育股开会讨论青年择业、择校两难问题,黄炎培和邹韬奋、潘文安、邱铭九出席。会议"鉴于青年择业、择校之两难,尤以上海为甚",经"详加讨论,定于下学期起,就中华职业学校特设择业预备科,根据职业指导之原理,招取目的未定之青年,授以基本功课与技能,察其才性,导之升入本校工商科,或介绍投考其他相当学校","务使学生实事求是,树立将来立身社会之良好基础"。①

"一星期职业指导运动"结束后,黄炎培继续对职业指导给予关注。

9 月 29 日,职业指导委员会在上海青年会召开会议,黄炎培和刘湛恩、朱经农、邹韬奋、杨卫玉、黄伯樵等与会。会议决定将本年 4 至 6 月间职教社在各处提倡职业指导的办法及统计,编成《职业指导实验(第二辑)》,付上海商务印书馆刊印;并据所调查江苏学校状况的结果,编印《投考须知》一书,备教育指导及职业指导之参考;拟根据欧美各家著述,编译《职业心理学》,供研究职业指导参考;本学期就中华职业学校试办择业预备科,同时议决择业预备科办法和课程内容等。1925 年 1 月,由邹韬奋编纂的全面反映"一星期职业指导运动"概况的《职业指导实验(第二辑)》作为"职业教育丛刊"的第四种出版。黄炎培特为该书作序,序中言曰:"今后吾人所宜致虑者,非在社会对于职业指导之不加注意,而在吾人是否能副注意职业指导者之责望。"②同时,在该书的"演讲"编中,还收有黄炎培在"一星期职业指导运动"期间于江苏省立第一中学所作的《职业的原理》讲演稿。

1925 年 2 月 5 日中午,职业指导委员会在上海青年会再次召开会议,

---

① 《职业教育社昨日开会纪》,载《申报》1924 年 5 月 10 日,第 14 版。
② 黄炎培:《序》,见邹恩润编纂:《职业指导实验(第二辑)》,上海商务印书馆 1925 年版。

黄炎培、刘湛恩、杨卫玉、潘文安（代表黄伯樵）、朱经农、邹韬奋等与会。会议报告了中华职业学校办理择业预备科的情形，议决：本年内择定长江一带及津浦沿线一带的重要地点，扩充职业指导的实施，由刘湛恩、朱经农、邹韬奋、杨卫玉、庄泽宣、廖世承等分途进行，其确定时期及详细办法，由职教社办事员会拟定后交职业指导委员会再开会议决。2月19日中午，职业指导委员会在上海青年会又一次开会，商定推广职业指导计划，黄炎培和刘湛恩、潘文安、邹韬奋、杨卫玉、朱经农等与会。会议议决审定《调查职业指导效果表》，以备付印后分至业已实施职业指导的各校调查；公推刘湛恩和朱经农、杨卫玉、邹韬奋于3月上旬赴奉天、再由京汉路赴汉口、九江、安庆、芜湖、南京等处，协助各校实施；公推刘湛恩于4月间赴济南、天津、北京、保定、太原、开封、徐州等处，协助各校实施；各委员赴各处提倡职业指导，同时调查各处之教育情形、工商业概况及学生出路等，作有系统的报告，备为规划改进之参考。另外，会议还详细讨论了职业指导实施的难点。此后，职教社有计划地在各地开展了一系列的职业指导运动，而黄炎培则仍不时在各地多次讲演职业指导。如，4月11日上午，黄炎培出席吴县基督教青年会年会，讲演《教育上之职业指导》；下午，黄炎培在苏州青年会讲职业指导，千余人听讲。10月11日，《生活》周刊由中华职业教育社在上海创办，王志莘主编。在该天出版的第1卷第1期上，首页刊登了黄炎培的《创刊词》。12月13日，黄炎培提出"大职业教育主义"的理论，之后职业指导得到了广泛的开展，而他也继续对职业指导进行着宣传和推行。

第四节 "大职业教育主义"理论的提出

一、"划区"实施职业教育理论的提出

1925年7月24日，中华职业教育社推黄炎培、杨卫玉、章伯寅3人出席将于本年8月在山西太原举行的中华教育改进社第四届年会，并乘便调

查山西职业教育状况。

8月17日上午,中华教育改进社第四届年会在太原山西大学礼堂开幕,出席者有该社董事长熊希龄、董事黄炎培、陈宝泉、袁希涛、王正廷以及主任干事陶行知、山西省省长阎锡山和改进社12个省4个特别市的社员等共两千余人。

会议期间,黄炎培担任职业教育组主任,他领导职业教育组,开会通过了多个职业教育议案。如,在8月18日的职业教育组第一次会议上,黄炎培任主席,会议通过了《请各省初级中学采行职业指导案》和《调查各地平民生活状况,实施职业补习教育案》;在8月19日的职业教育组第二次会议上,通过了《组织职业介绍部案》《创设职业指导所,兼办推销出品介绍案》和《创设女子商业学校以推广女子职业案》;在8月20日的职业教育组第三次会议上,通过了《改造中学手工科建设案》。不仅如此,会议期间,黄炎培还多次演讲职业教育。如,8月21日,他在省署大会堂讲演了《设施职业教育之原则及方式》,千余人听讲;8月22日,应山西省教育会之约,他讲演了《职业教育与各级教育》。这些讲演,其中有的已经蕴含着黄炎培对职业教育新的理解和认识。特别是在省署大会堂所作《设施职业教育之原则及方式》的讲演中,黄炎培在谈到"设施职业教育之原则"时提出,职业教育的设施,"须绝对的因地制宜,因材施教";"须向职业社会里边去设施";"宜从平民社会入手"。[①] 8月24日,他又草拟《计划山西职业教育二事》,请山西省教育厅厅长陈乙和转送省长阎锡山,建议山西在发展职业教育中,应特别注意"划区试办乡村职业教育"和"推行家庭工艺教育"。

之后,黄炎培至绥远调查,参观政治、教育和实业。通过调查,他特作意见书,对绥远的经济和教育发展提出了自己的意见,其中提出了"富教兼施";"农业教育,宜设一中心机关";教育厅所辖的学校和实业厅所辖的学校,应联络办理;工艺教育宜注重家庭工艺等观点。[②]

9月6日,黄炎培偕冯梯霞再至太原。由于阎锡山坚持希望黄炎培帮

---

① 黄炎培:《在山西三星期间之工作》,载《教育与职业》1925年10月第69期。

② 《黄任之参观绥远后之意见》,载《申报》1925年10月3日,第7版。

助计划推行职业教育,此前 9 月 5 日,黄炎培专门整理了《山西职业教育意见书》,并在 9 月 8 日,偕陈乙和及东南大学教授赵叔愚、冯梯霞,商定山西职业教育进行步骤。他们在两周内,调查了晋北忻县、定襄县及晋南榆次、太谷等县,指定了有关试验区。期间,9 月 19 日,黄炎培还在山西省立工业专门学校、山西省立商业专门学校和山西省立女子师范学校讲演,内容主要涉及职业教育对于其他教育之关系。

9 月 23 日黄炎培回到上海后,他不仅在 9 月 30 日于中华职业学校为该校学生讲演了《考察西北政治教育实业风俗情形》,10 月 3 日在《申报》上发表了《参观绥远后之意见》一文,介绍了自己此次绥远之行的有关见闻和就绥远教育、实业向该地当局所提出的建议;而且更将在太原出席中华教育改进社年会并调查山西职业教育状况的前前后后写成了《在山西三星期间之工作》一文,从"职业教育之原则及方式"和"划区试办乡村职业教育计划"等方面,具体提出了为山西省筹划职业教育的计划。在他看来,"教育不发达,固宜提倡职业教育。即教育发达,更宜提倡职业教育";山西的义务教育普及率已达百分之八九十,所以"正宜注意提倡职业教育";实施职业教育的方式有"分区立系""指定一业"和"划定一区"。[①] 但是,由于种种原因,特别是战争的影响,黄炎培的有关试验计划在山西尚没有得以全面展开,即无形停顿了。

二、"大职业教育主义"理论的提出与倡导

在山西、绥远考察结束后,鉴于国内民族资本主义的衰落使职业学校学生面临着就业无望的窘状,黄炎培和职教社同仁更加着力反思此前他们对职业教育理论的认识和理解。如,10 月 11 日,中华职业教育社与江苏省教育会于南京贡院江苏教育实业行政联合会召集江苏省各初级中学代表开职业指导研究会,黄炎培和刘湛恩、杨卫玉、邹韬奋、潘文安、潘吟阁、周开森、陈亚轩等与会。会上,黄炎培讲了"职业指导之重要"。他说,因地制宜、因材施教为教育上两大原则,亦为职业教育上两大原则,职业指导亦即根据此两大原则。12 月 22 日,江苏教育实业行政联合会因江北兵灾

---

① 黄炎培:《在山西三星期间之工作》,载《教育与职业》1925 年 10 月第 69 期。

区域贫民失业者众多,欲谋根本上救济,非积极提倡职业教育不可,乃在南京开会,黄炎培、胡庶华、徐兰墅、袁希涛、邹秉文、金一新、陆规亮、郭养元、黄竹铭、杨卫玉等出席。会议讨论了《各县筹设平民职业传习所案》,议决将平民职业传习所改为贫民职业传习所,并制订了实施办法。而通过反思,职业教育的理论渐趋成熟。特别是,1925 年 12 月 13 日,黄炎培首次提出了"大职业教育主义"的理论;翌年 1 月,《教育与职业》第 71 期又发表了黄炎培的《提出大职业教育主义征求同志意见》一文,对"大职业教育主义"理论作了全面、深刻的论述。

在《提出大职业教育主义征求同志意见》一文中,黄炎培坦率地承认说,"我们同志八九年来所做工作,推广职业学校,改良职业学校,提倡职业补习教育,等等,也算'尽心力而为之'了。可是我们所希望,百分之七八十没有达到",而"社会是整个的。不和别部分联络,这部分休想办得好;别部分没有办好,这部分很难办的。……国家政治清明,社会组织完备,经济制度稳固,犹之人身元气浑然,脉络贯通,百体从令,什么事业会好。反是,什么事业都不会好",况且职业教育不仅仅是教育的一个特殊方面,而且它同其他方面的教育如高等教育、师范教育等也有普遍的联系,因此"只从职业学校做工夫,不能发达职业教育";"只从教育界做工夫,不能发达职业教育";"只从农、工、商职业界做工夫,不能发达职业教育"。据此,他强调"办职业学校的,须同时和一切教育界、职业界努力的沟通和联络;提倡职业教育的,同时须分一部分精神,参加全社会的运动"。①

"大职业教育主义"理论的提出,为当时职教社推进职业教育的发展开辟了新的道路,同时也标志着职教社对职业教育理论的探讨进入了一个新阶段。此后,在"大职业教育主义"理论指导下,职教社开始从更广泛的视域观览着职业教育,也从更宽泛的领域实践着职业教育。

如,1926 年 2 月 22 日至 26 日,职教社在苏州召开首次专家会议,此次会议又称苏州会议。期间,计开会 6 次。参加者有刘湛恩、廖世承、沈肃文、俞子夷、章伯寅、杨卫玉、邹韬奋、潘文安、黄竹铭等人。由于时值中华教育文化基金董事会于 2 月 26 日至 28 日在北京举行第一次常会,原本计

---

① 黄炎培:《提出大职业教育主义征求同志意见》,载《教育与职业》1926 年 1 月第 71 期。

划出席苏州会议的黄炎培,因参加中基会常会,没能参加这次盛会。这次会议讨论的四个问题之一,就是"如何实现大职业教育主义"。会议认为实现"大职业教育主义",应该斟酌缓急,根据经济、人才和能力所及进行办理,并议决提交当年5月的第九届年会广泛讨论。会议还决定,今后应办的事业包括三大类:"研究事业""平民职业教育"和"推广事业"。其中,研究事业有五种:"职业分析——调查各种职业内容,加以分别之研究""继续指导——调查就事学生状况,予以相当之指导""供求状况之调查——注意社会之需要与人才之供应""全国职业教育之调查——除一般调查外,更调查自本社成立后各地职业教育进行状况,尽一年内结束,以资比较""办理试验学校"。平民职业教育在实施前,应调查相关职业在社会上的供求情形,并注意联络实业界。推广事业分为职业指导、职业补习教育、出版和讲演四类。会议确定今后职教社的工作,拟注重职业指导、农村教育、职业补习教育和女子职业教育四项;在继续开展职业教育的同时,"应加入政治活动,以增实力,并与职业社会作实际联络,以期合作"。①

1926年5月6日,职教社第九届年会在杭州召开。也正是在这次会议上,黄炎培所提出的"大职业教育主义"理论得以广泛宣传,并被同仁认可。

年会召开伊始,黄炎培特作《述九年间之职教》一文,于年会开幕的当天在《年会会刊》第一期和《申报》上同时刊出。文中,黄炎培将职业教育的发展分为三个时期:第一时期的工作,为"主义之商榷与名词之诂释";第二时期是"社会之响应,与国家政府之采用",在这一时期,不仅各地的实业家热心职业教育,筹设职业学校,而且全国教育会联合会每年的年会,也有有关职业教育的议案议决,终于1922年11月颁布的"新学制"确定了职业教育的合法地位,但此后由于国际贸易失败,"实业骤落""政策虚悬",致使职业教育"因是而顿挫矣",遂进入第三时期。黄炎培说,鉴于第三时期人民生计日艰,"迫使吾人发生重大之觉悟","夫欲解决其生计问题而知识问题,舍职业教育,更有何道",而"大职业教育主义,吾人深信今

---

① 《苏州会议纪要》,载《教育与职业》1926年4月第74期。

后所当尽力矣"。① 会上,陶行知、邹韬奋分别作了《〈大职业教育主义〉之说明》和《大职业教育主义之说明》的讲演,极力论证了"大职业教育主义"理论的合理性和实施的必要性、可行性。

5月8日,中华职业学校联合会第五届年会在浙江省教育会召开,黄炎培和曹伯权、赵师复、潘文安、潘吟阁、邹韬奋、王舜成、章伯寅、杨卫玉、姜琦、黄竹铭、周开森等70余人与会。在会上,黄炎培报告了执行案件情形,并略述意见道:"职业教育重在实行而不重在空言……吾人近来办理职业教育,一面积极进行,一面在进行中时遇困难。据最近所感触,觉吾人专注力于教育方面,为效仍不甚大,以为须与社会上多方面联络,与社会上多方面合作,始能增大效力,……徒关门办学校,决难奏效。故近来甚觉大职业教育主义之必要,曾作一文,登载《教育与职业》第七一期,此一名词完妥否姑不论,而此种联络合作之精神与方法,则实甚重要。……惟除我等同人公同研究与互助外,尚须注意与社会上各方面联络与合作,则其效力更可发展。鄙人服务职业教育,自当竭其心力向此目标做去。"②

此后,黄炎培在不同的场合不时地阐释着"大职业教育主义"。如,1927年2月,他提出,办职业教育须下三大决心,即"须下决心为大多数平民谋幸福""须下决心脚踏实地、用极辟实的工夫去做""须下决心精切研究人情、物理,并须努力与民众合作"。③5月,职教社在总结十年来的中国职业教育时,他指出,"努力与劳动界联络授与相当知识,以谋改善其生活,努力改进农村事业,使成教育化,为最大多数人民的最大幸福的基础",这就是"大职业教育主义"。④可见,实施"大职业教育主义",必须投身于社会活动中去,考虑最广大民众的需求。基于此,职教社开始积极开展农村改进,打破了此前只偏重于职业学校教育的狭隘圈子,将职业教育由学校推向了广大的农村和城市;其工作也开始由过去过于注重学校职业教育,向职业学校教育、职业指导和职业补习教育并重发展。

---

① 《中华职教社年会昨在杭开幕》,载《申报》1926年5月7日,第7版。
② 《中华职教社在杭开年会记》,载《申报》1926年5月7日,第7版。
③ 黄炎培:《办职业教育须下三大决心》,载《教育与职业》1927年3月第83期。
④ 孙祖基:《十年来中国之职业教育》,载《教育与职业》1927年5月第85期。

第八章 "大职业教育主义"理论 下的教育思想与实践

自1925年12月黄炎培提出"大职业教育主义"理论后,职教界反响强烈,特别是在翌年5月职教社第九届年会上,对之进行了广泛讨论,给予了充分的肯定和全面的说明,极力论证了该理论的合理性和实施的必要性、可行性。1926年1月,《教育与职业》更决定放大版式,充实内容,并鉴于社会、经济与职业教育的密切关系,乃注意于此两者问题之研究。而在"大职业教育主义"理论的指导下,黄炎培和职教社同仁不仅创办了《生活》杂志,倡导、探讨、推进农村教育,而且对职业教育进行了深度的理论思考和历史反思。

第一节 创办《生活》周刊

在提及"大职业教育主义"理论的宣传和倡导时,不能不述及《生活》周刊。

　　《生活》周刊是 1925 年 10 月 11 日由中华职业教育社于上海创办,王志莘主编。1921 年考入上海商科大学的王志莘,是职教社成立后职业补习教育最初的积极倡导者。在 1919 年至 1920 年间,他在《教育与职业》上发表《补习学校设施时注意之点》《何为职业指导》《职业补习学校实施问题》等文,对萌芽期的职业教育理论进行了初步探讨。此后,兼任着中华职业教育社编辑及会计主任的王志莘,又在 1921 年 1 月至 1922 年 12 月主编《教育与职业》。期间,他不仅在 1921 年 1 月至 5 月曾和黄炎培一起赴南洋进行教育考察,而且还在该刊发表了《职业界需用人才之标准》《商业教育的商学合作制》(译)、《商业教育之种种研究》(译)、《青年择业二十七问》《小学校职业训练》《美国家事教育》《中国职业补习教育之经过及现况》等文章。特别是 1922 年 4 月刊于《教育与职业》第 35 期上的《中国职业补习教育之经过及现况》一文,是我国全面总结职业补习教育历史发展的第一篇文献。1923 年上半年,经黄炎培推荐,王志莘赴美留学,入哥伦比亚大学学习银行学。是年,他参考美国哈立斯的《青年与职业》下篇,编纂了《青年与职业》一书。这一得黄炎培指导、由沈恩孚作弁言的著作,于 1924 年 2 月作为职教社“职业修养丛书”之一出版。正是因为王志莘对职业教育的理解、热衷和贡献,加之有着丰富的编辑刊物的经验,所以当 1925 年王志莘获得经济学硕士学位回国后,他很自然地成为《生活》主编的最佳人选,负责具体编辑事宜。

　　由时任职教社办事部副主任杨卫玉所取刊名、办事部主任黄炎培所书刊名的《生活》杂志,最初为一张 4 开小报,印数 2800 份,主要赠送职教社社员和有关教育机关。正如《教育与职业》杂志社在 1926 年 10 月所发布的《敬告同社诸君子》所言:“本社对于同社纳费诸君,向赠《教育与职业》月刊,藉通消息,惟月刊多讨论职业教育问题,性质较专,不若以改进一般生活为宗旨之《生活》周刊,较属普通性质,故现决定改赠《生活》周刊。”[①]邹韬奋在谈及《生活》周刊创办的经过和背景时,也曾说:“当时职教社原有一种月刊叫做《教育与职业》,专发表或讨论关于职业教育的种种问题,但是该社同人觉得月刊要每月一次,在时间上相隔得比较的久一些,只宜

---

① 《敬告同社诸君子》,载《教育与职业》1926 年 11 月第 80 期。

于发表理论或有系统的长篇事实；为传布职业教育的消息起见，有创办一种周刊的必要：这是最初创办《生活》周刊的意旨。"①出版当天，《申报》特刊登广告予以宣传："此为中华职业教育社辑行之周刊。其主旨在研究社会生活及经济之状况，以为职业教育设施之根据，并指导青年从事正当生活之途径。"②黄炎培在《创刊词》中曾开宗明义地说：

> 世界一切问题的中心，是人类；人类一切问题的中心，是生活。求生活不得，是一大问题；不满足于其生活，亦是一大问题。物质上不满足，而生活穷困，穷困之极，乃至冻饿以死，今既时见之矣。精神上不满足，而生活愁闷，愁闷之极，乃至自杀，今又时闻之矣。天生人，予人以生活之资，乃受焉而未尽其利；且予人以生活之才也，乃备焉而未尽其长，则生产问题起焉。一部人享优越之生活，致他部人求最低度之生活而不得，则支配问题起焉。人与人相处而有社会问题焉，究之，则人与人间之生活问题而已矣；国与国相处而有国际问题焉，究之，则国与国间之生活问题而已矣。吾鉴夫此问题意味之日益严重，与其范围之日益广大也，欲使有耳，耳此，有目，目此，有口，口此：合力以谋此问题之渐解，作《生活》。③

创刊后的《生活》周刊以社会生活与经济、职业修养与职业教育为出版范围，虽然最初所定宗旨是"专门用来宣传职业教育及职业指导的消息和简要的结论"，"大部分的篇幅都是登载各报上搜集下来关于职业教育的消息"；但同时，正如其刊名一样，也并希望揭出"社会上困苦和快乐的生活实况""人类正当生活的途径""改善人类生活的方法""各种职业之性质与青年择业安业乐业的准则"。正是因此，《生活》周刊创办伊始，即在致力职业教育的同时，关注现实，关注大众，力谋生活问题之解决；不仅注重宣传职业教育，沟通各地职教讯息，而且十分重视职业指导，加强职业

① 邹韬奋：《经历》，见中国韬奋基金会韬奋著作编辑部编：《韬奋全集》第7卷，上海人民出版社1995年版，第191—192页。
② 《〈生活〉周刊第一期出版》，载《申报》1925年10月11日，第1版。
③ 黄炎培：《创刊词》，载《生活》1925年10月第1卷第1期。

青年的修养。而实际上,当时黄炎培也将注重青年修养置于重要地位。1926 年 1 月 28 日,他即在《申报》上发表《青年修养的标准》,计 11 条:须养成勤劳的习惯,须养成互助合作的精神,须养成理性的服从之美德,须养成适于所欲人之社会的正当习惯,须养成健康的体格,须养成稳健改进的精神,须养成从事职业的兴趣,须养成经济观念及储蓄习惯,须养成敏捷和决断的能力,须养成信实的美德,须养成注意国家社会状况的习惯。可见,《生活》创办后所贯彻的办刊宗旨和黄炎培的主张是一致的。

1926 年秋,因转入银行界供职,时任中华职业学校商科主任的王志莘,决定离开职教社,提出辞去《生活》主编工作。黄炎培等经过慎重考虑,决定由时为职教社编辑股主任的邹韬奋从 10 月始接替王志莘任主编一职。

此前的邹韬奋,自 1922 年 6 月中旬经黄炎培介绍加入中华职业教育社后,翌年,乃受中华职业学校校长顾树森之聘,担任该校英文教师兼英文教务主任,此后又任该社编辑股主任,负责编辑《教育与职业》,主编"职业教育丛书"。期间,受黄炎培"职教救国"思想的影响,他积极参加中华职业教育社的各种活动,发起参与了"一星期职业指导运动",而且作为职教社推行研究的一位重要领导者,在开展职业教育理论探讨的同时,撰写了大量有关职业教育和职业指导的文章,翻(编)译了数部职业教育和职业指导著作。据统计,从 1922 年到 1926 年间,他在《新教育》《教育与职业》《中华教育界》《教育杂志》《教育与人生》等刊物上发表了《美国的职业指导运动》《职业指导之真谛》《实施职业指导之资料》《职业指导的内容与功用》《实行职业指导运动宜注意的几个要点》《职业教育之鹄的》《中国之职业教育》《中国职业指导的现状》《小学中的职业教育问题》《职业的真乐》《一星期职业指导运动后继续进行之商榷》《初级中学应注重职业指导》《美国职业指导最近之发展》《职业心理学与职业指导》《关于职业指导的讨论》《德国职业指导最近概况》《大学校之职业指导举例》等文章,并和刘湛恩合著《中等学校职业指导法纲要》(收入廖世承编《中国职业教育问题》,上海商务印书馆 1929 年版),和徐伯昕合编了《江苏中等以上学校投考须知》,编纂了《职业指导实验》(第二辑),编译了《职业教育研究》《职业智能测验法》《职业指导》《职业心理学》等著作,对职业教育和职业指导的引入及理论探讨起到了重要作用。

黄炎培"大职业教育主义"理论提出后,邹韬奋是大力的支持者。1926年5月8日,他在《大职业教育主义之说明》中说,"所谓职业教育乃以职业为目的,教育为手段,而皆与社会环境有联带关系。……政治不清明,教育无从致力,实业不发达,生计艰于发展";"大职业教育主义非空言主义,乃实行主义……非垄断主义,乃合作主义……非舍己之田而耘人之田,乃一面充实改进内部工作,而一面参加社会上有关系之事业或运动,俾获充分联络合作之实效"。①

正是基于对"大职业教育主义"理论的认识和理解,《生活》从第2卷第1期由邹韬奋接任主编后,更为注重加强职业青年的修养,"期以生动的文字,有趣味有价值的材料,暗示人生修养,唤起服务精神,力谋社会改造"②。可见,此时的《生活》,从关注职业教育和职业指导,转向更多地关注现实社会,基于"《生活》周刊究竟是社会的"这一认识和观点,不仅扩张了内容,而且相继开辟了贴近大众的"小言论"和"读者信箱"专栏,深受读者喜爱。黄炎培日后曾回忆道:韬奋任《生活》主编后,"以其清朗流畅之笔姿,运以纯一不二之精神,使读者兴趣,逐渐浓厚,销数逐渐增进"③。事实也确实如此。自1926年10月起,《生活》周刊每期的发行量由原来的两千多份增至4万份;1929年10月由单张改成16开本后,更突增至8万份。

虽然《生活》周刊的栏目和内容有了较大改进,但"初期的内容偏重于个人的修养问题,这还不出于教育的范围;同时并注意于职业修养的商讨,这也还算不出于职业指导或职业教育的范围"④。所以,实际上在相当程度上仍然在实践着"大职业教育主义"的理论,对"大职业教育主义"的宣传和倡导起到了重要作用。而对于邹韬奋就《生活》周刊所作的改进,不仅职教社对之给予了肯定和支持,而且包括黄炎培在内的职教社的负责人

---

① 邹恩润:《大职业教育主义之说明》,载《申报》1926年5月8日,第7版。
② 载《生活》1929年12月第5卷第1期。
③ 黄炎培:《邹韬奋先生为何如人》,载《国讯》1944年10月第378期。
④ 邹韬奋:《经历》,见中国韬奋基金会韬奋著作编辑部编:《韬奋全集》第7卷,上海人民出版社1995年版,第203页。

对邹韬奋也是"始终信任,始终宽容,始终不加以丝毫的干涉"①。创办初期,黄炎培在上面发表了数篇长短不一的文字,如《常州电力灌田状况》《理想的家庭》《家箴》《寿》《革他们的命》等。

"九一八"事变后,《生活》周刊"应着时代的要求",开始"注意于社会的问题和政治的问题"。但是,由于坚持抗日救国,反对妥协投降,倡导民权,反对专制,杂志销量虽然大增,至 1932 年底达到 155000 份,但却为国民党政府所不容。在企图通过黄炎培等人迫使《生活》改变立场的阴谋失败后,1932 年 10 月 14 日,国民党政府下令对之实行停邮。此后,虽然《生活》周刊在报上刊登启事,宣布与职教社脱离关系,但最终在 1933 年 12 月 8 日,国民党政府还是以"言论反动,思想过激,毁谤党国"的"罪名",下令对之封闭。12 月 16 日,出至第 8 卷第 50 期的《生活》周刊,被迫停刊。

第二节　农村教育思想与实践

一、倡导农村教育

倡导农村教育是黄炎培的一贯主张。早在 1922 年 10 月"新学制"颁布前夕,黄炎培应河南省教育厅厅长凌冰之邀,赴河南规划职业教育发展,随之草拟了《河南职业教育进行计划》,其中,在"职业教育的设施概要"中,首列"农业教育",对它的实施作了详细的设计。"新学制"颁布后,黄炎培更积极开展了就新学制下如何实施农业教育的理论探讨。如 1923 年1 月,在《江苏职业教育计划案》中,他提出农业教育应"采系统计划""定分区制度",对江苏农业教育的实施颇具指导意义;1923 年 2 月,在安徽省实施新学制讨论会上,他和邹秉文、韩安所提《安徽实行新学制后之农业教育办法》,对安徽农业教育的推行颇有启示;1924 年 3 月,他在《教育与

---

① 邹韬奋:《经历》,见中国韬奋基金会韬奋著作编辑部编:《韬奋全集》第 7 卷,上海人民出版社 1995 年版,第 202 页。

人生》上发表《农业教育之新希望》，勾勒了农业教育的未来发展。

1925 年 8 月，中华教育改进社于太原举行第四届年会时，黄炎培曾被推演讲职业教育，期间他提出《计划山西职业教育二事》，其内容之一就是"划区试办乡村职业教育"。如前所述，黄炎培这一"划区试办乡村职业教育"的工作计划在山西并没有得到有效实施。其后，他又联合冯梯霞、赵叔愚等决定在江南举办，并联合中华教育改进社、中华平民教育促进会总会、东南大学农科和教育科共同试办。

"大职业教育主义"理论提出后，黄炎培乃至职教社同仁都将发展农村教育视为实现"大职业教育主义"的重要途径。1926 年 5 月 3 日，中华职业教育社召开农村教育组预备会（按：为即将于 5 月 6 日召开的第九届年会分组会议之一），黄炎培和袁希涛、陶行知、赵叔愚、邹秉文、王舜成、杨卫玉、王志莘等与会，公推陶行知任主席。会上，黄炎培报告了本日会议之旨趣及提议之范围，并说明了职教社提出的《试验改进农村生活合作条件》（七条）之要点，如事业试验区经费等。该条件规定，由中华职业教育社和中华教育改进社、中华平民教育促进会总会、东南大学农科及教育科，各推代表二人，组织董事会，主持计划改进农村事宜；所需合作的有关费用，由各机关平均担任；每年将试验经过状况按年编制报告书，报告与各团体。5 月 6 日，职教社第九届年会在杭州召开，黄炎培在会上报告说：应该"特别注重农村教育，一时虽不能推及各地，但拟就交通便利之地择一区或数区，实施改进农民生活，渐及各地"[①]。在这次会议上，特设农村教育组，对改进农村生活专门进行讨论。5 月 7 日上午，黄炎培和周锦华、王舜成、袁希涛、杨卫玉等参加农村教育组会议，在会上，提出《试验农村改进计划》，对于改进农村的规划，论之甚详。全文如下：

　　一、宗旨。鉴于近今教育事业、大都偏向城市、又其设施限于学校、不获使社会成为教育化、爰拟从农村入手，划定区域从事试验，期以教育之力，改进农村一般生活，以立全社会革新之基。二、地点。先就全国之中部，择定数区（至少二区至多五区）试办之，其择地标准如

---

① 《中华职教社年会昨在杭开幕》，载《申报》1926 年 5 月 7 日，第 7 版。

下：甲，人口在三千以下者；乙，地积在十方里以外二十方里以内者；丙，交通便利者。三、事业。就各该区域兼施富教而略分后先，以旷士游民为大戒，以安居乐业为成功，下列各项人才与经济，次第举办之：（一）研究改良农事，推行试验有效之农作方法；（二）研究增进工艺效能，并改良工人生活；（三）推行义务教育，凡学龄儿童，不论男女，设法使之就学；（四）对年长失学者，施以平民教育；（五）既受初级小学教育，如欲升学者，逐步指导之；（六）初级小学、高级小学，或初级中学修了，而欲就职业者，先施职业指导，然后察酌情形，予以相当之职业训练或介绍相当机关使受职业训练；（七）设职业介绍机关，使求事者求才者各得其所；（八）调查社会经济，提倡储蓄，施行生产消费等合作制度，以流通调剂平民经济；（九）设图书馆、讲演所等，以施通俗教育；（十）提倡体育；（十一）提倡保卫团，使丁壮均有自卫并保卫公众之能力；（十二）提倡卫生，使人人具有对于家庭、对于公众之卫生常识；（十三）设公共医药所，注意调查本区内医生及产婆，并设法供给本区之需要；（十四）提倡修治道路；（十五）研究改良水利使减免水旱灾害，兼利船舶交通；（十六）提倡消防组织；（十七）提倡慈善事业，但以周恤疾病残废及贫穷无告者为限；（十八）保存善良之礼俗而劝导改正其不良者；（十九）岁时娱乐方法，依地方善良之习惯行之；（二十）指导人民练习选举议事执行纠察等种种事务，以养成其自治能力；（二十一）对于村人之宗教观念，各依其自由信仰，但随时以教育方法，养成其高尚正确之人生观，使对于社会，对于国家，并对于国际间，各尽相当之责任。施行以上各项事业时，应依下列两种原则：甲，用人以就地取材为原则，虽为指导督励起见，施充分之助力，总以试验期间终了后，能以当地人才继续举办为度；乙，用费以就地筹款为原则，虽在提倡时略加助力，总以试验期终了后，能用当地经费继续进行为度。①

5月9日晚,职教社在浙江省教育会宴请杭州实业、教育及政治各界名流,讨论征求会员一事,黄炎培和郑晓沧、张一麟、杨卫玉、黄以霖、褚辅成、李俊夫、金润泉等与会。在会上,黄炎培讲,办理教育事业"端赖各方合作,方能奏效",并再次对农村教育的重要性作了阐述。

此后,5月15日,由中华职业教育社、中华教育改进社、中华平民教育促进会总会和东南大学农科及教育科合组的联合改进农村生活董事会,于江苏教育实业行政联合会召开第一次会议,黄炎培和杨卫玉代表职教社与会,陶行知、赵叔愚代表中华教育改进社与会,冯梯霞代表中华平民教育促进会总会与会,邹秉文、徐养秋代表东南大学与会。会议公推陶行知任主席,讨论通过了《联合改进农村生活董事会章程》,选举黄炎培、陶行知为董事会正、副会长,决定试办农村教育,并拟就沪宁线沿线一带举办。章程规定联合改进农村生活董事会的职责包括"选定试验村区地点(先从中部试办)""规定试验村区进行计划""审核各团体在村区分办事业之计划""筹划经费"等。① 之后,在6月10日,黄炎培和杨卫玉首先赴昆山安亭调查,以选择试验地址,一待择定,即行着手试验农村教育。6月16日,黄炎培再次和杨卫玉赴昆山,经和吴邦珍、蔡望之等详加讨论,最后确定以昆山徐公桥作为试验改进农村区域。是日,黄炎培即到徐公桥进行了参观。这一天是黄炎培第一次到徐公桥,也是徐公桥作为乡村改进试验区的起点。

二、推进农村教育

黄炎培不仅对农村教育给予宣传和倡导,而且身体力行,积极实践。而在黄炎培对农村教育的实践中,最需要指出的是他对徐公桥乡村改进试验区和漕河泾农学团的关心、指导和付出。

1926年7月5日至6日,联合改进农村生活董事会第二次会议于南京召开,黄炎培和袁希涛、陶行知、赵叔愚、徐养秋、邹秉文、杨卫玉等与会,黄炎培任主席。会议议决以昆山徐公桥乡为第一试验区,并继续调查地点,以便规定第二试验区;议决本会执行部借设于东南大学,由赵叔愚为主任;决定将《徐公桥乡区社会调查报告书》稍作修改后付印。此外7月6

---

① 《联合改进农村生活董事会成立》,载《申报》1926年5月17日,第7版。

日,联合改进农村生活董事会还召开了审查预算会,黄炎培和陶行知、邹秉文等参加,会议将执行部主任赵叔愚拟就的《1926 年度执行部预算审核》修正通过。10 月,经勘定后,联合改进农村生活董事会在赵叔愚的指导下,成立了徐公桥联合改进农村生活事务所,并草定了《改进农村生活事业大纲》,提出以昆山徐公桥乡为第一试验区,从事农村改进试验。大纲规定其任务有:"散布改良种子,驱逐害虫,提倡副业""改进小学教育,推行义务教育""推行平民教育""施行职业指导""提倡贩卖、购置或借贷等合作组织""筹设通俗图书馆及演讲所""实行卫生运动""提倡修治道路,栽植树木""劝导戒除烟赌""增加娱乐机会"。① 此后,徐公桥的乡村试验步入规范实施时期,而黄炎培则时时关注着它的进展,指导着它的发展!

如,1926 年 11 月 11 日,身为联合改进农村生活董事会会长的黄炎培和职教社副主任杨卫玉及江苏省视学章伯寅等,赴安亭从事考察。1927 年 1 月 8 日,联合改进农村生活董事会在江苏教育实业行政联合会召开董事会常会,黄炎培和晏阳初、袁希涛、邹秉文、赵叔愚、徐养秋、陶行知等与会,黄炎培任会议主席。会议报告了本会推行半年来的经过情形,并讨论了今后的进行计划:"以徐公桥为用力集中点,略分精力,协助确有能力之机关,进行改良农村生活事业。"②但由于政局变化,1927 年春,曾一度中止进行。1928 年 5 月 12 日至 13 日,职教社第十届年会暨全国职业学校联合会第六届年会在苏州召开。在 13 日的农村教育组会议上,黄炎培专门报告了职教社对于农村教育事宜拟集中于一地积极注意办理的构想,并提到,改良乡村宜以教育为中心。会议通过了《关于改良农村之原则及具体法案》,该法案所定原则有:"(1)划定区域以教育为中心设施一切改进农村事宜;(2)以徐公桥为一个试验区域,另指一处或数处同时举行试验;(3)就目的相同之公私各机关或团体成立联合之组织共同办理实施事宜。"③

1928 年 6 月 26 日,在职教社评议员会召开之际,黄炎培向评议员会提

① 黄炎培:《徐公桥乡村改进史的最初一页》,见姚惠泉、陆叔昂编:《试验六年期满之徐公桥》,中华职业教育社 1934 年版,代序第 3—4 页。
② 《改进农村生活社之董事会》,载《申报》1927 年 1 月 11 日,第 8 版。
③ 《分组会议:农村教育组》,载《教育与职业》1928 年 7 月第 96 期。

交了辞去办事部主任一职的呈文。他说,如果一个人在某机关任领导职务时间过长,那么"其结果,就对外言,易使一般人对其事业随对人之情感而转移,致其事业使一般人观念不明了,乃至基础不稳固;就对内言,事权常集于少数人,易使多数人减轻其责任观念"①。同时,鉴于江恒源"品格之高洁,学识之渊实,与其待人之诚笃,处事之勤敏"②,均为人所公认、敬仰,黄炎培特推荐他继任自己担任办事部主任,另推荐杨卫玉任办事部副主任。同日,评议员会讨论了黄炎培关于辞去办事部主任一事,经反复讨论,鉴于黄炎培辞意坚决,勉允其暂时告退,唯要求他仍任职教社一部分事情。会议并投票选举江恒源为办事部主任,杨卫玉为副主任。

　　7月11日下午,职教社召开办事员会,欢迎新任办事部正、副主任江恒源和杨卫玉,黄炎培参加,并致欢迎词。看到职教社有了新的有能力有才华的掌门人,他按捺不住内心的喜悦,高兴地作了"今日大乐,不惟放手兼放心"的演说。③ 由于此前的6月16日,职教社于南京成立改进农村委员会,规定"以研究改进农村为主旨",具体任务包括:调查农村实际状况,研究农村改进方法,设计农村改进事业,指导农村改进事宜;而6月26日,职教社评议员会又决定添设农村教育股和职业指导股,作为专门的农村职业教育负责部门。可见,在职教社的农村改进工作中,农村职业教育的地位不言而喻。而在7月11日的办事员会议上,黄炎培被公推为农村教育股主任。10月,由于经费问题,徐公桥乡村改进试验区改由中华职业教育社专任办理,而黄炎培虽然不再担任办事部主任一职,但担任着该社农村教育股主任的他,此后6年间,仍然关心、关注着职教社农村教育的开展,在某种程度上实际领导着徐公乡农村改进试验区,积极推进着农村改进工作。

　　1928年12月23日,黄炎培和江恒源一同赴徐公桥考察。12月31日,他和周开森一同赴徐公桥筹备会所落成典礼。1929年1月6日徐公桥乡村改进会会所落成,他特作联语二则曰:"无旷土,无游民,向一剪淞波

①　《社务报告:本社之评议员会》,载《教育与职业》1928 年 7 月第 96 期。
②　《社务报告:本社之评议员会》,载《教育与职业》1928 年 7 月第 96 期。
③　黄炎培著,中国社会科学院近代史研究所整理:《黄炎培日记》第 3 卷,华文出版社 2008 年版,第81 页。

影里,小试农桑,乃亦有秋,聊慰治平新梦想!出相望,守相助,喜千家劫火光中,时还耕读,毋忘在莒,请看甲子旧烧痕!"①2月23日,在职教社第三次专家会议上,他和江恒源特别报告了职教社所办农村教育事业的经过和徐公桥乡村改进试验区的工作。5月9日,他和江恒源、杨卫玉、姚惠泉赴徐公桥举行民众夜校毕业测验,并出席民众组织的"国耻纪念会"。9月29日,徐公桥乡村改进会召开秋季村民大会,他和江恒源、潘文安、姚惠泉、周开森、吴粹伦6人赴徐公桥参加。12月28日,他又与江恒源、杨卫玉、姚惠泉一同到徐公桥参加改进会临时执委会议,并视察会务。每每看到徐公桥乡村改进试验区取得的成绩,黄炎培就会禁不住写诗对之进行赞美,内心对徐公桥充满了无限希望。如,1929年4月16日,他作《徐公桥晓行》五首,其中言曰:"楚歇荒祠庙,徐公尚有桥;车声全市梦,帆影半江潮。兄弟双人望,珠玑十信条;……一村孕诗意,诸女倦时妆。野水天然美,春畦到处忙……"②1930年10月7日,他又作《徐公桥秋望三绝》,对徐公桥乡村改进试验区的成绩给予了充分肯定。诗曰:

> 朝携镰月试新禾,晚跨归牛唱踏歌;
> 鸡犬安闲花自在,回头村外乱云多。
>
> 人在诗情画意中,几湾绿水小桥通;
> 秋林云去疏留鹳,补得斜阳一抹红。
>
> 农忙过了读书忙,无逸堂前柳未黄;
> 千古田畴我师事,徐无山色接微芒。③

漕河泾农学团创办于1933年9月。当时,职教社受上海市政府补助,兼办农村服务专修科,适上海鸿英教育董事会因开办小学,须培养师资,委

---

① 抱一:《徐公桥乡村改进会会所落成时联语二则》,见江恒源编:《徐公桥》,中华职业教育社1929年版,叙言第4页。

② 抱一:《徐公桥晓行》,载《教育与职业》1929年4月第103期。

③ 黄炎培:《徐公桥秋望三绝》,见姚惠泉、陆叔昂编:《试验六年期满之徐公桥》,中华职业教育社1934年版,代序第6页。

托职教社开办了鸿英小学师资训练所,于是乃混合在沪西漕河泾组织开办了漕河泾农学团。其中,"农专科"招收年在 22 岁以上具有高中、师范毕业或有同等程度并曾服务于农村一年以上者;"师训所"招收年在 25 岁以上,具有高中师范毕业或有同等程度并能说国语及上海附近白话者。10 月 10 日,漕河泾农学团举行"农专科"和"师训所"联合开学仪式,黄炎培出席并作了演说。

漕河泾农学团开办的目的在于养成学识、技能兼长,具有刻苦耐劳习惯和舍己为群精神,且了解农民心理、立志服务农村的人才。正是因此,其农村教育的成分已经较少,更多的是在注重农村改进。所以漕河泾农学团正式开办后,先举行了三周的"生活调溶训练",期间,黄炎培在 10 月 12 日、19 日和 26 日,先后三次为之讲演"人生哲学发凡"。10 月 30 日,"农学团"开始正式学习相关课程。之后,黄炎培仍不时地为"农学团"的发展费心尽力。如,11 月 13 日,他和穆藕初、杜重远、王纠思等赴漕河泾农学团进行指导;11 月 27 日,他和冷遹、姚惠泉等赴漕河泾农学团参观;12 月 16 日,他和江恒源赴漕河泾农学团对团友回答人生观问题。特别是 1934 年 2 月 5 日至 6 日,漕河泾农学团举行农村问题谈话会,黄炎培、黄齐生、姚惠泉、张雪澄、张翼、陆叔昂、杨卫玉等 40 余人与会。会上,大家报告了改进农村问题的经验得失,而黄炎培更是提出《农村改进工作纲要》,以作为今后从事农村工作改进的目标。纲要提出,要通过周详精确的计划、完备灵活的组织和坚忍猛进的执行,以民众为对象(注重青年),以科学为方法(注重应用),以生活为范围(注重需要),以感化为手段(注重亲切),以兴趣为辅佐(注重正当娱乐),以人格为基础(注重躬行实践),通过自卫卫国、自养养人、自治治群,唤起农民自觉,养成农民自动,使他们成为具有至诚、朝气、热力和博爱的人。所有这些,均可见黄炎培对农村改进的思考、认识和理解。

三、探讨农村教育理论

1928 年 5 月,自职教社第十届年会暨全国职业学校联合会第六届年会后,职教社的办理事业,即开始集中于"试验教育""职业指导"和"农村教育"三大端。此后,职教社明显加强了对农村教育特别是农村职业教育的研讨,不仅出版了"农村教育丛书"多辑,如选择数种农村改进计划及报告汇辑成的第一辑和第二辑《昆山徐公桥乡村改进事业试验报告》、第三辑江恒源编《村治与农村教育》、第四辑江恒源编《徐公桥》、第五辑《农民生计调查报告》、第六辑陆叔昂编《三周岁之徐公桥》、第七辑姚惠泉编《中华职业教育社之农村事业》;而且在 1929 年 4 月,特辟《教育与职业》第103 期为"农村教育专号"。专号刊登了顾倬、陶行知、武宝琛等人的论文和职教社农村教育股的《徐公桥农村改进试验分年进行表》,以及黄炎培的《与安亭青年合作社谈乡村事业》《某自治农村进行方案之研究》等文。在职教社同仁看来,中国以农立国,农民占全国人口的绝大多数,农村教育的重要性不言而喻;而职教社虽然成立 10 余年,极力提倡职业教育,但对于国人衣食住行之所寄的农业,尚没有通过教育策励其进展,辅助其发达;故而此后,必须通过提倡农业合作、改良农具并提倡农民的正常娱乐等来发展农村教育。而黄炎培在《与安亭青年合作社谈乡村事业》中,更具体建议,为使徐公桥众多不识字的村友接受教育,可以"用分区的方法,巡回的制度,在较偏僻的地方,指定若干地点,先办露天识字,唤起他们的兴趣。次用补习学校的方式,使他们受较有系统的知识";但同时,"万万不可妨害他的农作时间","所授与的知识,须完全切合他们生活上的应用"。①

此后,适应职教社的工作开展需要,黄炎培对农村教育投入了极大的热情。他一方面在职教社年会上继续开展对农业教育的研讨。如在 1930年 7 月 21 日,他和黄齐生、姚惠泉、曹凤翔、沈恩孚、沈肃文等 30 余人出席中华职业教育社第十一届年会暨全国职业学校联合会第八届年会。此次会议对职教社所提的《就几年的经验修订乡村改进试验实施标准案》进行了讨论,会上黄炎培报告了订定是项草案的来源及经过,结论为"我们认为离开乡村而讲教育,那是无从讲的,必须就其环境和需要而予以改进"②。另一方面,在实践农村教育的同时,黄炎培撰写发表了一系列有关农村教育和农村改进的文章。如《以民团为中心之新村治》(载《救国通讯》1932 年 11 月第 30 号)、《社会经济严重问题之一斑》(载《教育与职

---

① 黄炎培:《与安亭青年合作社谈乡村事业》,载《教育与职业》1929 年 4 月第 103 期。
② 《全国职教会议之第二日》,载《申报》1930 年 7 月 22 日,第 9 版。

业》1933 年 7 月第 146 期)、《徐公桥乡村改进史的最初一页》(收入姚惠泉、陆叔昂编《试验六年期满之徐公桥》,中华职业教育社 1934 年版)等文。这些文章对农村教育理论进行了多方面的深入探讨,反映出黄炎培对农村教育又有了新的认识。

如,在作于 1934 年 6 月的《徐公桥乡村改进史的最初一页》一文中,黄炎培对六年试验期满的徐公桥乡村改进试验区的"开创史"进行了深情回顾,对在"万分困难的环境中"徐公桥乡村改进试验区所取得的成绩,给予了充分的肯定。他感慨地说:"吾们总算做了一椿比较有些交代的事情,就是徐公桥。"但黄炎培深知,徐公桥乡村改进试验区的成绩是无数的职教人共同努力的结果。此时此刻,他深深怀念故去的战友,包括"努力最多的"赵叔愚,"参加组织的"袁希涛,"小学校长且曾担任过改进会干事的"徐柏才,以及"地方领袖"方惟一、蒋仲钧等等,忘不了他们对包括徐公桥乡村改进试验区在内的农村教育的付出、努力与支持![1]

1934 年 7 月 1 日,昆山徐公桥乡村改进试验区 6 年试验计划已告完成,特全部移交地方接管,黄炎培和江恒源、杨卫玉、姚惠泉作为中华职业教育社代表,与中国社会教育社俞庆棠、上海商品检验局蔡无忌、民生公司卢作孚、上海市地方协会王揆生、金陵大学刘国钧、中华职业学校贾观仁等参加了接管活动。当天,黄炎培、江恒源等引导各机关代表及各界来宾参观了徐公桥全部设备,出席了移交地方接管典礼,并写下《为徐公桥试验乡村改进期满留赠地方接管诸公》一文,对移交地方接管后的徐公桥的乡村建设提出了自己的建议,并殷切期望"领导诸君人格感化","公正无私,和衷共济"。[2] 8 月 31 日,他又为《教育杂志》作《从六年半的徐公桥得到改进乡村的小小经验》(载《教育杂志》1934 年 10 月第 24 卷第 2 号)。10 月 6 日,他再写成《关于农村改进几个小而扼要的问题》。在这些文章中,黄炎培虽然主要论及的是农村改进问题,但同时也将实施农村教育视为改进乡村的重要途径,并就如何实施农村教育进行了深入探讨。不仅

---

① 黄炎培:《徐公桥乡村改进史的最初一页》,见姚惠泉、陆叔昂编:《试验六年期满之徐公桥》,中华职业教育社 1934 年版,代序第 1—4 页。

② 黄炎培:《为徐公桥试验乡村改进期满留赠地方接管诸公》,见姚惠泉、陆叔昂编:《试验六年期满之徐公桥》,中华职业教育社 1934 年版,代序第 5 页。

如此,他还认为,改进乡村办法,教育只是其中之一,但绝不应局限于教育。

值得指出的是,职教社自徐公桥乡村改进试验区 6 年试验完成、移其人财两项与地方后,即致力于上海新县治,以增进互助农村工作效率,所以,在继续兴办漕河泾农学团的同时,黄炎培、钮永建、陶行知等又开始发起举办沪郊农村改进区。该区以上海县吴家港等 3 处为改进地点,设有鸿英小学、民众教育场和生产合作社,而黄炎培仍继续为该区的发展尽心尽力。如,1935 年 3 月 17 日,他到筹备中的高桥农村改进会视察并指导进行方法。3 月 24 日,沪郊农村工作协进会在俞塘省立民众教育馆举行成立大会,黄炎培和钮永建、江恒源、姚惠泉、陆叔昂、邰爽秋、俞庆棠、张翼、王撰生、陶行知、杨叔荪等 200 余人参加。在上午举行的开幕式上,黄炎培和钮永建、江恒源被公推为主席团成员。黄炎培在会上致辞说:"沪郊农协会今日为成立大会,今后本会前途,希望无穷。本会工作注重协进二字。所谓协者即至诚,所谓进者即朝气。"①下午,大会举行讨论会,讨论改进棉产初步办法,并讨论通过了会章及工作纲要。

此外,在 4 月 6 日,高桥农村改进会在正始小学举行成立典礼,并举行第一次会员大会,该会会长杜月笙及有关理事、会员 20 余人、来宾黄炎培等 60 余人及各工作区民众代表 13 人与会。会上,主席杜月笙致开幕词,总干事王撰生报告了本会办事处半年来的工作概况,黄炎培及沪江大学校长刘湛恩、沪郊农村改进区主任陆叔昂、正始中学校长陈群等先后发表演说。黄炎培在演说中说:"十余年来的农村改进,不论在理论上方法上都有进步,世界是生存竞争的,中国如何能生存,一定是靠多数人来抵抗敌人,农村改进便是做进步工作的起点。改进农村有公认的三句话:(1)自治治群,(2)自养养人,(3)自卫卫国。凡所教所学所行,无不本此原则,则中国农村已有希望矣。"②6 月 9 日,黄炎培当选为沪郊农村工作协进会副理事长(钮永建为理事长)。之后,他又多次出席高桥农村改进会理事会,继续规划农村改进事宜。

---

① 《沪郊农协会昨开成立大会》,载《申报》1935 年 3 月 25 日,第 9 版。
② 《高桥农村改进会成立大会》,载《申报》1935 年 4 月 8 日,第 14 版。

第三节　职业教育的理论思考和历史反思

一、职业教育的理论思考

虽然不再担任职教社办事部主任,但正如黄炎培自己所言,既然自己"以终身服务职业教育自勉,但绝对不以长期主任本社办事部为然",即使"充一普通职员",仍会"随同服务"。① 事实也正如黄炎培自己所言,自辞去办事部主任到1931年"九一八"事变爆发前,在3年多的时间里,黄炎培仍然致力于职业教育。这不仅表现在他时时关心、关注、服务于他所钟爱的职教社,撰写了《中华职业教育社筹款之途径》《职教社如何继续接受文化基金补助》《十一次中华职业教育社大会追纪》等文,而且在实践"大职业教育主义"的同时,不时地对职业教育进行深层的理论思考。这些思考,不仅深入,而且涉及面极广。

1928年9月29日,黄炎培完成《吾人为何从事职业教育》一文;10月18日,在中华职业教育社和中华职业学校联合组织召开的职业教育讨论会上被推发表意见时,他以该文为基础,作了《吾人为何从事职业教育》的演讲。在演讲中,黄炎培说,所以提出本问题,是因为应该"先从根本方面着手讨论"。在他看来,这一问题,不但实施职业教育者应当讨论,就是受职业教育的青年,也有注意的必要。所以,他特将该文交与《职业市季刊》刊出,以供广大青年公览。文中,黄炎培从"基本的人生观"和"对于现社会的观察"两方面加以分析。其中在"对于现社会的观察"方面,他说,在社会中,如果有业者逐渐增多,必然会"使物质需要方面,增进其供给的分量,即精神上亦必受良好影响";同样,如果乐业者逐渐增多,"则对于社会非常不安定的大问题,必可一步一步的减少其严重程度"。② 同时,黄炎培

---

① 《社务报告:本社之评议员会》,载《教育与职业》1928年7月第96期。
② 黄炎培:《吾人为何从事职业教育》,载《职业市季刊》1928年秋季号。

181

还认为,虽然社会上无业者和不乐业者甚多的原因有政治、经济多方面的因素,不能全部归咎于教育本身,但教育界自应负起其相应、相当的责任;况且,通过何种途径培养智能,使大批的无业者具有职业,确又是职业教育所要探讨和解决的重要问题。

1929年1月1日,《教育与职业》辟第100期为"百期纪念专号",刊登了顾树森、廖世承、蒋梦麟、舒新城、刘湛恩、江恒源、邹韬奋、王志莘等人的文章,蔡元培为之题词:"富之,教之。"黄炎培在本期上发表了《我来整理整理职业教育的理论和方法》一文,该文既是对此前职业教育理论的一个总结,同时也是对未来职业教育的实施从理论上所作的一个方向指引。文中,黄炎培说,职业教育,就是一方面要用科学来解决职业教育问题,一方面要用职业教育来解决平民问题。就前者来说,像"职业心理和职业指导问题""农艺化学和农业应用科学问题""机械工业问题""化学工业问题",乃至"工厂、商店、学校以及各机关的科学管理法问题"等等,无一不可以用科学或科学的方法来解决;就后者而言,农民、工人、商人、妇女、残废者、军队等的教育问题,乃至全部的农村问题和劳动问题,无一不是将平民作为对象,也无一不在职业教育的范围之内。

1930年2月1日,为了参加职教社第四次专家会议,黄炎培特地作了《应否和怎样施行精神训练》一文。2月9日,第四次专家会议在南翔南园举行,黄炎培与会。是次会议议决了《职业教育上精神训练的标准和方法案》,黄炎培在会上说明该提案旨趣时特别提出了以下问题:"究竟这种精神训练的方法适宜否?欲行这种训练方法,应提出哪几种训练要点?训练应否分期?并怎样分期?怎样的提倡?并怎样的检查结果?"[①]3月24日,他又作《职业教育机关惟一的生命是怎么?》一文,发表在《教育与职业》1930年4月第113期上。文中,黄炎培特别指出,办职业学校,首先考虑的是设什么科,而由于职业学校的基础是"筑于社会的需要上",所以职业学校的设科"完全须根据那时候当地的状况"。4月10日,职教社有感于女子职业教育尚未积极提倡,故组织召开女子职业教育讨论会,地点在职教社。黄炎培和刘王立明、杨卫玉、彭望芬、赵师复等与会。会议讨论的主要

---

① 《社务述要》,载《教育与职业》1930年3月第112期。

问题有:是否对女子应特别注重职业教育;是否女子于职业有特别相宜或特别不相宜之点;女子职业教育是否得与男子同校;等等。

1931 年 2 月 21 日至 22 日,黄炎培和蔡元培、顾树森、刘湛恩、张一麟、高阳、冷遹、江恒源、黄齐生、姚惠泉、杨卫玉、潘文安、王志莘、郑通和、胡庶华、魏师达、汪懋祖、潘吟阁、黄竹铭、吴粹伦、雷沛鸿、贾观仁等共 42 人出席了在苏州举行的职教社第五次专家会议。会后,他和蔡元培、胡庶华、刘湛恩等 42 人联名发表了《中华职业教育社宣言》,宣言"痛陈我国社会受病现状与前途之危急,解免之方法",兼以表示职教社"平素提倡之宗旨,与实际之工作"①。其中揭示了"迫在眉睫、刻不容缓"、日趋严重的五大社会问题,认为,要解决这些社会问题,"扼要之图,确惟职业教育是赖",并从 14 个方面就职业教育的改革提出了建议。②

7 月 25 日,黄炎培专门写了《怎样办职业教育？——敬告创办和改办职业教育机关者》一文。此前,在 4 月 2 日,有鉴于大部分青年趋于进入中学,加之办理中学较易,无论是官方和私人,竞办中学,相应的,因为办理职业学校须有充足、完善的设备,学生方有实习的机会,较之办理普通中学要困难得多,由此造成当时中学众多,职业学校数量较少,且多办理不善,教育部乃令各省市:从该年度起,普通中学过多而职业学校过少者,应暂不添办高中普通科及初中,而酌量情形添办初级农、工科职业学校,各县立中学也应逐渐改组为职业学校或乡村师范学校;各普通中学应一律添设职业科或附设职业科;各新设职业学校或中学附设的职业科,应宽筹经费,充实设备,切实养成学生的劳动习惯及生产技能,并增加经费扩充旧有的各级职业学校;"各县市及私人呈请设立普通中学者,应分别督促或劝令改办农工等科职业学校,惟该县市距离省立中学地点确系过远,经核明实有必要时,亦得酌准设立";各省市应遵照上列纲领"参酌地方情形,拟具实施办法",迅速"呈报到部,以凭审核"。③

在教育部的这一训令颁布后,各地在停办普通中学、增设职业学校的

---

① 蔡元培等:《中华职业教育社宣言》"编者志",载《教育与职业》1931 年 3 月第 122 期。
② 蔡元培等:《中华职业教育社宣言》,载《教育与职业》1931 年 3 月第 122 期。
③ 《教部极力提倡职业教育》,载《东省特别区教育行政周刊》1931 年 4 月第 2 卷第 16 号。

过程中,不时致函职教社,咨询办理职业学校的经验与办法。职教社为避免"挂职教的虚名而没有实际,影响于一般社会对职教信仰"现象的发生,于是年8月辟《教育与职业》第127期为"设计专号",刊登了黄炎培《怎样办职业教育?——敬告创办和改办职业教育机关者》一文。

黄炎培的这篇文章实际上是对这些信函的回复。文中,黄炎培首先认为职业教育的目标是给予人一种"实际上服务的知能",在这种"知能"掌握后,必须去实地应用,将试验业已有效的传授给人,并"要养成他们适于这种生活的习惯";接着,黄炎培对教育部令中的内容,如"怎样办高、初级农科职业学校""怎样办高、初级工科职业学校""普通中学怎样添设职业科目或附设职业科""普通中学怎样的逐渐改组为职业学校"以及"怎样办乡村师范学校"等,一一作了解答;最后,又对怎样办商科职业学校、家事学校和职业补习教育,作了较为详细的说明。

8月1日至2日,第九届全国职业教育讨论会在镇江召开,在1日的省政府招待聚餐宴会上,黄炎培发表演说,主张文化教育和职业教育合作,认为二者不但不冲突,且能合为一炉。他认为,"今天的宴会,是'彬彬会'。彬彬者,文质不能相反谓之也。文化教育固可谓之'文',职业教育亦可谓之'质',如若畸形发展,不是'文胜质则史',就是'质胜文则野'了,必定要互相调剂,彼此相成"。[①] 当天,他并致辞说,职业教育要取得好的成效,固然有种种方法,但最紧要的,一是"不违需要的原则",二是"有实在的真精神";另外,"还有两要点,似乎在职业教育范围以外,而实在倒是根本问题",即要有"良好的体格"和"高尚纯洁的人格"。[②] 此外,他还专门写了《不要白开了会——敬告到会的行政方面社会方面诸领袖及职教界诸同志》一文,刊于当天的《新江苏日报》上,内容大致如下:第一,敬告重视教育的行政方面社会方面诸领袖,"职业教育,不应该由教育方面单独负责的。从社会上说来,商会、农会等应该和教育联络起来,应该办什么学校,设什么科,实业界很可以而且很应该向教育界提议两下联合起来负责;从行政方面说起来,无论中央政府,或省市或县,凡需要人才的机关,各部、各

---

① 潘畏三:《这次全国职业教育讨论会》,载《安徽教育》1931年8月第2卷第8期。
② 《黄炎培君致辞》,载《教育与职业》1931年9月第128期。

厅、各局和各级的供给人才的机关,就是教育部或教育厅或教育局,大家联合起来,共同解决这个人才供求的问题";第二,敬告研究或实施职业教育的到会诸同志,"无论办什么学校,设什么科,对于学生功课方面,只要国文教得真能应用,而且字写得好,其他各科教得真能应用,对于训育方面,只须养成能真守规则、有礼貌、耐劳苦,这种学生就是职业学科不很擅长,吾敢说一定有出路","办什么科,总得调查清楚,脚踏实地,千万不可走了不要走的路上去了"。① 在 2 日的闭幕式上,黄炎培希望献身于职业教育的同志,其一,要坚持不违需要的原则,向着需要的途上走;其二,不仅要有知识和学术,还要有实在的真精神,因为"恳切的精神,是驾于知识和学术之上"的;其三,要有强健的体格,因为"强国必先强种,强种必先强身";此外,还要讲求人格修养。② 8 月 22 日中午,中国工商管理协会在联华总会开第十五次聚餐讨论会,敦请黄炎培演讲《职业教育与科学管理之关系》,三四十人与会,由郭秉文任主席。黄炎培在演讲中说,职业教育,一方面授个人以谋生方法,他方面应社会之需要,训练相当人才,尤注重人格修养,科学管理,系谋应用科学方法于管理方面,两者于工商均有重大关系。

二、重视女子职业教育和工业补习教育

1. 女子职业教育

早在 1913 年 1 月,黄炎培在《江苏今后五年间教育计划书》中,即主张女子职业教育。1919 年,苏州苏常镇守使朱琛甫和江苏第二女子师范学校附属小学主事杨卫玉等,拟发起创办江苏私立女子职业中学。为此,是年 12 月黄炎培致杨卫玉《述对于创设女子职业中学之意见》函,提出女子职业中学,"今时社会非常需要",建议"发起之初,至少须筹有三年经费","设科宜先取普通职业,使家居妇女亦可谋生","招生务取其境遇有谋生之必要者","艺术以外必须注重训练,使人人有乐业之心"。③ 是月,杨卫玉采美国和日本有关女性心理著作,编辑成《女子心理学》一书,黄炎培特

---

① 潘畏三:《这次全国职业教育讨论会》,载《安徽教育》1931 年 8 月第 2 卷第 8 期。
② 潘畏三:《这次全国职业教育讨论会》,载《安徽教育》1931 年 8 月第 2 卷第 8 期。
③ 《黄君任之函杨卫玉述对于创设女子职业中学之意见》,载《教育与职业》1919 年 12 月第 16 期。

为之作序。该书从"知识篇""感情篇"和"意志篇"三方面阐述了女子心理问题,其中在"意志篇"部分,专列"关于职业的才能上男女之差异"和"男女职业之变迁",从女子心理特点和职业变迁状况,说明了女子所应从事职业的必要性和特殊性。1920 年上半年,朱琛甫夫妇"有鉴于苏城妇女,多染奢惰之习,自近顷机工衰落,生计益感萧条,家庭生活大有不能支持之势,乃偕地方绅士及各学校教职员之热心新教育者",发起创办苏州私立女子职业中学校。黄炎培对此给予特别关心和关注,在 7 月 8 日出席了该校成绩展览会并作演说。在演说中,他叙述了该校的性质,主张妇女社会风俗亟宜改良。

此后,随着女子职业学校的增多,要求女子接受职业教育的呼声日益高涨,职教社更是在 1921 年 11 月和 1922 年 1 月辟《教育与职业》第 30 期和第 32 期分别为"女子职业教育号"和"女子家事教育号"。而与此同时,黄炎培也不时在各地宣传女子职业教育。如 1923 年 10 月 27 日,他应云南省立女子师范学校、女子中学校之邀,演讲《女子职业教育》。11 月 23日,江苏女子师范学校开欢迎会,黄炎培、杨卫玉等出席,黄炎培讲演了《理想的女子》,内容包括教育、家政和职业。在宣传女子职业教育的同时,黄炎培还开展了女子职业教育的实践,而这突出表现在他对镇江女子职业学校的筹办上。

1926 年春,江苏仪征许唐儒箴有感于镇江女子生计困难,乃慨捐田 27亩,委托职教社规划筹办女子职业学校。之后,职教社特进行组织筹备,冷遹、黄炎培、杨卫玉等多次开会商议,并决定先办蚕桑科。5 月 31 日,镇江女子职业学校筹备会议在镇江商会举行,出席会议的有镇江各界人士冷遹、陆小波、杨振声、蒋健堂(代表李薯卿)、包洙、吴佐卿、郑紫卿、黄竹铭等,黄炎培和杨卫玉代表职教社与会。会议议决了《镇江女子职业学校计划》和《镇江女子职业学校预算》;公推冷遹为筹备主任,包洙为干事;筹备期自 6 月起,以 3 个月为期,预定暑假后开学。之后,在 7 月 5 日,因镇江新办女子职业学校须筹经常费及择定校舍等,黄炎培乘早车赴南京,约冷遹、包洙两筹备员一同前往省财政、实业厅接洽,以期早日解决,并确定期望暑期开学。8 月 29 日,镇江女子职业学校第二次筹备会在镇江商会举行,会议议决成立董事会,公推冷遹为董事长,李薯卿为副董事长,陆小波、胡笔江、胡子明、蒋健堂、倪远甫、徐兰墅、魏小辅、杨振声等为董事，推黄炎培、杨卫玉、卢焕卿、李伯弢、蔡云孙、许唐儒箴、包洙、徐师竹、冷遹、李耆卿等为常务董事，拟请包洙兼任校长。校址决定租用江苏省立第三工场房屋，先办育蚕、植桑科，暂收学生 40 人，准本年 10 月 10 日开学。

因种种原因，1927 年 2 月 23 日学校方正式开学。学校开学后，以"培植女子有一技之长，从事有益于社会之生产事业，同时益注重人格之修养、思想之正确、身体之健康、智识之丰富"为目标，教学方法强调自学辅导，以行求知，注重实习，不尚空谈。1930 年 3 月，呈准教育厅立案改名为私立镇江女子职业中学。1931 年春，又添办家事师范科。学校开办后，黄炎培对学校发展十分关心，多次到校给予指导。

1935 年 1 月初，许唐儒箴去世。1 月 6 日，黄炎培特作《挽许唐儒箴夫人二联》，其中言道，"舍良田兴女子织（按：应为"职"之误）业学校，今朝筐箔万家，弦歌化俗，一笺宝遗墨，活人德水永思源"；"捐私产，成公益，夫人遗训，以兴女学为己任，百里维扬民有乑，试倾听裙履弦歌"。[①] 1 月 10 日上午，镇江地方人士与省会党政要人，为纪念许唐儒箴捐田兴学、造福社会，在公园讲厅举行盛大追悼会，黄炎培、江恒源、杨卫玉、冷遹、余井塘等出席。会议讨论通过了"请以大会名义呈请政府褒奖"一事，由职教社办理。黄炎培在会上作了关于许唐儒箴捐田兴学事实的演说。

2. 工业补习教育

职业补习教育主要是对已错过入学机会而从事职业或准备从事职业的人员补习有关的基本知识和职业技能。它需要经费较少，学习时间灵活，密切结合实际。在职教社同仁看来，职业补习教育乃职业教育的重要形式之一，在职业教育中具有重要地位，因此于 1926 年决定在淞沪区域试办工业补习教育。为收集思广益之效，乃延请实业界和教育界专家，组织淞沪工业补习教育委员会，以开展调查研究计划的实施。

1926 年 9 月 11 日下午，中华职业教育社召开淞沪工业补习教育委员会筹备会，黄炎培和杨卫玉、潘文安、魏师达等与会。会议议决了"委员会

① 黄炎培著，中国社会科学院近代史研究所整理：《黄炎培日记》第 5 卷，华文出版社 2008 年版，第 12 页。

简章草案";议定先开谈话会,讨论组织委员会,并推举委员。9月20日下午,淞沪工业补习教育委员会在职教社举行成立大会,黄炎培和胡庶华、朱懋澄、郁瘦梅、杨卫玉、徐佩璜、黄朴奇、傅若愚、阮介蕃、潘文安、魏师达等与会。在会上,黄炎培报告了职教社提倡补习教育及组织委员会的意旨。会议公推阮介蕃为主席,杨卫玉为副主席,郁瘦梅、刘广沛、魏师达为常务委员,黄炎培和胡庶华、朱懋澄、杨卫玉、徐佩璜、傅若愚、潘文安、沈百英、沈九成、郁瘦梅、王叔愚、黄朴奇、刘广沛、黄望平、魏师达等为委员;并规定,淞沪工业补习教育委员会附设于中华职业教育社,"以研究工业补习教育,讨论实施方法,使淞沪工厂工徒有增进技能智识之机会,养成工业界适用人才为宗旨",应办事务包括"调查淞沪工厂补习教育情形""调查淞沪工厂所需要之适当人才""研究实施淞沪工厂补习教育方法""筹设及扶助淞沪工业补习学校""与淞沪工厂合作办理补习教育""介绍及养成工业补习教育师资""介绍及搜集工业教育适当教材""编辑及印行关于工业补习教育各项调查及研究资料""其他发展工业补习教育之事宜"等。①

此后,为了激发社会上对工业补习教育的重视,并达到与各界相互沟通的目的,淞沪工业补习教育委员会特于11月12日在《申报》上开辟"工业补习教育运动"专栏,刊登了《创办淞沪工业补习教育缘起》《试办淞沪工业补习教育经过情形》和胡庶华的《我之工业补习教育观》、潘文安的《职工补习教育之利益》、魏师达的《童工学徒应有受教育之机会》等文章。黄炎培特为专栏写了弁言:"今日办工业,可云千难万难矣,……根本上之难题,其惟工人乎。欲增进工人之知识技能,则宜教育;欲使工人尽心尽力于作工,则宜教育;为工人谋幸福而又不欲工人走入迷途,则愈不可无教育。一而教育,一而作工,作工为主,教育为辅,于是乎有工业补习教育。"②之后,黄炎培多次参加淞沪工业补习教育委员会的有关会议,研讨工业补习教育的开展。

如,1927年1月24日,中华职业教育社在事务所举行淞沪工业补习教育、平民职业教育两委员会联席会议,黄炎培和阮介蕃、胡庶华、章伯寅、刘

---

① 《淞沪工业补教常务委员会将开会》,载《申报》1926年9月23日,第12版。
② 黄炎培:《弁言》,载《申报》1926年11月12日,第8版。

湛恩、杨卫玉、王叔愚、魏师达、潘文安等 14 人与会,由阮介蕃任主席。会议议决淞沪工业补习教育委员会与平民职业教育委员会合并,改名为职业补习教育委员会,暂分工商、平民和职业三部,提议公推增添刘湛恩、顾树森、陆费逵、周菊人等人为委员;注重补习学校师资,请中华职业学校特设短期临时讲习所;修改淞沪工业补习学校通则;议决设立中华职业学校短期补习班,由刘湛恩、顾树森、潘文安、黄望平暨顾树森夫人等,先行调查上海各属职业状况,以定改良指导计划,并推顾树森主持一切。随着对职业补习教育的关注和研讨,黄炎培对之也有了更多明确的认识。如,1931 年 7 月 25 日,他在所写的《怎样办职业教育? ——敬告创办和改办职业教育机关者》一文中,即将职业补习教育视为推广职业教育的"一条康庄大道"。他系统论述道,"职业补习教育,就已有职业的青年,予以相当教育,一方补充常识,一方增进其职业知能,虽与正式的学校教育不同,而于改良职业大有关系。即按之职业教育定义,亦复非常切合。而且职业学校,无法可以普设;职业补习教育,苟有职业,无处不可举办,亦无处不当举办";其办法包括:"科目及教材,务使切合他们日常职业上的应用";"修业期间宜分级,每级宜短,使他们职业即有改变,修业中止,亦得一小结束;而欲长期修业者,尽可按级递升,两不相妨";"学年制不如学科制,使得自由选科,补其所阙而不相牵制";"每日既利用业余时间,则修学不宜过久,庶免疲劳,致生厌倦心"。①

"九一八"事变爆发后,职业补习教育愈加受到职教社的重视。1932 年 2 月 2 日,在职教社第六次专家会议上,就曾对职业补习教育问题进行了专门的讨论;5 月,在职教社成立第十五周年纪念会上,乃决定适应时代需求,举办大规模的职业补习学校,并制订了《筹备上海补习教育计划大纲》,决定成立筹备委员会,随时筹划推行。之后,职教社先后设立了第一中华职业补习学校和第二中华职业补习学校。与举办职业补习学校相适应,1933 年 3 月 25 日,上海职业补习教育研究会在中华职业教育社举行成立大会,黄炎培、刘湛恩、江恒源、潘序伦、杨崇皋(代表潘文安)、李公朴、

---

① 黄炎培:《怎样办职业教育? ——敬告创办和改办职业教育机关者》,载《教育与职业》1931 年 8 月第 127 期。

赵霭吴、杨卫玉、谢向之、姚惠泉、吴粹伦、梁忠源等出席,由江恒源任主席。会议通过了研究会会章,推举刘湛恩、潘序伦为正副主席,赵霭吴为秘书,谢向之为会计,并决定调查上海市的职业补习学校。职业补习教育研究会成立后,黄炎培对职业补习教育作了多方面的探讨。

三、对教育历史的反思

在黄炎培看来,"中国富于史而贫于史书"①,因此他非常重视对历史特别是教育历史进行总结和反思。从民初倡导实用主义教育时所写的《实用主义产出之第一年》《实用主义产出之第二年》《实用主义产出之第三年》,到职教社成立后所作的《民国六年之职业教育》,再到职业教育在"新学制"中得以确立地位前后所撰的《民国十年之职业教育》《民国十一年之职业教育》《民国十二年之职业教育》,都可见黄炎培对通过教育历史发展的梳理以于实践进行总结和反思的重视。正是因此,1922 年《申报》馆在为纪念成立五十周年编辑《最近之五十年》作为纪念特刊时,特委托黄炎培主编。1923 年 2 月书成,由《申报》馆出版,共收梁启超、蔡元培、胡适、任鸿隽、张一麟、穆藕初、沈恩孚、郭秉文、丁文江、叶恭绰等人撰写的 71 篇论文。这些论文,不仅是对《申报》馆成立五十周年的纪念,而且也为有关问题的研究,保存了较为完整、珍稀的历史资料。而在 71 篇文章中,有两篇即为黄炎培和沈绮共同撰写,即《五十年来中国大事表》和《四十五年来中国之对外贸易统计》。

1928 年 6 月,王云五约请黄炎培写《中国教育小史》一书,黄炎培鉴于这是自己"平时很想研究的,也很注意材料的"一个领域,故"觉得这件工作还有接受的兴趣,也许有接受的可能",于是就答应了。此后,在 1930 年7 月 31 日所作《中国教育史要》序言中,黄炎培不仅说明了本书的写作缘起,介绍了主要内容,而且还向读者列出了在著书时遵循的几条"规律":"一,凡下一义,必先开列若干证据;二,凡所引证,必注明来历(吾所身亲参与的事迹除外);三,凡所引证,必取原书自检阅一过;四,伪书已考定者,不去引用,即或引用,必说明伪书(曾有人疑他是伪书,而未经评定者

---

① 黄炎培:《〈中国教育制度沿革史〉叙》,载《教育杂志》1916 年 7 月第 8 卷第 7 号。

除外）；五，乙书转引甲书者，吾必用甲书（甲书已佚，或一时找不得除外）。"①1930年10月，《中国教育史要》由上海商务印书馆出版。该书作为王云五主编的"百科小丛书"中之一种，采用分期法，将中国教育的历史分为5个时期论述："传说时期的教育（秦以前）""德治时期的教育（两汉）""混战时期的教育（从三国到南北朝）""科举时期的教育（从隋唐到清）"和"欧化时期的教育（从清末到现在）"。

《中国教育史要》的写作，使黄炎培对教育的历史更为娴熟，也有了更多思考和理解。因为《中国教育史要》主要论述古代教育，书成后，黄炎培益"觉最近五十年来新教育运动，其价值实驾三千年全史之上"，于是他不仅撰写了《吾国中学制度之历史观》，对近代中学教育的发展演变作了较为详尽的说明，而且还"辄欲取五十年新教育运动事实，辑为长编，乃移书各省友好，征求史事"②，经过6个月时间，最后辑为《清季各省兴学史》，对陕西、甘肃、新疆、广东、广西、云南、贵州、湖北、湖南、江西、安徽、河南等地自洋务运动后新式教育的推展作了详细勾勒，并叙述了南开学校的创办缘起及发展梗概。

在历史研究中，通史和专史相辅相成，对两者的研究自是相互促进。不过，虽然黄炎培对中国教育通史也有一定的研究，写作出版了《中国教育史要》，但是鉴于自己对职业教育的研究、理解和深谙，以及对职业教育重要作用的认识，使得他在对教育历史的反思上，必然会将重点放在中国职业教育专史上。

自1915年黄炎培考察美国教育将职业教育引入中国后，职业教育即渐为人所熟悉。1917年5月中华职业教育社成立后，职业教育的理论探讨和实践推行均得到快速发展。伴随着职业教育理论研究和实践推行的要求，加强对中国职业教育史的研究也成为必然。

最初，对中国职业教育史的研究主要集中在对职业教育发展的整体梳理和叙述上。1923年2月，邹韬奋和秦翰才所撰写的《中国之职业教育》收入《最近之五十年》，这是关于中国职业教育史研究最早的文献；1927年

---

① 黄炎培：《序言》，见《中国教育史要》，上海商务印书馆1930年版。
② 黄炎培：《清季各省兴学史》，载《人文》1930年9月第1卷第7期。

5月,孙祖基在《教育与职业》第 85 期上,又发表了《十年来中国之职业教育》一文。然而,这两篇文章,总体而言,尚嫌简略。之后,虽然对职业教育史的研究开始增多,且关于中国职业教育史的整体研究一直是中国职业教育史研究的重要内容;但其中最详尽的著述则是黄炎培的《三十五年来中国之职业教育》(收入庄俞、贺圣鼐编辑《最近三十五年之中国教育》,上海商务印书馆 1931 年版)和《中国职业教育简史》(收入陈选善主编《职业教育之理论与实际》,中华职业教育社 1933 年版)两文。这两篇论文,资料丰富,内容全面,分析深入,体现了黄炎培对中国职业教育史的非凡理解。

1931 年是商务印书馆创办三十五周年,于是该馆乃约请有关人士或"就我国教育撰成有系统之专篇",或请人"述我国新文化、音符运动、国语运动、印刷术、出版业等等",以为纪念。9 月,所撰写的著述由庄俞、贺圣鼐编辑,取名《最近三十五年之中国教育》,由上海商务印书馆出版。该书分"卷上"和"卷下"两部分。"卷上"包括吴研因、翁之达的《三十五年来中国之小学教育》,廖世承的《三十五年来中国之中学教育》,何炳松的《三十五年来中国之大学教育》,黄炎培的《三十五年来中国之职业教育》,高阳的《三十五年来中国之民众教育》,俞庆棠的《三十五年来中国之女子教育》,汪亚尘的《三十五年来中国之艺术教育》,吴蕴瑞的《三十五年来中国之体育》,朱经农的《三十五年来中国之教育行政》;"卷下"包括蔡元培的《三十五年来中国之新文化》,吴稚晖的《三十五年来之音符运动》,黎锦熙的《三十五年来之国语运动》,贺圣鼐的《三十五年来之中国印刷术》,赖彦于的《三十五年来之欧美印刷术》,李泽彰的《三十五年来中国之出版业》,庄俞的《三十五年来之商务印书馆》。

黄炎培的《三十五年来中国之职业教育》成稿于 1931 年 6 月 22 日。该文分三部分。第一,"三十五年以前之职业教育",主要论述洋务运动时期有关的技术学堂和洋务运动后出现的少数具有职业教育性质的学校。不过,黄炎培认为,这些学校,虽然无一不在职业教育范围以内,但它们的发起创办,"只为国家谋所以增进生产、开发交通,而初非注意于为个人推广生计"。第二,"自光绪二十三年迄民国五年凡二十年间之职业教育",述清末、民初的职业教育。其中,黄炎培认为,清末的实业教育,"虽亦以国民生计为前提,然绝未有职业教育字样"。第三,"最近十五年间之职业教育",述自 1917 年 5 月中华职业教育社成立后职业教育发展概况。通过梳理、探讨职业教育的历史发展,黄炎培认为,时下职业教育与民初相比,"可谓一落千丈矣。就教育影响论,……但见青年失业,匪兵横行,有加无已耳";但他还是满怀希望并坚信,"职业教育前途,以后或将有以大慰吾人之期望乎"。①

1932 年 5 月 6 日上午,职教社在中华职业学校职工教育馆举行立社十五周年纪念会,黄炎培、蔡元培、杨卫玉、郑通和、何玉书、胡庶华、刘湛恩、贾观仁、史量才、沈恩孚、穆藕初、钱新之等出席。因时值国难时期,基于不铺张的原则,会议决定仅于是日以编写出版《职业教育之理论与实际》一书,以为纪念,并作为国内专门从事研究和倡办职业教育者之参考。纪念会首先举行了职业学校添造校舍奠基礼。礼毕,蔡元培、江恒源分别致开会辞;黄炎培和杨卫玉分别报告了立社经过,详尽阐发了职教社建社的艰难经过和立社宗旨。1933 年 2 月,由陈选善主编的《职业教育之理论与实际》一书由中华职业教育社出版,全书除江恒源的《序》和陈选善的《编者赘言》外,包括陈选善的《职业教育的理论的基础》《职业补习教育》《职业教育师资》《职业指导》《职业课程》、钟道赞的《欧美各国职业教育概况》、王舜成的《农的教育》、江恒源的《农村改进》、胡庶华的《工的教育》、贾观仁的《职业训练》、赵宗预的《商的教育》、杨卫玉的《家事教育》《女子职业教育》《特殊职业教育》《职业陶冶》、潘文安的《专业教育》,以及黄炎培的《中国职业教育简史》《结论》。其中,黄炎培的《中国职业教育简史》作于1932 年 11 月,该文计分 6 节:"中国职业教育的来源""中国旧教育时代的职业教育""清季新教育初期的职业教育""清季学部时代的职业教育""民国二十年来之职业教育""中华职业教育社简史",内容十分丰富。

在黄炎培关于中国职业教育史的研究中,对职教社社史的研究是一个重要方面。

职教社在中国职业教育的发展历程中作用非凡。正因如此,随着职教社的事业日益扩大,对其本身的历史和活动贡献加以总结也势在必行。

---

① 庄俞、贺圣鼐编辑:《最近三十五年之中国教育》,上海商务印书馆 1931 年版,第 152 页。

1922 年 4 月 30 日,《教育与职业》辟第 35 期为"本社立社五年纪念号",其中,黄炎培特撰写了《中华职业教育社成立五年间之感想》一文。文中黄炎培回顾了职教社成立 5 年来的发展,并充满信心地说:"吾社成立五年矣,虽蓬蓬有春气,而无穷希望,尚在方来。"①

1927 年 5 月后,以纪念职教社立社十周年为契机,为总结职教社在中国职业教育近代化中的成就、贡献、经验和教训,职教界同仁对这一重要的职业教育组织机构的历史探讨就一直不断。代表性的论述如秦翰才的《中华职业教育社十年小史》(载《晨报副镌》1927 年 5 月第 68 期),《中华职业教育社十年小史》(收入廖世承编《中国职业教育问题》,上海商务印书馆 1929 年版),江恒源的《十六年来之中华职业教育社》(载《教育与职业》1933 年 7 月第 146 期)等。而黄炎培也撰写了《十一次中华职业教育社大会追纪》(载《教育与职业》1930 年 6 月第 115 期)一文,概述了职教社的十一次年会情况;并在《中国职业教育简史》第六节列"中华职业教育社简史",其中不仅叙述了职教社的历史,而且通过所列的"中华职业教育社历年集会及重要工作一览",为人们了解职教社的发展脉络及其对职业教育发展所产生的推动作用,提供了明确的线索。正是对职教社满怀着无限深情,黄炎培不仅在有关会议上时常讲演职教社的历史及宗旨等,而且在 1933 年 9 月 13 日,还特地为职教社作了社歌:

　　惟先劳而后食兮,嗟! 吾人群之天职。欲完此天职兮,尚百业之汝择。愧先觉觉后之未能兮,舍吾徒之责而谁责?

　　同心组成吾社兮,将以求吾道之昌也。研究试验以实施兮,期一一见诸行也。苟获救吾民之憔悴兮,卜吾国族之终强也。

　　手旗兮飞扬,吾何往兮? 比乐之堂。将使无业者咸有业兮,使有业者乐且无疆。嗟! 嗟! 吾愿何日偿兮? 天假我以岁月之悠长。②

---

① 黄炎培:《中华职业教育社成立五年间之感想》,载《教育与职业》1922 年 4 月第 35 期。
② 黄炎培著,中国社会科学院近代史研究所整理:《黄炎培日记》第 4 卷,华文出版社 2008 年版,第 211 页。

第九章　从"职教救国"到投身国难

"大职业教育主义"理论提出后,黄炎培在实践该理论的同时,通过赴朝鲜、日本考察职业教育,敏锐地认识到日本的侵华野心。"九一八"事变后,面对民族危亡的客观现实,他积极参与组织抗日团体,从事爱国救亡运动,创办《救国通讯》,并将教育特别是职业教育与抗战救国沟通、联络、结合起来。

第一节　朝鲜、日本之行与职业教育

一、朝鲜之行

1927 年 2 月 17 日,职教社在新事务所举行常任评议员暨办事员联席会议,黄炎培和刘湛恩、赵师复、王志莘、杨卫玉、顾树森、邹韬奋、徐伯昕、金炳荣、沈慰霞、孙祖基、魏师达、潘文安、秦翰才等 14 人出席。会议议决:提出改选评议员办法;提议《推员调查国外职业教育案》,国内调查推杨卫玉、刘湛恩、顾树森担任,国外则由黄炎培承担;提议加入世界教育联合会,并推举黄炎培为代表参加本年 8 月 7 日至 12 日于加拿大多伦多举行的该会第二次大会。而此前,世界教育联合会总务部事务所主任程其保曾致函职教社,邀请职教社加入该会。2 月 19 日中午,职教社在上海福州路一枝香举行董事会,黄炎培、沈恩孚、袁希涛、阮介蕃、史量才、穆藕初、黄以霖、王省三、章伯寅、王正廷等与会。会议议决了《十六年度经费预算》,并依常任评议员暨办事员联席会议的建议,决定由黄炎培调查美国职业教育,并代表职教社列席本年 8 月在加拿大举行的世界教育联合会大会,所需经费,推由董事钱新之、史量才、穆藕初设法筹集。

对于此次国外教育调查,黄炎培非常重视,作了认真准备。为了专心考察,他先在 3 月 1 日致函商署,辞去商署参议会参议和商署教育行政委员会委员二职;3 月 4 日又致函江苏省教育会干事员常会,辞去江苏省教育会副会长一职。3 月 5 日,教育部致函外交部,请发黄炎培赴美考察职业教育护照。

此后,虽然在 3 月 24 日,国民党第三区党部派代表前赴法租界接收了职教社,但并没有动摇黄炎培这次时隔近 12 年后再度赴美考察的决心,他甚至在 5 月 2 日还专门托王志莘预定 7 月上旬自沪赴美的船票。不过,此后事情的发展也许连黄炎培本人也没有想到。5 月 4 日下午,上海各团体在南市公共体育场举行五四运动纪念大会,会议通过了《请国民政府通缉学阀,并指定章太炎、张君劢、黄炎培、沈信卿、胡敦复、蒋维乔、郭任远、朱炎、殷芝龄、刘海粟、阮尚介、凌鸿勋、张东荪、袁希涛》。于是黄炎培即"购西伯利亚通车旅行票,准备从上海出发去苏联,临时被阻"[1],于 5 月 19 日乘船改去当时被日本占领的大连避难。在大连,黄炎培不仅先后在 5 月 27 日于大连民政署调查大连金融组合、6 月 7 日参观南满洲工业专门学校职业教育部,而且还读了《庄子》《杜诗选》等书籍。6 月 18 日,他又赴天津。6 月 23 日上午,他至北京出席了中华教育文化基金董事会第三次董事年会的预备会。期间,他在京津两地拜访了张伯苓、范源濂、汤尔和、傅葆琛、瞿菊农、晏阳初等好友。6 月 29 日上午,中华教育文化基金董事会

---

① 黄炎培:《八十年来——黄炎培自述》,文汇出版社 2000 年版,第 129 页。

第三次董事年会于天津裕中饭店召开,黄炎培、颜惠庆、张伯苓、范源濂、周诒春、顾维钧、丁文江、孟禄等出席。大会通过了黄炎培辞去董事职务的请求,一起被同意辞去董事职务的还有著名的地质学家丁文江,同时,并选举蔡元培、胡适为董事以继之。7月1日上午,国民党中央政治会议上海临时分会举行第三十八次会议,会议讨论并议决通过:"江苏著名学阀黄炎培、郭秉文、袁希涛、沈恩孚、蒋维乔,历年依附军阀及帝国主义者,把持全国教育及文化事业,操纵江苏政治,现闻仍在各方活动。应请中央政治会议明令褫夺公权,并令各教育及其他机关永远不许延用。"①之后,黄炎培于7月4日再赴大连,并于10月15日取道安东渡鸭绿江入朝鲜,至11月4日离开朝鲜,经奉天回到大连,共在朝鲜20天。期间,他以考察各地金融组合为主要任务,并沿途乘便调查职业教育,参观了多所职业学校,如10月23日,参观朝鲜劝业模范场及高等农林学校;10月24日,参观朝鲜京畿公立商业学校;10月25日,参观朝鲜京城高等商业学校、朝鲜京城高等工业学校和朝鲜京城于义洞公立工业补习学校等。

从朝鲜考察金融组合回国后,自11月9日起,黄炎培开始将在朝鲜考察所得资料进行整理,撰写《朝鲜》,并在12月先后撰写了《朝鲜金融组合调查报告书》和《南满洲朝鲜职业教育之一斑》,于1928年1月由中华职业教育社出版。其中,《南满洲朝鲜职业教育之一斑》中,收录了黄炎培所参观调查的"南满洲工业专门学校职业教育部""旅顺工科大学""朝鲜劝业模范场及高等农林学校""朝鲜京畿公立商科学校"等职业教育机构和学校的情况及《游历满鲜以后对于职业指导所几点小贡献》一文,反映了黄炎培对东北和朝鲜职业教育调查的所得和认识。而《朝鲜》在1928年3月写成后不久,5月3日,国内"济南惨案"发生,黄炎培益感该书"有贡献于吾国人之必要"②,一年后的1929年9月,也由上海商务印书馆出版。

与《朝鲜金融组合调查报告书》和《南满洲朝鲜职业教育之一斑》不同,在《朝鲜》中,黄炎培在用较大篇幅介绍朝鲜的历史、地理、经济发展的同时,也以一定的内容叙述了朝鲜的文化和教育,其中包括朝鲜的实业教

---

① 《政治分会第三十八次会议纪》,载《申报》1927年7月2日,第14版。
② 黄炎培:《开卷语》,见《朝鲜》,上海商务印书馆1929年版。

育:"朝鲜农工商实业教育,初从简易浅近入手,其后乃改订实业学校修业年限,凡招收普通学校或小学校六年毕业生者,定为三年至五年,其招收普通学校的高等科或高等小学校毕业生者,定为二年至三年,皆采日鲜并学制"。其实业教育,除商业学校有少数为私立外,多为公立。其中,与中央试验所合设的京城高等工业学校,为全朝鲜唯一的工业倡导试验机关;与劝业模范场合设的水原高等农林学校,设有棉作支场、牧马支场、蚕业试验所等,则为全朝鲜唯一的农业倡导试验机关。[①] 另外,书中还专列朝鲜"实业学校状况一览",简要介绍了朝鲜主要实业学校的概况,并重点描述了京城崇二洞高等商业学校、京城高等工业学校等的基本情况。

值得指出的是,朝鲜之行,虽使黄炎培对冀职业教育促进国家发展更抱巨大的信心,但是也益让他看到了日本军国主义的侵华野心。正如他在1928年5月31日为《朝鲜》一书所写的开卷语中所言,"日本对大陆之野心,至神功皇后而一现,至丰臣秀吉而再现,而皆取道朝鲜。明治初年,征韩论蜂起。末年大功始成,而日人不以为成功也,志不尽在朝鲜也。一九一四年,乘欧战之机,攫取德所占青岛、胶济而有之,志不限于青岛、胶济也。水尽渤海,陆尽满洲、蒙古,骎骎乎且并黄河流域而括诸囊中,狠矣哉;山东其外缘也,朝鲜则其起点也。……莫问彼欲朝鲜我否,且自审我视朝鲜何如;则朝鲜诚我之宝镜也。更观彼所施于朝鲜者何如,所施于朝鲜人者又何如;则今日之朝鲜,尤今日之我之宝镜也";"故诚欲研究日本大陆侵略史者,不可不首研究朝鲜"。[②] 可见,黄炎培写作及出版《朝鲜》一书,不仅是要介绍朝鲜的历史、文化和教育,也是要国人以朝鲜为鉴,唤起国人对日侵略的认识。

二、日本之行

从朝鲜回到国内后,黄炎培于1928年5月出席了职教社第十届年会。此后,虽然他在6月已经辞去了职教社办事部主任一职,但7月31日和8月3日,上海市学生联合会举行的第十次执行委员会和第十一次执行委员

---

① 黄炎培:《朝鲜》,上海商务印书馆1929年版,第236—237页。
② 黄炎培:《开卷语》,见《朝鲜》,上海商务印书馆1929年版。

会,仍议决通过了《呈请国民政府严惩反动学阀郭秉文、黄炎培、沈恩孚、
袁希涛、殷芝龄、刘海粟、郭任远、程其保、沈嗣良、朱经农等》和《严办反动
学阀黄任之、沈恩孚》。之后,在 1929 年 8 月 14 日和 8 月 24 日,上海特别
市执行委员会第四十四次常会和第四十七次常会又先后议决通过了《为
请严行通缉学阀黄炎培,以维威信案》《为呈请探缉学阀黄炎培案》和《严
厉制止前省教育会学阀黄炎培等活动案》等。但这一切,并没有能够减弱
和阻止黄炎培"职教救国"的信心及决心。所以,此后他作为职教社的"三
老"之一,不仅继续关心着徐公桥乡村改进试验区,多次和杨卫玉、姚惠泉
赴镇江的下蜀、新丰、黄墟等地调查乡村概况;而且在开展对职业教育理论
反思的同时,于 11 月创办了《人文》月刊,并据此前赴杭州参加西湖博览
会所作的详细考察,以一个月时间,拟编成有系统之报告,作为《教育与职
业》第 110 期"西湖博览会与职业教育专号",于 1930 年 1 月 1 日出版。

　　1931 年 2 月 21 日下午,职教社在苏州留园举行第五次专家会议,黄炎
培和蔡元培、胡庶华、顾树森、冷遹、刘湛恩、汪懋祖、王志莘、潘吟阁、杨卫
玉、姚惠泉、黄齐生、黄竹铭、吴粹伦、雷沛鸿、贾观仁、潘文安、江恒源等计
40 余人与会。这一被称为"苏州会议"的专家会议,是职教社发展史上一
次重要的会议,因为在会后,黄炎培和蔡元培、胡庶华、刘湛恩等共 42 人联
名发表了《中华职业教育社宣言》。3 月 19 日,为了实现宣言中的目标,且
有鉴于近年东北辽宁等地对于教育实业加以积极推广,为更明确地了解东
北的职业教育,调查研究推行职业教育,中华职业教育社特派黄炎培和江
恒源、潘文安赴东北进行考察。本日 3 人在上海乘"大连丸"号客船赴大
连,王纠思随行。看到此次专家会议所发表的《中华职业教育社宣言》,回
顾 1917 年 5 月职教社成立时,同仁们所发表的《中华职业教育社宣言》,黄
炎培心潮澎湃,既为近十四年来职业教育所取得的成绩而振奋,更为职业
教育的未来发展所萦怀,于是当天即成《中华职业教育社十四年间前后两
宣言》一文。

　　此次东北之行,黄炎培一行先后参观了日本南满铁道株式会社所设工
业专门学校附设的职业教育部、东北大学和数所职业学校。4 月 2 日正
午,中华职业教育社举行董事常会,为借鉴日本教育,又议决派江恒源、潘
文安赴日本考察职业教育一月。于是,当天黄炎培和江恒源、潘文安及王

纠思等又取道朝鲜赴日本考察,预定在日本"考察之事业,为职业学校、职业补习学校、农村教育、职业指导、职业介绍所、女子职业学校等;考察之区域,为东京、京都、名古屋、大阪、神户、长崎六大都市,及其附近乡村"①。

4月3日至朝鲜后,黄炎培一行在汉城、釜山停留两日,期间,当他们看到时被日本侵占的朝鲜人民生活在水深火热之中,不禁深深同情。之后,4月6日他们又到东京对日本进行考察,一直到4月24日回抵上海。所以这次考察,前后虽涉及东北、朝鲜和日本,但时间最长、主要考察的地点还是日本,而给予黄炎培最为印象深刻和影响的也是他在日本的所见所闻。

在日期间,黄炎培先后参观了爱知县农业补习学校、爱知县安城农林学校、爱知县农事试验场、大阪市立都岛工业学校、大阪市立实科高等女学校、大阪市立实业学校以及神户市役所设立的中央职业绍介所等。4月22日上午,黄炎培自神户乘船回国。23日,船至长崎,黄炎培特向国内发电:"此次考察,与日本职教专家谈话,搜集资料不少,颇有心得,吾国可资借镜,现考察已竣,于昨日乘长崎丸启程回国,明日下午二时可抵沪埠汇山码头。"②

考察回国后,黄炎培和江恒源、潘文安三人不时地在不同场合、利用不同机会介绍此次东北、朝鲜及日本之行的情况,特别是日本对职业教育的重视和日本职业教育的发展情况,号召国人对之进行借鉴。如,4月24日晚6时,刚刚于下午3时到沪的黄炎培,不顾鞍马劳顿,和江恒源、潘文安兴致勃勃地出席了职教社评议员春季常会,出席会议的还有蔡元培、何炳松、张嘉璈、朱经农、欧元怀、廖世承、王志莘、刘湛恩、庄俞、杨卫玉、潘序伦等。会上,黄炎培、江恒源、潘文安报告了考察东北、日本职业教育情形。4月27日,中华职业学校新设原动力室及新华银行校内分行开幕,黄炎培和江恒源、潘文安前往参加,并演讲《东北、日本之职业教育》。5月6日,职教社在比乐堂举行立社十四周年纪念式,黄炎培讲述了本社开创史,并和江恒源、潘文安讲演了日本职业教育。5月8日夜,应上海实用职业补

① 《考察专员在东北及日本之行动》,载《教育与职业》1931年5月第124期。
② 《职教社考察员回国》,载《申报》1931年4月23日,第10版。

习学校和上海市商会通问班敦请,黄炎培在上海市商会大礼堂演讲《环游黄海后的感想》。5月15日,应上海中学教职员会学术讨论会之邀,黄炎培作《黄海旅行报告》。5月16日,他又在徐公桥村友会演讲《黄海环游所得》。在这些演讲和报告中,黄炎培特别对日本重视职业教育和职业指导的举措作了详尽的介绍。

不仅如此,在演讲和报告之余,黄炎培很快将考察经过及感悟、体认整理成《黄海环游记》,于5月间脱稿,自1931年5月13日至6月13日在《申报》上连载。使他始料不及的是,这些文字"竟掀起空前壮阔的波澜,摘下无数读者热烈的同情血泪"①。在《黄海环游记》中,黄炎培用极其生动犀利的文笔和通俗而极其得体的体裁,记述了他在日本的考察所得和日本处心积虑以谋取中国的险恶用心。

其实,对日本的侵华野心,黄炎培早有意识。此次,他虽目的在考察日本职业教育,但是却敏锐地意识到日本正在加紧它的侵华步伐。早在从日本神户回国途经长崎时,黄炎培就闻得日本将要对中国出兵,计划先用500艘潜水艇,封锁台湾岛、琉球群岛、日本、朝鲜间的海面,以遏制美国舰队的东来;之后,将用四个师团和四艘内河兵舰封锁海州,进取徐州,截断津浦路;再进取郑州,截断平汉路;并分兵出击苏俄;"取我资源,做他们军事的后援"。由于日本预料苏俄第一期仅可出兵40万,所以,他们决定正式对中国开战时,第一期即出兵300万,以速战速决。回国后,当黄炎培又得知沈阳、济南等地的日侨已经大结合了,日本向欧美市场收买了大量汽油,"海州发见日人秘密测绘海口形势了"等消息后,毅然于5月29日去见蒋介石,蒋介石则让他去找外交部部长王正廷。几天后,黄炎培见到王正廷,想不到当自己急切地将对日本侵华野心的预见坦诚相告后,这个外交部部长却对黄炎培"大笑"说:"如果黄任之知道日本要打我,日本还不打我哩!如果日本真要打我,黄任之不会知道的。"②黄炎培对这个一贯倡导、支持职业教育的老朋友的话简直无语,气愤地说:"很好!我但幸吾言不中。"③

---

① 黄炎培:《初序》,见《黄海环游记》,上海生活书店1932年版。
② 黄炎培:《八十年来——黄炎培自述》,文汇出版社2000年版,第133页。
③ 黄炎培著,中国社会科学院近代史研究所整理:《黄炎培日记》第3卷,华文出版社2008年版,第327页。

　　7月1日,《教育与职业》特辟第126期为"考察日本职业教育报告专号",封面特标"职业化的日本教育"。专号除刊登了江恒源的《日本职业教育概况》《日本职业学校》《日本女子职业教育》《日本职业补习教育》和潘文安的《日本职业指导概况》等文章外,还刊登了黄炎培的《报告调查日本教育状况以前的几句话》和《日本农村改进事业——碧海一瞥》两文,不仅成为当时了解日本职业教育的一个窗口,而且反映了这次考察日本职业教育后,包括黄炎培在内的考察团成员对日本发展职业教育的深刻认识。

　　如,在《报告调查日本教育状况以前的几句话》中,黄炎培说,日本现时的教育,一为军国民教育,一为职业教育,前者是其旧有的基础,而后者则是其前进的目标。十年前,在日本所谈的是实业教育,而如今,全国上下都在高论职业教育。之所以如是,不仅仅是因为"实业教育,是代表为国家增进生产,职业教育,是代表为个人解决生计问题";更重要的是在于,日本发展职业教育,目的就是"向外发展",其军国民教育的目的就是作为向外发展的准备;而"最近倾向职业教育,就为是对内的思想问题、经济问题,一方想从物质上,增进他们生产,加倍他们实力,一方使稍稍得到精神上的安慰"。①

　　这次东北、朝鲜和日本之行的经过,黄炎培后来以在《申报》上连载的文字为基础,将之整理成《黄海环游记》一书,于1932年1月由上海生活书店出版。在《黄海环游记》中,黄炎培不仅用较大篇幅就自己对朝、日职业教育的考察经过及两国的职业教育的发展作了叙述和说明;而且更为重要的是,他对日本重视职业教育的原因和目的作了深刻分析。

　　在书中,黄炎培说,虽然日本重视职业教育,甚至"几乎有全国教育职业化的趋势",但无疑这有着深刻的目的:如用政府的力量在各地办青年团,着重体格训练、人格训练和职业训练,无疑是为其军国主义服务的。黄炎培说,在日本,有一个一致的趋向就是向外发展,而向外发展的方向就是"除掉吾们中国";且目标不只是以前的满、蒙,"黄河以北全是他们馋涎所及"。所以,中国必须全国上下认真计划"怎样才能从重围里杀出一条血路来"。为此,黄炎培提出,首先要打倒恐慌、消极和听天由命的心理;其

---

① 黄炎培:《报告调查日本教育状况以前的几句话》,载《教育与职业》1931年7月第126期。

次要坚信中国绝不是不可为的国家,中国是绝不会亡的。而要不做亡国奴,第一要将体格练好,这乃是一切的根本;第二要坚决信仰科学、提倡科学、研究科学,通过此,寻找一条国家和民族死里求生的出路;第三要团结起来,并从"本位上努力进取"。①

事实也正如黄炎培所预见。9 月 18 日,日本在沈阳制造了"九一八"事变,紧接着,沈阳、营口、长春等城市失陷,吉林被占。这使黄炎培认识到,"在我们中国这样一个政治上、经济上受着种种枷锁的国家,所谓社会问题的解决,必须统一于国家、民族的解放"②。因此,他开始积极投入到抗战救国的活动之中,相应的,对职业教育的地位和作用也开始进行重新审视和界定。

第二节　组织抗日团体,从事救亡运动

一、组织抗日团体

"九一八"事变后,面对民族危亡的客观现实,全国各地、各阶层的抗日情绪异常高涨,抗日救国声浪沸腾:社会各界组织的各种"救国会""救亡会""国难会""救国联合会""国难救济会"纷纷成立;各地纷纷召开救国大会,要求对日宣战,收复东北失地。和全国各界爱国人士一样,职教社同仁也深深认识到:"国族不存,何所托命? 欲求幸福,先应救亡。"③而黄炎培通过总结多年来职业教育发展的状况和国难日亟的现实,也认定"仅服务社会,办理教育,所发挥的力量还不够";开始"把创办了多年的中华职业教育社、中华职业学校等若干教育机关交给几位朋友,自己抽身出来

① 黄炎培:《黄海环游记》,上海生活书店 1932 年版,第 77—83 页。
② 黄炎培等:《从困勉中得来——为纪念中华职业教育社二十四周年作》,载《国讯》1941 年 5 月第 268 期。
③ 黄炎培等:《代贺年柬》,载《国讯》1936 年 1 月第 117 期。

从事救国工作"。① 于是,他积极参与组织了一系列抗日团体,将大量的时间由原来专注于职业教育,转而投入到抗日救亡运动之中。

如,在江苏,1931 年 9 月 26 日,黄炎培和江恒源、杨卫玉作为职教社代表,联络上海各界爱国人士计 35 人联合商议,组织了抗日救国联合会,会址设在宁波同乡会。9 月 27 日晚,抗日救国联合会推黄炎培和江恒源至南京,面见蒋介石。当夜,黄炎培和江恒源即乘车赴南京,以抗日救国联合会代表的名义,谒见蒋介石,陈述对于时局的意见,要求蒋介石出兵抗日。9 月 30 日晨,黄炎培和江恒源自南京回到上海后,下午即到抗日救国联合会,报告了此次赴南京谒见蒋介石的情况。此后,黄炎培连续多日每天去抗日救国联合会。与此同时,他还多次在学校、机关等演讲抗日救国问题(见本节第二部分),并为挽救国难奔波。如,11 月 8 日上午,蒋介石为"征求对日外交之意见及讨论有关时局之各问题",在南京励志社召开谈话会,黄炎培和刘湛恩、史量才、虞洽卿、王晓籁、钱新之、郭标、李观森、王云五、汪伯奇、林康侯、余日章、刘鸿生、戈公振、穆藕初、陈光甫及东北民众请愿代表阎玉衡等 17 人应邀参加,会上特别"对于东北问题,讨论甚详"。② 11 月 16 日,欣闻黑龙江省代理主席马占山杀敌有功,黄炎培和朱庆澜、江恒源、杜月笙、穆藕初、刘湛恩、史量才、王晓籁、林康侯、江恒源、汪伯奇、秦润卿、叶惠钧、褚辅成、邬志豪、陈彬龢、谢福生等代表上海各公团,由中国银行汇款万元接济,并致电慰问曰:

> 齐齐哈尔马代主席钧鉴:绝塞孤军,奋勇杀敌,为国家争回人格,为民众唤起忠魂。遥听义声,喜极感涕,先由中国银行汇奉国币万元聊作三军之气,以后源源接济,藉壮声援。愿继续奋斗,作最后胜利。③

12 月 3 日下午,黄炎培又和马相伯、韩国钧、黄以霖、姚文楠、王清穆、

---

① 黄炎培:《学生和劝募公债》,载《国讯》1941 年 5 月第 268 期。
② 《各界领袖谒蒋后返沪》,载《申报》1931 年 11 月 10 日,第 14 版。
③ 《各团体昨日续有巨款汇黑:各公团汇款接济》,载《申报》1931 年 11 月 16 日,第 9 版。

沈恩孚、张一麟、唐文治、穆藕初、冷遹等组织了江苏省国难救济会。他们发表了成立宣言："寇深矣,祸亟矣,国民披发缨冠,剑及屦及,以赴国难,义无可辞矣。……天下兴亡,匹夫匹妇,皆与有责,同人等爰就江苏发起本会,非限一隅,请自隗始。国难弭平之日,即本会解散之时,人同此心,心同此理。愿我在苏民众,无老无少,无男无女,一致参加,共图救济。"①同时,他们并致南京国民党中央党部、国民政府外交部及汪精卫、胡汉民暨全国父老兄弟姐妹道:"宜团结一致,共赴国难,而救危亡。民国存亡,胥在于此。"②江苏省国难救济会成立后,各省旅沪人士群起响应。黄炎培一面参加该会的一系列会议,讨论拯救国难的具体事宜,一面密切关注着时局的进展。

如,12月8日晚,黄炎培和刘湛恩、穆藕初、虞洽卿、王晓籁、汪伯奇、王云五、戈公振、徐寄顾、叶惠钧、沈恩孚、董显光等,应国民党中央特种外交委员会正副委员长戴季陶、宋子文之邀赴南京,报告外交问题。12月9日上午,戴季陶、宋子文、于右任、陈布雷等于中央党部接见了黄炎培一行;下午,在励志社举行的谈话会上,顾维钧报告了外交现状,黄炎培"列举种种事实","畅陈外交之危险、人心之愤激、内政之腐败"。③ 12月18日,在江苏省国难救济会的影响下,由旅沪人士几经集议发起组织的中华民国国难救济会成立,并通过简章、宣言和通电。12月20日,黄炎培和马相伯、冯嘉锡、赵凤昌、韩国钧、姚文楠、王清穆、沈恩孚、李根源、张一麟、庄蕴宽、朱绍文、穆藕初、赵正平等代表江苏省国难救济会致电国民政府:

> 国民政府林代主席、行政院陈代院长、特种外交委员会戴委员长、宋副委员长、外交部顾部长钧鉴:报载日本将对锦州进兵,反迫我军限期撤退,人心大愤,政府是否仍取不抵抗主义,抑或决心并力御敌,应请明白表示。④

---

① 《苏省昨成立国难会》,载《申报》1931年12月4日,第9版。
② 黄炎培等:《苏省耆老要电》,载《申报》1931年12月5日,第13版。
③ 黄炎培著,中国社会科学院近代史研究所整理:《黄炎培日记》第4卷,华文出版社2008年版,第44页。
④ 黄炎培等:《苏人电请政府表示对日方针》,载《申报》1931年12月21日,第9版。

12 月 25 日,黄炎培和穆藕初、沈恩孚、马相伯、蒋维乔等 20 余人又召开江苏省国难救济会理事会,商讨救国方策。

日本侵略中国的气焰十分嚣张,他们扬言,要 3 个月灭亡中国。1932年 1 月 28 日夜,日军由租界向闸北中国守军发动突然进攻,驻守上海的十九路军在总指挥蒋光鼐、军长蔡廷锴的指挥下,"捍患守土","为救国保种",奋起抵抗,"一·二八"淞沪抗战开始。1 月 30 日,黄炎培和朱庆澜、许克诚、穆藕初、查良钊、袁希洛、江恒源联合以"万急"电致国民政府请派飞机助战:

> 南京林主席、汪精卫、蒋介石、冯焕章、陈真如、何敬之诸先生鉴:沪战日军大败,万众欢腾,惟闻日本援军,行将抵沪,我军亟待增援。闻报载路透电,飞机四十架将来沪,惟政府不肯下令等语,群情万分愤激。上海全市民众已下决心,牺牲救国。如果报载属实,是政府甘心弃民误国,度诸公决不出此。万乞迅令飞机及高射炮来沪助战,以厚军力,而慰民望。①

2 月中旬,黄炎培又和马相伯、唐文治、韩国钧、姚文楠、王清穆、张一麟、沈恩孚、穆藕初、袁希洛、贾丰臻、冷遹、杨卫玉、邹秉文、马士杰、陆规亮、江恒源等共 29 人联合发表《江苏省国难救济会宣言》,号召全国人民对日"武力抵抗""经济绝交",并请全国民众"节费输饷""认清敌人",以救国难。②

与此同时,为了支援十九路军进行淞沪抗战,黄炎培和史量才、杜月笙、虞洽卿、王晓籁、秦润卿、张啸林、陈光甫、张嘉璈、钱新之等人于 1 月31 日发起组织成立了上海地方维持会,分设金融、外交、给养和救济 4 组,推定史量才为会长,王晓籁为副会长。

需要指出的是,上海地方维持会这一由上海实业、银行、教育、新闻各界领袖组织的抗日救亡团体,是在壬申俱乐部的基础上发展而建立的。

---

① 《各界电请增援:朱庆澜等请派飞机助战》,载《申报》1932 年 1 月 31 日,第 6 版。
② 黄炎培等:《江苏省国难救济会发表宣言痛陈国是》,载《大公报》(天津)1932 年 2 月 23 日,第 5 版。

早在 1 月 13 日,黄炎培与熊希龄、马相伯、章太炎、张一麟、沈钧儒、章士钊等人即以中华民国国难救济会的名义,通电全国及蒋介石、汪精卫等,要求动员全民力量,收复失地。同日,鉴于时局日趋严重,他又和上海工商文化界领袖史量才、刘鸿生等 20 余人,"悲愤奋发急急焉,谋所以挽救与应付",乃组织壬申俱乐部,自此日起,在银行公会、企业银行大楼等处"几于无日不有集会,尤严重时乃至一日数会",直至 1 月 31 日。①

2 月 1 日,上海地方维持会集会,议决即日起改名为上海市民地方维持会,并定此后每日下午 6 时开会,就慰劳军队、救护难民、调剂金融、维持商业、联络军民等,商议对策,采取行动。不久,黄炎培被推举、任命为秘书长。随后,他多次参加上海市民地方维持会的会议。如,2 月 7 日他在会上报告救国联合会调查灾况;2 月 14 日他在会上宣读了由会长、副会长、全体理事和会员共同草拟的《上海市民地方维持会募集救国捐启》,并说明用意。救国捐启署名者包括黄炎培、史量才、王晓籁、虞洽卿、杜月笙、林康侯、刘鸿生、钱新之、张嘉璈、陈光甫、郭秉文、穆藕初、朱庆澜、邹秉文、颜福庆、褚辅成、褚民谊等在内共 70 余人。2 月 15 日,救国捐启拟定,先后于 2 月 16 日和 18 日刊于《申报》上,号召全市人民行动起来,为抗击外侮,慷慨解囊。其曰,"彼军人既全弃身家,死守一隅,以保全国,吾民众何可不闻风兴起,各竭绵力,以答孤忠";"军民必须合作,兴亡端在匹夫"。② 3 月 10 日,他们再次发布第二份《上海市民地方维持会募集救国捐启》,"劝我海内外同胞,各解义囊,纾此国难"③。与此同时,黄炎培在淞沪抗战期间,还积极开展救济难民工作,并在输财纾难、救死扶伤方面进行组织协调。

4 月 5 日,鉴于国民政府宣布将要召开的国难会议议题只限于"御侮""剿匪""救灾"等,此前在 1 月 21 日即已被国民政府公布确定为国难会议代表的黄炎培,和史量才、张嘉璈、穆藕初、沈钧儒、张元济、王云五、章士钊、唐文治等 65 位在沪国难会议代表,联合致电政府,明确宣布"与其徒劳

① 上海市民地方维持会:《上海市民地方维持会报告书》,上海市民地方维持会 1932 年版,第19 页。
② 黄炎培等:《上海市民地方维持会募集救国捐启》,载《申报》1932 年 2 月 16 日,第 3 版。
③ 黄炎培等:《上海市民地方维持会募集救国捐启》,载《申报》1932 年 3 月 13 日,"临时专刊"第 1 版。

往返,无补艰危,不如谢绝征车,稍明素志"①。4月7日,由行政院院长汪精卫主持的国难会议于洛阳召开。4月10日,黄炎培和张耀曾、史量才、张嘉璈、穆藕初、沈钧儒、张一麐、王云五、章士钊、欧元怀、胡敦复、俞庆棠、杜月笙等又联名致电洛阳国难会议,陈述不赴会理由,并提出一系列民主政治措施,强调:"中华民国领土及主权之完全无缺,为全国人民神圣不可侵犯之主张,不辞任何牺牲,必拥护到底。"②5月5日,国民党政府与日本签订屈辱的《淞沪停战协定》后,黄炎培既痛心,更愤慨!他不仅参加了上海各界于5月27日召开的追悼"一·二八"淞沪抗战阵亡将士大会,作《追悼"一·二八"淞沪抗日阵亡将士二首》;而且在6月5日写下了《吊吴淞》一诗,表达了对淞沪抗战中阵亡战士的深深哀悼,诗曰"百里吴淞草不春,可堪黄海倦游身。小东杼柚拼孤注,极北关山尽虏尘。贾傅书成惟有泪,绕朝策在岂无人。乱离那许从头说,但见沧江战骨新"③。6月7日,上海市地方协会在上海市静安寺路1138号该会新会所举行成立大会,黄炎培、史量才、王晓籁、虞洽卿、徐静仁、颜福庆、穆藕初、秦润卿、钱新之、邹秉文、褚辅成、汪伯奇、杜月笙、林康侯、徐新六、刘鸿生、潘序伦、徐寄顾等60余人出席,公推史量才为临时主席,会议选举史量才为会长,杜月笙、王晓籁为副会长,通过了《上海市地方协会章程》。9月上旬,有鉴于东北难民困苦异常,黄炎培又和史量才、王晓籁、杜月笙、徐寄顾、陈蔗青、邹秉文、徐静仁、徐新六、刘鸿生、张慰如、查良钊、褚辅成、穆藕初、郭顺等联合发起"东北难民救济会",于慈善事业之外,兼为唤起民族意识。

二、从事救亡运动

随着东北大片领土沦陷,黄炎培开始依托上海市地方协会等抗日组织,积极从事救亡运动。这方面,尤其表现在他的第二和第三次北行上。

1933年1月11日,应平津人士之招和上海市地方协会的委托,黄炎培和东北民众抗日救国会常委杜重远赴北方,代表上海各界救国人士表示全

---

① 《国难会议沪会员不赴洛》,载《申报》1932年4月6日,第1版。
② 《国难会议留沪会员蒸电》,载《申报》1932年4月11日,第4版。
③ 黄炎培:《吊吴淞》,见《黄海环游记》,上海生活书店1932年版。

力支持张学良出兵抗战,并宣传救国。这是继 1932 年 7 月北行后,黄炎培的第二次北行。途中,当他和同车赴镇江的赵正平畅谈大局前途时,他们不仅为主要因政治因素所造成的"各地农村破产,惨苦已极"的现状深感痛心,而且一致认为,"欲直接从政治上(现政局)救国办不到,惟有先从团结全国有力同志做起"。① 到达北平后,当听到前方将士在"缺钢帽、缺医药"、御寒衣物极其缺乏的艰难条件下,在冰天雪地英勇抗敌的情况后,黄炎培怀着对敌人的愤慨和对战士的崇敬之情,写下了《癸酉一月北游杂感》一诗,对前线战士保家卫国的精神和行为给予了高度赞扬。其中言曰:"藩篱尽坏到长城,擢发谁能数罪名;十万健儿拼一死,单衣裹雪上征程。壶浆千里走相迎,力尽犹闻杀贼声;不爱身家惟爱国,诸君何以答忠诚?"②1 月 19 日,他又和杜重远、贡沛诚、王揆生在雪中赴燕京大学,为学生讲演了《吾不信无法救国》,以坚定学生的救国信心。

1 月 24 日黄炎培回到上海。1 月 28 日上午,职教社在社礼堂举行"一·二八"周年纪念,参加者有晨校、夜校、通问班学生和中华职业学校教职员及职教社全体办事人员,共 200 余人,由江恒源任主席。在会上,江恒源报告了《一·二八感想以及今后救国方法》;黄炎培则报告了《日前北行情况》,并勉励青年爱国。2 月 2 日,职教社第七次专家会议在上海闵行淞沪广慈院举行,黄炎培和蔡元培、何炳松、刘湛恩、陈选善、邹秉文、黄朴奇、王志莘、廖世承、倪文亚、陈彬龢、江恒源、杨卫玉、陶行知、李公朴、贾观仁、姚惠泉、陆叔昂等出席。会议主要讨论了如何完成职教社的使命和职业学校、职业补习教育、职业指导、农村改进等问题。黄炎培在会上报告了《北行感想》,并提议,今后教育应注意团结、生产和自卫,训育应注意责任心、自信心和牺牲心。

2 月 7 日,平津地方人士为支持华北抗战,电请上海市地方协会,推派人员北上赞助。是日,上海市地方协会议决推请黄炎培和穆藕初、杜重远、颜福庆、杨志雄、胡筠庄六人北上,赞助办理救济救护各项事宜。2 月 8

---

① 黄炎培著,中国社会科学院近代史研究所整理:《黄炎培日记》第 4 卷,华文出版社 2008 年版,第 145 页。

② 黄炎培:《癸酉一月北游杂感》,载《救国通讯》1933 年 2 月第 39 号。

日,黄炎培和杜重远、颜福庆、杨志雄等人北上赴北平(按:是日晚,穆藕初由南京上车与黄炎培等会合),并携带从五洲药房廉价购到的大宗药棉纱布器械,以资应用。这是黄炎培的第三次北行。据《申报》载:

> 上海市地方协会,前以东北风云,日趋严重,前方将士奋勇抗敌,保卫国土,劳苦万分,爰特推派代表黄炎培等六人,北上慰劳,并与平津地方协会协商平津沪合作组织救济事宜,以收宏效。①

2月10日到达北平后,黄炎培等即和朱庆澜、宋子文、丁文江、周作民、胡筠庄、熊希龄等商议组织东北热河后援协会的具体事宜,并代宋子文起草了《慰劳热河前敌将士电》。2月16日下午,东北热河后援协会在北平外交大楼召开成立会,黄炎培和宋子文、张学良、朱庆澜、张伯苓、蒋梦麟、胡适、汤尔和、周作民、穆藕初、查良钊、阎宝航等平津各界领袖、上海市地方协会代表及义军代表百余人出席,由张伯苓任主席。在会上,黄炎培报告了该会的筹备经过。会议通过了《东北热河后援协会章程》。

在黄炎培看来,东北热河后援协会"网罗各地各界领袖,联络各种公团,以及学校青年、家庭妇女,构成民众方面整个的力量,专从后方施行援助工作,而他们工作主要的方面,就是热河"②。之所以这样说,是因为当时日本已经宣称要占据热河。2月17日,黄炎培和穆藕初赴承德慰劳抗日将士,和黄炎培等同行的还有因正视察华北而驻在北平的国民政府行政院代院长宋子文,以及军事委员会华北分会代委员长张学良等。2月18日下午抵承德,之后黄炎培即到热河各地视察。

2月24日,在回沪途中,黄炎培特作了《一枚大炸弹的药引——热河》,对这次热河之行的背景和行程等作了叙述。当天,日本宣言攻击热河,黄炎培满腔怒火但又坚定地预测:"吾敢说东三省是大炸弹,热河就是这枚大炸弹的药引。"③当晚10时半,黄炎培回到上海。第二天,顾不得连

---

① 《黄炎培等昨日返沪》,载《申报》1933年2月26日,第12版。
② 黄炎培:《一枚大炸弹的药引——热河》,载《申报月刊》1933年3月第2卷第3号。
③ 黄炎培:《一枚大炸弹的药引——热河》,载《申报月刊》1933年3月第2卷第3号。

日的劳累,黄炎培即到职教社、人文社、上海市地方协会,向大家报告了
"华北党政军对于日军侵热,异常愤慨,均有坚决抵抗之表示,任何牺牲,
在所不惜",并说救护及救济事宜,已"与平津地方协会商有相当办法"。①
2月26日下午,上海各大学教授联合会因热河大战开始,在上海中社召开
大会,黄炎培、沈钧儒、左舜生、王造时、谢循初、杨卫玉、吴泽霖、郑通和等
20余人与会,黄炎培和熊希龄被邀报告华北情形。黄炎培在报告时说:
"热河方面,如能坚守三月,则青纱帐已起,日人虽有飞机等新式利器,亦
无所施其技矣。为华北得有可靠之保障计,亦即整个国家之前途计,甚望
军事委员长蒋先生亲自北上督师也。"②3月1日晚,在上海青年会发起的
热河问题演讲会上,黄炎培又作了《怎样救热河》的演讲。3月4日,当得
知四十一军军长孙殿英在赤峰阻击战中率部英勇抗敌时,黄炎培即和穆藕
初特代表上海市地方协会向孙殿英发去贺电:

> 赤峰孙军长勋鉴:承德相晤,获闻伟论,至深钦仰。旋于途中,遇
> 见贵部,军容整肃,益信为精锐之师。甫抵赤峰,即奏奇勋,闻之痛快,
> 尚祈努力直前,恢复疆土。弟等愿扬威武,为谋后援。特电慰劳,惟希
> 伟鉴。③

在积极参与抗日救亡运动的同时,黄炎培还积极开展抗战救国的宣
传,多次在各地机关特别是学校演讲抗日问题,号召青年坚定爱国,奋起救
国。如,1931年10月10日,他在吴淞商船学校演讲《抗日救国问题》。10
月19日,他在中华职业学校演讲《怎样抗日救国》。10月26日,他在暨南
大学演讲《怎样抗日,怎样救国》。11月23日,他在大夏大学演讲《国难声
中国人应有之反省》。12月8日,他在光华大学演讲《抗日救国问题》。12
月11日,他在松江省立女子中学演讲《国难声中女子应有三反省》。12月
21日,他在创制中学演讲《科学救国,人格救国》。12月24日,他在南洋高

① 《黄炎培等昨日返沪》,载《申报》1933年2月26日,第12版。
② 《各大学教授会议讨论应付国难办法》,载《申报》1933年2月27日,第8版。
③ 《地方协会慰劳孙殿英》,载《申报》1933年3月5日,第10版。

级商业学校演讲《怎样救国》。1932 年 4 月 2 日,他在职教社为职业补习科学生讲《国难中之感想》。4 月 18 日,他在中华职业学校演讲《吾们从国难中得到什么教训》……而黄炎培之所以坚定地宣传抗日救国,其因正如1932 年 7 月 1 日他在为再版的《黄海环游记》一书所作的序中所言:"起来看看山河破碎到什么地步?寇氛深入到什么地步?……哀我中华,难道吾政府永远无准备、不抵抗吗?难道吾老百姓永远安心让政府无准备、不抵抗吗?……'这时候不是写文章的时候了',掷笔大叫。"①

第三节　创办《救国通讯》,厉行抗战宣传

一、《救国通讯》的创办和宗旨

"九一八"事变后,许多爱国人士特别是一些青年学生,纷纷投函职教社,询问大局状况和救国方法。起初,职教社一一写信答复,但是后来他们发现,这一办法不仅麻烦而且效果不佳。于是,职教社同仁会商后,决定创办一份杂志,通过刊登国难的消息,作为救国的重要形式,杂志定名为《救国通讯》,由黄炎培亲自担任发行人。1931 年 12 月 23 日,《救国通讯》正式发行,初为不定期刊,不收费,通讯处设于上海法租界陶尔斐斯路 25 号。黄炎培在为该刊所作的例言中说,《救国通讯》作为"私人酬答品"将免费寄阅,"接此通讯者,如承函示各地救国工作与其意见,俾择要转介于一般阅者,尤为欢幸";本刊分国难要闻、国难大事记、各地消息、同志通讯、特载等栏目;"至国难平复,或发讯人无暇办理时,通告截止"。②

《救国通讯》本身即是一份因国难、为国难而生的杂志。杂志社同仁"以救国为职志,以全民抗战为途径,同时却深深感觉到个人修养,实为抗

---

① 黄炎培:《再序》,见《黄海环游记》,上海生活书店 1932 年版。
② 黄炎培:《〈救国通讯〉例言》,载《救国通讯》1931 年 12 月第 1 号。

战必胜、建国必成的中心基础条件"，于是从创刊起，即揭示四种根本修养[1]:"高尚纯洁的人格""博爱互助的精神""侠义勇敢的气概""刻苦耐劳的习惯"[2]。在黄炎培看来，如果没有这四种修养，就不配救国，即使救也救不了。为了对这四种修养进行说明和解释，黄炎培首先撰写了《为什么救国要有高尚纯洁的人格》《为什么救国要有博爱互助的精神?》两文，分别刊于《救国通讯》第3和第4号上，对第一、二种修养进行了解释。文中，他说，我们理想的国家，必须有铁的纪律，而这，就需要每个人有金一样的人格，救国的同志们，应该首先保持自己金一般的人格，而不必依靠国家铁样的纪律;而一个人如果爱自己，也必然会爱国，因为"博爱是体，互助是用";在国难当头的今天，每个人都应将国家和民族置于最急迫的需要，在民族危急时，大家应该坚定地爱自己的国家;希望人们要有牺牲精神和大无畏精神，"今后救国效能的多少有无，全看这种精神的消长"。[3] 由于半个月后，淞沪抗战爆发，黄炎培和同仁们一样，忙于抗战后方工作，一时没能及时专门再对第三、四种修养进行解释。

《救国通讯》发行后，鉴于"索阅的人一天多一天，读者对它的希望也一天殷切一天"，于是，1934年1月10日，从第61号起，改名为《国讯》，由不定期刊改为半月刊，略收刊费。改名《国讯》后，虽然"因编制方面、取材方面，略有变动"，但将国难消息和国际要闻等"介绍于诸相知相好之前，以当缄札"的旨趣并无改变，并继续揭示《救国通讯》所提出的四种信条。[4]正是因此，在第61号上，黄炎培发表《我们救国该什么样的修养?》一文，在对"高尚纯洁的人格"和"博爱互助的精神"两种修养进行摘要叙述后，专门具体解释了"侠义勇敢的气概"和"刻苦耐劳的习惯"两种修养。

黄炎培说，一个人必须有侠义，这种侠义，不仅是为个人，而是"须以众生为对象"，这才是"人类最高的意义";而如今，"摆在吾们面前最急迫的需要说来，总该把国家和民族做对象";"鼓着周身的勇气，淋着满腔的热血，为的是国家，为的是民族，把自己的损失自己的危险，一切都不顾，这

---

[1]　1940年4月，自《国讯》第232期起，加入"正确进步的思想"一条。
[2]　载《救国通讯》1931年12月第1号。
[3]　抱一:《为什么救国要有博爱互助的精神?》，载《救国通讯》1932年1月第4号。
[4]　《本刊启事》，载《国讯》1934年1月第61号。

才是天下古今最高最大的侠义"。① 对于"刻苦耐劳的习惯",黄炎培解释道:救国,不仅仅是只要做到如孟子所说的"生于忧患,死于安乐"即可,做救国工作,必须耐劳耐苦,在国家危急时、强敌当前际,"欲保全国家民族的命运,牺牲个人性命,所不惜",因为"国亡家无",如果国家没有了,何来安乐? 所以希望大家要耐劳耐苦,拿出自己的血性,联合广大的民众,来救我们的国家。②

1935 年 1 月 11 日,自第 84 期起,《国讯》改为旬刊(但间也会 20 天出一期)。改为旬刊后,约定由黄炎培、江恒源、杨卫玉、潘文安、何清儒等担任基本撰述,并决定以第一号所提出的四条自身修养为基础,将鼓吹"生产自救"和"经济自卫"作为刊物今后持论的主张。在《国讯》同仁看来,要成为一个具备四种修养的人,"必须要用'生产自救'的方法,来建设'经济自卫'的能力";而一个没有"经济自卫"能力的人,不仅不可能抵抗环境压迫,而且也绝不可能有高尚纯洁的人格,也不可能发挥博爱互助的精神和侠义勇敢的气概而去救人救国的。

作为救国杂志,《国讯》以唤起民众、倡导团结御侮为指导方针,致力于报道国难的消息,刊登有关救亡运动的文字,自创刊后,就一直深受瞩目。由于记载翔实,言论公正,深得社会赞誉。特别是自 1935 年后,发行量急剧增加,"每期印发骤增至一万二千余分之多,风行遍海内外,如暹罗一埠,直接订阅者几及两千"③。

二、宣传抗战、提倡国货

1. 宣传抗战

当日本侵略中国后,黄炎培和其他的爱国者一样,不可能不忧国忧民,不可能不关心着局势的进展。他不仅以极大的热情号召广大民众投身到救国中去,而且十分关注国际大势,并时时从国际战事发生的可能性上预见其对中国抗战的影响。

---

① 抱一:《我们救国该什么样的修养?》,载《国讯》1934 年 1 月第 61 号。
② 抱一:《我们救国该什么样的修养?》,载《国讯》1934 年 1 月第 61 号。
③ 黄炎培:《复刊词》,载《国讯》1938 年 8 月第 179 期。

正是因此,黄炎培以《救国通讯》和《国讯》为阵地,在上面发表了不少有关救国的文章。据统计,至 1937 年 7 月全面抗战爆发前,黄炎培在《救国通讯》和《国讯》上公开发表的救国文章,除了前面提及的《为什么救国要有高尚的人格》《为什么救国要有博爱互助的精神?》《我们救国该什么样的修养?》外,主要还有《精神救国》(第 68 号)、《华北当前的危机》(第 71 号)、《谈谈民国二十四年东方大局》(第 84 期)、《大可注意的察事前途》(第 86 期)、《吾人在非常时期将以何者为最大贡献乎?》(第 139 期)、《如何唤起民众》(第 140 期)、《"九一八"怎样想? 怎样干?》(第 141 期)等。在这些文章中,黄炎培在揭露日本侵华野心的同时,从多方面向广大国人提出了救国的途径、希冀和要求。

如,在《华北当前的危机》这一于 1934 年 5 月 26 日在上海青年会所作的演说中,黄炎培说,自去年下半年,日本对华侵略变本加厉,以前是军事侵略,而现在则以经济侵略为前锋,以武力侵略为后盾。他们对华北经济侵略的方案是通过铁路使中国内地的货物不断输出;华北的危机从前是急性的,而现在则是表面上为慢性,但随时可以变为急性,也就是"时时刻刻在他们把武力侵略拥护着经济侵略,大踏步猛进中";日本的眼光和目的,不单是华北、华南,而是"独吞中国";日本的野心是没有止境的,是要"将整个的东亚置在他们霸权之下"。所以,要救济华北目前的危机,我们必须锻炼体格;化私为公,加强精神团结;开展生产整饬;努力工作,提高生产力,以增进生产,挽救华北的经济。[①] 在 1935 年元旦所写的《谈谈民国二十四年东方大局》中,他说,面临即将到来的战事和国难,中国人民应有两大目标:团结和生产。而为实现这两大目标,一方面应该集合整个力量,求物质上、精神上完全具足我的生产条件,来应付将要出现的从来未有的难局;另一方面"人人把自己所有力量,不许有一些儿私藏,也不许有一些儿浪费,完全贡献给我所认为国家和民族生存上需要最迫切的工作"。[②] 而在《"九一八"怎样想? 怎样干?》中,黄炎培号召:"大家站起来,纪念'九一八'。大家站起来,洗荡'九一八'。要咬着牙去想,要拼着命去干,不单是

---

① 黄炎培:《华北当前的危机》,载《国讯》1934 年 6 月第 71 号。
② 黄炎培:《谈谈民国二十四年东方大局》,载《国讯》1935 年 1 月第 84 期。

口头说。起来！起来！难道一年一年这样的'九一八'让他过下去么？呣！呣！"①

2. 提倡国货

早在"九一八"事变爆发前，由于外货充斥中国市场，不少国货工厂倒闭。为了提倡国货的推行，挽救经济困难，国内提倡使用国货、抵制外货特别是反对日货的爱国热情十分高涨。而当时，因为预见到日本的侵华野心，黄炎培更为积极地号召国人反对、抵制日货。

如，1931年8月2日，在由镇江县政府、商会、教育局、民众教育馆、镇江中学、女子职业学校、蚕桑改良会等9个团体为参加第九届全国职业教育讨论会的成员举行的欢迎宴会上，黄炎培演说了《从明日起实行抵制日货》，指出提倡国货应从自己决心用国货做起！他的号召受到与会代表一致拥护，"全场空气，顿呈激昂，爱国热忱，从而表现"②。"九一八"事变后，黄炎培继续开展反对日货的宣传和斗争。11月2日，职教社和上海其他社团在中华职业学校举行"不用日货宣誓大会"，2000余人与会，黄炎培在会上发表了慷慨激昂的演说。11月3日，他又和穆藕初、史量才、阎玉衡、任矜蘋等于一枝香聚餐，商议赴沿江沿海各埠，宣传抵制日货计划。

淞沪抗战后，由于国难益加深重，全国提倡国货运动更是一浪高过一浪。在国人看来，提倡国货是国民的天职和强国的根本，推销、使用国货，抵制洋货，不仅可以解决民生，而且能够战胜强敌，因此，1933年成为历史上第一个以国货命名的年——"国货年"。而和众多的有识之士一样，此时，黄炎培也更为积极地倡导国货，并在《救国通讯》《国讯》上刊文反对日货。

如，1933年1月1日，上海市地方协会、中华国货产销合作协会、机制国货工厂联合会等团体，发起元旦国货年大运动，黄炎培和吴铁城、王晓籁、史量才、林康侯、潘文安、江恒源、杜重远、王佐才、陶乐勤等共500余人出席。1月7日，《救国通讯》第35号发表了黄炎培1月1日所作的《"国货"与"国人"》。他在文中说，根本上，我不怕缺乏"国货"，倒怕缺少"国

---

① 黄炎培：《"九一八"怎样想？怎样干？》，载《国讯》1936年9月第141期。
② 潘畏三：《这次全国职业教育讨论会》，载《安徽教育》1931年8月第2卷第8期。

人"，而所谓"国人"，既不是无双佳士，也不是倾城美女，只有以身许国的人，才是"国人"；国人不仅能够制造国货，而且必用国货，希望国货大运动后，四万万七千万同胞全是"国人"！①

12月18日，在上海市地方协会年度会议上，当黄炎培和林康侯谈起本年国货年的成绩时，他们认为"若能使妇女参与其事，效力更大"，于是会议乃拟定下一年为"妇女国货年"。此后，由上海市地方协会、上海市商会、中华国货产销合作协会、上海妇女提倡国货会、中华妇女节制协会和家庭日新会确定1934年为"妇女国货年"。妇女国货年定名后，1934年1月1日下午，上海市妇女界在湖社举行交谊大会，黄炎培、王晓籁、杨卫玉等出席并演说，对已经确定的妇女国货年给予希望和勉励，黄炎培还特别作了《妇女国货年会歌》三首。会歌初刊于当天的《申报》"妇女国货年特刊"上，1月10日出版的《国讯》第61号作了转载。其曰：

共和建国，廿三星霜；妇女国货，年号流芳；自家庭始，相随相倡；苟非国货，虽美弗光；苟为国货，虽朴何妨；自给自足，俾富而康。

可耻可耻，洋货满堂；请观日本，欧美列帮；家家抵制，强益求强；独吾中华，自由商场；金钱千万，流入外洋；血枯精竭，国破家亡。

中华天产，百物精良；有农有矿，我工我商；国绸国布，我棉我桑；妇女率先，自家而乡；自近而远，普及边疆；民生之本，国之祯祥。②

1月11日下午，上海市商会、上海市地方协会、上海妇女提倡国货会举行第六次联席会议，决定定期举行妇女国货运动，黄炎培、唐冠玉、黄冰佩、周峻、王纠思、严谔声、邬志豪、潘文安、杨卫玉等40余人出席。会议推选黄炎培、任矜蘋、潘文安、孙道胜、黄冰佩、林克聪、倪拜言等7人为妇女国货年运动委员会设计委员会委员；周峻、唐冠玉、邬志豪、李康年、朱德超、沈静辉等7人为经济委员会委员。此后，黄炎培多次出席妇女国货年运动委员会等组织召开的会议，参与讨论有关国货运动事宜，并宣传国货。

① 抱一：《"国货"与"国人"》，载《救国通讯》1933年1月第35号。
② 抱一：《妇女国货年会歌》，载《申报》1934年1月1日，第26版。

其中 2 月 8 日,在妇女国货年运动委员会所举行的经济、设计两委员会第二次联席会议上,黄炎培、倪拜言、胡西园、程守中、沈静辉、黄冰佩、李曼云、杨美真、唐冠玉等 10 余人与会,会议讨论通过了"本会简章案"和黄炎培亲自拟定的《妇女国货年全年工作纲要》。3 月 8 日下午,上海妇女国货运动委员会在湖社大礼堂举行国际妇女节上海市妇女界联欢会,黄炎培和蔡元培、王晓籁、潘文安、杜重远、唐冠玉、周峻、黄冰佩及各界来宾千余人参加,蔡元培、潘文安、黄炎培等作了演说。黄炎培在演说中说:"时代是时刻在转变之中,最初商人往往以开设京货店为荣,继又变为开设洋货店为荣,迄来国货公司日见发达,故今后必将以设国货公司为荣,即以中国最大之商店,如先施、永安等,将来必以国货为号召,此足见国人对于购货心理上之一种转变。"①

1935 年 1 月 1 日,《国讯》特出版"学生国货年临时特刊"。特刊除刊有黄炎培《慰谢妇女国货年策勉学生国货年》一文外,还登有杨卫玉的《提倡国货就是资本主义吗》、江恒源的《国货与国命》、潘文安的《今年国货前途之展望》等文。《慰谢妇女国货年策勉学生国货年》一文作于 1934 年 12 月 26 日。文中,黄炎培说,"提倡国货,不单是发于抵抗强暴一时的情感,直是从学理上确认为复兴民国不二法门";而学生提倡国货,更是从纯洁的天性中间,自然激发出来的爱国心!② 2 月 21 日他又在《国讯》第 87 期上发表《学生国货年歌》二首:

> 学生乎! 学生乎! 而忘九一八之炮声乎? 吸吾之精,割吾之肉。兴乎! 亡乎! 在吾人之自觉。真自觉乎! 不用干戈而已足。吾衣谁制乎? 我勤我织;吾田谁耕乎? 我力我稼;吾物谁运乎? 我行我舶。学生! 学生! 一人传十,十人传百。行此策,得! 得! 得!
>
> 学生乎! 学生乎! 而忘巨万万之入超乎? 进货何多,出货何少。兴乎! 亡乎! 在吾人之自觉。真自觉乎! 不用戈矛而有效。吾服何物乎? 非国产弗好。吾食何物乎? 非国产弗饱。吾用何物乎? 非

---

① 《杂讯一束:上海妇女欢联会》,载《国讯》1934 年 3 月第 66 号。
② 黄炎培:《慰谢妇女国货年策勉学生国货年》,载《国讯》1935 年 1 月"学生国货年临时特刊"。

国产弗宝。学生！学生！自给自足，自用自造。行此策，妙！妙！
妙！①

与此同时，《国讯》不仅刊发有关国货年的消息和卢作孚《学生应如何
提倡国货》等文，而且还有黄炎培撰写的《大量出血的可怖》（第 85 期）、
《难关年年有的》（第 87 期）、《市面恐慌过去了么》（第 88 期）、《怎样救济
工商业》（第 90 期）等提倡国货之作。如在《难关年年有的》中，黄炎培说，
"中国经济问题之根本解决方案，总在乎增进生产"，"在乎尽力倡用国
货"。② 在《市面恐慌过去了么》中，他说："欲解决入超问题，主要的工作，
当然在乎制造国货，使用国货。"③

黄炎培的这些文字，虽内容不同、形式不一，但它们无不反映了他的忧
国忧民之心和强烈的救亡爱国之情。事实上，此后黄炎培在继续提倡国货
的同时，也一直在极力关注着时局的发展。

遗憾的是，1937 年 8 月 13 日"淞沪会战"爆发，11 月 12 日上海市区沦
陷，12 月，迫于环境，《国讯》暂告停刊。

第四节　职业教育与抗战救国的结合

前曾述及，1928 年 5 月 31 日，在《朝鲜》一书的开卷语中，黄炎培已经
深刻认识到日本侵华的野心和计划。也正是因此，随着"大职业教育主
义"理论指导下职业教育的推进，进入 1930 年，黄炎培和职教社同仁开始
重新考虑他们所从事的职业教育的目的和职教社的作用。这一方面表现
为他对于职业教育训练的新认识，另一方面反映在他对职业补习教育的重
视上。

---

① 黄炎培：《学生国货年歌》，载《国讯》1935 年 2 月第 87 期。
② 黄炎培：《难关年年有的》，载《国讯》1935 年 2 月第 87 期。
③ 黄炎培：《市面恐慌过去了么》，载《国讯》1935 年 3 月第 88 期。

1930 年 2 月 1 日,黄炎培写了《应否和怎样施行精神训练》,准备提出于几天后召开的职教社第四次专家会议讨论。2 月 9 日,会议在上海南翔举行,黄炎培和江恒源、胡庶华、陈选善、沈恩孚、邹韬奋、潘吟阁、雷沛鸿、黄竹铭、顾树森、高阳、廖世承、章伯寅、秦翰才、赵霭吴、赵师复、刘湛恩、江恒源、潘文安、杨卫玉、姚惠泉、金道一等计 34 人出席,刘湛恩和廖世承、顾树森被推为主席团成员。会议最终议决了《职业教育上精神训练的标准和方法案》。

"九一八"事变后,黄炎培积极投身国难,多次北行,并积极从事着教育革新运动,宣传教育在国难时期特殊的重要作用,发起成立了有关教育组织,如,1932 年 7 月 21 日至 22 日,和蒋梦麟、杨廉、顾树森、高阳、江恒源、李蒸等应邀出席山东省教育讨论会,讨论小学教育、中学教育、师范教育和职业教育问题;11 月 12 日,在职教社举行的国难讲座上,演讲《精神救国》;11 月 23 日,在光华大学演讲《教育之效用及吾辈之职责》;1933 年 1 月 8 日,在浦东同乡会大会上演讲《时局现况与武力自卫》;3 月 25 日,参与组织成立了职业补习教育研究会;4 月 3 日,和蔡元培、穆藕初、沈恩孚、杜月笙等发起成立鸿英教育基金董事会;等等。而与此同时,他仍积极参与有关职业教育的舆论宣传、理论探讨和实践活动。只是和此前不同的是,此时在黄炎培心中,"职教救国"已经有了新的、更为丰富的内涵,这就是:职业教育必须与抗日救亡紧密结合起来。

如,1933 年 5 月 1 日,黄炎培在为中华职业学校成立十五周年纪念所写就的《职业教育该怎么样办——中华职业学校十五周年纪念》中说:

> 到如今,内忧外患,重重叠叠,河山已破碎到不堪了。人民求生不能,求死不得,吾中华国族的运命,真所谓"不绝如线"。吾们还在这里举行中华职业学校十五周年纪念,一提到"中华"两字,惟有痛心。
>
> 痛心!痛心!痛死有什么用处?还是大家起来死里求生地干。吾同学诸君,无论已毕业、未毕业,人人须勉为一个复兴国家的新国

民,人格好,体格好;人人有一种专长,为社会、国家效用。①

7月9日上午,中华职业教育社第十三届社员大会暨第十一届全国职业教育讨论会在河南大学大礼堂开幕。黄炎培和顾树森、江恒源、齐性一、蔡元培、杨卫玉、王印佛、许梦瀛等 150 余人与会,并和顾树森、江恒源、齐性一、张仲鲁为主席团成员。会上,黄炎培致答词说,"社会是整个的。欲解决任何社会问题,决不能专求于一方面",就职业教育而言,"要知道职业教育,不是职业教育的教育,而是和人家极有关系的教育,与其他各机关都有连带的关系",所以,"政府会同大家办理,要将一切足为职业教育与其他社会团体隔离之障碍打破来做彻底的整个中国问题之解决";其次,"以历史眼光来看,每个时期都有其中心的思想,欲解决任何问题,首当把握某时期之中心思想。……我们现在的中心思想,为要打破教育和其他各机关之隔膜,即在努力设法,促成众人之善,养成公共的意识。……所以大家今后对于各种社会问题,都要从实际方面作起,尤其做农村事业,必须参加农村实际工作,求农村生活之改良,不必将此事看做出风头的事"。② 下午,中华职业教育社第十三届社员大会暨第十一届全国职业教育讨论会举行第一次全体大会,黄炎培和杨卫玉、江恒源、顾树森等 200 余人出席。在会上,黄炎培和江恒源、杨卫玉临时提议,"职教社愿依河南省当局之指定,与河南省当局合作试办职业教育、职业补习教育、农村改进或职业指导等工作案",经大会议决通过。会议期间,黄炎培并和江恒源、顾树森等154 人致电教育部长王世杰,"本社确切认定非提倡职业教育,无以救社会之穷,更无以完教育之用,十余年来,……亦既竭尽鼓吹之能事,究竟收效几何,殊难详为估计",故请教育部通电全国,"切实说明生产教育之重要,劳作教育之价值,并明定学校考绩标准,凡能帮助社会生产者,一律予以优奖,同时商请实业部对于生产优良机关,优奖其技师技手,总期设校授学以增加国富为归"。③

---

① 黄炎培:《职业教育该怎么样办——中华职业学校十五周年纪念》,见田正平、李笑贤编:《黄炎培教育论著选》,人民教育出版社 1993 年版,第 269 页。
② 《大会开幕式纪事:主席黄任之君致答词》,载《教育与职业》1933 年 8 月第 147 期。
③ 《职教社第十三届年会记:电请教部》,载《申报》1933 年 7 月 19 日,第 15 版。

1934年2月24日,中华职业教育社在上海漕河泾沪西园场举行第八次专家会议,以确定一年中之工作方针。黄炎培和顾树森、陶行知、廖世承、欧元怀、李公朴、江恒源、潘序伦、王志莘、陈选善、何清儒、熊子容、王撝生、邰爽秋、俞庆棠、黄齐生、贾观仁、赵霭吴、潘文安、李楚材、郑文汉、张雪澄、吴粹伦等30余人出席。会议议决通过了黄炎培提出的《民族复兴教育设计委员会案》,并推举黄炎培和顾树森、俞庆棠、廖世承、陶行知、邰爽秋、潘文安、江恒源、陈礼江、李公朴、黄齐生等为民族复兴教育设计委员会委员。是日晚,中华职业教育社于沪西园场举行民族复兴教育设计委员会委员会议,黄炎培、俞庆棠、李公朴、邰爽秋、王撝生、潘文安、江恒源、黄齐生、陈礼江、赵霭吴等出席,杨卫玉列席,由黄炎培任主席。会议讨论了《复兴民族精神训练教材方案》,推举黄炎培、俞庆棠、江恒源为常务委员,推举江恒源、杨卫玉主持征集事宜。

第八次专家会议是职教社历史上一次十分重要的会议。因为如果说在此前,职教社同仁所倡导、实践的职业教育与抗战救国仅仅是初步结合的话,那么从这次会议始,职业教育与抗战救国已经得以彻底的结合。此次会议后,黄炎培多次出席民族复兴教育设计委员会会议,并于3月26日写就《中华职业教育社宣言》,在4月以中华职业教育社的名义发表。宣言指出,十多年来,民生日益困窘,实业日益衰落,失业者日益增多,学校教育日益彷徨无措,而近来强敌入侵,国土沦亡,"举国人民,蒙空前之奇耻大辱而末由振拔",而"立国之道,首在民心,次为民力",所以必须以"自治治人、自养养群、自卫卫国"的教育原则,组织"民族复兴教育设计委员会",联合各方力量,群策群力,全体动员,方能完成救国大业。①

7月13日,在职教社第十四届社员大会暨第十二届全国职业教育讨论会开幕式上,黄炎培在致辞中再次强调:"今后职业教育发展的路向与程度,须视我们与政府的合作,以及今后努力的情形而决定。"正是基于此,此后黄炎培不仅在各地继续发表有关抗战的演说,如9月18日,在中华职业学校广场演讲《促进中国自力生存的"九一八"》,提出面对国家危亡,只有通过团结、生产和国防,才能"找出一条起死回生的途径",希望同

---

① 《中华职业教育社宣言》,载《教育与职业》1934年4月第154期。

学们要有"铁一般的纪律"和"金一般的人格",并"把这种精神,一步一步扩大到全国青年身心上",去实现中华民族的复兴;①而且在有关教育的论述中,也将发展职业教育与抗战大业密切结合,如在 1935 年 2 月 3 日应《前途》杂志所作的《义务教育与职业教育》一文中说,"百年树人,诚是根本至计,同时要须有应急应变的准备",处此非常时期,"民众训练实为方今最急要之工作,而民众训练中,关于青年部分,尤为急要中之急要","不惟民众训练,任何方面教育,在此非常时期,欲求适合应急应变的需要,壹是皆须以激发国家思想,淬厉民族精神,普遍养成敌忾御侮的国民体力、知力、才力为中心标的"。②

1935 年 2 月 9 日,职教社第九次专家会议在上海举行。此次会议由蔡元培主持,讨论的中心问题是"复兴民族目标下青年职业训练",会议最终通过了《复兴民族目标下之青年职业训练具体方案》,其中言曰:

> 年来同人怀于国难之严重,民族之衰弱,内受良心之驱策,外应社会之需求,势乃不能不放开眼光,扩大范围,转动方向,冀以职业教育一部分工作,加入整个的救国工作之中,俾对于目前国家民族,可以有较大的贡献。……今者国势如此,民族前途,已显呈莫大危机,我中华民国、全体国民,处此情况之下,所有意念及行为,舍集中于救亡图存一点,实无由自拔。是以锻炼体格,努力生产,加紧团结,明耻教战,提起爱国精神,发扬民族情感,皆为当务之急。教育既负作人任务,且应以此为中心。……

> 基此理由,同人乃确切认定今后职业教育之设施方针,必以训练学生生产能力与发扬学生民族精神(养成保卫民族能力亦包括于其中)为两大骨干。并使此两者能互相联络,互相沟通,俾一般学子,彻底了解,增加生产能力,非为个人乃为国家,庶几出校以后,工作多加一分努力,即民族经济多受一分利益,而此特殊之增加,实纯出爱国的

---

① 黄炎培:《促成中国自力生存的"九一八"》,中华职业学校 1934 年印刷。
② 黄炎培:《义务教育与职业教育》,载《前途》1935 年 2 月第 3 卷第 2 期。

热念。①

《复兴民族目标下之青年职业训练具体方案》无疑是职教社此后开展职业教育的一个重要指针。此后，黄炎培和职教社同仁一起，更加将职业教育和抗战救国紧密联系起来。

如，4月下旬，黄炎培应河南大学教育系主任高思庭之邀，前往讲解职业教育。从4月22日至28日，每天讲两次，历时一周，其内容涉及"教育与职业的关系""职业教育的基本理论问题""职业陶冶""职业指导""都市职业教育""工商职业教育""农村改进与农科职业教育""家事教育与女子职业教育""特殊职业教育""职业教育师资""职业补习教育"等。在讲演中，黄炎培将职业教育表达为四种具体的主张："现办之职业学校，须充实内容，打开出路""添办职校时，须充分适应社会需要""都市须尽力提倡职业补习教育""乡村须在整个的农村改进计划之下施行乡村教育"。②此外他还草拟了《河南举办工商补习教育理由及方案》，以为河南兴办工商补习教育之参考。

然而，虽然此次河南大学之行的任务乃是讲解职业教育，但是期间，黄炎培还在省立女子师范学校讲演《今后女子走那一条路》；在省立水利工程专科学校讲演一次，赠一诗曰"诸君治水先治己，水利利群舍己利，与人一心成大功，此是学工第一义"③；在省立职业学校则讲"服务三要"：技能、努力和无坏习气。特别是在最后一天4月28日上午，黄炎培在学校大礼堂作了《青年自觉与民族复兴》的公开演讲，并认为这次演讲是"最重要"的。在演讲中，他号召"人人把所有的力量，不许有一些儿私藏，也不许有一些儿浪费，须完完全全用在我所认为中华民族复兴上最需要的工作"④。当天晚，黄炎培又赴陕西考察。5月2日下午，他应陕西省主席邵力子和省教育厅厅长周学昌邀请，在省立西安高级中学作了《民众教育与民族复

① 《复兴民族目标下之青年职业训练具体方案》，载《教育与职业》1935年3月第163期。
② 黄炎培：《河客通讯（二）》，载《国讯》1935年5月第95期。
③ 黄炎培著，中国社会科学院近代史研究所整理：《黄炎培日记》第5卷，华文出版社2008年版，第40页。
④ 黄炎培：《河客通讯（二）》，载《国讯》1935年5月第95期。

兴》的公开演讲。讲演中,黄炎培就"如何渡过民族的难关"进行了分析,并号召"大家必须团结,把整个的中华民族团结起来",无论是中学生、师范生还是小学生,都必须努力生产,并"遵照做人的方法,勉励、检察自己,作模范的国民"。① 5 月 10 日黄炎培回到开封。5 月 11 日下午,他又在省政府大礼堂所作的公开演讲中,希望政府"用普通而有效的方法教导全民族,使之心目中只有国家和民族一个观念"②。以"民族复兴"为演讲主题,其实何尝不是黄炎培内心中复兴民族信念的坚定体现和由衷表达呢?!

7 月 19 日至 21 日,黄炎培在青岛参加职教社第十五届社员大会暨第十三届全国职业教育讨论会,此次会议到会社员和各职业教育机关代表共208 人。在开幕式上,黄炎培提出,希望今后要用新精神来实行职业教育和复兴中华民族,而所谓新精神就是:对己刻苦奋斗,不怕劳苦;对群则精神团结;对事则一丝不苟,始终如一。在黄炎培看来,只有"把这种精神渗透在职业教育中间,才不失为复兴中华民族切要的工作"③。大会议决议案 38 件,并议定 5 大准则作为今后全社会同仁实施职业教育、提倡职业教育的指针。其中,不仅要求"职业学校教育、职业补习教育、职业指导,主张三方同时并重","已成立之职业学校,须加紧充实内容,宽筹毕业生出路",在整个农村改进计划下,切实施行农业教育,注重生产教育,随时随地普及农事指导,训练农业技术,多设短期讲习会训练班,对于女子家事教育应积极研究、提倡;而且特别提出,"培养国民爱国情感,练习青年服务知能,在施行职业教育时须特别注重,希望此种公民训练的积极精神能渗透于一切职教机关,认定被教的青年,非具有公民道德,不能完成职教使命"。④ 7 月 21 日上午,会议闭幕;下午,黄炎培在青岛市礼堂演讲《中国之将来》。演讲中,黄炎培说,要救中国必须"增加生产,减少消耗",必须"精诚团结"。⑤

① 黄炎培:《民众教育与民族复兴》,载《陕西教育月刊》1935 年 5 月第 5 期。
② 黄炎培:《河客通讯(八)》,载《国讯》1935 年 8 月第 102 期。
③ 黄炎培:《自管后之青岛瞥记(三)》,载《国讯》1935 年 9 月第 105 期。
④ 补斋:《中华职业教育社年会》,载《国讯》1935 年 8 月第 102 期。
⑤ 黄炎培:《中国之将来》,载《青岛教育》1935 年 10 月第 3 卷第 4 期。

第五节　四川之行：呼喊国难不忘教育

1936 年 1 月 29 日，应民生公司总经理卢作孚之邀，黄炎培乘该公司"民贵"号客船离开上海，至四川考察，夫人王纠思等同行。此次考察一直到 5 月 9 日回到上海，时间计 100 天。而此时，华北危急！中华民族危急！

2 月 1 日晚 8 时，黄炎培一行抵达汉口。适值中国教育学会第三届年会于当天在武昌中华大学开幕，应程其保之邀，2 月 2 日和 3 日，黄炎培和江恒源一同出席了会议。会上，他不仅和与会的刘廷芳、余家菊、姜琦、郑通和、邰爽秋、谢循初、罗香林、许恪士等人讨论了"非常时期教育问题"，而且还草拟了《国难期教育施行方案纲要》，报告于大会。2 月 9 日，黄炎培告别新老朋友，于次日凌晨乘船离开武昌。想到国难当头，国土沦陷，民族危亡，痛心的他一路上不时进行着拯救国难的宣传。如，2 月 10 日夜，船员、乘客举行联欢会，黄炎培演说《提倡国货》；2 月 14 日，在宜昌，他为行辕全体职员和附属机关职员演讲《如何唤起民众》；2 月 15 日，他为专员公署所召集的乡村师范学校、中等学校二年级以上学生及各学校教职员等讲演《今后施教育者和被教育者的新使命》。之后，黄炎培登上"民主"号客船离开宜昌，于 2 月 17 日晚抵达万县，开始了四川境内之行，一直到 4 月 29 日离开重庆。

在两月有余的于川考察期间，黄炎培虽见四川物质之富、精神之美，但让他感触最深的还是人民生活之"惨"。在此国难日重的时期，如何让占全国人口近十分之一的五千余万四川民众生活富足，黄炎培对此十分忧心。因此，他在各地所作的讲演中，对民众，希望鼓舞他们的信心；对军人，希望他们为民族而战斗；对学生，希望他们为解除国难而努力。

据不完全统计，在四川期间，黄炎培所作的讲演主要有：2 月 27 日，在成都，为县政人员训练所讲《如何唤起民众》，在华西大学讲《今后学生的新使命》；2 月 29 日，在四川大学文学院教育学系讲《今后教育者的新使命》，由省教育厅召集于四川省党部讲《吾们怎样踏进社会的门》；3 月 1

日,在中央陆军军官学校成都分校讲《团结、生产与国防》;3月4日,应四川大学校长任鸿隽之邀,在该校讲《大四川的青年》;3月9日,在剑阁县为干部训练班、各学校教员、学生及各机关职员两千余人讲《国民与人格》;3月10日,在绵阳县为大中小学学生、军官及干部训练班1500余人讲《团结、生产与国防》;3月14日,在重庆青年会讲《谁的四川?》;3月15日,民生公司举行游艺会,应邀演说《四川的民生》;3月17日,在江北县立初中为各中学、师范学生及各校教职员讲《长江的前途》,在重庆市商会私立通惠中学讲《国难中之职业教育》,于重庆国货介绍所对国货界同仁讲《国货提倡之重要性与其必要途径》;3月19日,在北碚礼堂讲《今后之北碚》;3月24日,在自贡自流井为各校男女学生和民众两千余人讲《自贡前途在团结生产与国防》;3月25日,在内江于沱江中学为该校、县立初中、县立乡师学生及民众千余人讲《身体练得好,团结起来,注重科学生产》;3月31日,在省立成都中学校演讲《出路》;4月6日,在峨眉县公立女学演讲《怎样才对得起峨眉——教、养、卫》,有男女学生300余人和各机关职员及民众百余人听讲;4月7日,在省立成都师范学校讲《小学教师的修养》;4月9日,在成都天府中学演讲《我们的出路在那里》。

这些讲演,对象广泛,其中对学生所作的演讲,其中心已经不再是宣传、倡导"职教救国",鼓励学生有业、乐业,而是多号召拯救国难。可以说,此时在黄炎培的思想意识中,面对民族危亡,国家的前途、民族的命运乃他心之所系,梦之所萦!因为在国破家亡之时,职业教育的力量是那么的微弱!实际上,不仅是中华职业教育社,当时即便是为失业学生所办、专门为毕业生介绍职业的"全国学术工作咨询处",虽求业者门庭若市,但求得职业者却寥寥。"使无业者有业,有业者乐业"的达途何在? 黄炎培在认真反复思索:其达途就在首先要面对国难,认清形势,抗击侵略,保家卫国,创造一个康宁、和平的社会;而广大的人民,包括青年学生——这些被视为"我们中国前途最有希望的青年",则更是要从"远处着眼,近处着手"。

如,在2月27日晚,于华西大学,黄炎培讲演《今后学生的新使命》,该校大学、中学两部约千人听讲。演讲中,黄炎培提出,如果说日本的侵略是有形的国难的话,那么经济破产则为无形的国难;我们要提倡生产建设工作,不买外货;大家要有健全的体魄;人人做一个有组织受训练的国民,大学生尤应该成为一个能指挥人、能服从人指挥的中坚分子。2月29日下午,黄炎培在四川大学文学院教育学系所讲《今后教育者的新使命》,主要内容包括:教育的目的;中国的中心问题是大众生活;中国兴办新教育三十多年对这中心问题尚少贡献;现时的新中心问题是国难;解决国难问题,还该从解决大众生活问题下手,至少须同时下手;教育须认清对象是民众;教育的功能须替受教育者谋出路。在3月4日所作的《大四川的青年》的讲演中,黄炎培强调时下的大学生并负有研究机械学、化学等国防所需要的科学的特殊使命,而川大的学生,则还负有研究西南边疆夷务、界务诸问题的特殊使命。3月14日,在《谁的四川?》的讲演中,黄炎培对前来听讲的千余名民众说,过去的四川是军人的四川、土匪的四川,那么,未来的四川是谁的四川呢?如果日本人从长江来,那就变成了日本的四川;若是英国人从西藏来,那就变成了英国的四川。我们要将四川确实造成中华民国的四川,那就必须不仅将四川确认为五千万民众的四川,而且确认为中华四万万民众的四川,而这,就要求大家首先必须切实负起责任,"人人认为是我的四川"。3月17日上午,应江北县县长范英士之邀,黄炎培为中学、师范学生及各校教职员演讲《长江的前途》,内容包括:长江的前途、长江的富源、长江的交通、长江的外患,以及救济办法即生产、团结、科学、国防。3月17日下午,应温少鹤之邀,黄炎培在重庆市商会私立通惠中学讲演《国难中之职业教育》,同听者有四川省立重庆高级商业职业学校、私立实用高级商业职业学校、重庆市商会私立益商职业学校的学生,主要内容包括:商科旨趣、自身修养、国难问题(经济亡国之可危,统制经济之必要)。讲演中,黄炎培希望同学们"发挥爱国的精神",如果这样,那么"中国不但不会灭亡,中国将永远存在,永远光荣"!①

除此之外,在川期间,黄炎培还和各界人士畅谈国难,并多次撰文探讨挽救民族危亡之方。如自3月5日起,他连续三天与川大青年学生谈话,内容涉及:西南边务问题;乡村建设的障碍,大原因在帝国主义的侵略;中日战祸爆发以后的经济状态;精神物质两主义的调和;中国领袖问题的障碍;中国民族复兴问题;宪法问题;青年思想的趋向问题;国难中学生工作

---

① 黄炎培:《国难中之职业教育》,载《教育与职业》1936年6月第176期。

问题;妇女出路问题;知识阶级结合到民间去;民众组织问题;吾人如何参加政治;好人不得闻政的原因;农的前途;职业学校出路;日本绝对不能亡中国的认识。谈话中,黄炎培坚定地认为,中国乡村建设的障碍,其最大原因就是帝国主义的侵略。

1936 年 4 月 26 日下午,中华职业学校校友会在上海南京路大陆商场七楼正谊社举行十周年纪念庆祝大会。黄炎培、杨崇皋、江恒源、杨卫玉、贾观仁等 300 余人与会。之前,黄炎培应学校诸学生驰书索文,于 3 月 31 日为 4 月 26 日的《申报》"中华职业学校校友会十周纪念特刊"作了一个短小的《纪念文》,文中曰:"国难之来,日迫一日,诸同学顾名思义,无日不顾念所出身之'学校',无日不努力所托命之'职业',更当无日不痛念垂危之'中华'。何以救中华? 曰:生产;曰:团结;曰:国防。而前二者尤为基本。"[1]4 月 5 日至 19 日,考察间隙,他先后写就《改造新四川管见》和《留告四川青年同学书》,交成都新闻编译社分送各报发表,其中后者并授权成都开明书店发行了单行本,分送有关机关和人士。

《改造新四川管见》是黄炎培在川考察期间精心所写的一篇重要文章,写就后,不仅上呈给四川省主席刘湘及各厅长,并上呈给了国民政府行政院院长蒋介石。在文中,黄炎培深入分析了四川和全国的密切关系,其中,考虑到长江流域和陇海路东段会被敌封锁,香港、九龙和广州湾一带也会受敌威胁,他建议:"最好由川湘展筑至贵阳,至昆明,则吾国西部才取得一海口,即由滇越路出海防。最好更由昆明西展至滇边,俾与滇缅路通,如此则又得一海口,即由滇缅路出仰光。"[2]

《留告四川青年同学书》是黄炎培在完成《改造新四川管见》后随即撰写的另一篇重要文章。当时,黄炎培在川的演讲反响强烈,不少人希望他在离开四川前,能够多写写"关于青年修养的文章,指示青年今后应走的方向"。很明显,《改造新四川管见》是写给"上层"的,而《留告四川青年同学书》则是为广大青年作的。和很多著作是先在报刊连载,再整体出版不同,《留告四川青年同学书》首先由成都开明书店于 1936 年 4 月出版单

---

① 黄任之:《纪念文(一)》,载《申报》1936 年 4 月 26 日,第 14 版。
② 黄炎培:《改造新四川管见》,见《蜀道》,上海开明书店 1936 年版,第 5—6 页。

行本,然后才在从 5 月 21 日到 6 月 21 日出版的《国讯》第 130 至 133 期上连载的。其因不仅仅是出版单行本"以供青年同学诸君要索"①,更由于在黄炎培看来,到四川后"所有的感想,完全在这篇文章里",且"其中的话,不仅是勉励青年",也是自己"和一般中年同胞应该勉励的"。②

在《留告四川青年同学书》中,黄炎培主要回答了青年三个问题:"一、国难严迫到这般地步,想到我国家民族前途究竟怎样才能回复吾们的光荣? 维持吾们的生命? 二、历年兵灾匪祸,同胞痛苦到这般地步,吾们该怎样来挽救? 三、回想我们青年自身,国家、社会正在需要人才,但吾们的出路究竟在那里?"③为此,他再次提出必须"努力团结""努力生产""加强国防",因为"团结增进人的力量,生产增进物的力量,把人与物的力量联合增进起来,才能构成整个的国家力量,才能建立国防"。④ 他说,我们必须坚决地相信,中国是绝对不会亡的! 天下兴亡,匹夫有责,希望同学们要有自信心和勇气,团结起来,共赴国难! 另外,黄炎培还特别指出,"四川是中华全国的缩影。四川现象,或者可以说是中华普遍的现象,我所对四川青年说的,也就是想对全国青年说的"⑤。实际上,黄炎培确实虽是"在蜀言蜀",而实际所言"岂止蜀哉"?!

4 月 29 日晚,黄炎培将要乘船离开四川返回阔别 3 个月之久的上海。临上船前,民生公司为他举行了欢送大会。在会上,他深情地说,虽然我的身暂时要离开四川,但是"我的心却永远关念着四川,不会一刻离开过";四川不仅是我好朋友的地方,"也是中华民国最宝贵的地方"。⑥ 他号召大家,"中国根本就不会灭亡……振兴是操在我们手上的";"一个民族所赖以生存的,是团结、互助,人数即使不多,如果组合成整个力量,便可对外抵抗";因此,我们应当多注重组织训练和生产事业,自己努力,"不要将命运委托于天"!⑦

从四川回到上海后,5 月 16 日上午,黄炎培即在中华职业学校成立十

---

① 黄炎培:《留告四川青年同学书》,成都开明书店 1936 年版,第 31 页。
② 黄炎培:《离开四川时的感想》,载《新世界》1936 年 5 月第 93 期。
③ 黄炎培:《留告四川青年同学书》,成都开明书店 1936 年版,第 2 页。
④ 黄炎培:《留告四川青年同学书》,成都开明书店 1936 年版,第 14 页。
⑤ 黄炎培:《留告四川青年同学书"附启"》,载《国讯》1936 年 6 月第 131 期。
⑥ 黄炎培:《离开四川时的感想》,载《新世界》1936 年 5 月第 93 期。
⑦ 黄炎培:《离开四川时的感想》,载《新世界》1936 年 5 月第 93 期。

八周年纪念会上发表演讲。演讲中,他回顾了中华职业学校过去艰难的历程和此次旅行四川的经过、感想,并从四个方面向同学们提出了希望:第一,希望同学们不但要运用两手,还要运用头脑,因为中华职业学校"训练学生的目的",是重"在养成学生精密的头脑";第二,"扩大同情心,培养热烈的情绪",希望同学们如有一分余力,就应帮助他人,这样民族才可生存;第三,"将来出去做事,要随处谨慎","男女同学都要以品格为重",因为"无论做什么事情,要得到人家的好评,概括的分析起来,不但要学问好,技能好,办事有能力,有本领,并且还有身体健康,能够吃苦耐劳",所以"希望全体的同学,人人要有君子的品格,那么才可以救我们的国家和民族";第四,"养成吃苦的习惯"。① 此后,黄炎培多次通过口头报告或演讲介绍此次考察四川的状况,如,5 月 16 日晚,在孔祥熙家举行的成志会聚餐会上,演说《四川情形》;5 月 19 日,在上海市地方协会大会和中社聚餐会上,报告《川游状况》;5 月 23 日,在上海青年会演讲《四川之过去与未来》;6 月 12 日,在职教社举行的复兴聚餐会上,报告《四川见闻》;7 月 8 日,应上海银行学会之邀,演讲《从四川说到全国》等。

不仅如此,黄炎培还将关于这次四川之行写下的一系列见闻性游记,以《空江人语》为名,在《国讯》上连载;并将四川的民生疾苦、山川风景、风俗人情等,写成 100 首绝句,名曰《蜀游百绝句》,和此前写下的一系列见闻性游记整理结集取名《蜀道》,于 1936 年 8 月由上海开明书店出版,其中并附有《留告四川青年同学书》和《改造新四川管见》。

黄炎培的这次四川之行,自 1936 年 1 月 29 日从上海出发,到 4 月 29 日离开重庆,整整 3 个月。3 个月间,虽然黄炎培得见象池之月,金顶之云,锦城之花,金堤之水和夔门、三峡、峨眉、剑阁的奇险雄秀,得温新旧朋友的浓厚之情,但对于广大的老百姓,黄炎培的所见所闻则只有一个字——惨! 特别是,这次四川之行使他对国难有了更深的感触,对挽救国家危亡有了更为明确的认识。而此后的事实充分证明,他在四川所作的一系列演讲和他所写的一系列有关的文论,对于唤起民众共赴国难、抗日救亡起到了巨大的鼓舞作用。

---

① 　中华职业学校编印:《非常时期教育实施报告》,中华职业学校 1936 年编印。

第十章　为抗战救国努力

1937年7月全面抗战爆发后,面对国土沦陷、国破家亡的现实,黄炎培彻底抛弃"职教救国"的理想,以极大的心力投入到抗日救亡运动之中。他不仅到处发表抗日演讲,鼓舞、增强国人抗战救亡的决心,而且以《国讯》为武器,撰写抗战文论,大力宣传抗战,并在奔赴各地劝募战时公债的同时,号召民众抗战到底、抗战必胜、抗战建国。

第一节　主张抗战,反对投降

从四川回到上海后,黄炎培更加认识到国难的严重和严峻,他以更大的热情投入到轰轰烈烈的抗日救国运动之中。

1936年7月,黄炎培联合上海文化界王培孙、王云五、沈恩孚、蒋维乔、夏丏尊、穆藕初、俞颂华、潘文安、钱歌川、江恒源、刘湛恩、廖世承、胡敦复、杨卫玉、张雪澄等计25人致电蒋介石、冯玉祥、阎锡山、陈济棠、李宗仁、白崇禧,要求"共同救亡"。电文曰:"国势阽危,人心忧愤,举国上下,舍共同救亡外,无其他目标。倘国未救而国力先自消耗,不惟减少自救之力,且转入自亡之途,事之痛心,孰逾于此!公等皆国家柱石,定倾扶危,全民族生存是赖,及此时机领导各方,一致御侮,则全国生气顿增,人人皆愿效死……迫乞俯念垂危国脉,认定惟一目标,熟筹当前利害,即日开诚协商,决定对外方针,并就可能,公告有众,用慰颙望,而释悲怀。"①10月18日,他又联合褚辅成、穆藕初、沈恩孚、王培孙、欧元怀、夏丏尊、何清儒、潘文安、江恒源、姚惠泉、贾丰臻、贾观仁、陈科美、王揆生、杨卫玉、顾旭侯、彭望芬、王纠思等当时上海教育界、实业界计214位著名人士,共同致信当时的国民政府主席林森和军事委员会委员长蒋介石,向国民政府表达了他们对日本侵略我国及其所包藏的亡我之祸心的"惶痛无极"的忧虑心情。这一名为《上海教育实业两界对时局之表示》的"迫切陈词",刊于《国讯》第144期。在这一"迫切陈词"中,黄炎培提请政府对日本种种"越出国交常规"的行为,要"一面迅提抗议,一面严令所属,苟有轨外行动,立以武力制止,遏未来之萌蘖,收已失之桑榆,万勿存投鼠忌器之心,贻噬脐莫及之悔"。②

1937年7月7日,"卢沟桥事变"爆发,日本开始全面侵略中国。7月10日,黄炎培领衔和江恒源、杨卫玉、张志鹤、姚惠泉、汪原渠等联合致电宋哲元等,对二十九军的抗敌行为给予敬佩和支持,并表达了自己的抗战决心。电曰:

> 北平分送宋委员长、秦市长、冯张两师长勋鉴:暴敌无厌,得寸进尺,齐日卢沟桥之役,用心巨测,令人发指!诸公奋勇抗拒,捍卫国土,全国感佩。读宋委员长致二十九军训词,有河北为吾军坟墓之语,悲壮慷慨,凡具人心,莫不激奋。丰台往事,可为殷鉴。尚望坚持到底,勿中敌计,不作城下之盟,不签任何条约,发扬贵军光荣历史。全国国民,愿为后盾。③

① 《上海教育界同人致南京蒋介石、冯焕章、太原阎百川、广州陈伯南、南宁李德隣、白健生诸先生电》,载《国讯》1936年7月第135期。
② 黄炎培等:《上海教育实业两界对时局之表示》,载《国讯》1936年10月第144期。
③ 《市党部公团各界一致电慰廿九军将士》,载《申报》1937年7月13日,第13版。

此后,黄炎培更是以极大的热情投入到轰轰烈烈的抗日救国运动之中。

7 月 23 日,上海市各界抗敌后援会成立,黄炎培担任执委,并和王晓籁、杜月笙、钱新之、潘公展、张寿镛、童行白、柯干臣、陆京士等为主席团成员。在任执委期间,他领导浦东同乡会同仁积极开展伤兵救护和难民救济等工作,使浦东同乡会会所成为当时上海抗日救亡的重要场所。8 月 11 日,国民党中央政治会议决定设立国防最高会议,作为全国国防的最高决策机关,下设国防参议会,作为政治咨询机构,由国防最高会议主席蒋介石、副主席汪精卫聘请"在野党派、社会人望和具有专长的人"担任国防参议会参议员。不久,国防参议会正式成立,黄炎培和张耀曾、曾琦、张君劢、李璜、陶希圣、张伯苓、梁漱溟、蒋梦麟、蒋百里、胡适、沈钧儒、傅斯年、马君武、毛泽东、晏阳初共 16 人被聘为首批参议员。8 月 17 日,国防参议会第一次会议举行。9 月中旬,又增聘周恩来、张东荪、左舜生、陈布雷等 9 人为参议员。之后,黄炎培多次出席国防参议会会议。

在积极投入抗战活动的同时,针对抗战初期的具体形势,黄炎培就自己对抗战的认识写下了不少文章,发表了诸多言论。如,1936 年 8 月 21 日,他承交通大学"在校诸同学发出'青年在非常时期应有的准备'一问题",为该校自治会作《吾人在非常时期将以何者为最重大贡献乎?》一文,鼓舞人们"决心求尽国民天职一切工作,专为国家民族前途求出路,……明了国族前途真实危险情形,从内心发出热烈的情绪,来担当救亡图存大任";并饱含激情地说,"名,吾所不求;功,吾所不争。将吾整个生命,完全献给我国家民族生存工作上"。① 8 月下旬,他又为《大公报》作"星期论文"《如何唤起民众》(按:8 月 30 日刊于天津《大公报》),呼吁"必须增进民众对国家民族关系的认识"②。10 月 6 日,他为《生活星期刊》作《怎样表显出中华民族性》一文,表示"深信我中华国民到最后一步,个个能自发的表现出他们潜伏的力量,把'群'和'勇'来充分发挥先天后天所传受所蕴蓄着的民族意识"③。11 月 22 日,他在《大公报》上发表《转变中之中国

---

① 黄炎培:《空江集》,上海生活书店 1937 年版,第 139—142 页。
② 黄炎培:《如何唤起民众》,载《国讯》1936 年 9 月第 140 期。
③ 黄炎培:《怎样表显出中华民族性》,载《生活星期刊》1936 年 10 月第 1 卷第 19 号。

的检讨》一文,提出,"五六年来,两大国难,迫使我人不能不觉悟:其一,无形之国难,即经济破产";"其二,有形之国难,即日本侵略";"中华民族复兴之要求,惟三事:一、统一;二、生产;三、国防"。[①]

与此同时,他还在多处发表演讲,以增强民众抗战救亡的决心。如,1936 年 10 月 24 日,他在职教社举办的学术讲座上讲《从鲁迅的死想到中华民族性》;11 月 2 日,他在光华大学中学部讲《从鲁迅说到青年思想》;11月 19 日,他在光华大学讲《六年来的觉悟》;12 月 28 日,他在国立音乐专科学校演讲《民族与音乐》。

1937 年 7 月 7 日全面抗战爆发后,面对国破家亡的现实,黄炎培更加奔波于各地进行抗战讲演宣传,并写了大量抗战论文。透过这些文字,我们处处可以窥见黄炎培对敌侵略的无比愤慨之情与力主抗战、反对分裂和投降的坚定之心。这些抗战论文在 1938 年 8 月《国讯》复刊后多刊登于其上(参阅本章第二节),但也有少部分刊于其他报刊上。

如,1937 年 7 月 29 日下午,南开大学遭日本飞机轰炸,"鸡犬不留",黄炎培立即作了《吊南开大学并急告教育当局》一文,并于 7 月 31 日发表在上海《大公报》上。文中,黄炎培严正谴责了日本轰炸南开、毁灭文化机关的暴行,认为"这是'一·二八'焚毁上海东方图书馆后,第二回毁灭文化机关的暴行的铁证"。他说,虽然敌人"能毁灭我有形的南开大学的校舍,而不能毁灭我无形的南开大学所造成的万千青年的抗敌精神,更不能毁灭爱护南开大学的中华全国亿万民众的爱国心理";"文化的生命同他的价值,是超出政治之上的",今敌人"有意毁灭南开大学,适足以证明被毁灭者不但在文化上有伟大贡献","并且他所养成的青年,他们的思想和能力,足给国族前途以重大保障",所以,"在这种意义之下,不惟我南开大学全部师生以及辛苦经营四十年之张伯苓校长,不应有丝毫悲丧,只有加倍奋激,并且足以大大安慰创办人严范孙先生在天之灵"。[②] 8 月 30 日,黄炎培写就《长期抗战中的后方工作》一文。该文后刊于本年出版的《时事类编特刊》第 1 期,并在《国讯》第 173 期和《抗战半月刊》第 1、2 号合刊上

① 黄炎培:《空江集》,上海生活书店 1937 年版,第 202—209 页。
② 黄炎培:《吊南开大学并急告教育当局》,载《大公报》(上海)1937 年 7 月 31 日。

发表。在文中,他建议,"每一单位皆须成立一中心组织";"对于轮舶车辆等交通器具,首须为适当之处置";"粮食及其他生活必需品,加以管理与调节";"肃清汉奸";"指导民众避难之方法与路线,筹划难民过境的给养";"尽力维护生产工作、文化事业";"集党政商学及地方民众为一体,努力执行上开种种及其他在非常时期必要的工作"。① 而 1938 年 8 月 7 日,黄炎培特为《时事新报》"八一三纪念特刊"写了《无忘今日"八一三"》一文。8 月 13 日,他又以此文内容在重庆纪念淞沪会战开始聚餐会上作了讲演。此时,他从汉口来到重庆已 20 余天。在作这篇文章时,想想淞沪会战牺牲了几十万生命,仅仅一年,即国破家亡,黄炎培"不知淌下多少热泪"②!在文中,他说,淞沪会战我国付出了生命上物质上巨大的牺牲,不仅"给敌人以绝大挫折","唤起我方自信心",而且更使全世界"普遍地深切地知道敌军如何风魔暴行,我军如何壮烈牺牲",而这是"十几万将士与几十万民众以血以肉所换得"的,所以此时此刻,让我们为"淞沪陆空十几万殉国将士以及几十万无辜被害男女同胞遥致默哀","愿吾全国每一个人,尤其是淞沪流亡民众,有生一日,岁岁年年,无忘今日"。③

虽然已经年届花甲,但面对民族危亡的残酷现实,黄炎培深感"国家兴亡,匹夫有责"!于是在 1938 年 11 月 23 日,他饱含激情地作《重做人歌》诗"三章",表达自己为挽救国难以尽绵薄之力的决心和抗战必胜的坚定信念。诗曰:

> 六十年,过去了。努力无成成亦小,一切何足道!譬如前年死得早,国难来,重做人,今后做人不识劳苦和艰辛。我用一分精神都为国,我过一寸光阴全为民。民得再生国再造,我愿卖力卖到老。

> 六十年,过去了。虽曾苦干干得少,一切何足道!譬如去年死得巧,国难来,我复活,自吟自赏此病连根拔。我写诗歌都为民众发,我写文章都给民众阅。唤起民众血沸腾,抗战必胜国必兴。

---

① 黄炎培:《长期抗战中的后方工作》,载《抗战半月刊》1937 年 10 月第 1、2 号合刊。
② 黄炎培:《附记》,见《无忘今日"八一三"》,载《国讯》1938 年 8 月第 180 期。
③ 黄炎培:《无忘今日"八一三"》,载《国讯》1938 年 8 月第 180 期。

六十年,过去了。区区贡献付一笑,一切何足道! 譬如昨日死得好,国难来,死复生,与人一心来和顽敌拼。打开门户要入群众群,铲除崖岸要与平民平。烧得我心太阳一般热,照见我心明月一样明。"身非我有",记得此言否? 从此我身献给民族,献给国家有。[①]

然而,当抗日战争正在艰难进行之时,国民党副总裁汪精卫竟借机叛逃,公开投降日本。12 月 18 日,他和其党羽由重庆飞抵昆明,12 月 19 日,又偕同陈璧君、陶希圣、周佛海等人飞抵河内,并于 12 月 29 日向国民党中央党部和蒋介石及中央执监委员发出"艳电"(12 月 31 日在香港《南华日报》刊出)。这一"艳电",要求国民政府根据日本首相近卫文麿在 12 月 22 日所声明提出的"善邻友好""共同防共""经济提携"三原则,"与日本政府交换诚意,以期恢复和平"。汪精卫的投敌叛国、卖身求荣行径一经披露,立即激起全国人民的巨大愤慨和声讨。1939 年 1 月 1 日,国民党以"艳电""对国是妄作主张,危害党国"为由,决定永远开除汪精卫党籍,撤销其本兼各职。

和全国人民一样,黄炎培对汪精卫的无耻行径义愤填膺。1 月 3 日,由他起草并和张澜、梁漱溟、冷遹、江恒源等联合发表的《对汪精卫接受近卫声明之主张》,"对汪兆铭艳电曲解敌相近卫声明,主张接受,绝对反对。尤以其间中央提议之先,遽行向外宣传,一似有意破坏团结,大为诧异。惟愿吾全国同胞,认清利害,坚定意志,……同心戮力,不断地求进,增加抗战力量,争取最后胜利"[②]。8 月 18 日,他又和张澜、林虎、冷遹、江恒源等联合发表通电,再次对汪精卫的倒行逆施进行抨击:

全国国民公鉴:同人于本年一月间,对汪精卫艳电主张接受近卫声明,曾以江电表示绝对反对,不意近顷倒行逆施,愈行愈逆,知国人之不我从,乃以实行宪法,各党各派、无党无派一致团结,为诱骗国人之计。即如所言,是直以上偶尔饰冠裳相夸耀耳! 我国人甚愿在国家

---

① 黄炎培:《重做人歌》,载《国讯》1939 年 1 月第 193 期。

② 《来件:义正词严的两电》,载《国讯》1939 年 9 月第 211 期。

完整的主权之下,由政府施行民治,全国国民精诚一致,若夫身被敌人
庇护,受敌人豢养,而尚昌言法治,可谓滑稽之尤。我谁欺,自欺耳!
抗战已逾二年,敌人财力不继,兵力日疲,速战速决,速和速结,两俱无
望,乃以金钱收买汉奸,制为种种甘言,希图分化团结精神,削弱抗战
力量,亦只见心劳日拙而已。是非成败,章章可睹。有从逆者,惟我全
国国人共弃之。①

第二节 《国讯》复刊,宣传抗战

一、《国讯》复刊

前面曾及,1937 年 12 月,《国讯》被迫暂时停刊。1938 年 8 月 13 日,
在停刊 8 个月后,《国讯》于"淞沪会战"一周年纪念日复刊,出版第 179
期。在《复刊词》中,黄炎培说,《国讯》是一个"为国难而生,为国难而死,
为国难而更生"的刊物,希望同仁继续发挥纯洁的抗战建国的基本精神,
以达到必胜、必成的最大目的。此后,他在 1939 年 3 月第 200 期发表的
《一个有主意的苦孩子》中又言,本刊将继续"发挥那种烂漫而热烈的天
真,愿为中华民族对那凶暴残酷的敌人,挥一对小拳头,卖一些小气力"②。
正是基于对《国讯》作用的这一认识,《国讯》复刊后,黄炎培长期主持它的
编辑和出版工作。他以之为武器,极力关注、支持、号召、宣传抗战。

《国讯》在 8 月 13 日这一纪念日复刊,无疑意义深远。第 179 期中,除
了发表在该期首页由黄炎培专门写的《复刊词》外,还刊有他的《我生第二
戊寅年七月时对日抗战一周年矣》一诗。诗曰:

秋风再度岂相期,祸水滔天未已时。

---

① 《来件:义正词严的两电》,载《国讯》1939 年 9 月第 211 期。
② 黄炎培:《一个有主意的苦孩子》,载《国讯》1939 年 3 月第 200 期。

九首横行人戏弄,重霄震发地倾欹。

凡诸惨辱难言者,嗟尔生灵尽受之。

东望况擎双泪眼,河淮高浪压饥疲。①

不仅如此,从本期起,还开始不定期连载黄炎培的《抗战以来》长文。

《抗战以来》是黄炎培数年间以对抗战的所见、所闻、所感为内容所作的系列文字。正如黄炎培在该文开首所说:"我于上海,有三十五年服务历史,故当淞沪开始抗战之初,组有上海抗敌后援会,我为其中之一员。上海市地方协会,亦以历史关系,在抗战期间,为地方主要团体之一,而我实其中一职员。那时候,我还参与南京关于某项集会,三个月间,往来京沪,至九次之多,中间,还奔走沪杭津浦。淞沪既陷,由南京而武汉,为视察地方动员状况,由鄂而湘,进及桂粤,折而北行淮徐间,从此南北东西,没有休息过一个月。其间所见所闻,所发生的感想,须得负起责任来,报告给国人知道。因此不避拉杂,一一追记,而总名之曰《抗战以来》。"②在《抗战以来》中,黄炎培叙述了自"九一八"以来抗战的形势和发展,并多有号召抗战之言,如"现在敌人一步一步不断地进逼,大家还不赶快起来努力,难道忍心使我同胞普遍地受此惨痛么"③?

此后,在黄炎培的支持下,《国讯》不时地刊登有关抗战的消息、诗歌、文论。像周恩来的《今年抗战的新形势与新任务》(第194、196期和第197、198期合刊)认为,在粉碎敌人速战速决的妄想后,接下来抗战的任务就是要造成敌我相持局面,以准备进入反攻;文中并基于敌我双方的情况,就达到完成此任务进行了深入分析。穆藕初的《从被动的战略到自动的战略》(第188期)、《加强我们抗战必胜的信念》(第189、190期)等文章,旗帜鲜明地反对"过于悲观"的"必亡论者"和"过于乐观"的"速胜论者"两种倾向,从政治、经济等方面阐述了持久抗战、抗战必胜的道理。而黄炎培也先后发表了《重做人歌》(第193期)、《吾爱》(第196期)、《反省》(第

---

① 黄炎培:《我生第二戊寅年七月时对日抗战一周年矣》,载《国讯》1938年8月第179期。

② 黄炎培:《抗战以来》,载《国讯》1938年8月第179期。

③ 黄炎培:《抗战以来(三)》,载《国讯》1938年9月第181期。

197、198 期合刊）、《元旦歌》（第 223 期）、《自觉了》（第 289 期）、《七七七
歌》（第 340 期）等诗歌和《我合你一块儿走——抗战问答的结果》（第 183
期）、《吾人最大努力的机会快到临了》（第 193 期）、《心》（第 196 期）、《打
一下抚摩一下》（第 197、198 期合刊）、《从一个大学的惨遭轰炸来研究暴
敌的用心和避弹的方法》（第 199 期）、《从内地视察亲收到民众热烈爱国
的事实》（第 209 期）、《怎样欢迎我二十九年抗战最后胜利》（第 223 期）、
《从第四个"七七"回想一下》（第 239 期）、《从后方轰炸声中经过第四个
'八一三'的感想》（第 244 期）、《抗战到四十个月时的新局势》（第 253、
254 期合刊）、《第五个"八一三"了——复刊第一百期》（第 278 期）、《自
白》（第 286、287、288 期合刊）、《本刊创刊十周年告前方将士书》《本刊创
刊十周年告海内外青年书》（第 289 期）、《防范日寇的下一着》（第 296 期。
按：和潘念之、杨卫玉、季寒筠合写）、《物质呢，还是精神？》（第 298 期。
按：和杨卫玉、季寒筠合写）、《怎样制敌死命》（第 302 期。按：和杨卫玉、
季寒筠合写）、《敌人向那里去？》（第 312 期）、《第十一个"九一八"谈东
北》（第 313 期）、《从过去的上海想到未来》（第 343 期）、《试重估本刊十二
年前公定信条的价值》（第 354 期）等文论。

这些诗歌和文论，在表达对敌无比愤慨之情、鼓舞国人抗战热情的同
时，就坚持长期抗战提出了一些重要的建议。

如，在《反省》中，黄炎培希望包括自己在内的每一个人都应该没有私
利和私欲，待人真诚，作事精勤，报国忠贞；如果这样，那么"抗战兮必胜，
建国兮必成"①。在《元旦歌》中，他写道："失地未复耻未雪。后方流汗前
方血，……黄金人格铁纪律。是谁杀敌是豪杰……"②在《吾人最大努力的
机会快到临了》中，他说，现在抗战已经到了第 19 个月，局势的演进，使得
今后三五个月内，"是吾人必须用最大努力的时候，也正是值得用最大努
力的时候"；希望大家"一齐奔赴这空前重要而有利的机会，来完成保卫民
族保卫国家并为世界保卫人道的神圣使命"。③ 在《从内地视察亲收到民

---

① 黄炎培：《反省》，载《国讯》1939 年 3 月第 197、198 期合刊。
② 黄炎培：《元旦歌》，载《国讯》1940 年 1 月第 223 期。
③ 黄炎培：《吾人最大努力的机会快到临了》，载《国讯》1939 年 1 月第 193 期。

众热烈爱国的事实》中,黄炎培通过视察川康建设及往返 4 个月间的所见所闻,坚定地说,"抗战的胜利,建国的成功,包含若干条件,民众当然是极重要部份";"我大胆地说句话:'中华民国的新生命,在一般民众身上.'"。① 在《第五个"八一三"了——复刊第一百期》中,黄炎培说:"我们主张联合反侵略国家,对暴日抗战,争取国家的独立自由,恢复领土主权的完整;我们主张拥护国权统一,反对地方分裂;我们主张逐步施行民主政治,励行法治俾迈进于宪政途程;我们主张加强一切建设与进步,反对暴力斗争与破坏行动."②而《防范日寇的下一着》则是针对太平洋战争爆发后日本下一步可能的侵略所作的分析和建议。其中黄炎培提出,"三湘两广,是我必守之地,必须万分戒慎,不能有一点疏忽";"要更强力的反攻,压迫敌人败退,打破敌人任何新的攻势".③ 在《物质呢,还是精神?》中,黄炎培号召曰:"中华民国前途的光明,是在发挥几千年来固有的立国精神,来运用世界日新月异的科学。抗战制胜,在乎物质,抗战所以制胜,到底还在乎精神."④在《第十一个"九一八"谈东北》中,黄炎培回溯了"大梦的开始——'九一八'";之后他说,我们"将怎样努力来完成救国使命","同人可坦白地告诉读者,'九一八'纪念有一天存在,我们便得努力一天,全国失地有一处不恢复,我们便得努力一天".⑤

　　黄炎培之所以在抗战爆发后积极投身抗战,特别是以《国讯》为阵地进行抗战宣传活动,无疑源于他坚定的爱国主义信念。这从 1939 年 2 月 15 日他在《国讯》第 196 期上所发表的名为《吾爱》的一首诗中,可资说明。此时,《国讯》复刊仅仅半年。诗曰:

> 吾爱! 吾爱! 爱吾中华天然美丽的家乡。
>
> 吾爱! 吾爱! 爱吾中华祖宗手辟的封疆。
>
> 吾爱! 吾爱! 爱吾中华——

---

① 黄炎培:《从内地视察亲收到民众热烈爱国的事实》,载《国讯》1939 年 8 月第 209 期。
② 黄炎培:《第五个"八一三"了——复刊第一百期》,载《国讯》1941 年 8 月第 278 期。
③ 黄炎培等:《防范日寇的下一着》,载《国讯》1942 年 3 月第 296 期。
④ 黄炎培等:《物质呢,还是精神?》,载《国讯》1942 年 4 月第 298 期。
⑤ 黄炎培:《第十一个"九一八"谈东北》,载《国讯》1942 年 9 月第 313 期。

地上农林兮,地下矿藏。

北起黑河兮,南尽西江。

妇有织兮蚕桑。

男有耕兮稻粱。

子弟有学兮聪且强。

国不幸而有难兮,与子偕行。

予打击者以打击兮,与汝偕亡。

以赤血卫国兮,与日星争光。

吾爱! 吾爱!

维我大仁大智大勇兮,

保我中华国命之绵长。[①]

1941 年 10 月 10 日,黄炎培在《自白》一文中这样言道:"吾们借这个刊物,和读者诸君相见,到今足足十年了。这十年中间,前前后后,文章不知有几千篇,不知劳手民植过几千万字,劳邮差送过几百万封。实实在在,只有很坦白的单纯的一句话,就是说:'我们定要把垂危的中华民族挽救起来,复兴起来'";"吾们绝无所求,只求全国上下万众一心,抗敌自救,对外恢复中华民国领土与主权的完整,取得中华民族的解放与自由;对内取得人民的福利"。[②] 这篇最初发表于香港版《国讯》第 1 号的文章,一个半月后被重庆版《国讯》第 286、287、288 期合刊所转载。

二、宣传抗战

在撰写文章号召抗战的同时,面对国破家亡的现实,黄炎培还奔走各地,积极从事抗日救国实践活动,不时应各地大学和团体之邀,发表演讲,宣传抗战。

如,1937 年 12 月 25 日,他应长沙小学教师寒假服务团之邀,演讲《怎么唤起老百姓抗敌》。1938 年 7 月 29 日,他在中央大学演讲《抗战一年来

---

① 黄炎培:《吾爱》,载《国讯》1939 年 2 月第 196 期。

② 黄炎培:《自白》,载《国讯》(香港)1941 年 10 月第 1 号。

的感想》。8月20日,他在贵州中等学校教师暑期讲习会演讲《大时代中间的教育》。12月26日,他在复旦大学商学院及新闻学系、经济学系演讲《从抗战中间得到几个教训》。1939年1月23日,他应新生活运动促进总会妇女指导委员会之请,演讲《战争与爱》。1940年6月2日,他为职教社"青年职业讲座"讲演《新县制与抗战建国之关系》。11月3日,他在重庆中华职业补习学校"职业青年星期讲座"上讲《我对于抗战的透视》。1941年5月31日,他在成都应四川省教育厅之邀,为大中学校学生公开讲演《中国抗战四年来的觉悟与今后青年应有的努力》。9月18日,他自香港飞赴菲律宾劝募公债,当夜在华侨援助抗敌委员会举行公开演讲《九一八纪念日之检讨》。12月14日,他为"青年职业讲座"演讲《怎样做大时代的中国人》。1943年5月13日,他为中央文化委员会演讲《从团结抗战中发见的伟大的中华民族遗传性》。

从这些演讲中,我们同样可以看到黄炎培坚定的抗战决心和抗战必胜的信心。如,在《我对于抗战的透视》中,黄炎培首先分析了欧战形势,号召"敌来不怖,敌去不惰,只要努力自求进步,坚持抗战到底,我们的前途是乐观的"①。在《中国抗战四年来的觉悟与今后青年应有的努力》中,他说,"中国民众,在此抗战期中,虽然牺牲了不少的生命,可是我们中华民族,和国家的生命,就要靠这种牺牲的精神,保存起来,靠这种牺牲的精神延长下去";"抗战何患不胜,建国何患不成"。② 在《九一八纪念日之检讨》中,他对大家说,大敌当前,"抗战最要,全民抗战最要",为了我们的国家,恳望大家有力出力,有钱出钱。在《怎样做大时代的中国人》中,他提出,"暴日生命之长度必不及英美,但我生命之长度必须超过暴日,才能接受胜利";要"加强精神团结,加强向心力";发挥博爱互助、忠勇侠义、刻苦耐劳的精神,"以此养成中华民族伟大之风度"。③

不仅如此,在1942年1月29日,黄炎培还将抗战以来所作的文章,精选30篇,附以《先室王夫人行略》,名曰《抗战以来》,由重庆国讯书店于

---

① 《黄炎培先生演讲严防敌诱降阴谋》,载《新华日报》1940年11月4日,第2版。
② 黄炎培:《中国抗战四年来的觉悟与今后青年应有的努力》,载《国讯》1941年6月第273期。
③ 黄炎培著,中国社会科学院近代史研究所整理:《黄炎培日记》第7卷,华文出版社2008年版,第194页。

1942 年 5 月出版。其中多数文章已在《国讯》等刊物上发表,也有个别文章为第一次面世,如《怎样从长时期后取得抗战最后胜利》。这篇文章写于 1941 年 12 月 18 日。文中,他提出应"尽可能厉行节约""尽可能增加生产""加强全国团结",并希望"政府与社会联合起来,把法治精神切实发挥出来"。①

而《先室王夫人行略》则是 1940 年 12 月 21 日其妻王纠思逝世的第七天,黄炎培含泪为纪念妻子所作。1940 年 12 月 15 日,王纠思因脑出血在上海病逝。当时黄炎培身在重庆,爱妻的离去对他的身心是一个巨大的打击。为悼念亡妻,12 月 18 日,黄炎培先写了《月圆圆词》三首;12 月 25 日,又作《天长》律诗七首,第一首曰:"谁说天长地久来,吾生万念一时灰;悲欢聚散寻常事,浑厚精明未易才。去后茅檐犹待火,来时玉镜不成台;庸庸四十年闲福,进作昆鱼永夜哀。"②此后,黄炎培很长时间都沉浸在巨大的悲痛之中,时时早起"痛哭夫人"。1941 年 3 月 23 日,黄炎培又作《亡妻百日祭》诗一首,再次表达了对妻子的怀念之情。诗曰:"梦破惊疑尚此身,双江凄雨送萧晨;那容逐汝抛群众,直欲呼天鉴苦辛。花落咒归清净土,门开愁见去来人;剖心残热倾何处?肠断淞南草不春。"③此后,不少亲朋好友建议黄炎培续弦,但因对爱妻的怀念,且忙于奔波各地劝募战时公债,他婉言谢绝了大家的好意。

1941 年 12 月初,黄炎培在贵州劝募战时公债时,到贵阳大夏大学讲演,大夏大学学生姚维钧对黄炎培极为钦佩。1909 年出生于南汇县周浦镇的姚维钧,祖籍安徽黟县,和黄炎培一样有着坚定的爱国信念。黄炎培离开贵阳后,他们鸿雁传书,诗词唱和,从相知到相爱。1942 年 7 月,姚维钧毕业后,于 8 月 11 日来到重庆。8 月 16 日下午 3 时,黄炎培和姚维钧在重庆张家花园巴蜀学校大礼堂举行婚礼,各界人士 200 余人参加。婚礼上,他们二人订下结婚式原则:"以简朴代繁缛,以和谐代严肃,以自然代

---

① 黄炎培:《抗战以来》,重庆国讯书店 1942 年版,第 173—176 页。
② 黄炎培著,中国社会科学院近代史研究所整理:《黄炎培日记》第 7 卷,华文出版社 2008 年版,第 46 页。
③ 黄炎培著,中国社会科学院近代史研究所整理:《黄炎培日记》第 7 卷,华文出版社 2008 年版,第 79 页。

矫揉"。婚后,他们的生活也如此"结婚式原则"一样,简朴、和谐、自然,夫唱妇随,伉俪情深。

在黄炎培所作的有关宣传抗战的讲演中,"中华复兴十讲"最为引人注目。

在各地、各机关不时进行抗战演讲的同时,黄炎培希望能进行一次大规模的演讲,并在1942年5月29日将之名为"中华复兴讲座",遂开始准备演讲纲目。经过精心准备,6月30日至7月4日,黄炎培在成都华西大学以"中华复兴讲座"为名,先后作了十场讲演,分别是:《中国当前之艰险与死里求生之可能》《说明中国积弱不亡于过去而濒危于今日之故》(6月30日)、《中国社会内容之剖视》《中国五十年来新教育之检讨》(7月1日)、《今后吾国国际间之分析》《揭示民族兴亡周期律而抉破之》(7月2日)、《四十年来革命诸先烈之伟大贡献与三民主义之亟待继续实行》《速觅中华半丧失之国魂而叫复之》(7月3日)、《如何恢复国魂甲——关于个人》《如何恢复国魂乙——关于公众》(7月4日)。此后,在7月13日,他还在四川省训练团演讲《中华复兴讲座纲要》。讲座结束后,这十篇讲演的记录稿经黄炎培亲自改订后,在《国讯》上连续刊发,产生了较大影响。之后不少人常常向黄炎培索要单行本。于是,1943年11月始,黄炎培乃又对这十篇讲稿"复阅一过,觉中外战局的变化,当时所预测,经过一年多,到今天添了不少确证,而对于抗战建国大问题,当时的主张,到今天认为更有大声疾呼的必要,因检原稿,付印单行"[1],取名《中华复兴十讲》,于1944年1月由重庆国讯书店出版。

在《中华复兴十讲》中,黄炎培重在分析当时中国抗战的形势,并提出复兴中华民族的方案。如,他认为,如今"暴日据我腹心,扼我咽喉,断我手足,国危且急矣",中国已经不能希求"从生里求生,而定要从死里求生"。那么,如何才能"从死里求生"呢?他说,必须充分依靠自己的力量,奋发图强。在他看来,抗战之所以能够坚持,就在于无数的中国民众自强不息,不怕牺牲。一个民族,如果它的广大民众,敢死、勤俭,则成功;反之,懒惰、怕死,则失败。一个民族存在"兴亡周期律",而"自强不息,乃抉破

---

① 黄炎培:《〈中华复兴十讲〉介绍词》,见《中华复兴十讲》,重庆国讯书店1944年版。

此民族兴亡周期律之不二法门"。① 此外,他还认为,中国传统文化中的
"忠""孝""信义""勇侠""气节"等,乃是"国魂",要坚持抗战,必须继承
并弘扬这一"国魂"。

无疑,在抗战时期,《国讯》是刊发黄炎培抗战文字最多的期刊。可以
说,在一定程度上,黄炎培是以《国讯》为武器的。但是,黄炎培有关抗战
的文字绝不仅限于《国讯》,实际上,还广布于有关的报刊和他的相关著作
中。此外还应指出的是,黄炎培宣传抗战的形式不一,不仅有所撰的文论,
有所作的演讲,而且还有为报刊题词等。如,1941 年 5 月 5 日,《国讯》第
268 期出版,黄炎培特在封面题词:"屈原爱国,钟馗诛邪,是当今值得纪念
的五月五日两大故事。"11 月 30 日,他为《新华日报》"中国青年反法西斯
特刊"专栏题词:"中华是民主国家。……倡民治,必从反法西斯入手。谁
去努力反法西斯工作? 青年是一般民众的前锋。充分给予青年发展心力
的机会,联合起世界自由青年的嘴和手,去消灭奴役人类的侵略群魔。"②
1942 年 1 月 1 日,《国讯》第 292 期封面又刊出他的"新年祝祷语":"今年
为中华抗战最严重阶段开始之年。人人整饬生活,加紧工作,节约用费,增
进生产。吃得苦中苦,然后抗战胜,建国成。"此外,还需说明的是,黄炎培
对抗战的宣传是贯穿于整个抗战始终的。

第三节　劝募战时公债

国家建设需要经费,同样,抗战保家卫国也需要金钱。但由于长期战
争,国民政府国库空虚,因此政府决定通过采用募集救国公债的形式,增加
军费和有关建设费用。

为了使这项工作顺利进行,1940 年 9 月,国民政府开始筹备战时公债

---

① 黄炎培著,中国社会科学院近代史研究所整理:《黄炎培日记》第 7 卷,华文出版社 2008 年版,第
312 页。
② 载《新华日报》1941 年 11 月 30 日,第 3 版。

劝募委员会。12月3日,黄炎培写了《战时公债劝募委员会工作同人宣言》。1941年2月5日,战时公债劝募委员会在重庆成立,蒋介石为主任委员,孔祥熙为副主任委员,委员会包括全部参政员、各省军政长官、驻外大使、各界领袖及海外侨领等,黄炎培任常务委员兼秘书长一职,具体驻会执行劝募事务。对于这一职务,黄炎培开始极为踌躇,但之后他觉得这也是"站在社会立场为政府服务","实为一个国民对祖国效劳最好的方法",乃受任。

此次所劝募的战时公债包括军需公债国币12亿元(自1940年起),和建设公债1000万英镑、5000万美元(自1941年起)。1941年3月为陪都劝募期,此后将在各省举行。在黄炎培看来,劝募战时公债的意义和作用非凡,物质方面自不待说,仅就精神方面,可以充分发挥全国民众为国家而团结抗战的精神,而这种精神,正是抗战必胜的根源。所以,黄炎培说,"公债是水泥,有增进全国团结力的凝合作用";"公债是雨露,有加速全国物力增长的滋培作用";"公债是烈火,有加强全国民众爱国热诚的燃烧作用"。① 基于以上认识,他提出,在劝募战时公债时,应特别注意三个方面:"一、有力出力,有钱出钱,劝募时虽着眼于有钱者,但同时必以广大民众为对象;二、必着重一'劝'字,物质之有无多少可以不计,但必使人人了解战时公债的意义;三、不论劝募成绩怎样,希望国内民众对于政府绝不因此而发生怨言或怨声。"②

劝募工作之初,为了使广大民众充分认识劝募战时公债的意义,黄炎培不时对之进行宣传,从理论、舆论和现实上说明劝募战时公债的必要性和重要性。如,3月15日中午,他在中央政治学校讲《对战时劝募公债应有的认识》。3月18日晚,他在中央广播电台作《目前时局与公债劝募问题》的广播演说时,强调本次劝募的是战时公债,是为抗战建国而劝募的。3月24日上午,他在重庆中央大学演讲《大学生与战时公债》时,号召"大学生应有远大的抱负,于今日国难方殷,其责任亦更艰巨……深信诸位同

---

① 黄炎培:《久违了——为〈吧城新报〉民国三十一年元旦特别献词》,载《国讯》1941年12月第290期。
② 黄炎培:《战债劝委会中之我》,载《国讯》1941年8月第278期。

学学成以后,必能本着更大的热诚和效力,负起责任,为国服务"①。此后,黄炎培又先后在金陵大学和求精商业专科学校作《学生与公债劝募》的演讲,就大学生应如何对战时公债的推行做出应有的努力和贡献作了阐述。他坚定地说,"抗战可胜,建国可成";"中国已经抗战到了四十五个月","我国抗战日趋有利,敌人相反地日愈困难";"只要是对抗战有益的事,诸位都当不落人后毅然决然的做去,这样才能成为有为的青年"。②

5月3日,黄炎培飞赴香港劝募,同时,也趁便筹备职教社香港分社,并筹划《国讯》香港版事宜。5月12日,他在香港温沙餐室招待香港各报记者,并致辞说,劝募战时公债是关系国家民族未来命运的事情,"从前大都是'募'而不'劝'。要说'劝',要说'政治动员',还以这次为第一次"③,相信在夙负爱国光荣的香港,一定会有更好的成绩,来做国内和海外的榜样。5月16日,在香港各侨团所开的联席会议上,他向大家宣传劝募公债的重要意义及性质、特征。他说,抗日战争是全民的战争,国家兴亡,匹夫有责,这次劝募战时公债的用途,"一种是专充军需,以促成抗战必胜,一种专供国家建设,以实现建国必成"④,本次劝募公债,是"劝",是"政治动员",所以劝募时,对于有钱者,希望大家积极购买以赞助国家抗战建国,而对于无钱者,则重在宣传、鼓动,使大家明白战时公债的意义,人人以购买公债为荣。5月19日,黄炎培离港返渝,临行前他对记者发表讲话,并勉励侨胞努力募债。

5月20日上午,黄炎培回到重庆后,当天夜里即"招社会同人报告港行经过及若干问题待解决状况";第二天一早,他又召集同事听取自己"香港募债之经过与所得经验"。⑤ 此后,黄炎培在参加了5月23日的川康建设期成会第二届常务会员会议和6月1日的四川省临时参议会第五届会议回渝后,于6月26日下午,又参加了战时公债劝募委员会举行的"第一

① 黄炎培:《大学生与战时公债》,载《国讯》1941年4月第266期。
② 黄炎培:《学生和公债劝募》,载《国讯》1941年5月第268期。
③ 《黄秘书长在港募债言论摘要》,载《国讯》1941年7月第275、276期。
④ 《黄秘书长在港募债言论摘要》,载《国讯》1941年7月第275、276期。
⑤ 黄炎培著,中国社会科学院近代史研究所整理:《黄炎培日记》第7卷,华文出版社2008年版,第105页。

期劝募战时公债陪都成绩报告大会",并报告陪都募债运动经过情形。6月 28 日,黄炎培又赴云南劝募公债。在云南期间,他多次就募债发表演讲。如,7 月 3 日,他在云南战时公债劝募委员会第一次会议上,讲《募债要点及余之任务》。7 月 4 日,他写了《战时公债劝募委员会中之我》,并以之播音讲《我之劝募战时公债》,其中言曰,"无论抗战,无论建国,最需要的,是要把人力物力整个团结凝固起来";"抗战,是民众在那里抗战,是民众为了国家而抗战";"全国上下,万众一心的不可抗精神",乃"是抗战必胜的根源"。① 7 月 7 日,在云南省纪念"七七"事变四周年大会暨云南劝募战时公债运动大会上,他又讲了《募债与抗战的关系》,强调,我们有把握取得抗战的胜利,但是我们又必须做好长期抗战的准备,而长期抗战的重要基础之一就是要有钱,愿大家都能明了劝募战时公债的意义,自愿捐输。

7 月 20 日,从云南回到重庆后,黄炎培不仅在 7 月 27 日"集会社同人于双江草堂,报告云南募债状况与归后感想"②;而且,在 8 月 13 日,因该天敌机不断轰炸,于重庆防空洞中组织召开了"战时公债劝募委员会中华职业教育社'八一三'四周年纪念会"。在会上,作为大会主席的黄炎培报告了四年前"八一三"事变的经过,并指出了当时上海民众援助抗战的组织和现在不同的基本特点。他说:"上海民众之所以能够负起援助淞沪抗战的艰巨,而且胜任愉快,也决不是偶然的,而是因为上海市民自从九一八沈阳事变,经过一·二八淞沪抗战,已经成为整个有组织的民众。在平时有了组织,临时便能表现它的伟大力量……今天是四周年了,持久战的胜利基础奠定了。"③

8 月 18 日,黄炎培再赴香港,主持战时公债劝募工作。之后,又于 9月 18 日赴菲律宾劝募战时公债。一到菲律宾,他就被群众簇拥到由菲律宾华侨援助抗敌委员会所召集的大会上,对两千多名群众作了《九一八纪念日的探讨》的演讲。他对大家说,大敌当前,"抗战最要,全民抗战最

---

① 黄炎培:《战债劝委会中之我》,载《国讯》1941 年 8 月第 278 期。
② 黄炎培著,中国社会科学院近代史研究所整理:《黄炎培日记》第 7 卷,华文出版社 2008 年版,第 131 页。
③ 陈乃昌:《防空洞中举行"八一三"四周年纪念会记》,载《国讯》1941 年 8 月第 279 期。

要"，为了我们的国家，恳望大家有力出力，有钱出钱。从 9 月 18 日至菲到 10 月 3 日离菲返港，期间，黄炎培几乎天天在为募债奔波。如，9 月 20 日下午，应华侨学校联合会教职员邀请，他演讲《学校公债基金劝募办法》。9 月 23 日上午，他赴总领事署与侨领杨启泰商募债进行办法。是夜，总领事署、国民党总支部、中华商会、华侨援助抗敌委员会、航空建设协会支会、妇女慰劳分会、善举公所、学校联合会、教育会、广东会馆、粤侨联合会、中菲协会、基督教青年会、学生联合会在东方俱乐部举行公宴，黄炎培讲述《委员长慰问菲岛全体侨胞及各侨胞盛意，并奉命劝募战时公债之意义与方法》。9 月 26 日下午，他出席华侨援助抗敌委员会常务委员茶话会，报告各地募债经过。与此同时，他还先后应南洋中学、华侨学校、华侨中学、集美学校等之邀，发表了讲演，并通过播音，演讲《劝募战时公债之意义》。10 月 2 日夜，《公理报》邀黄炎培播音讲演，黄炎培特作《对菲律宾侨友临别赠言》。10 月 3 日，马尼拉《新闻日报》以《对全菲侨胞临别赠言》为名发表了他的"临别赠言"，其中言道，"自助之道莫如团结"；"合则生，分则死，合则兴，分则亡"；愿我中华民族同胞精诚团结，共度国难！

在 10 月 21 日回渝后，12 月 2 日，黄炎培又乘车赴贵阳，推进贵州省的战时公债劝募运动。他于 12 月 4 日抵达，到 12 月 9 日离开贵州返回重庆，期间先后在国立贵阳师范学院、干训团、大夏大学、清华中学、贵阳女子中学、省教育厅、中华职业学校同学会、高等法院及地方法院等处演讲 7 次，并于 12 月 7 日在贵州广播电台播音讲《募债在贵州的期望》，号召大家为抗战建国踊跃应募，激吁"每一个中华民国的国民，都是愿为国家牺牲的，一定要抗战到底，一定要把敌人赶出去"[1]！

12 月 11 日，黄炎培一行回抵重庆。此后，黄炎培又在 12 月 31 日赴成都募债。

---

① 黄炎培：《战时公债在贵州的期望》，载《国讯》1942 年 1 月第 292 期。

第十一章 为民主、团结、和平奔波

在抗战时期,黄炎培怀着忧国忧民的思想,通过参加国民参政会,发起中国民主政团同盟,创办《宪政》月刊,并奔赴延安考察等形式,不遗余力地为和平、团结、统一而奔波。然而,抗战的胜利并没有使他和平建国的愿望得以实现,于是,为了争取和平,他组织民主建国会,出席政协会议,极力反对内战,调解国共两党关系,希求民主的到来!

第一节 参加国民参政会

1938 年 3 月底至 4 月初召开的国民党临时全国代表大会决定"组织国民参政机关,团结全国力量,集中全国之思虑与识见,以利国策之决定与推行"①,决议"在非常时期,应设一国

---

① 四川大学马列教研室编:《国民参政会资料》,四川人民出版社 1984 年版,第 1 页。

民参政会,其职权与组织方法,交中央执行委员会详细讨论,妥订法规"。会议制定和通过的《国民参政会组织条例》中规定:"国民政府在抗战期间,为集思广益,团结全国力量起见,特设国民参政会";参政会置参政员150名,其中,"由曾在各省市公私机关或团体服务三年以上,著有信望之人员中,共选任八十八名","由曾在蒙古西藏地方公私机关或团体服务,著有信望或熟谙各该地方政治社会情形,信望久著之人员中,选任六名","由曾在海外侨民居留地工作三年以上著有信望,或熟谙侨民生活情形,信望久著之人员中,选任六名","由曾在各重要文化团体或经济团体服务三年以上,著有信望,或努力国事信望久著之人员中,选任五十名(按:1938年6月改增为100名)"。①

7月1日,国民参政会正式成立。成立后,从1938年7月的第一届第一次会议到1947年5月至6月的第四届第三次会议,共举行了四届十三次会议。

国民参政会的成立,为各界人士互通讯息、磋商国事、监督国家政治提供了一个重要的平台。而黄炎培作为参政员,也多次表达了他参加国民参政会的目的。1940年4月17日,国民参政会第一届第五次会议结束一周,他在写的《好!好!》的一篇小文中,言道:"我当参政员,抱着三大目的而来:一、帮助政府使与民众增加相互间的合作;二、帮助中央使与地方增加相互间的合作;三、以无所属之身周旋各政团间使增加相互间合作来帮助政府。"②此后,在1941年3月24日,于重庆中央大学演讲《大学生与战时公债》时,他又说须认定三大目标,"(一)为求全国民众与政府合作;(二)为求地方各省与中央合作;(三)为求各党各派与国民党合作"③,并认为这三大目标乃是抗战胜利、建国成功的主因。在他看来,作为参政员,一定要"抱有民族国家利益高于一切的观念","公忠谋国";④"欲求抗战的胜利,须得每一个人努力于抗战条件的增进,最重要的条件是什么? 就

① 重庆市政协文史资料研究委员会、中共重庆市委党校编:《国民参政会纪实》上卷,重庆出版社1985年版,第46—49页。
② 黄炎培:《好!好!》,载《国讯》1940年4月第233期。
③ 黄炎培:《大学生与战时公债》,载《国讯》1941年4月第266期。
④ 《国民参政会开会前夜参政员的意见》,载《新华日报》1938年7月3日,第2版。

是全国一致精诚团结"①。正是基于以上目标和认识,黄炎培在所参加的国民参政会历次会议上,不仅努力调解国共争端问题,而且积极为民主、团结、和平建言献策。

1938 年 7 月 6 日至 15 日,国民参政会第一届第一次会议在汉口举行,议长汪精卫、副议长张伯苓、秘书长王世杰及包括黄炎培在内的 136 名参政员出席。在会上,黄炎培不仅和吴玉章、陶希圣被确定为宣言起草委员会委员;而且还和邹韬奋、梁漱溟、沈钧儒、王云五、梁实秋、傅斯年等一起成为郑震宇提出的《精诚团结拥护〈抗战建国纲领〉案》的联署人,和王明、张伯苓、邹韬奋等提出《拥护国民政府实施〈抗战建国纲领〉案》,和傅斯年等提出《拥护〈抗战建国纲领〉案》。随后,该三案合并,另行起草一决议案,经大会表决一致通过。该决议案全文如下:

> 国民参政会成立于抗战周年之日,目击全国军民,浴血苦战,壮烈牺牲,忠愤满腔,如焚如裂,深感吾民族存亡,系于目前之奋斗,成则俱生,败则俱亡。吾整个民族,不分党派,不分职业,惟有精诚团结,艰苦奋斗,一面抗战,一面建国,始能免沦于奴隶灭亡之境,而跻于自由平等之域。爰郑重决议,拥护民国二十七年四月中国国民党临时全国代表大会所通过之《抗战建国纲领》。切望国民政府制定实施办法,督促各级政府,切实施行。同人当随全国国民之后,依据此项纲领,在最高统帅蒋委员长领导之下努力奋斗,以取得抗战最后之胜利,而达到建国之成功。②

国民参政会第一届第一次会议结束后的第二天,即 7 月 17 日,黄炎培写了《国民参政会开幕》一诗:"经邦策士书千上,报国忠魂骨一堆。……杖逐曾惟一夸父,天遗处处邓林材。"③会后,黄炎培"旅行了五六省,五千

---

① 黄炎培:《外省人在四川——第四个"八一三"》,载《国讯》1940 年 9 月第 245 期。
② 重庆市政协文史资料研究委员会、中共重庆市委党校编:《国民参政会纪实》上卷,重庆出版社 1985 年版,第 192—193 页。
③ 黄炎培著,中国社会科学院近代史研究所整理:《黄炎培日记》第 5 卷,华文出版社 2008 年版,第 324 页。

余公里",每到一地,当谈及国民参政会,发现人们"对于各党各派无党无派之倾心合作,精诚团结,莫不交口称颂,引为抗战前途最有希望之一点"时,他深感振奋。①

10 月 14 日,国民参政会第一届第二次会议召开前夕,时在柳州的黄炎培特作《国民参政会第二届大会——敬陈同会诸君子》一文。他说,本次大会"在抗战局势更严重,前方将士牺牲更壮烈,全国民众敌忾空气更浓厚,更普遍中间"召开,自国民参政会第一届第一次会议后,"各党各派、无党无派之倾心合作,精诚团结,……深信同人今后必能加倍发挥此精神,予国人以更大之慰藉与期望"。② 文中,他并作了对会议条陈三点意见。

11 月 6 日,国民参政会第一届第二次会议闭幕,黄炎培和周炳琳、董必武、吴玉章等 25 人被选为驻会委员会委员。

1939 年 1 月,在国民参政会第一届第三次会议召开前,黄炎培又作了《第三届国民参政会该怎样》一文,于 2 月 5 日发表在《国讯》第 195 期,希望国民参政会能真正起到其"集思广益、团结抗战时期的全国力量",以"负荷这空前严重的抗战使命"的作用;并认为,"有两大问题,抗战到今日,愈增加了他的重要性。一、如何继续增进全国总动员的效能;二、如何增厚陷沦区域游击队的实际力量"。③ 而在 2 月 12 日至 21 日的会议期间,黄炎培不仅任休会期间驻会委员会委员,而且还领衔提出《协助改善兵役建设案》和《建议固结民心以期取得抗战必胜建国必成之美果案》,从多方面阐述了"各级文武官吏尊重民意、尊重民命、慎用民力、慎用民财"④的必要性。本次会议决定组织川康建设期成会,成立视察团。3 月 18 日,黄炎培带领川康建设视察团由重庆启程赴成都。期间黄炎培曾于 4 月 22 日飞赴昆明参加职教社昆明工作讨论会 5 天。5 月 5 日,黄炎培在《国讯》第 204 期上发表《救救内地的文化饥民》一文,该文乃黄炎培视察川康建设 4 月余间唯一的一次回重庆时所作。

8 月 26 日,鉴于国民参政会第一届第四次会议即将于下月上旬召开,

---

① 黄炎培:《国民参政会第二届大会——敬陈同会诸君子》,载《国讯》1938 年 11 月第 187 期。
② 黄炎培:《国民参政会第二届大会——敬陈同会诸君子》,载《国讯》1938 年 11 月第 187 期。
③ 黄炎培:《第三届国民参政会该怎样》,载《国讯》1939 年 2 月第 195 期。
④ 国民参政会秘书处编印:《国民参政会第三次大会纪录》,重庆 1939 年编印,第 69 页。

黄炎培特作《对第四届国民参政会的感想》一文,刊于 9 月 3 日出版的《国讯》第 211 期。文中,黄炎培提出,"须常常着眼于抗战全局,人心坚定的程度,国际变化的趋势";"很愿在国家完整的主权之下,由政府切实施行民治。国民参政会、省参议会成立了,如何完成民治国家议会应有的职权?各党各派合作了,如何更充分发挥团结一致的精神?凡此合理的要求,无疑地是抗战建国声中国民参政会应尽的职责"。[①] 9 月 9 日至 18 日,国民参政会第一届第四次会议举行,黄炎培在会上提出了《关于伤兵处理之询问案》。会议最后讨论通过了《川康建设方案》,并组织了宪政期成会。

1940 年 4 月 1 日至 10 日,国民参政会第一届第五次会议召开,黄炎培领衔提出《消灭三种不应有之现象以加强抗战建国案》。该案指出,因兵役、工役所造成的"大多数民众的痛苦",因官吏的"奢侈""贪污"和"迷信"所造成的"官吏的腐化",以及"多数青年的苦闷",乃是影响抗战前途的三种不良的现象;提议政府应"明令全国文武官吏,切实珍护民力民财民命","切实注意严惩贪污,并于执行时特别注意高级官吏","查明在职官吏,设坛扶乱,予以严惩","令饬各级教育机关,对青年予以切实积极之指导,勿专用消极之限制"。黄炎培认为若如此,则"必可加强抗战救国的力量,并加速必胜与必成境地之到临"。[②] 此外,他还参与了梁漱溟在这次会议上提出的《请厘定党派关系求得进一步团结绝对避免内战以维国本案》的联署。

1941 年 3 月 1 日至 10 日,国民参政会第二届第一次会议举行,黄炎培出席了会议。会后,3 月 14 日晚,他在上海通过国际广播针对国民参政会第二届第一次会议作了《本届参政会的观感》的讲演。此后,黄炎培在国民参政会会议上,仍多次提出相关议案。如,在 1941 年 11 月 17 日至 26 日举行的国民参政会第二届第二次会议上,他提出《如何减除民众痛苦加强抗战心力案》,就抑制物价上涨、改善民众日常生活提出了自己的建议;并在张澜向大会提出的《实现民主以加强抗战力量树立建国基础案》上,

---

① 黄炎培:《对第四届国民参政会的感想》,载《国讯》1939 年 9 月第 211 期。
② 重庆市政协文史资料研究委员会、中共重庆市委党校编:《国民参政会纪实》上卷,重庆出版社 1985 年版,第 705 页。

和张君劢、左舜生、张一麐、李璜、余家菊、罗隆基、陈启天、梁实秋、董必武、刘王立明、邓颖超、沈钧儒、冷遹、王造时、史良、陶行知、江恒源、谢冰心、晏阳初等22人联署。在1944年9月5日至18日举行的国民参政会第三届第三次会议上,他又领衔提出了《重订国家贸易政策并调整贸易委员会组织案》。

第二节　发起成立民盟,从事民主活动

黄炎培向来主张,在中国必须实行民主政治,走团结的道路。在他看来,无论是宪政的实施还是国家的建设,都不仅仅是政府的责任,同时也是广大民众的责任。因此,他积极联合有识之士,发起成立了中国民主政团同盟等重要组织。

一、从统一建国同志会到中国民主政团同盟

1939年10月,黄炎培和梁漱溟、章伯钧、沈钧儒、张澜等在重庆发起成立统一建国同志会。11月23日,成立大会在重庆召开,黄炎培、江恒源、冷遹、张澜、梁漱溟、沈钧儒、邹韬奋、张申府、章乃器、罗隆基、左舜生、曾琦、李璜、余家菊等与会。会议通过了《统一建国同志会信约》和《统一建国同志会简章》,主张实施宪政,成立宪政政府,反对内战等,选举黄炎培、张澜、章伯钧、左舜生、梁漱溟为常务干事,公推黄炎培为主席。统一建国同志会的成立为中国民主政团同盟的成立作了组织上的准备。

虽然蒋介石以不能成为正式政党为条件,允许统一建国同志会进行合法活动,但黄炎培等民主人士发起的旨在坚持民主抗日、促进国家民主化进程的民主宪政运动,却遭到坚持"一党专政"和个人独裁的国民党蒋介石的仇恨和扼杀。1940年9月,国民党宣布因"交通不便",国民大会不能按期召开;10月始,又发动第二次反共高潮,制造摩擦;12月,无理取消主张抗日的一些党派领导人和无党派贤达人士的国民参政会参政员资格……鉴于国民党"仇视共产党",排斥民主人士,"不足肩负救亡重任",12月24日至25日,黄炎培、左舜生、张君劢、梁漱溟等在重庆多次秘密集

会,酝酿加强中间派的组织,以争取民主团结。

1941 年 1 月 6 日,遵令由皖南向江北移防的新四军 9000 余人,途中遭到国民党军队 8 万余人的突然进攻,新四军奋战七昼夜,除少量突围和被俘外,全部战死。得悉"皖南事变"惨案后,黄炎培当即愤恨、痛心地表示:"不论事情经过之是非,当局如此措置,绝对错误。"①于是,在积极奔走调停国共两党关系的同时,黄炎培等人更加认识到,"不容自轻责任,必当慷慨而起,联合同心,进而推动两党团结抗敌",并思虑着如何更好地维护团结抗战的局面。最终,他们决定尽快联合组织起来,以形成一个较为强大的"第三者"政治集团,使之在促进国内团结中发挥应有的作用。

2 月 25 日至 3 月 13 日,黄炎培和张澜、梁漱溟、左舜生、张君劢、章伯钧、罗隆基、李璜等,多次秘密召开中国民主政团同盟成立的筹备会议。虽然蒋介石得到消息后,曾企图阻止其成立,但 3 月 19 日下午,中国民主政团同盟成立大会暨第一次中央执行委员会议还是在重庆上清寺鲜英住宅"特园"秘密召开,黄炎培和张澜、左舜生、张君劢、梁漱溟、章伯钧、罗隆基(蒋匀田代)、李璜、江恒源、冷遹、丘哲、林可玑、杨赓陶计 13 人出席。会议通过了《中国民主政团同盟政纲》《敬告政府与国人》和《中国民主政团同盟简章》,确认与会的 13 人为中央执行委员,推选黄炎培、左舜生、张君劢、梁漱溟、章伯钧 5 人为中央常务委员,并推黄炎培为中央常务委员会主席。

由于不久黄炎培要赴南洋劝募战时公债,10 月,他提出辞去中国民主政团同盟主席职务,后张澜被推选接任。

辞去中国民主政团同盟主席职务后,黄炎培虽然没有再经常参加其活动,但是他对这一组织却一直持积极支持的态度。正如他在 1941 年 10 月所作的《我之对于中国民主政团同盟》一文中所说:"我对于民主政体,是素所主张的。"②

二、中国民主同盟的成立

进入 1944 年,随着抗战形势向着有利于中国方面迅速发展,黄炎培在

---

① 中央档案馆编:《皖南事变(资料选辑)》,中共中央党校出版社 1982 年版,第 258 页。

② 黄炎培:《我之对于中国民主政团同盟》,载《国讯》(香港)1941 年 10 月第 2 期。

对胜利满怀期待的同时,也对民主着力进行着倡导。在这年 9 月 1 日出版的《国讯》第 375 期上,黄炎培和张志让、杨卫玉、褚辅成、冷遹、江恒源、王云五、吴蕴初、卢作孚、胡西园、章乃器、潘序伦、向乃祺、王印佛、张雪澄、贾观仁、黄敬武、孙起孟等共 30 人联名发表《民主与胜利献言》,提出,实行宪政,使人民所渴望的民主制度得以尽早实现,"不惟其名,务求其实";全国上下要切实执行《中华民国训政时期约法》,对其所规定的人民应享有的权利,如"身体与财产之保护,言论、出版、集会、结社之自由等"应予以保护;切实开放言论,除图书事前审查业已废止外,其他的杂志、日报,"凡受检查与限制,应以涉及军事秘密或反对抗战者为限";兵役、工役与一切赋税制度的订立和执行,应绝对公平;学生在不妨碍学校纪律和普通法规的前提下,应予以言论和行动的自由。①

此后,为了吸引更多的无党派人士加入中国民主政团同盟,9 月 19 日,中国民主政团同盟在"特园"召开会议,黄炎培和张澜、沈钧儒、张君劢、左舜生、章伯钧、罗隆基、潘光旦、朱蕴山、郭则沉等与会。会议决定将中国民主政团同盟改为中国民主同盟(以下简称"民盟"),并讨论了《中国民主同盟纲领(草案)》,改组了中央领导机构,黄炎培和张澜、沈钧儒、张君劢、左舜生、章伯钧、梁漱溟、罗隆基、张申府、曾琦、李璜、张东荪、潘光旦等 13 人被选为中央常委。

民盟成立后,黄炎培积极为民主、和平而奔波着。特别是,1945 年 1 月 1 日,他和杨卫玉、江恒源、张志让、褚辅成、王云五、章乃器、孙起孟、冷遹等计 64 人联名发表《为转换当前局势献言》,这是继《民主与胜利献言》后,黄炎培为转换时势再一次贡其所得。在文中,他从军事、政治、经济、社会等方面提出了自己的主张。其中,在政治方面,"政府准许各政党公开,并与各党各派及无党派之在野学者与领袖,相互推诚,切实合作","切实保障人身、言论、出版、新闻自由";在社会方面,"准许人民自由组织救济团体","建立并改善各级真正代表民意之民意机关"。② 可见,民盟成立的主要目的之一就是"立即结束一党专政,建立各党派之联合政权,实行民

---

① 黄炎培等:《民主与胜利献言》,载《国讯》1944 年 9 月第 375 期。
② 黄炎培等:《为转换当前局势献言》,载《国讯》1945 年 1 月第 383 期。

主政治"。而黄炎培发起成立民盟,也正是为了"民主"和"和平",正如他在 1945 年 4 月 2 日所作的《民主》一诗中所说:

民主! 民主!
做了三十多年中华民国国民,
到今天,还在追求那谁是主人? 主人在那处?
老牌的中华旅馆,还没有择吉开张,
老是商量着:怎样开菜单?
讨论着:怎样安桌椅? 怎样排刀箸?

经过了两次世界大干戈,
赤血向欧亚非三洲流成江河,
第二次大战一天中间掷向德国地面的炸弹,
比第一次从头到尾所掷炸弹还要多,
世界在高喊着:"民主! 民主! 平和! 平和! 不民主那会平和。"
民主还要千呼高唤吗?
没有这惨痛的经过,
难道便忘掉"主权在民"的本义么?

男也好,女也好,
老百姓也好,为官受禄人也好,
一齐把思想扶上轨道。
轨道在那里?
随时随地,
三句话,牢牢记:
一切一切,我为的是什么? 是民众。
我靠的是什么? 是民众。
我是什么? 是民众中间一分子。

三句话,牢牢记。①

第三节　创办《宪政》月刊,推动宪政运动

一、创办《宪政》月刊

早在 1939 年 9 月 18 日闭幕的国民参政会第一届第四次会议,决定组织宪政期成会,以协助政府促进宪政,并确定张君劢、张澜、周炳琳、杭立武、史良、陶孟和、周览、李中襄、章士钊、黄炎培、左舜生、李璜、董必武、许孝炎、罗隆基、傅斯年、罗文干、钱端升、褚辅成等共 25 人为期成会委员,黄炎培、张君劢、周览为召集人。此后,9 月 20 日和 11 月 24 日,黄炎培分别组织召开宪政期成会第一和第二次会议,讨论宪法和宪政问题,为促进宪政开展了大量活动。11 月 30 日,民主宪政促进会筹备会在重庆巴蜀小学举行首次会议,黄炎培和沈钧儒、孔庚、张申府、董必武、秦邦宪、刘清扬、章乃器、褚辅成、左舜生、史良、张友渔、许宝驹、章伯钧、沙千里、许孝炎、莫德惠、周钦岳、李璜等 25 人被推组成常委会。与此同时,黄炎培还多次发起组织宪政座谈会,商讨宪政问题。其中在 1940 年 1 月 14 日,他和孔庚、沈钧儒、左舜生、李璜、张申府、章伯钧等参加了于银行公会举行的重庆宪政座谈会。在会上,他申述了对于研究宪法的方法的看法。此外,4 月 5 日和 15 日,他又在《国讯》第 231 期和第 232 期上先后发表《我之宪政一席谈》《几句关于宪法精粹的话》,就宪政问题进行了深入思考和探讨。

1943 年 11 月 12 日,宪政实施协进会成立后,黄炎培又不时参加宪政实施协进会的会议,并提出有关议案,发表对宪政问题的看法。如 11 月 20 日,身为宪政实施协进会常务委员的黄炎培对中央社记者称,"抗战以来,余追随领袖,奔走国事,即认为国人必须加强三事:(一)全国民众与政府合作;(二)各省与中央合作;(三)各党各派的彼此合作。此三大合作彻

---

① 黄炎培:《民主》,载《国讯》1945 年 4 月第 389 期。

底实现之日，即抗战建国完全成功之时，实施宪政协进会之任务，即包括此三项要义"；"实施宪政之筹备工作甚为艰巨，第一必须使全国人民了解，宪政实施即为提高民族的地位，发挥人民的主张，改善人民的生活，换言之，实施宪政之筹备，即是将三民主义如何实现之方式，告之全国人民，使之有深切之了解"。①

正是因为对宪政的深刻认识，为了更有效地研究宪政、推行宪政，11月23日，黄炎培同张志让、杨卫玉3人共商发起创办《宪政》月刊，并于11月25日和张志让到钱新之处，商议《宪政》月刊出版问题，得到钱新之的支持，钱新之主张组织"宪政出版股份有限公司"，定期开会发起。于是，翌日，黄炎培即起草了《宪政出版股份有限公司组织纲要》，并在11月29日和钱新之、张志让邀请杜月笙、王志莘、卢作孚、康心如、陆鸿仪、潘序伦、杨卫玉等发起宪政出版股份有限公司。此后，在12月2日和12月7日，又先后召开《宪政》月刊筹备会议。这样，经一月筹备，《宪政》月刊于1944年元旦在重庆创刊。至1946年3月，该刊共出27期。黄炎培为发行人，张志让为主编，编辑委员有黄炎培、戴修瓒、褚辅成、杨卫玉、傅斯年、章友江、章士钊、陆鸿仪、陈北鸥、祝世康、江恒源、向乃祺、王芸生等。

黄炎培希望，在全国人民都在翘首期待民主、宪政实现的时候，作为以"促进民主、宪政、抗战、团结"为宗旨的政论性、学术性的杂志《宪政》月刊，能够真正成为推动全国宪政运动和政治民主化的一个重要媒介。所以，该刊大声疾呼实现真正的民主宪政运动，号召"中国人民应该团结一体，为抗战、为宪政、为民治而奋斗"②。创刊号一出，立即在大后方引起轰动，三天即售罄。之后，《宪政》月刊很快成为推进民主宪政的阵地，沈钧儒、郭沫若、马寅初、陶行知等民主进步人士都在上面发表文章。而黄炎培也先后在该刊上发表了《我所身亲之中国最初期及最近期宪政运动》（创刊号）、《愿全国上下尽力奉行约法来练习奉行宪法》（第2号）、《关于宪政实施文件两种》（第3号）、《川西旅途中谈宪政》（第4号）、《我们共同协助政府促成全国上下尽力奉行约法》（第6号）、《宪政运动下南洋侨务两

---

① 《宪政实施协进会的任务：黄炎培对中央社记者谈话》，载《国讯》1943年11月第353期。
② 张志让：《中国宪政运动与世界民主潮流》，载《宪政》1944年1月创刊号。

大方针》(第 7、8 号合刊) 等文章。此外,他还在 1944 年 1 月于《国讯》上发表了《吾人要以宪政运动来迎接抗战最后胜利》(第 357 期) 一文。在这些文章中,黄炎培对宪政就其理论和如何实施作了初步的探讨。如,在 1943 年 12 月 12 日专为《宪政》月刊创刊号而写的《我所身亲之中国最初期及最近期宪政运动》中,黄炎培从"前四十年民间立宪运动"谈起,就宪政期成会成立至今 5 年来的情况作了初步说明。

二、推动宪政运动

在黄炎培看来,"宪政的实施,不但是政府的责任,同时,也是人民的责任"①。因此,在创办《宪政》月刊作为推进民主宪政阵地的同时,他还积极开展宪政宣传,努力推动宪政运动。

如,1944 年 1 月 2 日,黄炎培撰写了《吾人要以宪政运动来迎接抗战最后胜利》的播讲稿,并于当晚在广播电台播讲。他说,我们的政治和社会必须上轨道,这个轨道"就是宪法,就是根据宪法来规定的一切法律",宪法"中心的意义,就是人民和国家间的一条康庄坦直的大轨道,而根据这宪法所实行的一切政治,就叫做宪政"。② 1 月 30 日,在宪政实施协进会第二次会议上,黄炎培提出《倡导全国上下切实奉行训政时期约法及现行一切重要法规,以立宪政实施基础案》,其中举出 7 项理由和请政府应办理的 4 件事,引起热烈讨论。1 月 31 日,黄炎培在中央大学讲演《吾人如何响应宪政运动》,就宪政运动的意义、宪法的精髓等作了说明。2 月 13 日上午,在成都慈惠堂,黄炎培出席了由邵从恩、张澜等所组织的民主宪政促进会。会上,他报告了实行约法的主张,并介绍了《宪政》月刊的情况。2 月 28 日,在成都应金陵大学校长陈裕光之邀,黄炎培参加了该校举行的国父纪念周活动,并演讲《请注意最近两种运动》,提醒学生注意新学风运动和宪政实施运动,并报告了最近宪政运动的经过及其要点。3 月 7 日,在乐山应武汉大学政谈社和法律学会之邀,黄炎培讲演《宪政与修养》,其中报告了最近宪政运动和宪政实施协进会的经过情形……而在黄炎培致力

---

① 黄炎培:《怎样辅助政府实施宪政》,载《国讯》1943 年 10 月第 348 期。
② 黄炎培:《吾人要以宪政运动来迎接抗战最后胜利》,载《国讯》1944 年 1 月第 357 期。

推动宪政运动的实践活动中,参与《宪政》月刊等组织的宪政座谈会,对宪政有关问题进行研究和探讨,乃是其中重要的体现。

《宪政》月刊创刊后,黄炎培随即又偕张志让于1944年1月4日发起组织该刊"宪政座谈会",每月举行一次,邀请文化界、实业界、银行界甚至政界的知名人士参加,对推动民主宪政运动起到了积极作用。之后,黄炎培多次参加该座谈会。

如,1月27日下午,在重庆两路口社会服务处举行的《宪政》月刊第一次宪政座谈会,讨论了《五五宪章》第一章"总纲"和第二章"人民之权利与义务",黄炎培和沈钧儒、杨卫玉、陈北鸥、谢向之、张乃璇、向乃祺、陈伯康、张志让等66人出席。黄炎培在会上讲了宪政运动的经过。

2月7日下午,第二次宪政座谈会在重庆打铜街交通银行举行,黄炎培、张志让、杨卫玉、向乃祺、陆鸿仪、祝世康、陈北鸥、陈伯康、李叔明等10余人出席。会议针对中国在制定宪法时及实施宪政前就政治、经济、教育方面应行改进之点进行了研讨。

6月13日下午,第六次宪政座谈会再一次在交通银行举行,出席者有黄炎培、冷遹、江一平、钱新之、李志一、向乃祺、章乃器、孙科、杨卫玉、贾观仁、张志让等30余人。由于此次讨论的主题是"私人企业与宪政",所以参加座谈会的不少是工商界领袖。座谈会上,黄炎培首先谈了本次会议所要讨论的三个方面:"从国营与民营的配合生产中,求出私人企业如何才能效力于国家的方法";在抗战胜利愈益迫近的时候,私人企业如何根据政府即将确定的战后国策,筹划一切,以谋"能够在建国事业中尽其责任";工、商、矿界特别是工业界,危机日显,困难日重,"如何打破目前的困难"。①

7月26日下午,第七次宪政座谈会在交通银行举行,黄炎培、张志让、王芸生、司徒德、章乃器、陈伯康、钱新之、向乃祺、傅彬然、胡西园、尹致中、黄墨涵、薛明剑、杨扶青、陈博生等20余人与会。从这次开始,座谈会放宽讨论范围,规定凡是与当前国家政治有重大关系的问题都可以作为谈论问题。所以,本次座谈会针对7月18日日本东条内阁的倒台,特以"暴日政

---

① 《私人企业与宪政——本刊第六次座谈》,载《宪政》1944年8月第7、8号合刊。

局剧变后的新趋向"作为研讨问题。

8 月 31 日,第八次宪政座谈会在交通银行举行,参加者有黄炎培、张志让、沈钧儒、杨卫玉、陈时、司徒德、黄墨涵、刘伯昌、钱新之、傅彬然、张申府、方仲颖、潘震亚、陈丕士、冷遹、章乃器、向乃祺、黄敬武等人,由黄炎培和张志让主持。此次研讨的问题为"保障人身自由问题",包括:应如何保障人身自由,始为切实有效;对于国民政府新颁布的《保障人民身体自由办法》和国民政府已经定期施行的《特种刑事案件诉讼条例》的研究;对于保障人身自由有何应向国民参政会或宪政实施协进会提出之建议。

《宪政》月刊的创办及其宪政座谈会的举行,对当时的民主运动起到了积极的推动作用,充分反映了黄炎培追求民主的强烈愿望。

此外,1944 年 1 月 16 日下午,黄炎培还和向乃祺、黄次咸、陈北鸥、陈乃昌、瞿绍伊、刘伯昌、尚丁等法律学界、新闻学界同仁及宪政专家等 40 余人,出席了重庆青年会与《国讯》社于重庆青年会主办的宪政讲谈会,研究宪政和宪法草案。黄炎培在会上谈了研究宪政和宪法草案的意义,他说,"研究宪政,必须根据宪法"①。之后,黄炎培还多次参加由张君劢、左舜生发起的宪政座谈会,参加宪政实施协进会对有关宪政问题的讨论,并多次应有关机构邀请,演讲宪政。如,5 月 22 日,他在重庆中国百货公司演讲《吾人在宪政下之修养》;5 月 29 日,他应复旦大学学生所组织的宪政研究会之邀,在该校演讲《从宪政想到中国前途》。实际上,在整个抗战时期,黄炎培对于宪政的探讨和实现一直未放弃努力。

第四节　延安之行

早在 1941 年夏,黄炎培在劝募战时公债期间,曾有计划至陕甘两省进行募债,"拟便道过边区一游"②。得知这一消息后,7 月 18 日,毛泽东和朱

---

① 《宪政讲谈会》,载《国讯》1944 年 2 月第 360 期。
② 杨璐选辑:《1941 年黄炎培西北之行相关函电一组》,载《民国档案》2011 年第 3 期。

德、林伯渠、吴玉章、王明、秦邦宪特联名致函黄炎培,表示欢迎。7 月 20 日,黄炎培从云南劝募战时公债返回重庆。7 月 25 日,周恩来、董必武联名致电问候黄炎培,并对黄炎培的"西游之意,特电表示欢迎"[①]。此后,由于黄炎培定于 8 月 19 日赴菲律宾劝募战时公债,陕甘两省的劝募战时公债事宜承王卓然惠助,"前往策进",以致原本计划的"西游"没有成行。8 月 15 日,黄炎培特致函毛泽东等,由周恩来转交。函曰:

> 润之、玉阶、伯渠、玉章、绍禹、博古诸先生钧鉴:奉读巧电,以弟有西北募债之行,见邀造访,玩乐参观,尤殷奉教,实所感奋。兹因国际情势关系,认南洋斐岛一带有提早前往劝募之必要,现定铣日首途,握晤之期因之展缓。合先道谢,尚乞鉴谅。[②]

此次黄炎培的西北之行虽最终未能实现,但却为 1945 年 7 月黄炎培等 6 位国民参政员的延安之行埋下了伏笔。此后,在宣传抗战与争取民主的实践中,在参加国民参政会与中国共产党领导人周恩来、董必武等人的交往中,黄炎培逐步了解了中国共产党的相关政策,并萌生了亲赴延安考察的愿望。

1944 年 9 月 15 日,在国民参政会第三届第三次会议上,大会主席团提议,推荐冷遹、胡政之、王云五、傅斯年和陶孟和 5 人共同组成延安视察团,赴延安视察,并于返重庆后,向政府提出有关加强全国团结的建议,但后因种种原因,未能成行。

1945 年 5 月 25 日,褚辅成就参政会邀餐。席间,黄炎培、褚辅成、王若飞、左舜生、章伯钧、王云五、冷遹、傅斯年、王世杰、邵力子、雷震等就褚辅成提出的国共和谈办法进行了商议。6 月 1 日,蒋介石在其官邸邀黄炎培、褚辅成、冷遹、傅斯年、王云五就餐,王世杰、邵力子、雷震作陪。餐前,黄炎培等就 5 月 25 日由褚辅成"发起促成继续商谈之国共问题,商定由同人公电延安"一事征询蒋介石的意见,蒋介石表示"空空洞洞,无成见,诸

---

① 杨璐选辑:《1941 年黄炎培西北之行相关函电一组》,载《民国档案》2011 年第 3 期。
② 杨璐选辑:《1941 年黄炎培西北之行相关函电一组》,载《民国档案》2011 年第 3 期。

君意如何,当照办"。① 于是,黄炎培、褚辅成、冷遹、章伯钧、左舜生等乃商定致电毛泽东、周恩来,于 6 月 6 日发电。电文如下:

延安毛泽东、周恩来先生惠鉴:

团结问题之政治解决,久为国人所渴望。自商谈停顿,参政会同人深为焦虑。月前经辅成等一度集商,一致希望继续商谈。先请王若飞先生电闻,计达左右。现同人鉴于国际国内一般情形,惟有从速完成团结,俾抗战胜利早临,即建国新奠实基。于此敬掬公意,伫候明教。褚辅成、黄炎培、冷遹、王云五、傅斯年、左舜生、章伯钧。已冬。②

6 月 18 日,毛泽东、周恩来回电。电文如下:

褚慧僧、黄任之、冷御秋、王云五、傅孟真、左舜生、章伯钧诸先生惠鉴:

来电敬悉。诸先生团结为怀,甚为钦佩。由于国民党当局拒绝党派会议、联合政府及任何初步之民主改革,并以定期召开一党包办之国民大会制造分裂、准备内战相威胁,业已造成并将进一步造成绝大的民族危机,言之实深痛惜。倘因人民渴望团结,诸公热心呼吁,促使当局醒悟,放弃一党专政,召开党派会议,商组联合政府,并立即实行最迫切的民主改革,则敝党无不乐于商谈。诸公惠临延安赐教,不胜欢迎之至,何日启程,乞先电示。扫榻以待,不尽欲言。毛泽东、周恩来。已巧。③

在得见毛泽东、周恩来的复电后,6 月 27 日,黄炎培、褚辅成、冷遹、章伯钧、左舜生、傅斯年、王云五 7 人乃去见蒋介石。在征得蒋介石的同意后,黄炎培等决定 7 月 1 日飞赴延安。

---

① 黄炎培著,中国社会科学院近代史研究所整理:《黄炎培日记》第 9 卷,华文出版社 2008 年版,第 45 页。
② 《褚辅成先生等来电》,载《解放日报》(延安)1945 年 6 月 30 日,第 1 版。
③ 《毛主席电复七参政员欢迎来延商谈国是》,载《解放日报》(延安)1945 年 6 月 30 日,第 1 版。

7月1日晨,王云五临时病辞。上午9时35分,黄炎培、褚辅成、冷遹、章伯钧、左舜生、傅斯年6位参政员同机飞往延安;下午1时,抵达延安机场。毛泽东、朱德、周恩来、林伯渠、吴玉章、邓颖超、张闻天、叶剑英、李富春、杨尚昆等到机场迎接。毛泽东一见到黄炎培,就说,我们不是第一次见面了!黄炎培倍感诧异。毛泽东告诉他说,早在1920年5月杜威来华期间,"江苏省教育会欢迎杜威博士,你演说中国一百个中学毕业生升学者只多少多少,失业者倒有多少多少。这一大群听众中内有一个毛泽东"[1]。

黄炎培一行的到来,不仅中国共产党方面极为重视,而且也引起了延安各界的关注。《解放日报》在7月2日专门刊登题为《褚辅成先生等抵延》的消息。当晚,中共中央举行盛大晚会,欢迎黄炎培一行。这一天,黄炎培特作《自重庆飞延安》诗一首:

> 飞下延安城外山,万家陶穴白云间。
> 相忘鸡犬闻声里,小试旌旗变色还。
> 自昔边功成后乐,即今铃语诉时艰。
> 鄜州月色巴山雨,一为苍生泪欲潸。[2]

在接下来的几天,黄炎培等6位参政员不仅看到了延安欣欣向荣的新气象,而且还和毛泽东、朱德、周恩来、刘少奇、林伯渠、张闻天、任弼时、王若飞等举行了正式会谈,就召开国民大会和政治会议进行了充分讨论。期间,有一次,毛泽东在和黄炎培进行谈话时,黄炎培说,"我生六十多年,耳闻的不说,所亲眼看到的,真所谓'其兴也浡焉','其亡也忽焉',一人,一家,一团体,一地方,乃至一国,不少不少单位都没有能跳出这周期律的支配力",希望中国共产党能够"找出一条新路,来跳出这周期律的支配"。[3]毛泽东当即回答说:"我们已经找到新路,能跳出这周期律。这条新路,就

---

[1] 黄炎培著,中国社会科学院近代史研究所整理:《黄炎培日记》第10卷,华文出版社2008年版,第260页。

[2] 黄炎培著,中国社会科学院近代史研究所整理:《黄炎培日记》第9卷,华文出版社2008年版,第56页。

[3] 黄炎培:《延安五日记》,载《国讯》1945年10月第400期。

是民主。只有让人民来监督政府,政府才不敢松懈。只有人人起来负责,才不会人亡政息。"①这就是被后人广为传诵的关于"历史周期律"的谈话。

最终,黄炎培等6位参政员和中国共产党达成了由中国共产党方面整理出的《会谈纪录》,双方一致同意"停止国民大会进行""从速召开政治会议"。

7月5日,黄炎培等6位参政员结束考察,告别延安,毛泽东、朱德、刘少奇、周恩来、张闻天、秦邦宪、吴玉章、陈毅等到机场送行。

当黄炎培等人回到重庆后,他们仍天真地希望这次延安之行能真正实现他们去时的初衷。然而,当7月7日国民参政会第四届第一次会议开幕,黄炎培和褚辅成、傅斯年等人谒见蒋介石并呈上《会谈纪录》后,没想到蒋介石不仅根本不把这个"纪录"放在眼里,而且坚持欲于7月14日通过国民参政会包办召开国民大会。鉴于召开国民大会"责在制定宪法","还政于民",而今"仓卒召集,仓卒制定,则其后患将不堪设想",黄炎培和冷遹、江恒源等联合发表书面声明:不参加国民大会问题的讨论。②

也许更让黄炎培想不到的是,随着抗战胜利的日子日益接近,国民党已经将对共产党解放区的进攻置于其考虑之中了。

7月20日,国民党调集几个师的兵力,突然大规模进攻陕甘宁边区。7月21日至22日,国民党胡宗南部进犯陕甘宁边区的淳化县爷台山。当得知"淳化事件"经过后,黄炎培和张澜、沈钧儒等人极为关注。7月28日,他们以民盟的名义,发表《对时局宣言》,坚决主张通过政治会议巩固和平、加强团结。宣言指出,在抗战"胜利在望之时",有些人竟"重私斗而忘公仇","抑何词以对我数万万支撑抗战多灾多难之同胞";希望立即停止内战,召集各党派及无党派之政治会议,谋取团结的实现,"务使最短期内,达成改组举国一致政府之目的,以餍民望"。③

延安之行给黄炎培留下了深刻的印象,他对延安、对共产党有了真切

---

① 黄炎培:《延安五日记》,载《国讯》1945年10月第400期。

② 《黄炎培、冷遹、江恒源书面声明不参加国民大会问题之讨论》,载《新华日报》1945年7月15日,第2版。

③ 中国民主同盟中央文史资料委员会编:《中国民主同盟历史文献(1941—1949)》,文史资料出版社1983年版,第49—50页。

的认识,他认为自己有责任将在延安的所见所闻写出来,公布出来,以挫败国民党对共产党的种种污蔑,消除人们对延安、对共产党可能存在的偏见和误解。因此,从7月9日始,他将此次延安之行写成《延安五日记》,并作《延安归来答客问》,其中前者从7月25日到10月10日陆续在《国讯》第395期至400期上连载。在《延安五日记》的开篇"引言"中,黄炎培特别说,"这五天的日记,含有特殊意义,从延安回来,问我延安情形的太多了。我无法一一口头报告,在友谊上又不能不报告,发于良心的驱使,而有这回的奔走,我们的态度,是绝对坦白的。为了国事,在公义上更不能不报告";"我的日记,是句句老实话"。[①] 同时,黄炎培将《延安五日记》《延安归来答客问》连同《自重庆之延安》《延安去》诗两首,合并为《延安归来》一书,于1945年8月7日由重庆国讯书店出版,初版20000册,几天即售罄,10月又由重庆国讯书店和上海国讯书店再版,其中重庆国讯书店印10000册,上海国讯书店印5000册。

延安之行使黄炎培更加了解了延安和中国共产党,而《延安归来》则使更多的人了解了延安和中国共产党。

第五节　主张和平,反对内战

一、痛定思痛,渴望和平

1945年8月10日晚,国民党中央广播电台反复播送着一条惊天动地的消息:日本政府向同盟国发出乞降照会,准备接受《波茨坦公告》中的有关条款。第二天,黄炎培和张澜、江恒源、冷遹等在参加国民参政会组织的游行活动时,喜极而泣,他们"紧紧拥抱","状如儿童"。游行结束后,黄炎培于当天即兴赋诗一首。其中曰:

---

① 黄炎培:《延安五日记》,载《国讯》1945年7月第395期。

　　昭和终入降王伍,墨诛希毙彼宜虏。求降一电出江户,其年一九四又五。八月十日之上午,山城狂欢我惨凄。寡妻孤子野哭迷,九一八后那忍说,如山白骨谁肉之? 日月重光旦复旦,和平之旗今灿烂![1]

　　8月14日,日本政府宣布接受《波茨坦公告》。8月15日,日本天皇广播投降诏书,宣布无条件投降,艰苦的八年抗战结束了! 抗战终于胜利了,这让无数的中国人喜悦不已。然而,此时此刻的黄炎培,在喜极而泣的同时,对挑起这场灭绝人性的战争的罪魁祸首无比憎恨,对无数为了这场战争胜利而献出宝贵生命的战友、亲人和同胞深深怀念。他说道,这"胜利"两个字,是怎样得来的呢? 是"用什么来写的"? 它是用"千千万万人的血,千千万万人的汗,千千万万人的泪"写成的。[2]

　　为了让无数的人记住日军的暴行,怀念死难的同胞,黄炎培多么希望在抗战胜利后,国家能够尽快地医好战争创伤,尽快走上民主建国的道路啊! 于是,9月2日,他写成《胜利了,痛定思痛》一文。这篇发表在9月25日出版的《国讯》第398、399期合刊上的文章,也同时收入由《中华论坛》《中学生》《文汇周报》《民主世界》《民宪》《再生》《东方杂志》《国讯》《新中华》《宪政》联合发行的《联合增刊》中,并被《文萃》转载。文中,他在表达对可能爆发的内战担心和忧虑的同时,更对团结、和平建国怀着极大的期望。他说:"日本签字投降之日,我们痛饮中还应痛哭,还应大大地觉醒,大大地警惕。"[3]可见,实际上,抗战刚刚胜利之时,黄炎培和众多的有识之士一样,在欢呼雀跃的同时,也在认真地考虑:中国应该走一条什么样的建国之路? 在他看来,这条路,只能是和平建国之路!

　　与此同时,在8月15日,中国民主同盟发表《在抗战胜利声中的紧急呼吁》,提出民主统一,和平建国。可以说,作为一个由爱国民主人士组织的政治团体,民盟的主张在相当程度上反映了全国人民的心声。

　　中国共产党坚持从和平、民主、团结的原则出发,同样主张和平统一,

---

[1]　黄炎培:《黄炎培诗集》,中国文史出版社1987年版,第203页。
[2]　黄炎培:《胜利了》,载《国讯》1945年10月第400期。
[3]　黄炎培:《胜利了,痛定思痛》,载《国讯》1945年9月第398、399期合刊。

民主建国;然而,蒋介石却摆好架势,准备发动内战,全力对付共产党。由于内战不得人心,于是蒋介石假作和平姿态,在 8 月 14 日、20 日和 23 日三次电邀毛泽东赴重庆洽商国是。为了争取和平,毛泽东以大无畏的气概决定赴重庆谈判。

8 月 25 日,中国共产党发表《对目前时局的宣言》,主张必须坚持和平、民主、团结,为建立独立、自由与富强的新中国而奋斗!8 月 28 日下午 3 时 30 分,毛泽东在周恩来、王若飞、张治中、赫尔利陪同下,由延安飞抵重庆,黄炎培、周至柔、邵力子、雷震、张澜、沈钧儒、冷遹、左舜生、郭沫若等数百人到机场迎接。

对于毛泽东来到重庆参加国共谈判,黄炎培非常高兴,并对谈判充满了期望。他说,"中国共产党领袖毛泽东先生应了蒋主席的邀请,来到重庆了";这是一个"好消息",同时,"这又是一个好机会,我们该怎样呢?我们愈要说话"。① 在此,黄炎培无疑表达了他反对内战、渴望和平的愿望,表明了自己对调和国共两党使之团结建国的决心。

正是出于对反对内战、渴望和平的强烈愿望,正是出于调和国共两党使之团结建国的决心,当毛泽东在重庆参加谈判期间,黄炎培和毛泽东、周恩来、王若飞等中国共产党领导人多次接触,不失时机地表达自己对谈判的看法。如,9 月 2 日,当民盟在"特园"举行午宴欢迎毛泽东、周恩来、王若飞时,作陪的黄炎培等民盟人士,与他们就时局问题进行了亲切交谈。9 月 5 日晚,黄炎培和 7 月间曾访问延安的章伯钧、左舜生、傅斯年、冷遹等设宴招待毛泽东、周恩来、王若飞,和他们交谈国共两党关于军事等问题的商谈情况。9 月 10 日晚,周恩来、王若飞设宴招待黄炎培、张澜、沈钧儒等人,周恩来向黄炎培等通报了 10 余天来的谈判情况。9 月 11 日晚,毛泽东、周恩来、王若飞设宴招待黄炎培、张澜、沈钧儒等,就促进国共团结交换了意见。9 月 25 日中午,张群、张治中、邵力子设宴招待周恩来、王若飞及黄炎培、张澜、沈钧儒、章伯钧、罗隆基、张申府等人,黄炎培特别提出,应该一面继续商谈,一面着手组织政治会议……

经过 42 天的谈判,10 月 10 日,国共两党双方代表签订了《政府与中

① 黄炎培:《胜利了,痛定思痛》,载《国讯》1945 年 9 月第 398、399 期合刊。

共代表会谈纪要》("双十协定"),确定以和平、民主、团结、统一为基础,建立独立、自由和富强的新中国。

二、极力反对内战

"双十协定"的签订为民主统一、和平建国确立了重要基础。然而,"双十协定"墨迹未干,1945 年 10 月 13 日,蒋介石即发出密电,令遵照他所谓的《剿匪手本》,"督励所属,努力进剿"。随即,国民党军队开始向解放区发动进攻。

黄炎培对国民党蒋介石背信弃义、挑起内战的做法非常气愤,他一直在想,自己自"开始抗战以来,追随我们抗战的政府和领导抗战的领袖奔走,一直到现在,所希望的是什么",不"就是希望中华民国能造成一条光明自由的新轨道"吗?[①] 可是如今他逐渐看清了蒋介石假和平、真内战的面目。于是,他在愈来愈信任共产党的同时,也更加竭力地反对内战,主张和平。

10 月 26 日,在国民参政会驻会委员会第八次会议上,黄炎培提议,在国民党"收复区"各省市县速组织复员委员会,并就秩序未定地方简派大员,巡视慰问,务期明了民间疾苦以及纠纷之真相。10 月 30 日,鉴于事态日趋严重,黄炎培分别致函国民党代表张群、张治中、邵力子和中国共产党代表周恩来、王若飞,提出"请中央及中共双方电令部队,务各立即停止冲突,听候解决;从速组织调查团,包括代表中共方面人员及第三方面人员,前往发生冲突地点,会同调查真相,或就地商决,或电报中央商谈解决。至一切基本问题,恐须有待于政治会议,此会议必须早日召集,藉以协商国是,安定人心"[②]。与此同时,11 月 1 日,他又专为《国讯》和《联合增刊》写了《老百姓再不能流血了》一文。文中再次坚决提出,内战不仅是人们一致反对的,而且是绝对不应该有的,"千言万语并做一句,我们必须救救苦战八年一息仅存的老百姓","他们在那里嚷着:'为什么还要我们流血呢?为了八年抗战,血早流干了,还有什么血给人们流?天啊!可怜我们吧!

---

① 黄炎培:《怎样辅助政府实施宪政》,载《国讯》1943 年 10 月第 348 期。
② 黄炎培:《黄炎培先生致国共两党代表函》,载《国讯》1945 年 11 月第 401、402 期合刊。

我们再不能流血了！'"。黄炎培从内心里希望着"救救苦战八年一息仅存的老百姓"。虽然现实让他为之担心、忧虑，但他还是充满希望：老百姓不再流血，"会有这样一天的"。①

11 月 6 日，《新华日报》在头版头条用大字标题报道：国民党百万大军进攻解放区。全国震动！

11 月 8 日，《宪政》《民主教育》《中华论坛》《东方杂志》《民主世界》《再生》等 27 家杂志社发表联合声明，表示要和平，"不要内战"！11 月 10 日，民盟召开中常会，黄炎培和张澜、沈钧儒等人与会，针对当前的严重局势，商谈组织反内战大会，并推定由黄炎培主其事。11 月 15 日，重庆各界反内战筹备会举行会议，推黄炎培主持，会议讨论了反内战大会的举行事宜。

12 月 1 日，《国讯》发表《我们需要和平》的社论，提出，"我们现在不仅需要国内和平，同时亦需要国际和平"；"我们要向拥护并促进国内与国际和平的正确方向，努力前进"！② 而在此前的 11 月 19 日，黄炎培和张澜、沈钧儒、郭沫若、陶行知等联合 22 个爱国团体，在重庆西南实业大厦集会，成立陪都各界反内战联合会，召开反内战群众大会，各界人士 500 余人与会。大会决定：呼吁工人罢工，学生罢课，商人罢市，以实际行动反对、制止内战，并强烈反对美国武装干涉中国内政。会上，郭沫若、陶行知等发表了反对内战的讲话，而黄炎培更是饱含激情地报告了大会筹备的目的和经过，并请尚丁宣读了他前一天刚刚写就的长诗——《一线希望在那里（为反对内战作）》。诗共四段，摘要于下：

（一）
天天在商谈，天天在打仗。
高头在亲亲切切地谈，
底下在劈劈拍拍的打。
……

---

① 黄炎培：《老百姓再不能流血了》，载《国讯》1945 年 11 月第 401、402 期合刊。
② 《我们需要和平》，载《国讯》1945 年 12 月第 403 期。

早已打得不可开交了,
还在那里喊着,
要和平,要团结,要建国,要富强。
……

(三)
真该死
打罢了敌人,倒来打自己。
几百万士兵,九死中得留一生。
早八九年不得返家乡了,
难道还不许他们拜拜爹娘,
见见兄弟。
千千万万老百姓的血早流够了,
难道对着家里人,
还要赶他们再投入炮火中间,
化个无名的冤鬼。
……

(四)
一线的希望在那里?
说来,说去,
空话有什么用处?
昨日种种都可以宽恕,
从今以后,要互让,要互助。
天下不是一人的,不是一家的,
第一个口令,"枪放下",
让自己来打开门户。
……

看谁来得进步。
谁得老百姓同情,谁来,
得不到同情,去! 去!
这是一条最光明的大路。

我们反对内战，

我们绝对反对内战，

我们所要求，基本的要求，

是什么？是民主。①

重庆召开反内战群众大会后，全国性的反内战运动如火如荼。然而，全国人民的反内战运动却遭到了国民党的严厉镇压。特别是在 11 月 25 日，昆明 6000 余名大中学生在西南联合大学举行反内战时事晚会，当西南联大教授费孝通、闻一多、钱端升等人发表反内战演讲时，国民党军队极力阻挠，随后昆明 3 万多名学生联合举行总罢课。12 月 1 日，国民党军警竟冲进西南联大、云南大学等学校，酿造了师生数十人伤亡的"一二·一惨案"。12 月 7 日，在国民参政会驻会委员会第十一次会议上，黄炎培专门提出《请政府特派大员助查昆明学生及教员因反对内战在校开会惨遭伤害究明凶犯依法严惩以重人道而伸国法案》。12 月 9 日，当重庆各界人士举行陪都各界追悼罹难师生大会时，他更是亲往参加公祭。

"一二·一惨案"激起了全国人民对国民党当局的极大愤慨，同时也更激发了黄炎培反内战的热情和对民主的渴望。他深深认识到，必须坚决停止内战，广大人民才能免遭厄运，和平建国之目的才能达到。黄炎培的这一认识，正如是年 12 月 24 日陪都各界反对内战联合会的主要成员梁漱溟、张东荪、罗隆基、张申府、沈钧儒、章乃器、柳亚子、史良、郭沫若、李公朴、陶行知、刘王立明等，在致中国共产党领导人毛泽东的函中所指出的："商谈纪要甫告发表，而内战已突然爆发，人民于水深火热之余，复遭妻离子散之祸，惨痛之情，何难想见！同人等认为以政治解决政治，其势甚顺，而其道亦不甚难，凡会谈纪要中所已决定之事项，协力促其实行，其未决定之事项，由政治协商会议商讨决定，则一切纠纷即可迎刃而解。时至今日，万不宜诉诸武力……务希即行停止武装冲突，促进政治协商，以贯彻和平建国之大义，国人幸甚，同人幸甚。"②

---

① 黄炎培：《一线希望在那里（为反对内战作）》，载《国讯》1945 年 12 月第 403 期。

② 《陪都各界反内战联合会致函毛泽东同志》，载《新华日报》1945 年 12 月 26 日，第 2 版。

1946 年 1 月 5 日,国共两党终于达成了《关于停止国内军事冲突的协议》;1 月 10 日,又签署《关于停止国内冲突、恢复交通的命令和声明》,并与《关于停止国内军事冲突的协议》同时公布,规定从 1 月 13 日 24 时起全国一律停战。对于停战令,周恩来曾指出,它的颁布"主要应归功于全中国人民的要求与督促"①。这其中,自然也包括黄炎培在内的众多民主人士的要求和督促!

第六节　求民主的到来

一、发起民建,参加政协

1. 发起民建

1945 年 11 月 28 日,民主建国会在重庆迁川工厂联合会举行第一次筹备会,约 30 人与会,黄炎培和胡厥文、章乃器、胡西园、孙起孟、章元善、施复亮、胡子婴、辛德培、黄墨涵、张雪澄等 15 人被推定为筹备干事;12 月 7 日,第二次筹备会又在迁川大厦举行,黄炎培和胡子昂、彭一湖等 51 人与会,会议由黄炎培主持,决定 12 月 16 日举行成立大会。12 月 16 日,民主建国会在重庆西南实业大厦举行成立大会,出席会议者 93 人。在会上,黄炎培报告了民主建国会的筹备经过,提出,民主建国会将站在民众的立场上,完全依靠民众,反对一切有害于民的行动。会议通过的《民主建国会成立宣言》说,"我们这一群人,都有自己的工作岗位,并不需要玩弄政权以发展自己的抱负";"我们愿以纯洁平民的协力,不右倾,不左袒,替中国建立起来一个政治上和平奋斗的典型"。② 12 月 19 日,在第一次理、监事会上,黄炎培和胡厥文、章乃器、李烛尘、胡西园、黄墨涵、施复亮、杨卫玉、孙起孟、章元善等 11 人当选为常务理事。

---

① 《周恩来举行记者招待会报告停战命令发布情形》,载《新华日报》1946 年 1 月 11 日,第 2 版。
② 杨荣华主编:《中国民主党派丛书·中国民主建国会卷》,河北人民出版社 2001 年版,第 508 页。

12 月 26 日,民主建国会第二次常务理事会决定出版《平民》周刊,作为民主建国会的机关刊物,黄炎培和胡厥文、黄墨涵为发行人。该刊从 1946 年 1 月 12 日创刊到 2 月 9 日终刊,共出版 4 期。与此同时,黄炎培通过民主建国会,不时地为民主奔波。如,1946 年 1 月 14 日上午,他和章乃器、胡厥文、孙起孟、章元善等专门访问美国总统特使马歇尔,向他阐明了民主建国会的政治主张,希望美国能够对中国的政治民主化给予支持。

1946 年 10 月,民主建国会又编印出版了不定期的刊物——《民讯》,至 1949 年 10 月,也是共编印出版了 4 期。和《平民》一样,《民讯》除刊登民主建国会的重要文件和消息外,还发表了抨击国民党腐败独裁统治及倡导民主的文章。如在《民讯》创刊号上,就发表了黄炎培所写的《我们努力的基本观念》一文。在文中,黄炎培指出,民主的呼声,"既经呼了出来,只有一天高一天,一天广一天,要消灭它,是不可能的"。

2. 参加政协

"双十协定"中规定"应迅速结束训政,实施宪政,并应先采必要步骤,由国民政府召开政治协商会议,邀集各党派代表及社会贤达协商国是,讨论和平建国方案及召开国民大会各项问题"[①]。此后,国共两党又商定了出席的单位和代表名额:国民党 9 人,共产党 9 人,民盟 9 人,社会贤达 9 人,共 36 人。

1946 年 1 月 10 日上午 10 时,即"停战协定"签订的当天,由国民党、共产党、民主同盟、青年党、社会贤达 5 方面代表共 38 人参加的政治协商会议在重庆国民政府大礼堂开幕。黄炎培和张澜、罗隆基、张君劢、张东荪、沈钧儒、张申府、梁漱溟、章伯钧作为民盟代表参加了会议,并和董必武、陈布雷、王若飞、张申府、李烛尘、傅斯年、郭沫若等人分在施政纲领组。会议期间,黄炎培多次提出有关民主、和平的建议。

如,1 月 15 日上午第五次会议讨论共同纲领问题时,黄炎培发言建议,希望政府根据《抗战建国纲领》,先提出一施政纲领草案,以便研讨,并赞成纲领名称用"和平建国纲领",主张成立起草委员会,多征求人民意见;1 月 16 日上午第六次会议上,他和张澜、梁漱溟、罗隆基、沈钧儒、张申

---

① 《政府与中共代表会谈纪要》,载《解放日报》(延安)1945 年 10 月 12 日,第 1 版。

府、张东荪、张君劢、章伯钧代表民盟提出《实现军队国家化并大量裁兵案》。此后,在参加的施政纲领组中,黄炎培又参与起草了作为"宪政实施前施政之准绳"的《和平建国纲领》,并多次参加该组会议,讨论共同纲领和修改宪章问题。1月19日上午第九次会议上,在讨论修改宪章时,他又提出七点意见,其中第一、二点为:"国家经八年抗战,人民对民主要求普遍全国,中国又处于国际新环境中,这一内外形势的变化,都应予修改宪草时顾到";"研究宪草态度,要绝对客观"。①

然而,在政协会议召开期间的1月26日上午,4名荷枪实弹之徒闯进黄炎培住宅——张家花园五十号菁园,说奉上级命令搜查枪支。事件发生后,民盟首先做出反应,认为,这不仅是黄炎培的个人问题,也不只是民盟的问题,而是关乎全国人民基本自由的问题;当兹政协会议还没有闭幕、蒋介石"四项诺言"言犹在耳之时,身为政协代表,而其居室竟遭骚扰,实是"对民盟代表及政协会议的一大污辱",诚为不可想象之事,如若这样,人民的自由安有保障?!

于是,民盟主席张澜立即召开紧急会议,决定严正交涉;黄炎培并致书蒋介石,请予以坚决查究。1月26日下午,黄炎培和章伯钧在赶往参加的政协会议综合小组会议上向与会者说明了事情经过,代表们均甚为愤慨。在会上,黄炎培提出三点意见:第一,此事关系虽大,但不愿妨碍大局;第二,要求政府应予所有参加政协会议人员以安全保障;第三,政府应立即颁布《人权保障法》,彻底保障人权。

1月27日,《新华日报》以《军警宪兵特务竟搜查黄炎培住宅》为题,对事件作了详细报道,并专门发表了名为《实现人民身体和居住自由》的社论,其中言道,"直到现在,人民身体自由还没有保障,妨害身体自由的非法行为,几乎天天都在发生",并特别举出1月26日黄炎培住宅被搜查之例。社论认为:"这决不是'查户口'三个大字所可掩饰,而显然有其不可告人的目的。我们不能不对此提出严重抗议。这是对黄炎培先生的污辱,

---

① 中国民主同盟中央文史资料委员会编:《中国民主同盟历史文献(1941—1949)》,文史资料出版社1983年版,第135页。

也是对政治协商会议的污辱。我们要求当局立即查明肇事祸首,予以严惩。"①同日,黄炎培和张澜、梁漱溟、章伯钧、张君劢、张申府、张东荪、沈钧儒、罗隆基共同致函国民政府代表:对于黄炎培住宅被搜查一事,"实深惶感",除以联名函陈蒋介石,静候宣示办理情形外,同人一致认为暂时不能出席政协会议的小组会议及大会。在各方面的强烈要求下,国民政府不得不答复,对于黄炎培先生的住宅被"检查"之事,交由"主管机关切实查究,以重法纪"。

1 月 31 日下午 6 时半,政治协商会议第十次会议召开,在讨论第二项议程和平建国纲领分组报告时,黄炎培发言强调人民自由权利问题。他说,为了使纲领中规定的人权有保障,不至于像过去一样成为具文,希望人民自由保障委员会能尽快成立。晚 8 时,政治协商会议举行闭幕式,黄炎培代表施政纲领组在闭幕式上作了报告。他强调,希望政府制定侵害人权治罪法,成立人民自由保障委员会,赞成立法委员会应该由人民选举产生,主张教育须与民生主义配合。参加完政协会议,黄炎培于 2 月 4 日飞往上海,此时,距 1937 年 11 月 7 日离沪,已近 8 年又 3 个月了。

政治协商会议最终通过了《关于政府组织问题的协议》《和平建国纲领》《关于国民大会问题的协议》《关于宪法草案问题的协议》和《关于军事问题的协议》,从而否定了国民党一党专政和相关的内战政策,其中对一些相关问题的解决,正如周恩来在闭幕式上的致辞中所说,乃"是为中国政治开辟了一条民主建设的康庄大道"②。黄炎培非常高兴,因为他看到了和平的希望和光明的前途! 正因此,2 月 5 日,他在记者招待会上发表谈话时说,政治协商会议已经圆满结束;蒋介石在会议上宣布了保障人民自由、释放政治犯等问题;一般社会关注的问题都已通过协商获得解决的办法,今后无论在朝在野,不是说的时期,而是做的时期了。③ 不过,他哪里知道,和平的道路还很泥泞、很曲折!

---

① 《社论:实现人民身体和居住自由》,载《新华日报》1946 年 1 月 27 日,第 5 版。
② 《中共代表周恩来致词》,载《新华日报》1946 年 2 月 1 日,第 2 版。
③ 黄炎培著,中国社会科学院近代史研究所整理:《黄炎培日记》第 9 卷,华文出版社 2008 年版,第 125 页。

二、为争民主,义无反顾

回到上海后,黄炎培犹如一个"痴情者",为争取民主的实现,仍进行着不懈努力。2月10日晨,他应王艮仲之约,在中国建设服务社对全体职员演讲《三民主义之新理解》。然而,就在当天,国民党反动派在重庆制造了"较场口血案";2月22日上午,更捣毁重庆《新华日报》营业部和民盟机关报《民主报》报馆。为力争民主,2月23日,黄炎培和沈钧儒、张君劢、彭一湖联合发表《对时局的主张》,力主和平,反对内战;3月1日,他又将自己在复旦大学的演讲记录作了整理,取名《求民主的到来》,在《大地》杂志第1卷第2期上发表,极力号召在抗战胜利后,实施真正的民主!

和平的路程是漫长而艰难的。继"较场口血案"后,3月1日上午国民党六届二中全会在重庆召开,在3月16日上午举行的第十八次大会上,通过了《对于政治协商会议报告之决议草案》,公开推翻政协会议关于宪法原则的协议,继续坚持独裁。3月27日,虽然在黄炎培等民盟成员的调解敦促下,国共两党签订了《调处东北停战的协议》,但国民党却继续在东北部署大量兵力。5月初,国民党政府还都南京后,继续扩大东北内战。对此,黄炎培既不解,更气愤。5月15日,他和张君劢、章伯钧、梁漱溟在上海静安寺路南海花园招待上海市新闻界,各报记者40多人与会(张君劢因病未到)。黄炎培在会上说:"现在我们想的问题不是某党某派利害的问题,民主同盟也不是站在那一方面反对另一方面。是则是,非则非。今天我们打内战便宜了谁呢?说实在话,是便宜了日本人,使日本打了败仗,又可起死回生。……中国打了这几年仗,白牺牲了许多人。你说伤心不伤心。"[①]5月22日,鉴于"东北停战签字逾五十日,而双方激战未已,外失盟邦友情,内失全国人心",黄炎培和张君劢、沈钧儒、章伯钧、梁漱溟联合致函国共两党领导人蒋介石、毛泽东:"同人宁愿今日死于公等之前",不愿见到"双方激战","吁请即刻停战"。[②]然而,蒋介石不仅置之不理,更于6

---

① 《民盟留沪四政协代表招待记者发表谈话》,载《新华日报》1946年5月19日,第3版。
② 中国民主同盟中央文史资料委员会编:《中国民主同盟历史文献(1941—1949)》,文史资料出版社1983年版,第170页。

月 26 日悍然撕毁停战协定和政协协议,以 30 万军队大举进攻中原解放区,发动全面内战。这使得黄炎培和众多的爱国民主人士一样,进一步认识到国民党坚持独裁的本质和挑起内战的阴谋。他决心更加努力,继续为反对内战、实现民主而疾呼、奋斗!

由于广大的民主人士主张和平,反对内战,国民党对民主人士恨入骨髓,在继续扩大内战的同时,极力加强法西斯统治,逮捕、暗杀民主人士,血腥镇压和平民主运动。这其中,尤以暗杀著名爱国民主人士李公朴、闻一多最为引人瞩目。而黄炎培等对李公朴、闻一多二人的悼念,本身就是对民主的追求!

1946 年 7 月 11 日晚,李公朴遭国民党特务暗杀,次日凌晨不治身亡,激起各方人士的极大震惊和愤慨。当从报纸上看到李公朴被暗杀的消息后,黄炎培非常哀痛。3 天后,他特地写了《公朴为民主而死,民主为公朴而生》的文章,追忆了李公朴的为人和事业。在黄炎培看来,一个人,他的一生,所信仰的主义是正确的,奉行是真诚的,那么即使他死了,他的主义也不会死;其人死得越是惨烈,他的主义就会发扬得越广大、迅速、普遍;而李公朴就是这样的人,他是为民主而死的,而民主也必然为公朴而生!在黄炎培还没有从李公朴之死的哀痛中走出来时,7 月 15 日,另一位民主人士闻一多也被暗杀。此时,黄炎培再也按捺不住心中的怒火。7 月 22 日,他和梁漱溟、张君劢、沈钧儒、章伯钧、罗隆基、张申府等政协民盟代表向孙科、王世杰、吴铁城、王宠惠、邵力子、陈立夫、张厉生、张群上呈抗议书,并请他们转陈蒋介石,对两位民主战士被暗杀给予强烈的抗议。他们说,虽然李公朴、闻一多两位同志被暗杀了,但是"他们两位是尽了责任的牺牲,精神不死";"凡是中国为民主奋斗的人民,都必然因公朴、一多两同志的死,因公朴、一多两同志的精神感召,发挥更大的奋斗力量"。①

7 月 28 日,重庆各界 6000 余人举行李公朴、闻一多追悼大会,黄炎培作挽联云:

---

① 载《新华日报》1946 年 7 月 28 日,"追悼李公朴、闻一多先生特刊"第 3 版。

蒿目时艰,痛公等罹难已成,社会国家之悲惨损失;

伤心永别,感吾侪后死,应为团结民主而加倍辛勤。

　　10 月 11 日,国民党军队攻下华北重镇、察哈尔省省府张家口。接到
"捷报",蒋介石得意忘形。当晚,国民党政府即悍然宣布,将于 11 月 12 日
召开由国民党包办的"国民大会"。10 月 12 日,黄炎培在日记中写道:"完
了,国共和谈从此破裂了。……廿九年(按:1940 年)以后,为了调解国共
纠纷,至今未获返吾原有岗位,至今日国共破裂,已达无可挽回之境地,吾
决意不参加此项工作了。"①

　　然而,蒋介石一面积极准备内战,一面却玩弄假和平。10 月 15 日,他
派雷震到上海,请民盟出面劝说中国共产党派代表赴南京"和谈"。10 月
底至 11 月初,中国共产党代表团就和平问题与国民党在南京进行了谈判。
11 月 11 日,为拉第三方面参加"国民大会",蒋介石决定"国大"延期 3 天
召开。与此同时,11 月 12 日上午,民盟中央执行委员会也召开紧急会议,
通过了黄炎培所拟《民盟对参加国大问题之态度》文件,决定民盟不参加
"国大"。11 月 15 日,由国民党包办的"国大"开幕。"国大"的召开,使得
国共两党谈判的大门被关闭。11 月 16 日,黄炎培写下《阴冻》诗一首,其
中曰:"莫道阴霾冻不开,天心终盼一阳回;闭门忍听千家哭,袖手何曾万
念灰。"②他伤心欲绝,"六七年来和平民主运动终于失败";但他又不甘地
仰天叹问,"难道和平民主运动真会失败么"?

　　由于黄炎培拒绝参加"国大",11 月 16 日下午,他不得不偕夫人去杭
州"避难"。此时,他再次重申了自己在本年 8 月 27 日所表明的态度:
"(一)我不能同意于不统一、不团结之下通过宪法;(二)此路不能通,我不
能助朋友走不通之路;(三)欲我离同盟,我不能自毁人格。"③对于黄炎培
的这一态度,民主建国会重庆分会特地发电报赞曰:

---

① 黄炎培著,中国社会科学院近代史研究所整理:《黄炎培日记》第 9 卷,华文出版社 2008 年版,第
　203 页。
② 黄炎培:《黄炎培诗集》,中国文史出版社 1987 年版,第 439 页。
③ 黄炎培著,中国社会科学院近代史研究所整理:《黄炎培日记》第 9 卷,华文出版社 2008 年版,第
　179—180 页。

先生中立不依,坚定如常,表真正之民心,留和平之余地,疾风知劲草,富贵如浮云,当为先生咏之。高风亮节,举世盛钦,东望海云,弥增崇敬![①]

1947年1月1日,国民政府公布内容有违政协协议的《中华民国宪法》。1月3日下午,民主建国会在上海举行常务理事会议,黄炎培、施复亮、王绍鏊、杨卫玉、盛丕华、胡厥文、郑太朴等与会。会议对时局进行了详细讨论,一致通过了《民主建国会常务理事会反对国民党召开国大通过宪法的决议》,指出,"本会既拥护政治决议于前,自不能同意未依政协决议规定程序召开国大所通过之宪法于后"[②]。其实,这也是黄炎培的思想观点。而此后,民盟在国统区开始进行公开、合法的斗争,这引起了国民党的极大仇恨,终于在10月28日,国民党中央社发表《政府宣布民盟非法》的声明,下令"严加取缔,以遏乱萌"。11月5日,民盟主要负责人张澜、黄炎培、罗隆基、沈钧儒、章伯钧、叶笃义等开会讨论民盟解散问题。会议决定:总部即日起解散;各地盟员即日起停止一切政治活动;11月6日以主席张澜的名义发布公告。

"局势已在变了,一群爱国痴情者还在奔走,还在写,还在说,也许当局在暗暗地好笑,痴情者是不管的。"[③]是啊!为了民主,为了民众,为了国家,为了民族,黄炎培甘心做一个这样的"痴情者",即使是付出生命,也义无反顾,在所不惜!

---

① 载《文汇报》1946年12月26日。
② 李勇、张仲田编著:《解放战争时期统一战线大事记》,中国经济出版社1988年版,第316页。
③ 黄炎培:《我与民盟》,载《国讯》1947年11月第439期。

第十二章　战时和战后的教育追求

抗战爆发后,中华职业教育社针对当时新的形势要求,逐渐改变了原来的目标,开始将职业教育与抗战大业结合起来;而黄炎培也在从事抗战救亡工作的同时,不时开展对战时职业教育理论的探讨,在为抗战教育奔波的同时,积极从事职业教育的办学实践。抗战胜利后,在致力于团结、和平、民主、统一的同时,对教育一往情深的黄炎培,仍然积极参与教育改革,不仅对职业教育在战后的作用进行了探讨,而且就职教社的新使命作了展望。

第一节　职教社新目标的确立

早在 1936 年 8 月,鉴于日本不断加紧对中国的侵略步伐,职教社为继续坚持活动,不得不在武汉成立了办事处;而与此同时,职教社成员也不时地在思考、调整和规划着它的目标。

8 月 16 日,职教社第十六届社员大会暨第十四届全国职业教育讨论会在四川大学举行,杨卫玉、江恒源、胡庶华、卢作孚、庄泽宣、蒋志澄等900余人出席。黄炎培因妻子王纠思身体不适未能与会,但他在开会前的8月9日,特地作《为中华职业教育社年会敬告四川各界》一文,寄达大会。在开幕式上,黄炎培的这篇文章,连同《为中华职业教育社办事部同人敬告全国同社社员、同会会员暨全国教育界同人、职业教育界同人书》及四川省教育厅编印的《四川省职业学校概况》,一起在会场散发。黄炎培在文中提出,要注意农村教育,加强平民职业训练,注重职业补习教育和职业指导。会议讨论了"职业学校教育行政""民族复兴教育""职业补习教育""农村改进"和"职业指导"等问题。

1937年2月13日上午,职教社于上海中华职业学校举行1937年春季评议员会及第十一次专家会议联席会议,黄炎培和顾树森、程时煃、何炳松(杜佐周代)、刘湛恩、郑通和、江恒源、杨卫玉、何清儒、欧元怀、魏元光、陶百川、潘文安、姚惠泉、俞庆棠、杨崇皋、陆叔昂、贾观仁、熊子容、方液仙、杨拙夫、沈九成等40余人与会。在会上,黄炎培发表讲话,就江西的百业教育和上海的职业补习教育提出了意见,认为必须解决"组织""教师"和"课程"三个方面的问题。他说:"这三个问题解决了,一切问题均可迎刃而解。这些问题的解决,虽然容易,可是还有一个先决问题,就是政府与人民的合作。"[①]

5月6日上午9时,职教社第十七届社员大会、二十周年纪念会暨第十五届全国职业教育讨论会在上海浦东大厦举行,黄炎培和民训部部长陈公博、教育部部长王世杰(顾树森代)、江苏省教育厅厅长周佛海、上海市商会主席王晓籁、上海市地方协会会长杜月笙、全国商联会主席林康侯,以及白绍轩、程其保、潘公展、陈鹤琴、杨崇皋等237人与会。主席团由刘湛恩、蔡元培、钱新之、潘公展、顾树森、穆藕初、黄炎培、王云五、欧元怀等组成。开幕式上,黄炎培致答谢词:"我同人等以后当加紧努力,为社会服务。今后我职业教育社所负之使命,为发挥天赋之人力、职业服务之精神,为群众谋圆满之解决,同时促进人民对国家、对世界之生产,为人类造幸福,一方面培养服务人才,在国家大政策之下,加紧努力生产和国防建设。

---

① 《本社专家评议联席会议纪录》,载《教育与职业》1937年3月第183期。

我等今后应本着坚忍耐苦之精神努力迈进。"①在会议闭幕之际,黄炎培与主席团其他成员钱新之、蔡元培、潘公展、顾树森、穆藕初、王云五、刘湛恩、欧元怀及其他会员计503人,联合致电国民政府。在电文中,他们提出,目前推广职业教育之要图为:政府要"彻底实行建教合作办法,以期教人有道,任事有人,教育职业两方交利";对合于社会需要的已有职业学校,充实设备,改善内容,并责成其兼任职业补习教育的工作和短期职工训练工作;加强职业教育与职业界的联络,希望政府"明示职业学校以办理教育之方针,并示工商团体以重视教育之必要",为此,地方政府应设立职业指导所;政府应早定计划从速养成职业教育的教师和导师。②

5月8日,中华职业教育社第十七届社员大会暨第十五届全国职业教育讨论会全体会员发表宣言,再次提出,从目前国家社会的需要情势看,职业补习教育将比职业学校更为重要,所以必须坚持职业学校、职业补习教育和职业指导三者并重;职业学校的设立必须"以适应社会需要为先决条件","设备善,教师良";鉴于职业补习教育的重要,希望不仅职业学校应兼任职业补习教育的实施,而且其他各级学校和工厂商店,也应一起奋起;当前,"在最短时期以内,如何而可以有适当教材供各方采用,如何而可以有多量教师供各方延聘,此实为目前亟待解决问题";职业教育,不仅要注重职业技能,谋得个人生计,而且要培养服务德性,发扬民族精神。③

可见,此时无论是黄炎培还是职教社同仁,他们对职教社使命的认识,主要还是强调扩大职业教育的范围,使职业教育和抗战救国趋于结合,这种结合更多地表现为如何通过发展职业教育服务于抗战救亡。但是,随着抗战的全面爆发,战争给国家也包括给职教社带来了巨大的破坏,给国人带来了深重的灾难,这使得包括黄炎培在内的职教社同仁,不得不进一步反思职教社的目标。

1937年7月抗日战争全面爆发后,1938年2月,职教社又在桂林成立

---

① 《大会开幕式:主席黄炎培答谢词》,载《教育与职业》1937年6月第186期。
② 《中华职业教育社第十七届社员大会暨全国职业教育讨论会第十五届年会呈中央政府电》,载《教育与职业》1937年6月第186期。
③ 《中华职业教育社第十七届社员大会暨全国职业教育讨论会第十五届年会全体会员宣言》,载《教育与职业》1937年6月第186期。

了广西办事处。9月,职教社总部迁至桂林,并于10月1日开始办公,由办事部副主任杨卫玉主持社务。总社迁至桂林后,上海改设办事处。10月10日,职教社又在重庆组织成立四川办事处。而随着10月底武汉沦陷,武汉办事处遂被取消。

为了主持职教社在重庆的工作,早在1938年7月19日,黄炎培和江恒源等人也来到重庆。面对处于生死存亡关头的中华民族,黄炎培希求自己和他的同仁们,"用最大的努力尽最后的责任",挽救民族危亡,并将大量的时间和精力投入到抗战的宣传和实践中,同时他并对职教社给予充分信心,认真地考虑着在新的形势下,职业教育的理论建设和职教社所应、所能起到的作用。

12月20日,黄炎培在重庆南温泉写下《我之人生观与吾人从事职业教育之基本理论》一文。文中,黄炎培指出,"政治经种种演变,而提出民主制度;经济经种种演变,而提出社会主义,皆为吾人信念所在";因此我们必须"尽量发挥并凝合一国间地力、物力、人力,以构成整个国力","造成强固有力之个体",也就是说,要集合全民族的力量,只有这样,才能抵御外来的侵略;而"用启发方式,使人人增益其智能,即知而即行之,并深明其意义,则职业教育是也"。① 他认为,要增益每个人的智能,使他们知道自身应尽的义务,应享的权、利的"质量与限度",进而通过劳力和劳心的方式,谋取生活需求。可见,此时黄炎培仍然十分重视职业教育在社会发展中的地位,并针对国家的"巨变",认真考虑在新的时代要求下如何构建职业教育的理论,才能使职业教育更充分地发挥其应有的作用。

然而,在一个国将不国、甚至面临着亡国之祸的年代,"职教救国"无疑是一个美丽的梦呓! 这一点,几天后即为残酷的现实所印证。12月29日,职教社桂林总部被敌机炸毁。黄炎培和职教社的同仁们,愤怒憎恨,痛心疾首。职教社发表宣言,正告日本侵略者,"炸弹虽可毁我有形之物体,不能毁我不挠之精神";"我社全国一万余同志,誓为抗战建国而努力,始终不懈";"誓必为维护和平正义而奋斗,从焦土中建立文化学术之新生命"。②

① 黄炎培:《我之人生观与吾人从事职业教育之基本理论》,载《国讯》1939年1月第193期。
② 《中华职业教育社重要消息》,载《国讯》1939年1月第193期。

为了策励未来职教社的工作方针,1939年4月16日至5月7日,职教社在昆明召开了为期3周的工作讨论会,即昆明会议。出席会议的人员均由黄炎培亲自选定,包括江恒源、杨卫玉、黄齐生、喻兆明、张雪澄、贾观仁、孙起孟、陈重寅、谢向之、郑文汉等共18人。黄炎培虽然正在率领川康建设考察团在川南考察,但因本次会议特别重要,他还是抽时间由四川飞赴云南,于4月22日至27日专程与会。在会上,黄炎培于4月24日和25日上午作了演讲。25日下午,会议讨论了黄炎培的《我之人生观与吾人从事职业教育之基本理论》和《一封公开的信》两文。最终会议不仅决定将总社迁至重庆,而且确定了职教社新的努力目标:"以最高的积极性参与抗战建国的努力",进而"实现一个民生幸福的社会";在这个社会里,真正达到"无业者有业,有业者乐业"的目的。围绕这一目标,职教社制订了各种工作任务。就职业学校教育而言,"将从事研究倡导、实验、推广怎样根据实际的需要创设职业学校或添办各种短期职业训练班,培养能为抗战建国切实服役的人才","如何使职业学校同时也成为生产单位,供应人民生活所需,推而发展一般社会经济";就职业补习教育来说,乃在于"配合抗战建国需要,通过补教方式,在技术上培养各种抗战必需之人才,在政治上提高受教育者之抗战情绪,在公民道德上养成勇于为群之公民,使受教者皆能积极支持抗战,以争取最后胜利"。[①] 可见,职教社已经开始抛弃"职教救国"的理想。此后,黄炎培和广大同仁一起,紧紧将职业教育的宣传和实践与抗战大业联系起来,充分发挥职业教育在抗战中的重要作用;同时也将更多的时间和精力投入到抗战建国的大业之中。

第二节　为"抗战教育"奔波

抗战爆发后,国民政府确立了"战时须作平时看"的教育方针,并于

---

① 中华职业教育社:《今天的中华职业教育社——昆明工作讨论会会后》,载《国讯》1939年8月第209期。

1938 年 4 月制定了《战时各级教育实施方案纲要》,具体规定了抗战期间各级各类教育的具体政策。此后,教育部为实施"抗战教育",采取了诸多措施,进行了一系列改革,以极力维持教育在抗战时期于不坠。而在整个抗战时期,虽然黄炎培极力地宣传抗战,为抗战救国奔波着,但作为一个曾经的"教育救国"论者,黄炎培不可能释怀教育。1941 年 12 月,他曾这样言曰:"炎培是教育界的一个'老兵',四十年来没有脱离过教育生活,近年虽因救国事大,奔走各方,却依然和教育事业结不解缘,'老兵'并未就此'退伍',也不想'退伍'。……在他人看来,或许以为黄某已跳出教育工作的圈子,事实上却大大不然。"①

一、出席第三次全国教育会议

国民政府成立后,在抗战前,共召开过两次全国教育会议。

第一次全国教育会议于 1928 年 5 月 15 日至 28 日在南京中央大学召开,由大学院院长蔡元培组织,时称全国教育会议。后来,因为有了第二次全国教育会议的召开,所以,这次在南京国民政府成立伊始召开的全国教育会议,也就按例被后人称为第一次全国教育会议。

大学院作为全国最高教育行政机关和学术研究机构,存在时间短暂。这一因希望实现"教育独立"而仿行法国建立的教育机构,反映了蔡元培坚定而执着的"教育救国"愿望,但事实证明,所谓"教育独立"只能是一个美好的幻想!随着"大学区"制的推行渐次失败,1928 年 10 月 3 日,蔡元培辞去大学院院长的辞呈得到国民党中央政治会议批准,而在蔡元培的推荐下,蒋梦麟被特任为大学院院长。10 月 23 日,国民政府下令,改大学院为教育部;翌日,又特任蒋梦麟为教育部部长。

教育部恢复成立后,1930 年 4 月 15 日至 23 日,蒋梦麟在南京铁道部主持召开了第二次全国教育会议。这次会议最重要的成就就是编制成了一个《改进全国教育方案》,该方案被时人称为"今后二十年间我国施行教育的具体计划"。事实也确实如此。从此后到抗战前的教育发展来看,第二次全国教育会议的指导意义是显而易见的。

---

① 黄炎培:《我的工作和教育》,载《教育研究》(中山大学)1942 年 2 月第 100 期。

1939 年 3 月 1 日至 9 日,第三次全国教育会议在重庆川东师范大礼堂召开。这是一个在特殊的时期、特殊的形势下召开的一次特殊的教育会议。

3 月 1 日上午 9 时,第三次全国教育会议开幕,黄炎培参加了开幕式。出席会议的有教育部、各省市教育厅局及有关学校的负责者计 60 余人,黄炎培作为教育部部聘专家和顾毓琇、程天放、吴贻芳、俞庆棠、罗家伦、余家菊、傅斯年、萨本栋、李蒸、熊庆来、邹鲁等著名人士与会,并和程其保担任初等教育组召集人。在会上,他针对中学三三制和六年一贯制多次发表意见,并和江恒源、顾树森、吴俊升等人提出《学校急宜注重眼之卫生案》。在该案中,他认为,近年青年患近视的日多,在我国正值提倡国民兵役之际,“实为兵役上一大障碍”,尤其“不适于航空技能之练习”,所以应该“从教育上急速努力根绝”。① 他建议,一方面,请教育部通令中小学,特别重视学生的用眼卫生;另一方面,学校中“教室学生坐位最后排与黑板间之距离,须依规定标准,不得超过所规定之最大限度”,“严禁中小学学生卧后阅读,由担任训育管理之教师特别注意,并为时时说明此举易伤目力之危险”,“其他关于目力之保护,应由小学校长教师与一般卫生同样注意”。② 此外,黄炎培还和江恒源、廖世承、程其保、张凌高、林砺儒、王星拱、胡庶华、李书华、蒋梦麟、周炳琳、陈裕光、陈时、欧元怀、吴南轩、朱经农等计 21 人,临时动议《在抗战建国大时代中教育上应特殊注意之事项案》,该案提出,“在正课以外,可视学生学力之所及,设战时讲座或时事讨论会之类,收集关于抗战图书、报纸、杂志,由学校当局敦请本校教师或校外专家或有相当经验者主讲或领导讨论。其内容除战事消息外,尤宜注意于敌方状况、国际情势”,“各部门课程,应收集直接间接有关抗战之重要资料作为补充教材”。③

二、参与“推进师范教育运动周”

国民政府制定的《战时各级教育实施方案纲要》中,规定“应特别重视

---

① 教育部编印:《第三次全国教育会议报告》,教育部 1939 年编印,第 339 页。
② 教育部编印:《第三次全国教育会议报告》,教育部 1939 年编印,第 339—340 页。
③ 教育部编印:《第三次全国教育会议报告》,教育部 1939 年编印,第 358 页。

师资的训练",并要求从速规定各级学校教师的资格审查与学术进修办法。此后,国民政府教育部又制定了新的师范教育制度,加强师资培养,并在1938年10月20日,于重庆组织召开全国高级师范教育会议,规划高等师范教育的发展。1940年3月,国民政府教育部公布《国民教育实施纲领》后,在校师范生的职责又由学校扩展到社会,即"师范生不仅须成为儿童之师保,且须成为成人之导师,不仅须负担师范教育之责任,更已进为建国之基干"。1941年4月,国民党第五届中央执行委员会第八次全体会议又提出"师范教育是国民教育之母",强调促进师范教育的发展。为了促进全社会对于师范教育的重视,坚定从事师范教育者的信念,并使在校的师范生明确自身所负的职责,教育部遵照此次会议的要求,确定从1942年起,每年的3月29日至4月4日为"推进师范教育运动周",发动各省市教育行政机关召集师范学校同时进行,冀以唤起全国广大社会人士和一般青年对师范教育重要性的认识。应该说,抗战时期,国民政府十分重视师范教育。而1942年起实施的"推进师范教育运动周"则是一个重要体现。此时的黄炎培积极响应并参与了该项活动。

1942年3月29日至4月4日,第一届"推进师范教育运动周"在重庆举行。4月2日下午,即"运动周"的第五天,教育部特在重庆中央图书馆举行师范教育座谈会,讨论问题有三:"如何增加师范生来源""如何改进师范生训练""如何确立计划的师范教育"。黄炎培和教育部次长顾毓琇以及左舜生、潘公展、雷震、程其保、杨卫玉、章益、吴俊升、谢循初、陆殿扬、陈东原、陈礼江、潘公展等48人出席。作为会议主席的顾毓琇在会上发表谈话,强调了师范教育的重要性。黄炎培则在会上就改善师范生的物质待遇、如何尊师重道、如何救济师荒等作了发言。其中关于教师待遇问题,黄炎培说,最有效的办法"自然必须从改善物质待遇方面去解决",而"物质增加权不在教育界而在教育界以外,因为这必须要各界赞助,方能收效";要设法使各方面都认识到师范教育的重要,同情师范教育。在会上,黄炎培还当众宣示,除了"因公离开重庆的时候,决定每天义务教课一小时,如政府调服'教役',我绝对尊重命令,决不推诿"[1]。

---

① 教育部中等教育司编:《师范教育讨论集》,教育部中等教育司1942年印刷,第6—9页。

第三节　战时职业教育的理论探讨和实践

一、职业教育与抗战配合

抗战全面爆发后,职业教育与抗战大业关系日益密切。在职教社同仁看来,"生产份子的训练和对从业员的深加教育,俾对抗战建国的力量有所增加,都是在职业教育范围内中"①。黄炎培和广大的职教界同仁一样,在战时也紧紧地将职业教育的宣传和实践与抗战紧密联系起来。

1940 年 7 月 1 日,《教育与职业》复刊出版第 192 期,黄炎培在所作《复刊词》中,将职业教育喻为一个"婴儿",将《教育与职业》喻为"一位忠诚而慈爱的保姆",认为正是通过《教育与职业》这个保姆的"提携保抱",职业教育才得以不断发展。他说,"自从抗战以来,中国已不是过去的中国。社会事实之所需要,各方心里之所期望,都不是过去可比,职业教育将如何适应此大时代的要求? 如何完成此神圣抗战时期的使命? 原则是不变的。方针怎样? 方针是不变的。运行速度怎样? 将如何加强他的力量? 如何加密他的联系?"②,这都是我们应该考虑的。1941 年 12 月,他在《我的工作和教育》一文中,再次强调说,"战时教育,不论是那一种教育工作,范围不能不求其广,内容不能不求其适符当前的形势,需要以动的姿态出现,以综合性的姿态出现。办小学办中学办高等教育,以及社会教育,只有程度之差,没有专门与普通之别,只有一个目标,是救国第一";"教育必须随着救国的统一目标,完全以工作来适应当前态势";"生活就是教育,教育就是救国"!③

1942 年 11 月 7 日,职教社举行董事会,黄炎培和钱新之、陈光甫、王正

---

① 《战时职业教育特辑》"编者按",载《国讯》1938 年 11 月第 187 期。

② 黄炎培:《复刊词》,载《教育与职业》1940 年 7 月第 192 期。

③ 黄炎培:《我的工作和教育》,载《教育研究》(中山大学)1942 年 2 月第 100 期。

廷、穆藕初、江恒源、王云五等 10 余人与会。会议除议决下年度工作计划及预算外,因江恒源坚辞办事部主任,改推为常务董事,以杨卫玉继任主任;议决遵照《非常时期人民团体组织法》,呈准社会部,以通讯方式选举理、监事,组成理、监事会,以承继董事、评议两会职务。1943 年 4 月 4 日,中华职业教育社奉令将董事、评议和办事三部改设为理事、监事两会。经选举,黄炎培和钱新之、王正廷、张嘉璈、蒋梦麟、张群、潘公展、陈光甫、张一麟、朱经农、沈鸿烈、康心如、顾树森、江恒源、贝祖诒、王志莘、穆藕初、冷遹、沈恩孚、杨卫玉等当选为理事;程其保、郑通和、刘航琛为候补理事;王云五、卢作孚、胡庶华、廖世承、潘序伦、陈鹤琴、贾观仁、黄季陆、章益、钟道赞等当选为监事及候补监事。5 月 6 日下午,职教社举行第一届理、监事就职典礼,黄炎培和钱新之、杨卫玉、沈鸿烈、冷遹、潘序伦、张一麟、贾观仁、廖世承、王志莘等及来宾吴稚晖、沈钧儒等与会。在会上,黄炎培首先代表主席钱新之作社务报告。在报告中,黄炎培说,职教社成立后,自 1917 年至 1922 年为倡导时期,1922 年至 1927 年为工作推进时期,1927 年至 1937 年为社务发展时期,1937 年至今为职业教育配合当前抗战建国需要的时期;今后,当继续该社的原定方针,以生产报效国家,以科学增进生产,以人才运用科学。同日,职教社并邀请黄炎培、孙运仁、杨卫玉、江恒源、蒋梦麟、秦翰才、朱经农等,就 20 多年来的经验,对职业教育与职教社发表意见、感想和希望,黄炎培特作了《做到了多少?还要做哪些?》的简短讲话。在讲话中,黄炎培认为,在战时职业教育培养的人才应该"重数量,兼重质量";"要以生产报效国家,以科学增进生产,以人才运用科学";"所养成的人才,主张的方法,都得着重一个字,就是'精'"。[①]

　　5 月 15 日是中华职业学校立校二十五周年纪念日,黄炎培特给该校教师和学生写了一封公开信——《苦》。信中,他说,我们中华职业学校自抗战以来,"颠运艰苦",所受的"苦况"一言难尽,同学中有的"在前敌作战而牺牲",有的"在后方遭空袭殒命",有的"从沦陷区逃来后方,途中被暴敌杀害",那么"吾们为的是什么呢"?为的是我们唯一的信仰——爱国、报国,即"一切一切靠的是中华,一切一切为的是中华";只要是"以我辈的

---

① 黄炎培:《做到了多少?还要做哪些?》,载《国讯》1943 年 5 月第 334 期。

苦,换取一般同胞的乐","以少数人的苦,换取多数人的乐","以一时间的苦,换取河山收复,民族复兴,永久光荣的乐",那么我们何言"苦"字?!①1944 年 5 月,他在《我们为什么这样努力办〈国讯〉》一文中更专门就职业教育与抗战的关系作了说明。他说,首先,教育的对象从广义上来说,就是大众,是社会,所以办教育必须注意到综合性的生活和整个的社会,特别是职业教育,尤其要将生活作为中心。其次,由于职教社的旨趣就是使我们的国家和民族"走向神圣的光明",所以凡是有利于中华民族、凡是和职业教育不抵触且能够很好配合的,都要努力去做。第三,《国讯》倡导的五个信条,不仅是个人立身处世的金科玉律,也是"人群结合的基本原则"和"建国的重要条件"。人们只有具有这些修养工夫,才能谈救国,也才能救得了国;也只有对这些信条进行倡导、实行,我们的民族才有前途。总之,我们一方面主张民主,倡导宪政,另一方面,必须注重倡导个人修养,因为"教育与政治,本无划分之可能,办教育,办职业教育,更不能自外于政治"。②

可见,在战时,在黄炎培看来,无论是职教社,还是职业教育,仍然在抗战救国中具有重要作用,但其作用的发挥,则又有一个基本的前提和基础,即必须和抗战紧密配合,为抗战救国服务。正是在此信念下,战时,虽然黄炎培积极为抗战奔波,但仍然通过职教社这一组织机构,在继续开展职业教育实践的同时,针对新的形势变化和要求,对职业教育理论进行了新的探讨。

二、主持第十六届全国职业教育讨论会

全国职业教育讨论会可以追溯到 1921 年。是年 8 月 17 日,中华职业教育社组织的全国职业学校联合会(1922 年 7 月更名为中华职业学校联合会)在上海成立。联合会成立后,自 1922 年起,每年举行一次年会(1927年除外),且除第七届和第九届外,均与职教社年会同时举行。其中,在

---

① 黄炎培:《苦》,见《中华职业学校三十周年纪念特刊》,中华职业学校 1948 年编印,附录第 17—21 页。
② 黄炎培:《我们为什么这样努力办〈国讯〉》,载《国讯》1944 年 5 月第 367 期。

1929年8月于杭州举行的第七届年会,有鉴于一些乡村改进会和职业指导所的加入,遂议决将中华职业学校联合会改名为全国职业教育机关联合会。1931年7月,在江苏省镇江市召开的第九届年会上,与会代表又议决将全国职业教育机关联合会改称为全国职业教育讨论会,借以扩大范围,以收集思广益之效。从1932年至1937年,全国职业教育讨论会在中华职业教育社举行第十二至十七届社员大会期间,先后举办了第十至十五届年会。此后,因抗战爆发,全国职业教育讨论会未能例行举行。

1942年8月5日,第十六届全国职业教育讨论会在重庆国立中央工业专科学校召开,共有来自国内的职业教育专家及各省(市)教育厅(局)、各级职业学校29个单位的50余名代表与会。此次会议会期3天,主席团成员有黄炎培、章益、钟道赞、邹树文、魏元光、刘大钧等,黄炎培为大会主席。在开幕式上,黄炎培发表讲话,报告了历届会议的经过,并对职教社致以最大的愿望。他说,抗战要求发展职业教育,然而职业教育对于抗战新要求的满足,做得还不够,所以如何满足抗战的新要求,这不仅是我们今后的责任,也是我们这次会议讨论的中心;而要达此目标,促使职业教育的发展,又必须深刻地研究职业教育的理论与方法。不仅如此,黄炎培还希望职教社同仁,要将眼光放远,不仅要看到战时,也要考虑到战后,因为"战后职业教育的使命比现在更大,更应以新精神来达到新使命"。[①] 此外,黄炎培还在会上提出临时动议《〈职业教育实施纲领〉应如何推行案》。

第十六届全国职业教育讨论会最后通过了修正的《职业教育设施纲领》。该纲领最早由职教社在1922年5月拟订,此后在1924年7月、1926年10月、1928年7月和1931年7月曾四次修订,目的是改进职业教育理论,建立新的职业教育设施原则,以适应不断发展的时代需要。此次修订的《职业教育设施纲领》对职业教育设施的原则(包括职业教育的定义、目的、分类及其在学制上的地位)、职业教育的设施方式和职业教育的设施标准等均作了明确的规定。其中"职业教育设施的原则"规定:职业教育乃是"用教育方法使人人依其个性尽其对国家民族及人群之义务,同时获得生活的能力和乐趣";职业教育的目的乃是"为个人谋生之准备(使无业

---

① 黄炎培:《致词》,见中华职业教育社编:《职业教育设施纲领》,中华职业教育社1943年版。

者有业,有业者乐业)""为个人服务社会之准备""为国家及世界增进生产力之准备"。① 无疑,《职业教育设施纲领》成为此后职教社实践职业教育的重要纲领性文件。

三、职业教育理论探讨

抗战时期,特别是第十六届全国职业教育讨论会后,黄炎培仍给予职业教育以极大的热情。这突出表现在他对战时职业教育所作的理论探讨上。

1942 年 8 月,受教育部委托,职教社开始主办事务管理训练班,9 月 14 日至 10 月 7 日,黄炎培特为第一届训练班上了"机关管理一得"的课程。12 月 28 日下午,第一届训练班在重庆巴蜀小学大礼堂举行结业典礼,黄炎培、杨卫玉和该班毕业生、讲师暨来宾出席,杨卫玉主持。在会上,黄炎培特向首次接受训练的 70 余名事务管理人员颁发结业证书,并以"理必求真、事必求是、言必守信、行必踏实"勉励学生。这些受训人员,大部分是由各机关保送而来,少数则系自愿投考,此次毕业共 33 人。其后,黄炎培通过在该班讲课,对战时职业教育理论进行了探讨。

1943 年 3 月 15 日,事务管理训练班举行第二届始业式,黄炎培特出席讲了训练班成立的意义;3 月 16 日,他为事务管理训练班上临时课《吾之人生观与职业教育基本理论》;3 月 30 日和 4 月 13 日,他为训练班续讲《人生观与职业教育》;4 月 23 日和 30 日,他又为训练班讲《职业教育基本理论(下)》。与此同时,黄炎培据为中华职业教育社事务管理训练班所讲内容,作了《职业教育的基本理论纲要》一文。文章基于人生观的认识和时代的要求,对职业教育的内涵和新使命作了阐释。文中提出,"在物质文明演成世界新趋势下,应养成以双手负荷新文化创造责任的先锋队";"在民主政治制度下,应养成富于平民精神、自立立人、自治治人而兼能自养养人的公民";"在今建国与抗战大时代,应养成矢忠矢孝、即知即行、以手以脑贡献于国家民族的强有力的保卫者"。②

---

① 《职业教育设施纲领》,载《教育与职业》1943 年 1 月第 197 期。
② 黄炎培:《职业教育的基本理论纲要》,载《教育与职业》1943 年 5 月第 198 期。

在通过为中华职业教育社事务管理训练班讲课而进行职业教育基本理论探讨的同时,黄炎培还写了不少有关职业教育的文论。如,1943 年 4 月 25 日,他作《职业教育丛谈》小文。1945 年元旦,他又在重庆南温泉开始撰写《中华职业教育社今后五年间建设大计》,后于 5 月 1 日发表在《教育与职业》第 200 期。这一职教社的发展计划,计分 17 个部分:"总社之位置与附属机关之分布""社之主要附属事业——中华职业学校""农村教育之试办""职业指导之研究与实验""研究系统之建立""出版及发行""社员征募与联络之专责""总社与附属机关任务之分担""总社与附属机关之联系""社与附属事业之联系""会计制度之自成系统""人才之需要与供给""经费之来源""对政治的联系""临时任务——战后复员之协助""临时任务——深入民间""临时任务——难胞救济"。① 是月,职教社举行理、监事会议,通过了常务理事黄炎培草拟的《本社战后五年建设计划大纲》。由于该计划大纲拟于重庆南温泉,故又简称"南泉大计"。

1945 年 3 月 3 日上午,职教社在重庆张家花园职教社礼堂召开本年第一次工作检讨会,黄炎培和杨卫玉、贾观仁、喻兆明、俞颂华、尚丁等 26 人出席。会上众人认为,这次会议的重大意义有三:"一是如何来切实厉行五年间建设大计;二是如何研究本社事业的改进,以适应时代的需要;三是我们要把检讨会当作平时工作看,平时工作也要有检讨会的精神。"在会上,黄炎培指出,检讨会的"检讨"类的名词有"考虑""研究""检讨",工作检讨的重心是批评过去,策励未来,希望大家尽量批评事实,论事不论人,而被批评者也应虚心接受意见。

3 月 25 日至 27 日,社会部邀集社会科学及教育专家 50 余人,商讨战后社会安全计划,其中有关于增加就业一项,黄炎培和喻兆明、萧孝嵘、杨卫玉等人在分组委员会上讨论拟定了《职业训练原则》。4 月 11 日,黄炎培又参加了教育部职业教育讨论会。4 月 12 日,《教育与职业》第 200 期座谈会于重庆张家花园比乐堂召开,黄炎培和杨卫玉、廖世承、钟道赞、何清儒、魏元光、秦翰才、尚丁等 15 人与会。黄炎培在会上发言。他说,1917年至 1926 年为中国职业教育的草创时期;1927 年进入推行时期,在推行

---

① 黄炎培:《中华职业教育社今后五年间建设大计》,载《教育与职业》1945 年 5 月第 200 期。

时期,职教社在学校职业教育外,于职业指导、职业补习教育、农村教育的施设和研究方面,均有相当发展,特别是职业补习教育,更为政府之借镜;"九一八"事变后,职教社的服务精神,不免分一部分于直接救国工作,故"九一八"事变后为第三时期,这期间"本刊的中心工作是配合抗战,发展国力";到抗战行将结束,职教社同仁更"认为唯有加紧发展职业教育,利用双手万能,才能完成建国的使命"①。

四、职业教育办学实践

在对职业教育进行理论探讨的同时,黄炎培还不时从事着职业教育的办学实践。如,四川办事处成立后的第二天,即 1938 年 10 月 11 日,职教社设在重庆的新的中华职业学校开学。学校开办后,黄炎培对之十分关心,多次到学校指导。不过,在战时,黄炎培的职业教育办学实践,突出表现在发起开办中华工商专科学校和灌县都江实用职业学校上。

1. 中华工商专科学校

1942 年 11 月 7 日,职教社举行董事会,鉴于国家建设对高级专门人才的需要,议决以黄炎培、杨卫玉、贾观仁、陈重寅为筹备委员,限期筹备成立职业专科学校。此后在 1942 年底至 1943 年初,他们多次召开筹备会,商讨具体事宜。

1943 年 5 月,职教社决定在重庆筹备办理中华工商专科学校,聘请张群、黄炎培、宋汉章、陈光甫、钱新之、张嘉璈、杜月笙、江恒源、杨卫玉等为校董,公推张群为董事长,黄炎培为副董事长,江恒源为校长。9 月,中华工商专科学校正式开办,初设工商管理和机械两科,分别学习两年半和两年。该年招收新生 150 名,其中工商管理科 120 名,机械科 30 名。聘有教授杨荫溥、王元照、狄膺等 33 名,特约教授王云五、潘序伦、章乃器等 15 名。统计在重庆两年半间,共毕业学生 200 余人。抗战胜利后,经职教社复员会议议决,学校于 1946 年 6 月迁至上海,并增设会计、银行两科。

"读书爱国两无慌,文兼武",这一由黄炎培作词的校歌中的句子,体现了中华工商专科学校的立校精神。中华工商专科学校迁至上海后,计设

---

① 《本刊第二百期纪念座谈会纪录》,载《教育与职业》1945 年 5 月第 200 期。

会计、银行及工商管理三科,并开日夜两班,聘潘公展、马寅初、郭沫若、叶圣陶等 21 余人为教授。在学校的发展中,黄炎培给予学校的发展以极大的心力。

1946 年 10 月 20 日上午,由重庆迁至上海的中华工商专科学校举行开学仪式,身为该校副董事长的黄炎培和校长江恒源、校董杨卫玉均莅临致辞。在下午的教务会议上,与会人员确定由黄炎培任教伦理学。之后,11 月 2 日,黄炎培乃开始给中华工商专科学校学生讲"伦理学与机关管理"课程。1947 年 2 月 24 日中华工商专科学校新学期开学后,黄炎培继续讲伦理学。9 月 21 日,黄炎培出席新学期开学式,并演说《从世界大局、内战现况说到个人修养》;9 月 23 日又开始上该学期伦理学课。不仅如此,他还多次为学生演讲,对学生进行人生观和职业观的引导和教育。如,11 月 22 日,为全体学生讲《本校创立之旨趣》;1948 年 3 月 21 日,在校演讲《坚定地和是是非非的群众站在一起》;5 月 16 日,对 135 名将要毕业的学生讲"服务问题";7 月 4 日,在毕业式上讲校歌大意;10 月 24 日,在学校成立五周年纪念会上演说立校意旨、民主要义等。与此同时,他和沈嗣庄、杨卫玉、江恒源、顾树森等还曾多次商讨校务和学校建筑等问题。1949 年 7 月 9 日,职教社举行理事会、监事会、校董会联席会议,黄炎培被推为中华工商专科学校和中华职业学校董事长。

2. 灌县都江实用职业学校

早在 1942 年 6 月初,黄炎培就开始考虑在灌县(今四川省都江堰市)兴办职教区。是月 8 日,他和陆叔昂、贾观仁、葛荫培赴灌县筹设农村职业学校。之后,他又广泛联系社会各界人士,得到了沈钧儒、刘航琛等人的鼎力相助和川西绥靖公署主任邓锡侯、四川省主席张群、西康省主席刘文辉、四川省教育厅厅长任觉伍等人的支持。与此同时,他和刘航琛多次讨论商定学校董事名单,议定董事会开会日期。9 月 9 日,黄炎培偕刘航琛、康心如、杨卫玉在康心如住宅设宴,讨论灌县职业学校的有关具体问题,石竹轩、何北衡、杨筱波、康心远等参加。众人议定学校名为都江实用职业学校,由黄炎培任董事长,刘航琛任副董事长,康心如、何北衡、潘昌猷、石竹轩、邵从恩为常务董事,杨卫玉为秘书,张群为名誉董事长,聘陆叔昂为校长。所需 60 万开办费,请省银行承担四分之一,其余则由它行分别承担;

经常费 20 万,另由有关银行分筹。

经过一年余的筹备,学校就要正式开学了。1944 年 2 月 16 日,黄炎培为都江诸生作演讲,他希望他们自思做怎样的人,怎样做人,并详细阐释了"理必求真,事必求是,言必守信,行必踏实"的意义。2 月 17 日,都江实用职业学校在灌县丰都庙正式开学,40 名学员入学上课,由沈肃文为校长。在开学典礼上,黄炎培首先热情洋溢地讲述了学校发起的经过和意义。他说,设立都江实用职业学校的意义就在于"将使农村受教育,同时使受教育者不出农村,将使教育增进生产,同时使受教育者不离生产"①;之后,他特别对学生提出殷殷期望,除了以"理必求真,事必求是,言必守信,行必踏实"四语赠予学生外,还专门讲了人格教育和生产教育,并号召大家发扬李冰精神,努力学习科技知识。看到自己和同仁们经过艰辛努力而结出的果实,黄炎培既喜悦,又感慨。开学这天,他写下了《灌县杂诗》(五首),其中一首曰"一径斜趋傍碧山,弦歌声里集童卭;从今野外鄨都庙,不作冥茫鬼窟看";并为学校题联曰"西蜀都江利,青城天下幽"。② 此后,黄炎培一直关心着这所为农家子弟和贫寒学生所办的职业学校。抗战胜利后,遵他的意见,都江实用职业学校移交灌县县政府接办,由私立改为县立。

"古庙钟声远,都江流泽长。"(陆叔昂语)都江实用职业学校成立后,成为战时四川地区职业学校的典范。

第四节　战后职业教育的不了情

1946 年 2 月,黄炎培返沪后,在继续为团结、和平、民主、统一而奋斗的同时,对教育给予了相当的重视,特别是对于职业教育在战后的作用进行了新的探讨。对教育特别是对于职业教育,他有着永远的不了情!

---

① 黄炎培著,中国社会科学院近代史研究所整理:《黄炎培日记》第 8 卷,华文出版社 2008 年版,第 217 页。

② 黄炎培著,中国社会科学院近代史研究所整理:《黄炎培日记》第 8 卷,华文出版社 2008 年版,第 217—218 页。

一、对教育理论的探讨

早在 1945 年 9 月 2 日抗战胜利之初,黄炎培即在《胜利了,痛定思痛》一文中说:"全国教育必须重新设计,使发挥新时代精神,并养成其不虞匮乏的能力,最要在彻底消灭特殊势力,回复教育机关堂堂正正清清白白的神圣生活,使校务负责人得完全行使他们的职权,使学生得本着是非之心,发挥求真求善之精神,去砥砺品格,精研科学。"①正是因此,在战后,虽然他将大量精力投入到了政治中,但同时也抽出相当时间从事着有关教育活动,并对教育的基本理论问题和职业教育的地位作着新的探讨。黄炎培没有也不可能离开教育,更不可能离开职业教育。而他之所以有时"抛开教育,参与政治,是被动的",是"为了救火",因为"政治不上轨道,那里办得成好教育呢"?②

如,早在 1945 年 8 月 27 日,为商讨、规划战后教育发展,教育部教育复员计划委员会决定于 9 月 20 日在重庆召开全国教育善后复员会议,并推定朱经农、杭立武、黄炎培、傅斯年、罗家伦、王云五、段锡朋、张道藩、任鸿隽、吴有训、梅贻琦、章益、胡庶华、陈礼江等 25 人为筹备委员会委员。之后,黄炎培不仅出席了 9 月 1 日、11 日和 17 日的筹备委员会的会议,而且参加了 9 月 20 日开幕的全国教育善后复员会议。在会上,黄炎培和他人所提的《组织欧美教育访问团建议案》获得通过;他所提的《光复后之台湾教育案》获部分通过;他并提出《收复区急须加强青年升学及职业指导案》,和他人一起提出《请在西北各省普设科学教育馆以资发展科学教育而奠国家建设基础案》供大会参考。1947 年 2 月 15 日,他又和杨卫玉、江恒源、何清儒、孙运仁针对程其保、程时烽提出的 15 个教育问题,合写《对于中国今后教育设施的意见》一文,一一予以答复。该文初刊《社讯》第 40 期,后又载《教育与职业》第 203 期。文中,黄炎培认为,"复员以还,我国的教育设施的确问题太多,有严加检讨的必要",并就教育政策、学制、各级教育行政制度、大学教育、专科学校、中学、生产教育、女子教育、社会教

① 黄炎培:《胜利了,痛定思痛》,载《国讯》1945 年 9 月第 398、399 期合刊。
② 黄炎培:《不想与不忍》,载《教育与职业》1947 年 12 月第 203 期。

育、师范教育以及留学教育等提出了建议。虽然黄炎培战后在思考着整个教育复员后的发展,但对于职业教育,他还是给予了特别的关注,因为无论何时,发展职业教育都是萦绕在他内心深处永不泯灭的梦!

1947 年 5 月底,在国民参政会第四届第三次会议上,黄炎培特提出关于职业教育的提案,并在 5 月 30 日获得通过。对此,黄炎培心中自是十分高兴。之后,他频频出席职教社理事会、工作检讨会、专家会议、常务理事会等有关会议,对职业教育提出指导意见。如,1948 年 2 月 20 日,中华职业教育社专家会议在上海南市的中华职业学校召开,黄炎培和顾树森、欧元怀、杜佐周、俞庆棠、夏述虞、江恒源、杨卫玉、王艮仲、贾观仁、沈嗣庄、李正文、孙运仁、庞翔勋、杨拙夫、麦伯祥等 25 人与会。会上,黄炎培就职业学校与专科学校的衔接、专科学校毕业生的出路和比乐中学的发展,发表了自己的意见。他说,如果职教社"再办七年一贯制的专科学校",那么"职校毕业生自可升入七年制专校的后二年,毕业前应预先报名登记,先向专校特约,或专校向各职校特约,可以免除升学考试,普通专科学校则可招收普通中学毕业生";为解决专科学校毕业生的出路,"应于春季开学时先有准备,与家长、工商界、职业指导所密切联络"。① 与此同时,他也十分关心中华职业学校的发展,如,1948 年 3 月 30 日,作《中华职业学校成立三十周年告毕业和肄业诸同学》一文;5 月 10 日,为中华职业学校成立三十周年纪念题词"做人重人格,办事重效能";5 月 15 日,和张澜、叶笃义等出席中华职业学校成立三十周年纪念式,并致辞。10 月 16 日,基于对职业教育的理解和对战后社会形势的分析,黄炎培写了《战后职业教育重估价》一文。文中,他说,"职业教育,就把适应人类求知能欲的需要而设计出来的图案,来建筑在根据有组织的分工制度所开拓出来的园地上边";"人类求生存欲和求知能欲一天存在着,人类求贯彻它两种欲望的方法定会一天一天改进着,即职业教育一天一天改进着"。② 他认为,战争结束后,国家需要生产的恢复和增益,因此对职业教育的需求更大,所以,职业教育在两次大规模的世界战争后,它的价值只会看高不会看跌。

---

① 《中华职业教育社三十七年度专家会议纪录》,载《教育与职业》1948 年 10 月第 204 期。
② 黄炎培:《战后职业教育重估价》,载《教育与职业》1948 年 10 月第 204 期。

二、创办比乐中学

在从舆论和理论上阐述、探讨战后职业教育实施的重要性和必要性的同时,黄炎培还积极开展了职业教育实践,而这突出表现在比乐中学的创办上。

作为中华职业教育社战后在上海所创办的一所具有职业性质的普通中学,比乐中学的创办,源于1945年职教社制订的"今后五年间建设大计"。当时,职教社曾约请专家商讨创办一所试验性的中学,拟在战后成立。抗战胜利后,随着职教社各项工作渐次恢复,这一试验性的中学也于1946年6月开始筹备。是月29日正式成立校董会,聘请江恒源、杨卫玉、王艮仲、王载非、俞庆棠、俞寰澄、张企翁、胡叔潜、傅稚亭、傅守璞、孙仲山、盛丕华、何清儒、孙起孟等10余人为校董,推定江恒源为董事会主席,孙起孟为校长,校名定为"比乐中学",校址设于雁荡路80号。

"比乐"一词取自《易经·杂卦》"比乐师忧"。"比乐"意为"亲近故乐"之意,著名爱国教育家马相伯释之为"亲群合众,故得快乐"。

比乐中学乃一普通中学,那么,中华职业教育社既已开办了职业学校,何以还要再创办一所普通中学呢?这主要是考虑到当时在初中施行职业指导不易普遍推行,而虽然在高中阶段开展了一定程度的职业指导,但由于当时一般的中学仍多偏重于普通知识的灌输,对于职业智能毫不注意,且不推行日常生活的指导,以致绝大多数无缘升学的高中生在毕业后成为失业"游民"。而职教社创办比乐中学,宗旨就是要在普通中学实验职业指导、生活指导与职业陶冶,让学生在校时就受到职业性的高中教育,并通过比乐中学的试验和示范,给全国众多的普通中学提供一个新的办学思路。

由于比乐中学乃一新生事物,为了消除人们的偏见,更为了给比乐中学的办学提供一个指针,1946年8月,黄炎培、江恒源、杨卫玉、何清儒和孙起孟5人共同拟定了《中华职业教育社创设比乐中学意旨书》,具体解释了"为什么办比乐中学""怎样办比乐中学"等问题。在意旨书中,他们提出,职教社的重要使命之一就是职业指导,所以必须加强对普通中学职业指导问题的探讨,使初中生得升入分科高中,不能升学的高中生不致陷入"毕业即失业"的窘况。为此,必须培养中学生的相关能力,因为"所谓职业,除开专门技术以外,有通常必须备具的几种能力,如果备具了,怕任何职业环境都容易走得进的"。那么这几种能力是什么呢? 它们主要是"国文无论私函公牍、文言白话,都能应用;英语(在需要区域)无论书信和会话,都能应用,尤重会话;而于课外特别注重服务(初中本有劳作科),例如关于个人与团体生活的料理,关于机关、人的管理,物的管理,经费的管理(兼略习初步会计),均就时间及环境之允许,酌使练习"。黄炎培等人满怀信心地说:"在中学六年中间,不变更规定课程而能养成上开各种能力,于升学不致有妨,而于就业取得特别便利。细细考虑一下,这些理想,怕不是做不到的。"①正基于此,比乐中学开办期间,以"教法教材之研究改进"为"教"的中心,以"联络家庭,认识学生"为"训"的中心,在坚持意旨书所倡导的"学费合作制"和学生"小级制"的前提下,在课程方面酌设职业学科,俾学生于不能升学时,仍有就业的条件,同时充实国文学科内容,使学生所学尽可能切合实用;从学生入学到毕业坚持贯彻对学生进行办事服务的训练,并注意加强对学生的个别指导和生活指导;举行"恳亲会",密切与学生家庭的联系,力求得到学生家长的协作和支持。

9 月 12 日,比乐中学举行开学典礼,由校长孙起孟主持。在开幕式上,黄炎培和江恒源、杨卫玉等出席,他以"大家诚诚实实快快活活靠自己的力量来学做人"为题致辞讲述了本校创办的意义,并以之勉励学生。由黄炎培作词、贺敬之作曲的校歌这样写道:"比乐,比乐,我们有理想在憧憬着,我们有理想在憧憬着。太阳般热是我们的心,钢铁般坚是我们的身,水泥般可合不可分是我们的交情。我们有理想在憧憬着,我们有理想在憧憬着,比乐,比乐,比乐,比乐,比乐,比乐! 比乐,比乐,我们有理想在憧憬着。我们有理想在憧憬着。人人为大家牺牲牺牲,政府视民众主人主人,全世界人类相互间像弟兄弟兄。我们有理想在憧憬着,我们有理想在憧憬着。比乐,比乐,比乐,比乐,比乐,比乐!"这一歌词无疑是对"比乐"的最好诠释。

比乐中学成立后,黄炎培时时关心着学校的发展。如在 1948 年 2 月

---

① 黄炎培等:《中华职业教育社创设比乐中学意旨书》,载《教育与职业》1946 年 12 月第 201 期。

20 日召开的职教社专家会议上,黄炎培就比乐中学的发展,发表自己的意见,认为在招生方面,为免去学生的长途跋涉,学校"可以联络各小学与各小学的教师家长合作选取新生,由各小学书面选送后举行通讯考试,根据邮试选取一批学生,再通知到校面试,确定最后录取"[①]。

三、中华职业教育社——深情无限

"以生产报效国家,利在大群轻小己;从发展追怀创始,看来容易却艰辛。"[②]这副于 1943 年 4 月 18 日由黄炎培为职教社成立二十六周年所作的纪念联,不仅反映了他对通过职教社开展职业教育活动的坚定决心,也体现了他对职教社和职业教育的浓浓深情!

1945 年 9 月 16 日,职教社在重庆召开复员会议。会议决定:总社迁往上海后,重庆改设办事处。1946 年 1 月,总社正式迁往上海,重庆于 2 月新设办事处。9 月 4 日,中华职业教育社于该社比乐堂举行社员联谊会,并欢迎新任理、监事,黄炎培与江恒源、冷遹、杨卫玉、蒋维乔、钱新之、潘公展、孙起孟等与会。在会上,黄炎培对职教社创立以来的经过作了简单叙述,并和江恒源、冷遹、潘公展、黄伯樵、顾树森、钱新之被推为常务理事(潘序伦、蒋维乔、贾延芳为常务监事)。会议并选举钱新之为理事长,推举杨卫玉为总干事。此后,黄炎培在总结三十年来职教社发展历史的同时,也在策励规划着它的未来发展。

11 月 1 日,黄炎培所编的《中华职业教育社复社一周年》刊印,内容包括:"抗战八年之艰苦奋斗""复员以来之总社""留守西南之滇川渝三处""建基上海之中华工商专科学校""复兴中之中华职业学校""新创办之比乐中学、中华职业补习学校和上海职业指导所"。1947 年 5 月 2 日,他又专门为职教社三十周年纪念作文《三十年来从艰苦中成长的中华职业教育社》。5 月 6 日该文在《大公报》上以《中华职业教育社——为中华职业教育社三十周年纪念作》为名刊出。文中,黄炎培回顾了职教社三十年的发展历史,

---

① 《中华职业教育社三十七年度专家会议纪录》,载《教育与职业》1948 年 10 月第 204 期。

② 黄炎培著,中国社会科学院近代史研究所整理:《黄炎培日记》第 8 卷,华文出版社 2008 年版,第98 页。

深情地说:"从艰苦中成长的职教社,就象征着从艰苦中成长的中华。"①

1947年5月6日这天,对黄炎培和职教社同仁来说是一个值得纪念的日子,中华职业教育社从1917年成立至今,整整走过了三十个春秋。这三十年间,职教社的事业虽然经历了风风雨雨,并受到战争的摧残,可谓历尽艰难,但是在困苦中,组织日渐壮大,事业不断发展,令人欣喜! 在职教社成立三十周年之际,黄炎培是忙碌的,但他更是喜悦的。这一天,他和钱新之、潘公展、江恒源、王正廷、顾毓琇、刘王立明、章元善、孔祥熙等出席了纪念仪式,并和钱新之、潘公展、江恒源、王正廷一同担任主席。也是这一天,以他为主笔,由他和杨卫玉、孙起孟、江恒源、贾观仁、何清儒、沈嗣庄共同署名的《中华职业教育社三十周年宣言》发表,从9个方面阐述了职教社同仁对职业教育发展的新的认识。也就在这一月,由黄炎培等著的《中国职业教育三十年来大事表》一书由中华职业教育社出版,内中共收有黄炎培、孙运仁、麦伯祥合撰的《中华职业教育三十年来大事记(1917年—1947年)》和黄炎培、杨卫玉、孙起孟、江恒源、何清儒、贾观仁、沈嗣庄合作的《中华职业教育社三十周年宣言》及杨卫玉著的《中华职业教育社三十年简史》三篇文章。该书的出版,是黄炎培通过对职教社历史的总结,来表达其对职教社深深感情的又一次最好的诠释。由书中内容我们也可见黄炎培等第一代职教人经过三十年矢志职业教育而得出的对职业教育的理解和认识。在《中国职业教育三十年来大事表》的弁言中,黄炎培等这样说道:"世界是整个的,社会是整个的,国与世界不可分,教育与政治不可分,这些大原则,早给眼前种种事实,予以有力证明。职业教育,当然更无孤立的可能。"②

三十而立。但是,当职教社三十周年纪念过后,黄炎培的内心却十分不平静。他在追溯由自己和同仁们创立的这一以"职教救国"为职志的组织不平凡、不平坦的"由小到大"成长历程的同时,也在思索着在即将到来的新的历史时代职教社的使命和方向,规划着自己所开创的职业教育的未

---

① 黄炎培:《中华职业教育社——为中华职业教育社三十周年纪念作》,《大公报》(天津)1947年5月6日,第3版。

② 黄炎培、孙运仁、麦伯祥:《弁言》,见《中国职业教育三十年来大事表》,中华职业教育社1947年版。

来之路。

1949 年 7 月底至 8 月初,黄炎培写成《中华职业教育社过去和未来》,对职教社的未来进行了展望。8 月 8 日,他又写成《中华职业教育社奋斗三十二年发见的新生命》。8 月 27 日,该书出版单行本,印 1000 册;后于 12 月在《教育与职业》第 208 期刊发。文中,黄炎培在深情回顾职教社光荣历史的基础上,认为,在"人民政府成立起来"后,"职业教育,是今后增加生产、繁荣经济的国策实施时所必要采取的措施";"新社会职业教育,不仅在量的发展上将是空前的,就在质的进化上,亦将史无前例";"建国大计上"对职业教育的需求是重要而急迫的。因此他提出,职教社"所创办的学校,依其必要和可能,归之于公家";"所附设的其他事业,同样地依必要和可能归之于公家";"它的社本部,改为全国职业教育工作人员和职业教育研究者研究总机构,隶属于人民政府全国教育行政系统之下"。① 9 月 12 日,他更写了《教育对建国的贡献》一文,对即将成立的新中国的教育特别是职业教育寄予了自己的期望。正是认识到"职业教育一方面帮助平民解决生计问题,一方面也是国家增加生产的重要准备工作"②,在 9 月 16 日的新政治协商会议第六次常务委员会会议上讨论《共同纲领》"教育"章时,他极力主张"加入职业教育一点"。会议经过激烈的争辩,"最后调停结果,加一句'注重技术教育'"③。虽然这样的结果让黄炎培感到遗憾,但并没有减弱他对职业教育发展的信心和对职教社未来使命的希望。随着新中国的诞生,黄炎培认为,职业教育和职教社有了新的生命,而这种生命的原动力,就是新中国。在这种思想指导下,新中国成立后,职教社开始有步骤地把所办事业"化私为公",使职教社的各项事业全部纳入到国家事业之中。

1955 年 5 月,黄炎培在《我们应有的认识和努力》一文中宣告:"'职业教育'已经是一个历史上的名词了。"④但是,他对于职业教育和职教社却深情无限,永远不能释怀。

① 黄炎培:《中华职业教育社奋斗三十二年发见的新生命》,中华职业教育社 1951 年版,第15 页。

② 黄炎培:《教育对建国的贡献》,载《新华月报》1949 年 11 月第 1 卷第 1 期。

③ 黄炎培著,中国社会科学院近代史研究所整理:《黄炎培日记》第 10 卷,华文出版社 2008 年版,第279 页。

④ 田正平、周志毅:《黄炎培教育思想研究》,辽宁教育出版社 1997 年版,第 168—172 页。

第十三章　拥护共产党　走进新中国

解放战争时期,黄炎培在继续为国事奔走的同时,坚决拥护共产党的政策,并应邀参加新政治协商会议。新中国成立后,身为中国民主建国会的主要领导人,并担任国家重要领导职务的黄炎培,坚决拥护中国共产党的统一战线政策,同中国共产党密切合作,积极建言献策,为新中国的经济建设工作,为巩固、发展爱国统一战线,做出了重要贡献。

第一节　与共产党真诚合作，
　　　　　为建设新中国效力

抗战胜利后,特别是 1946 年 10 月的政治协商会议结束后,黄炎培对国民党蒋介石假和平真内战的阴谋认识得越来越清楚,相应的,也越来越认识到中国共产党的坦诚,并极力赞同其民主、和平建国的主张,大力支持中国共产党的正义事业。

进入 1947 年后,国民党军队进一步加强了对解放区的进攻。为了和平,黄炎培继续奔走着。5月23日,他联合张澜、梁漱溟、章伯钧和韩兆鹗向国民参政会提出《停止内战恢复和平案》,建议,"确定政治解决党争的大原则,依据政治协商会议的精神及路线,重新举行和平会议,以达到全国统一的最高目的";在恢复和谈之前停止征兵与征粮,切实尊重人权,保障人民自由,取消封禁刊物的禁令,释放政治犯等。① 然而,7月4日,国民党政府颁布"戡乱"总动员令,这使黄炎培伤心至极,他特作《从此》一文。文中言道:"从此,中华民国很正式地陷于极不幸的状态里。从此,根据吾们一片爱国痴情所发出的热望,一时间感到绝望。"②虽然眼看着局势如此变化,但他仍然期盼着和平的曙光。他说:"吾们愿冒大不韪,依然本着爱怜老同胞的痴情来祈求著,世界终有一天会和平吧!"③

此时,自6月30日刘伯承、邓小平率4个纵队12万余人强渡黄河,发起鲁西南战役,揭开战略进攻的序幕后,人民解放军不仅在8月20日取得沙家店战役的胜利,结束了国民党军队对陕北的重点进攻;而且在8月27日,渡过淮河,挺进大别山。眼见共产党不断取得胜利,国民党的反动政府已经摇摇欲坠,9月4日,黄炎培终于发出了"天快亮了"的感叹。为了制定中国共产党正确的行动纲领,争取革命胜利的早日到来,12月25日至28日,中共中央在陕北米脂县杨家沟召开中共中央扩大会议。在会上,毛泽东作了《目前形势和我们的任务》的报告,在深刻分析国内外形势的基础上,阐明了中国共产党在各个方面的纲领和政策。1948年初,黄炎培读过这个报告后,深有感触地说:"中共并未拒人于千里之外。两大局面已成过去,今后只有一大局面了,我们应该依靠中共并与中共取得联系。"④

1月17日,在黄炎培的授意下,《国讯》第446期刊登了中共中央制定的《中国土地法大纲》;3月19日,第452期又刊出了《关于土地改革与整党实施办法的新规定》等文献。4月初,在黄炎培的决策下,国讯书店公开

① 中国民主同盟中央文史资料委员会编:《中国民主同盟历史文献(1941—1949)》,文史资料出版社1983年版,第334页。
② 黄炎培:《从此》,载《国讯》1947年7月第421期。
③ 黄炎培:《从此》,载《国讯》1947年7月第421期。
④ 转引自杨荣华主编:《中国民主党派史丛书·中国民主建国会卷》,河北人民出版社2001年版,第90页。

出售《中国土地法大纲》。由于《国讯》和国讯书店不断发布民主进步思想,4月8日,国讯书店被国民党查封,《国讯》杂志也被国民党内政部下令停刊。《国讯》停刊后,在黄炎培的主持下,停刊已过半年的《展望》于5月1日从第2卷第1期开始重新出版。① 新出版的《展望》由黄炎培、杨卫玉、潘朗、尚丁等人组成编委会,在内容和风格上与《国讯》十分近似,成为当时上海反映解放战争实情和宣传共产党方针政策的唯一窗口,而黄炎培也在上面发表了《我对民主并不灰心》等文章。

就在《展望》出版的前一天,中共中央发布《纪念"五一"劳动节口号》(即"五一"号召),提出,"全国劳动人民团结起来,联合全国知识分子、自由资产阶级、各民主党派、社会贤达和其他爱国分子,巩固与扩大反对帝国主义、反对封建主义、反对官僚资本主义的统一战线,为着打倒蒋介石,建立新中国而奋斗""各民主党派、各人民团体及社会贤达,迅速召开政治协商会议,讨论并实现召集人民代表大会,成立民主联合政府"。② 5月23日夜,民主建国会在黄炎培主持下,于上海秘密召开理、监事联席会议,通过决议赞成"五一"号召。此后,中共中央决定,由潘汉年通过在港的孙起孟与黄炎培保持联系。

9月,黄炎培又主动提出由中国共产党派人负责《展望》周刊的编辑工作。此后,王元化受中共地下党的指派,在黄炎培的指导下,负责《展望》的编辑工作。两人配合十分默契,直到1949年3月《展望》出至第3卷第18期被国民党查封为止。

1949年1月1日,蒋介石发表《新年文告》,声称愿与中国共产党"商讨停止战事,恢复和平的具体方法"。1月21日,蒋介石"引退"后,代总统李宗仁于1月24日和25日,先后派出甘介侯和邵力子,拜访黄炎培、张澜、罗隆基,请他们出面斡旋国共关系,黄炎培等人严词拒绝了国民党的要求。1月27日,黄炎培和张澜等坚决表示:"从前国共两党之争,而我们是第三者,但现在局势已经变了,现在是革命与反革命之争,而我们站在革命

---

① 《展望》第1卷第1期于1947年10月7日出版,由罗涵先编辑,尚丁负责出版和发行,之后,由于经济、人力等原因停刊。

② 中国民主同盟中央文史资料委员会编:《中国民主同盟历史文献(1941—1949)》,文史资料出版社1983年版,第419—420页。

的一边,所以不能充当调解人,至少也得先与我们已在解放区及香港的代表洽商后,方可发表意见。"①2 月 3 日,黄炎培又和张澜、罗隆基联合致函(黄炎培拟)李宗仁,明确拒绝充当调解人。

由于黄炎培不愿为国民党提出的"和谈"出力,他遂成为国民党特务暗杀的主要对象。与此同时,中共上海地下党则向黄炎培及时转达了中共中央欢迎他北上参加新政治协商会议的邀请。2 月 15 日,在中共地下党的安排下,黄炎培秘密离开上海,赴香港会见中国共产党代表。2 月 19 日,黄炎培安全抵达香港。3 月 14 日,他和夫人姚维钧及盛丕华、俞寰澄等离开香港,经天津赴北平参加新政治协商会议的筹备工作。在 3 月 20 日由香港赴天津途中,他站在船上,望着自己的祖国、自己的家乡,深情地作了一首《海行》诗,盼望这片生他养他的大地,赶快"迎取一轮新的太阳,红!红!"②。3 月 25 日上午,黄炎培一行平安抵达北平,董必武、李维汉、沈钧儒、章伯钧、谭平山等人前往迎接。当天凌晨,毛泽东、朱德、刘少奇、周恩来等中共中央领导人进入北平;下午,黄炎培偕陈叔通、马寅初、郭沫若等到西苑机场欢迎。

4 月 1 日,经民主建国会常务理事会表决,由黄炎培代表民建在反对北太平洋公约的联合声明上签名。4 月 21 日,中国人民革命军事委员会主席毛泽东和中国人民解放军总司令朱德发布了向全国进军的命令。4 月 23 日,黄炎培和各民主党派负责人李济深、沈钧儒、章伯钧、马叙伦、谭平山、彭泽民、李章达、蔡廷锴、陈其尤联合发表声明,完全赞同并竭诚拥护"向全国进军"的命令,"以求迅速彻底消灭一切负隅抵抗之反动力量,完成解放全中国之任务"③。此后,在解放上海的过程中,黄炎培做了许多积极的工作。如,4 月 24 日夜,黄炎培在广播电台向上海市民作广播讲话,号召上海市民作局部的和平运动;5 月 17 日,他又向拟任上海市副市长的潘汉年建议,在上海解放后,政府应恢复经济并救济失业,及早设立人民法

---

① 中国民主同盟中央委员会编:《中国民主同盟七十年》,群言出版社 2011 年版,第 78 页。

② 黄炎培著,中国社会科学院近代史研究所整理:《黄炎培日记》第 10 卷,华文出版社 2008 年版,第 201 页。

③ 中国民主同盟中央文史资料委员会编:《中国民主同盟历史文献(1941—1949)》,文史资料出版社 1983 年版,第 522 页。

院,并对外侨特别优待。

5月27日,上海全部解放。此前的5月18日凌晨,在狱中备受酷刑的黄炎培的次子黄竞武,惨遭国民党杀害。饱尝老年丧子之痛的黄炎培此时更加看清了国民党腐败的独裁统治,也更加坚定了跟着共产党进行革命的决心。

5月30日,黄炎培和李济深、沈钧儒、章伯钧、郭沫若、陈叔通、马叙伦、谭平山、彭泽民、李章达、蔡廷锴、陈其尤联合致电毛泽东、朱德,祝贺上海等城市解放。电文中说,南京解放后,在短短一个月内,解放军即解放了杭州、武汉、西安、南昌、上海等大都市及广阔地区,"大军所向,势如破竹,人民得救,欢欣若狂,这说明了中国共产党和毛主席领导之正确,……我们于欢欣鼓舞之余,愿在毛主席的旗帜之下,竭尽全力,为彻底完成人民解放事业及新民主主义新中国之建设而奋斗到底"①。

6月25日,身为新政治协商会议筹备委员的黄炎培、马寅初、陈叔通、盛丕华、包达三、邓颖超、张琴秋、邓裕志等一行回到上海,上海市副市长潘汉年、副秘书长沙千里,以及章汉夫、夏衍、冷遹、胡厥文、章蕴等均到车站欢迎。同一天,中共中央鉴于"6月1日电询关于聘请党外人士任上海市政府顾问事,迄今未得电复",故又专门致电华东局并转上海市委,要求将黄炎培、陈叔通、盛丕华、包达三、颜惠庆、江庸、张元济、俞寰澄、施复亮、章士钊等14人聘为顾问,"俾其能因联系上海资产阶级而取得发言地位",希望"吸引其参加一些工作,中心在动员上海资本家恢复生产,打通航运,打击帝国主义分子的阴谋活动"。② 7月1日,中国共产党诞辰二十八周年,黄炎培和李济深、沈钧儒、章伯钧、马叙伦、彭泽民、李章达、谭平山、蔡廷锴、陈其尤代表相应的民主党派联合向中共中央致电祝贺。他们说,四万万七千五百万中国人"挣脱数千年封建专制的枷锁,洗刷一百年帝国主义欺凌的耻辱,这是一件痛快无比的大事;而这一大事之快要完成,三百余万共产党员在毛主席领导下艰苦奋斗,实为其最主要的因素。假使中国人

---

① 中国民主同盟中央文史资料委员会编:《中国民主同盟历史文献(1941—1949)》,文史资料出版社1983年版,第537页。

② 山东省档案局编著:《告诉你一个真实的"南下"》,山东人民出版社2009年版,第60页。

民没有共产党,就不知道黑暗的日子何时始能终了"①。

7月29日,黄炎培回到北平。8月5日,美国国务院发表《美国与中国的关系》白皮书,颠倒黑白,捏造事实,公然诋毁中国共产党和即将成立的新中国。对此,毛泽东自8月14日至9月16日先后为新华社写了《丢掉幻想,准备斗争》《别了,司徒雷登》《为什么要讨论白皮书》《"友谊",还是侵略?》《唯心历史观的破产》等5篇评论,回击其中谬论。在批判白皮书的运动中,8月18日,黄炎培特作了《我对美国这份白皮书的看法》一文,发表在8月21日的《人民日报》上,并于8月23日组织民建其他负责人召开座谈会,由民建通过对美白皮书宣言,翌日以《加强内部团结和警惕,答告美帝好梦做不成》为题在《人民日报》发表严正声明。当天,毛泽东读到该声明后,即致函黄炎培说:"民建发言人对白皮书的声明写得极好,这对于民族资产阶级的教育作用当是极大的。"②8月26日,毛泽东再次写信给黄炎培。信中说道,"民建此次声明,不但是对白皮书的,而且说清了民族资产阶级所以存在发展的道理,即建立了理论,因此建立了民建的主动性,极有利于今后的合作"③,再一次对民建的这一声明给予高度的评价。

第二节 参加新政协会议

1949年6月11日,毛泽东和周恩来召集新政治协商会议筹备会第一次预备会,黄炎培和李济深、沈钧儒、章伯钧、郭沫若、马叙伦等各民主党派及其他方面人士参加了会议。6月15日晚8时,新政治协商会议筹备会第一次全体会议在北平开幕,黄炎培和毛泽东、周恩来、林伯渠、董必武、陈云等134人出席。6月16日下午,在新政协筹备会第一次全体会议上,黄炎培作为民建代表与会,并和毛泽东、朱德、李济深、李立三、沈钧儒、茅盾、

---

① 中国民主同盟中央文史资料委员会编:《中国民主同盟历史文献(1941—1949)》,文史资料出版社1983年版,第555页。
② 中共中央文献研究室选编:《毛泽东书信选集》,人民出版社1983年版,第333页。
③ 中共中央文献研究室选编:《毛泽东书信选集》,人民出版社1983年版,第335页。

周恩来等共 21 人被推选为筹备会议常务委员。

7 月 29 日从上海返回北平后,黄炎培继续参加新政协会议的筹备工作。毛泽东、周恩来等多次与黄炎培单独长谈,就即将进行的建国工作与新中国未来的建设工作和黄炎培交换意见;而黄炎培作为民主党派的代表,多次出席相关会议,为筹备新政协会议,成立联合政府,积极建言献策。8 月 1 日,毛泽东邀黄炎培单独长谈,内容主要涉及如何稳定上海、江浙一带新解放区的经济形势问题。9 月 13 日,在新政协筹备会常务委员会第五次会议上,黄炎培和章伯钧、张奚若 3 人被推举审查政治协商会议议事规则(草案)。9 月 20 日,参加中国人民政治协商会议第一届全体会议的单位和代表名额最后决定通过,黄炎培和章乃器、胡厥文、孙起孟、冷遹、杨卫玉等 12 人为民主建国会的正式代表。

经过 3 个多月的紧张工作,9 月 21 日晚 7 时,中国人民政治协商会议第一届全体会议在中南海怀仁堂隆重开幕,出席代表 634 人,黄炎培作为民建代表与会,毛泽东、朱德、李济深、沈钧儒、郭沫若担任会议执行主席。此次会议至 9 月 30 日闭幕,会期计 10 天。在 9 月 22 日的会议上,黄炎培和刘少奇、何香凝、章伯钧、陈毅担任执行主席。开幕式上,黄炎培和刘少奇、宋庆龄、何香凝、张澜等均在会上作了讲话。黄炎培在讲话中激动地将即将成立的新中国比喻为“新的大厦”。他说,这座新的大厦是用许多钢骨水泥柱子撑起了的,这些柱子就是中国共产党和各民主党派、各人民团体、各地区、人民解放军、各少数民族、国外华侨及其他爱国分子;而钢骨水泥就是中国工人阶级、农民阶级、小资产阶级、民族资产阶级和其他爱国分子的人民民主统一战线;它的理论基础是马克思列宁主义、毛泽东思想;而在这座新的大厦最高的顶尖上边,飘扬着一面写着新民主主义的大旗;这座新的大厦成立时,将立刻创设一个工作总机构——中华人民共和国中央人民政府;新大厦辉煌灿烂的墙壁上写着的大字,是中国人民政治协商会议共同纲领。① 此后,在 9 月 25 日晚 8 时,毛泽东、周恩来在中南海丰泽园召开协商国旗、国徽、国歌、纪年、国都等问题的会议,黄炎培和郭沫若、茅

---

① 政协第一届全体会议秘书处编:《中国人民政治协商会议第一届全体会议纪念刊》,人民出版社1999 年版,第 212 页。

盾、陈嘉庚、张奚若、马叙伦、田汉、徐悲鸿、李立三、洪深、艾青、马寅初、梁思成、贺绿汀等 18 人与会。9 月 30 日，黄炎培和陈毅等 56 人当选为中国人民政治协商会议第一届全国委员会委员和中央人民政府委员。

10 月 1 日上午，黄炎培和中央人民政府正、副主席及其他委员宣布就职，中央人民政府成立。下午 3 时，中华人民共和国开国大典在天安门广场举行，黄炎培参加了典礼。站在天安门城楼上，他心潮澎湃。第二天一早，他激情赋诗《天安门歌》。诗曰：

归队五星旗下，高声义勇军歌。
新的国名定了，"中华人民共和"。

大野秋歌四起，红颜白叟黄童。
"中华人民领袖，出一个毛泽东"。

主义推翻帝国，友邦首重苏联。
今年"一九四九"，中华采用公元。

辽金元明清帝，帝京此地千年。
是人民的首都，今朝还我河山。

是自己的政府，是人民的武装。
画旗夜灯一色，天安门外"红场"。

"红场"三十万众，赤旗象征赤心。
赤心保卫祖国，赤心爱护人民。

"国民"改为"人民"，中间用意深深。
"民"众站立起来，堂堂地做个"人"，

为了革命牺牲，是"人民英雄们"。

英雄"永垂不朽",立碑中华之门。

礼炮五十四发,单位恰符"政协"。
震起中华国魂,民主和平统一。[1]

10月19日,在中央人民政府委员会第三次会议上,黄炎培被任命为政务院副总理兼轻工业部部长。以往与官不做的黄炎培,如今突然做官了,而且是高官,有人纳闷,有人不解。对此,黄炎培专门发表了《为参加行政工作一封公开信》,其中写道:"人民政府,是人民的政府,是自家的政府。自家的事,需要人做时,自家不应该不做,是做事,不是做官。"他还说:"以往坚拒做官是不愿入污泥,今天是中国共产党领导下的人民政府,我做的是人民的官啊!"[2]

第三节　为国献策,与时俱进

新中国成立后,黄炎培除担任政务院副总理兼轻工业部部长外,还在1952年7月始任中国民主建国会主任委员,1954年9月当选为人大常委会副委员长,1954年12月当选为全国政协副主席。作为中国民主建国会的主要领导人,他坚决拥护中国共产党的统一战线政策,同中国共产党密切合作。虽然新中国成立时,他已过古稀之年,但身为"人民的官",黄炎培老当益壮,兢兢业业,夙兴夜寐,献计献策,为巩固、发展党的统一战线,为新中国的经济建设工作,做出了重要贡献。

如,1950年4月,他两次给毛泽东和周恩来写信,反映苏南在土改中存在的各种实际问题,建议"必须快快予以有效地处理",才能"把人心挽

---

[1]　黄炎培:《天安门歌》,载《人民日报》1949年10月3日,第5版。
[2]　黄大能:《怀念吾父黄炎培》,见黄炎培:《八十年来——黄炎培自述》,文汇出版社2000年版,第226页。

回了"。他在信中所提出的直率意见,引起了毛泽东等人的高度重视,其中有的主张和建议,不久即成为中央的决策。6 月 13 日,他再次致信毛泽东,建议"战争快要完全结束,今后将正式踏上经济建设途径,和非党员团结合作这一种精神,希望推广到和技术家团结合作"。1953 年上半年,黄炎培经过广泛的调查了解,总结整理出《工商联、民建工商问题座谈纪要》《各地工商情况反映》《私人企业劳资问题现状的一斑》《私营工商业现存的问题和解决的办法建议》等材料和书信,上报党中央,受到了毛泽东的高度重视和肯定。① 1963 年,黄炎培视察上海川沙毛巾工业后,即写信给当时的纺织部副部长荣毅仁说,川沙是我国毛巾生产的发源地,但是目前还是原始的手工业生产方式,应该改变这一落后面貌。纺织部很快拨出一批自动织机装备川沙各厂,使川沙的毛巾工业设备从木机、铁机时代跨越到自动织机时代。毛巾的产量自此得到极大提高,品种、质量也焕然一新。

在繁忙的国事工作之余,黄炎培努力学习,追求思想进步。在他身上,永远保持着热爱祖国、与时俱进的精神!

早在 1902 年在南洋公学读书期间,黄炎培就曾读过介绍马克思的文章;1936 年在四川之行中,他阅读了《马克思传》《列宁传》等书籍;抗战期间,他接触了毛泽东的文章以及《共产党宣言》。所有这些都成为他追求进步的重要思想动力。

新中国成立后,担任了国家重要领导职务的他努力从各方面提高自己以适应社会形势的需求和工作的要求。正如他在一首诗中自勉的一样:"千山万水我何曾,解放追随愧此身。双鬓斑斑知未晚,大群改造作新人。"②

1952 年 9 月初,为出席是月 7 日中国民主建国会北京市分会会员大会,黄炎培特地写了一篇题为《三反五反运动结束以后怎样发挥毛主席对民建方针指示的精神》的讲话稿。为使讲词大意与"正在进行中的改造思想和正在劝勉中的发展生产结合起来",黄炎培于 9 月 4 日专门致信毛泽东,并附该讲话稿请毛泽东提出修改意见。9 月 5 日,毛泽东写信给黄炎

---

① 王华斌:《黄炎培传》,山东文艺出版社 1992 年版,第 283 页。

② 黄炎培著,中国社会科学院近代史研究所整理:《黄炎培日记》第 15 卷,华文出版社 2012 年版,第 195 页。

培,称赞"先生近来思想前进甚快"。

1953年夏,黄炎培利用去北戴河疗养的一个半月时间,读完了《资本论》第一卷,并写了《读〈资本论〉第一卷》,于1954年出版。7月30日,毛泽东复信黄炎培:"先生读马克思著作有心得,可为祝贺。"此后,黄炎培领导民建,配合党中央,积极开展对资本主义工商业的社会主义改造活动。如,在1954年3月1日,他在应上海工商界之请,作《工商界朋友们,大家在总路线光辉照耀下,更加紧密地跟着伟大的中国共产党毛主席走》的演说,阐述了工商界在社会主义改造中所应做好的准备工作。

1956年11月,中国民主建国会召开第一届中央委员会第二次会议,这也是在经历社会主义改造后民建召开的一次重要会议。这次会议采用团结—批评—团结的方式,大家畅所欲言,开展批评与自我批评,从而在思想上取得了一致。会后,黄炎培写信给毛泽东。12月4日,毛泽东复信黄炎培,肯定道:"批评和自我批评这个方法竟在你们党内,在全国各地工商业者之间,在高级知识分子之间行通了,并且做得日益健全,真是好消息。"①1957年2月27日,在最高国务会议上,毛泽东以"如何处理人民内部的矛盾"为题发表讲话,后来该讲话稿经整理修改以《关于正确处理人民内部的矛盾》为题发表。在文中,毛泽东特别提到了"团结—批评—团结"这一方式,并希望将之逐步推广到党外。5月,职教社举行建社四十周年纪念大会。会议结束后,黄炎培作诗8首,写成条幅送给毛泽东,毛泽东称赞说,任老是诗好、字好、思想好!

此后,与时俱进的黄炎培并没有停止脚步,在工作之余,他仍然在时时地反省自己,努力提高自己。1957年10月1日,他在当天的日记卷首题词说:"我的思想改造,最大的敌人还是个人主义。虽在努力克服,总还克服不了多少。……还有封建社会残余思想。"②1958年2月6日,黄炎培出席第一届全国人民代表大会第五次会议,作题为《认识大时代,改造做新人,大家鼓起干劲,来建设社会主义新中国》的发言。在发言中,他说,我自己

---

① 中共中央文献研究室选编:《毛泽东书信选集》,人民出版社1983年版,第514页。
② 黄炎培著,中国社会科学院近代史研究所整理:《黄炎培日记》第14卷,华文出版社2012年版,第60页。

80 多岁了，"但活下去，我现时在、以后还要在中国共产党领导下，认真接受改造，参加社会主义的建设工作。同时好好学习，向工人阶级学习，通过思想改造，努力学习掌握马克思主义的世界观。把从几十年资产阶级社会里生长出来、养大起来的我，彻底改造成为一个忠于社会主义的工人阶级的知识分子"①。

1958 年，黄炎培响应周恩来关于历史人物写"三亲"（亲历、亲见、亲闻）资料作为文化遗产传诸后世的号召，写了《我所经历的辛亥革命事实》；之后，又从 10 月 1 日开始写自传——《八十年来》。在自序中，黄炎培如是说："我响应党领导号召，本我所见所闻和行动，秉我是是非非的直笔，陆续写成《八十年来》。看看今天，想想昨天，大家知所努力。我个人呢，在党和毛主席领导下，一分精神全为国，一寸光阴全为民，以'天天向上'自勉，这样学习到老，改造到老。"②1964 年 9 月 26 日，这一反映黄炎培曲折坎坷一生的著作脱稿，他特地将打印稿分送各方征求意见。

1965 年 12 月 21 日凌晨 4 时 34 分，黄炎培因病在北京逝世，终年 88 岁。随之，治丧委员会成立，朱德为主任委员。是日下午，遗体告别仪式举行，朱德、周恩来、彭真、陈毅等党和国家领导人向黄炎培遗体告别。12 月 24 日上午，首都各界人士在中山公园中山堂公祭黄炎培，中山堂里放着黄炎培的骨灰盒，黄炎培的遗像两旁，摆放着毛泽东、刘少奇、宋庆龄、董必武、朱德、周恩来等党和国家领导人以及中共中央、全国人大、全国政协、国务院等送的花圈。朱德主祭，周恩来、邓小平、郭沫若等陪祭，刘宁一致悼词。悼词对黄炎培早年加入同盟会、参加辛亥革命、抗战时期奔走国事、参加抗日救国运动，抗战胜利后促进国共两党恢复和平谈判等，给予了肯定，并评价说，"中华人民共和国成立之后，十多年来，黄炎培先生作为中国民主建国会的主要领导成员，在参加国家的政治活动方面和推进中国民主建国会会务方面，作出了自己的贡献"，近年来，"参加了党领导的社会主义革命和社会主义建设"，他"是一个爱国的民主主义者"。③

---

① 《黄炎培副委员长的发言》，见《中华人民共和国第一届全国代表大会第五次会议汇刊》，人民出版社 1958 年版，第 266 页。

② 黄炎培：《自序》，见《八十年来——黄炎培自述》，文汇出版社 2000 年版。

③ 《首都各界公祭黄炎培副委员长》，载《人民日报》1965 年 12 月 25 日，第 1 版。

附　录　黄炎培生平大事年表

1878 年　（光绪四年　戊寅）　1 岁
　10 月　1 日（农历九月初六），出生在江苏省川沙县（今属上海市浦东新区）。

1882 年　（光绪八年　壬午）　5 岁
　　　王纠思出生。

1887 年　（光绪十三年　丁亥）　10 岁
　　　在东野草堂就读，在外祖父孟荫余的指导下，熟读"四书""五经"等传统典籍。

1899 年　（光绪二十五年　己亥）　22 岁
　　　应松江府试，考中秀才。
　　　与王纠思结婚。

1901 年　（光绪二十七年　辛丑）　24 岁
　　　考入上海南洋公学特班，选读外交科。

1902 年　（光绪二十八年　壬寅）　25 岁
　　　秋，应江南乡试，中举人。
　11 月　南洋公学因"墨水瓶事件"掀起学潮，包括黄炎培在内的特班部分学生选择退学，特班解散。

1903 年　（光绪二十九年　癸卯）　26 岁

6 月　23 日,为宣传新学,提倡民主,在南汇新场进行演说,被诬栽为革命党。

1905 年　（光绪三十一年　乙巳）　28 岁

9 月　由蔡元培介绍加入中国同盟会。

11 月　和张謇、沈恩孚、杨廷栋等人在上海集会,与江苏学会负责人商议在江苏学会的基础上筹建江苏学务总会,并公决暂定章程。

1907 年　（光绪三十三年　丁未）　30 岁

3 月　8 日,浦东中学开学,任监督。

1908 年　（光绪三十四年　戊申）　31 岁

6 月　8 日和 9 日,在《申报》上发表《杨斯盛先生言行记》。

1911 年　（宣统三年　辛亥）　34 岁

4 月　至 5 月和沈恩孚、杨保恒作为江苏教育总会代表参加各省教育总会联合会成立大会。

1912 年　（民国元年　壬子）　35 岁

7 月　10 日,全国临时教育会议开幕,作为教育部延请议员出席。

12 月　20 日,被任命为江苏省教育司司长。

1913 年　（民国二年　癸丑）　36 岁

8 月　作《学校教育采用实用主义之商榷》,并在当月由江苏省教育会出版同名的单行本。

1914 年　（民国三年　甲寅）　37 岁

2 月　22 日,开始对安徽、江西、浙江三省进行考察。

3 月　10 日,和杨保恒辑译的《实用主义小学教育法》由江苏省教育会教育研究部出版发行。

8 月　26 日,在江苏省教育会第十次常年大会上当选为副会长。

9 月　13 日,由上海出发,赴山东、直隶考察。

1915 年　（民国四年　乙卯）　38 岁

4 月　9 日,随游美实业团赴美考察教育。

6 月　30 日,返旧金山,实业团解散。决定留在美国以一个月时间观摩巴拿马太平洋万国博览会。

1916 年　（民国五年　丙辰）　39 岁

1 月　15 日,在《教育杂志》第 8 卷第 1 号上发表《东西两大陆教育不同之根本谈》。

9 月　12 日,联合沈恩孚、庄俞、郭秉文等于江苏省教育会中附设职业教育研究会,任研究会主任。

1917 年　（民国六年　丁巳）　40 岁

1 月　8 日,与郭秉文、蒋维乔、陈宝泉、张渲、韩振华等赴日本、菲律宾考察教育。

3 月　25 日,在《环球》第 2 卷第 1 期上发表《中华职业教育社宣言书》。

5 月　6 日,中华职业教育社成立大会于上海西门外林荫路江苏省教育会举行,在会上作了《教育界与实业界联络之必要》的演说。

10 月　20 日,职教社的机关刊物——《教育与职业》月刊创刊,蒋梦麟任主编。

11 月　1 日,北洋政府教育部批准规复暨南学校,被委派负责主持筹办复校工作。

1918 年　（民国七年　戊午）　41 岁

6 月　15 日,出席中华职业学校立础纪念式。16 日,和职教社总书记蒋梦麟赴东三省调查教育状况,并携带图表、幻灯片等,讲演职业教育,同时征集社员。

9 月　12 日,和蒋梦麟、顾树森联合在《申报》上发布《创设中华职业学校募金启》。

1919 年　（民国八年　己未）　42 岁

1 月　和韩希琦等赴新加坡、仰光等处为中华职业教育社征求特别赞助社员,并考察侨民教育。

7 月　应陈嘉庚之邀,赴厦门参观陈嘉庚所办的集美学校。

1920 年　（民国九年　庚申）　43 岁

3 月　13 日,中华职业教育社职业指导部成立,并组织委员会,和陆规亮、顾树森、潘文安、秦翰才、沈恩孚等人被办事部推定为委员（陆规亮为主任）,全面负责职业指导的领导与开展工作。

12 月　16 日,在教育部的批复下,东南大学筹备处正式成立。筹备处成立后,首先拟定了校董会章程和董事人选,和穆藕初、蔡元培、张謇、蒋梦麟等人被教育部核准为国立东南大学的校董。

1921 年　（民国十年　辛酉）　44 岁

1 月　30 日,和王志莘赴南洋考察。

8 月　和张一麟、范源濂、严修、梁启超、张謇、袁希涛、郭秉文、陈宝泉、张伯苓、蒋梦麟、金邦正、凌冰、邓萃英等发起组织实际教育调查社。

12 月　21 日,中华教育改进社在北京召开成立大会,通过《中华教育改进社简章（草案）》。25 日,被北洋政府任命为教育总长。未就。

1922 年　（民国十一年　壬戌）　45 岁

7 月　4 日,全国农业讨论会在济南开幕,和梁启超、张一麟、袁希涛等300 余人与会。

9 月　20 日至 29 日,出席学制会议。

1923 年　（民国十二年　癸亥）　46 岁

8 月　20 日至 25 日,出席于北京举行的中华教育改进社第二届年会。

10 月　22 日至 11 月 5 日,出席于昆明举行的全国教育会联合会第九届年会。

1924 年　（民国十三年　甲子）　47 岁

2 月　19 日和 20 日,与杨卫玉合写的《江苏职业教育推行计划书》在《申报》上刊出。

4 月　23 日,在《教育丛刊》第 5 卷第 2 集上和熊希龄、颜惠庆、范源濂、袁希涛、蒋梦麟、张伯苓、丁文江等共 22 人联名发表《对于日本在我国办理文化事业之宣言》。

9 月　13 日,北京政府决定设中华教育文化基金董事会作为保管及处置美国第二次"退还"庚子赔款的机关,和颜惠庆、顾维钧、施肇基、范源濂、蒋梦麟、张伯苓、郭秉文、周诒春等人被派定为中方董事,美方董事为孟禄、杜威、贝克、贝诺德、顾林。

1925 年　（民国十四年　乙丑）　48 岁

10 月　11 日,《生活》杂志由中华职业教育社在上海创办,王志莘任主编。在第 1 卷第 1 期上,首页刊登了黄炎培所作的《创刊词》。

1926 年 (民国十五年 丙寅) 49 岁

　1 月　在《教育与职业》第 71 期上发表《提出大职业教育主义征求同志
　　　　意见》。

　5 月　15 日,出席联合改进农村生活董事会第一次会议,和杨卫玉代表
　　　　职教社与会,会议讨论通过了《联合改进农村生活董事会章程》,
　　　　选举黄炎培、陶行知为董事会正副会长。

　9 月　20 日,出席中华职业教育社淞沪工业补习教育委员会成立大会,
　　　　并报告了职教社提倡补习教育及组织委员会的意旨。

1927 年 (民国十六年 丁卯) 50 岁

　5 月　19 日,因被国民政府列为"学阀",离开上海,到大连避居。

　6 月　29 日,出席中华教育文化基金董事会第三次董事年会。会议批
　　　　准黄炎培、丁文江辞去董事职务,并选举蔡元培、胡适为董事
　　　　继之。

1928 年 (民国十七年 戊辰) 51 岁

　1 月　所著《南满洲朝鲜职业教育之一斑》由中华职业教育社出版。

　6 月　25 日,在中华职业教育社评议员会即将召开之际,向评议会提交
　　　　了辞去办事部主任一职的呈文。

1929 年 (民国十八年 己巳) 52 岁

　1 月　在《教育与职业》第 100 期上发表《我来整理整理职业教育的理
　　　　论和方法》。

　9 月　19 日,和金道一赴杭州参加西湖博览会,作详细的考察,并拟编
　　　　成有系统之报告。(按:西湖博览会于 1929 年 6 月 6 日开幕,10
　　　　月 10 日闭幕。)

1930 年 (民国十九年 庚午) 53 岁

　4 月　在《教育与职业》第 113 期上发表《职业教育机关惟一的生命是
　　　　怎么?》。

　10 月　所著《中国教育史要》由上海商务印书馆出版。

1931 年 (民国二十年 辛未) 54 岁

　2 月　21 日,出席中华职业教育社第五次专家会议。会后和蔡元培、胡

庶华、刘湛恩等 42 人联名发表《中华职业教育社宣言》。

6 月　22 日,应商务印书馆举行成立三十五周年纪念之约,写就《三十五年来中国之职业教育》。

12 月　23 日,《救国通讯》创刊,倡导"高尚纯洁的人格""博爱互助的精神""侠义勇敢的气概"和"刻苦耐劳的习惯"四种基本修养。

1932 年　(民国二十一年　壬申)　55 岁

1 月　6 日,在《救国通讯》第 3 号上发表《为什么救国要有高尚纯洁的人格》。13 日,在《救国通讯》第 4 号上发表《为什么救国要有博爱互助的精神?》。31 日,和史量才、杜月笙、王晓籁、张嘉璈等发起组织成立上海地方维持会。

1933 年　(民国二十二年　癸酉)　56 岁

2 月　为纪念职教社成立十五周年而由陈选善主编的《职业教育之理论与实际》一书出版,收有黄炎培所作《中国职业教育简史》和《结论》。

3 月　1 日,上海青年会发起热河问题演讲会,应邀讲演《怎样救热河》。25 日,出席上海职业补习教育研究会在中华职业教育社举行的成立大会。会议通过了研究会会章。

1934 年　(民国二十三年　甲戌)　57 岁

1 月　10 日,从第 61 号起,《救国通讯》改为《国讯》,由不定期刊改为半月刊,略收刊费。在本号上发表《我们救国该什么样的修养?》。

2 月　24 日,出席中华职业教育社第八次专家会议。会上,提出《民族复兴教育设计委员会案》,由大会议决通过。

9 月　18 日,在中华职业学校演讲《促成中国自力生存的"九一八"》。

1935 年　(民国二十四年　乙亥)　58 岁

2 月　9 日,中华职业教育社第九次专家会议及评议员联席会议举行,会议讨论通过了《复兴民族目标下之青年职业训练具体方案》。

1936 年　(民国二十五年　丙子)　59 岁

1 月　29 日,应民生公司总经理卢作孚之邀,离开上海,至四川考察。

3 月　17 日,在重庆市商会私立通惠中学讲演《国难中之职业教育》。

1937 年 （民国二十六年　丁丑）　60 岁

7 月 31 日,在上海《大公报》上发表《吊南开大学并急告教育当局》一文,严正谴责日本轰炸南开、毁灭文化机关的暴行,认为"这是'一·二八'焚毁上海东方图书馆后,第二回毁灭文化机关的暴行的铁证"。

1938 年 （民国二十七年　戊寅）　61 岁

7 月 6 日至 15 日,出席国民参政会于汉口举行的第一届第一次会议。19 日,和江恒源等至重庆。

12 月 20 日,在重庆南温泉作《我之人生观与吾人从事职业教育之基本理论》。（按:该文刊于 1939 年 1 月 15 日出版的《国讯》第 193 期。）文中再次肯定了职业教育对个人和社会的重要作用。29 日,位于桂林的中华职业教育社总社社址和中华职业补习学校被敌机炸毁。

1939 年 （民国二十八年　己卯）　62 岁

3 月 1 日至 9 日,出席于重庆召开的第三次全国教育会议。

4 月 16 日,中华职业教育社在昆明举行的工作讨论会开幕。

7 月 20 日,中华职业教育社总社迁至重庆;广西办事处改为分社。

11 月 23 日,出席统一建国同志会成立大会。

1940 年 （民国二十九年　庚辰）　63 岁

3 月 6 日,和职教社办事部正副主任江恒源、杨卫玉及中华职业学校校长贾观仁、在渝职教社全体同仁,联合致电蔡元培之子蔡无忌,痛悼职业教育社评议员会主席蔡元培逝世。（按:3 月 5 日,中华职业教育社评议部主席蔡元培在香港病逝。）

7 月 1 日,《教育与职业》复刊出版第 192 期,作《复刊词》,刊于该期。文中,将职业教育喻为一个"婴儿",将《教育与职业》喻为"一位忠诚而慈爱的保姆",认为正是通过《教育与职业》这个保姆的"提携保抱",职业教育才得以不断发展。

11 月 3 日,在重庆中华职业补习学校"职业青年星期讲座"上讲《我对于抗战的透视》,分析了欧战形势,号召"敌来不怖,敌去不惰,只要努力自求进步,坚持抗战到底,我们的前途是乐观的"。

| 12 月 | 15 日,王纠思因脑出血在上海病逝。 |

1941 年　（民国三十年　辛巳）　64 岁

3 月	19 日,中国民主政团同盟成立。
5 月	在《国讯》第 268 期上发表《从困勉中得来——为纪念中华职业教育社二十四周年作》一文。本文为和杨卫玉、江恒源、孙起孟合写。
8 月	13 日,在重庆防空洞中组织战时公债劝募委员会中华职业教育社"八一三"四周年纪念会。

1942 年　（民国三十一年　壬午）　65 岁

2 月	17 日,为加强组织、充实力量,《国讯》社举行年会,推定黄炎培为社长,杨卫玉为副社长,江恒源为编辑委员会主席。20 日,在重庆新运服务所"社会服务学术讲座"中讲演《自述四十年来服务社会所得的甘苦》。（按:该讲演内容于 5 月 15 日和 25 日分别刊于《国讯》第 302 期和第 303 期。）
6 月	30 日,在华西大学讲《中国当前之艰险与死里求生之可能》。
8 月	5 日,出席第十六届全国职业教育讨论会。会议主要讨论《职业教育设施纲领》。16 日,和姚维钧在重庆张家花园巴蜀学校大礼堂举行婚礼。
12 月	28 日,出席职教社受教育部委托主办的事务管理人员第一届训练班在巴蜀小学大礼堂举行的结业典礼,并以"理必求真、事必求是、言必守信、行必踏实"勉励毕业生。

1943 年　（民国三十二年　癸未）　66 岁

2 月	15 日,在重庆交通大学讲演《四十年前在校求学之所得》。（按:4 月 25 日,该讲演内容刊于《国讯》第 333 期。）
4 月	13 日,中华职业教育社奉令将董事、评议和办事三部,改设理事、监事两会。14 日,据为中华职业教育社事务管理训练班所讲内容,作《职业教育基本理论纲要》。
12 月	5 日,在《国讯》第 354 期上发表《试重估本刊十二年前公定信条的价值》。

1944 年　（民国三十三年　甲申）　67 岁

| 1 月 | 1 日,《宪政》月刊创刊,任发行人。所著《中华复兴十讲》由重庆 |

国讯书店出版。

2 月 赴成都视察,并转灌县,出席都江实用职业学校立校典礼。

7 月 和卢作孚、晏阳初、梁漱溟等发布《勉仁书院、中学增募基金捐启》。

9 月 和张志让、杨卫玉、褚辅成、卢作孚等共 30 人联名发表《民主与胜利献言》。19 日,中国民主同盟成立。

1945 年 (民国三十四年 乙酉) 68 岁

1 月 1 日,和杨卫玉、江恒源、褚辅成等共 64 人发表《为转换当前局势献言》。

4 月 6 日,参加中国教育学会教育问题座谈会,作《沦陷区收复后的教育》,提出,"沦陷区的教育,应包在整个的政治计划中间"。

5 月 1 日,在《教育与职业》第 200 期上发表《中华职业教育社今后五年间建设大计》。

7 月 1 日至 5 日,和褚辅成、冷遹、章伯钧、左舜生、傅斯年赴延安考察。

9 月 20 日,出席在重庆开幕的全国教育善后复员会议。

10 月 10 日,《政府与中共代表会谈纪要》("双十协定")签订。

12 月 6 日,在《新华日报》上发表《从一个"情"字出发——为武训纪念写》。

1946 年 (民国三十五年 丙戌) 69 岁

1 月 10 日,政治协商会议在重庆开幕,以民盟代表身份参加。

2 月 4 日,由重庆飞抵上海。

8 月 和江恒源、杨卫玉、何清儒和孙起孟共同拟定了《中华职业教育社创设比乐中学意旨书》。

9 月 12 日,出席职教社新创比乐中学开学式并致辞《大家诚诚实实快快活活靠自己的力量来学做人》。

10 月 20 日,出席由重庆迁至上海的中华工商专科学校的开学仪式。

1947 年 (民国三十六年 丁亥) 70 岁

1 月 11 日,在《新华日报》上发表《民主是要修养的》一文,以纪念该报创刊九周年。

2 月 15 日,和杨卫玉、江恒源、何清儒、孙运仁合写的《对于中国今后教育设施的意见》一文在《社讯》第 40 期上刊出。

5 月　合著《中国职业教育三十年来大事表》一书由中华职业教育社出版，收有《中华职业教育三十年来大事记（1917 年—1947 年）》《中华职业教育社三十周年宣言》和《中华职业教育社三十年简史》三篇文章。

1948 年　（民国三十七年　戊子）　71 岁

3 月　21 日，在中华工商专科学校演讲《坚定地和是是非非的群众站在一起》，后该演讲内容刊于本月出版的《国讯》第 456 期。

10 月　作《战后职业教育重估价》，后刊登在本月 20 日出版的《教育与职业》第 204 期。

1949 年　（民国三十八年　己丑）　72 岁

6 月　6 日，华北人民政府华北高等教育委员会举行第一次会议，被任命为委员。

7 月　9 日，出席中华职业教育社理监事会、校董会联席会议，被推为中华工商专科学校和中华职业学校董事长。

8 月　27 日，所作《中华职业教育社奋斗三十二年发见的新生命》出版单行本。

10 月　19 日，出席中央人民政府委员会第三次会议，被中央人民政府任命为政务院副总理兼轻工业部部长。

1950 年　（庚寅）　73 岁

4 月　5 日至 11 日，出席中华职业教育社举行的全国工作讨论会。19 日，出席中共中央统战部组织邀请中国民主建国会、中国民主促进会、中华职业教育社部分领导人召开的座谈会。

6 月　1 日，出席在北京开幕的第一届全国高等教育会议。（按：第一届全国高等教育会议于 6 月 1 日至 9 日在北京举行。）

1951 年　（辛卯）　74 岁

5 月　6 日，出席中华职业教育社举行的立社三十四周年纪念会，并致辞回顾了职教社的历史，号召广大社员和中华职业学校的校友站稳劳动人民立场，全心全意为开展业余教育和技术教育，为建设新民主主义社会而奋斗。

1952 年　（壬辰）　75 岁

4 月　24 日,在《社讯》第 63 期上发表《立社三十五周年纪念日一封公开信》,对职教社历程作了简单的回顾,并提出,"希望大家做好一种新的心理上的准备,即今后我社原有事业一步一步地化私为公,一方面接受政府新的使命,继续为了国家和人民所需要的教育工作而始终不懈地努力"。

1954 年　（甲午）　77 岁

7 月　《红桑》由《展望》周刊社出版。

9 月　27 日,在第一届全国人民代表大会第一次会议上当选为全国人民代表大会常务委员会副委员长。

12 月　25 日,在中国人民政治协商会议第二届全国委员会第一次全体会议上当选为全国政协副主席。

1955 年　（乙未）　78 岁

5 月　6 日,在《社讯》第 86 期上发表《我们应有的认识和努力——中华职业教育社成立三十八周年纪念》。

1957 年　（丁酉）　80 岁

5 月　5 日,出席中华职业教育社在上海举行的成立四十周年纪念会,冷遹任执行主席。黄炎培在纪念会上致开幕辞说,这次纪念会除了总结过去四十年经验以外,还将确定今后的任务:继续举办函授师范教育、基本生产技术教育等,并将开办学校,吸收中小学生入学。7 日,出席中华职业学校举行的建校三十九周年纪念会,并致辞。26 日,中华职业教育社在北京政协文化俱乐部举行立社四十周年纪念会,孙起孟任执行主席。政务院总理周恩来在会上讲话,强调每个人都必须进行自我改造。黄炎培在会上介绍了职教社四十年的历史。

1958 年　（戊戌）　81 岁

10 月　1 日,开始写《八十年来》。

1959 年　（己亥）　82 岁

4 月　27 日,在第二届全国人民代表大会第一次会议上当选为全国人民代表大会常务委员会副委员长。29 日,在中国人民政治协商会议第三届全国委员会第一次全体会议上当选为全国政协副主席。

1965 年　（乙巳）　88 岁

1 月　3 日,在第三届全国人民代表大会第一次会议上当选为全国人民
代表大会常务委员会副委员长。5 日,在中国人民政治协商会议
第四届全国委员会第一次会议上当选为全国政协副主席。

12 月　21 日凌晨 4 时 34 分,在北京逝世。

参考文献

一、史料类

[1] 教育部中国教育年鉴编审委员会编:《第一次中国教育年鉴》,上海开明书店 1934 年版。

[2] 教育部教育年鉴编纂委员会编:《第二次中国教育年鉴》,上海商务印书馆 1948 年版。

[3] 教育部编:《职业教育法令汇编》,上海商务印书馆 1935 年版。

[4] 邰爽秋等合选:《历届教育会议议决案汇编》,上海教育编译馆 1935 年版。

[5] 丁致聘编:《中国近七十年来教育记事》,上海国立编译馆 1935 年版。

[6] 璩鑫圭、唐良炎编:《中国近代教育史资料汇编·学制演变》,上海教育出版社 1991 年版。

[7] 璩鑫圭、童富勇、张守智编:《中国近代教育史资料汇编·实业教育　师范教育》,上海教育出版社 1994 年版。

[8] 李桂林、戚名琇、钱曼倩编:《中国近代教育史资料汇

编·普通教育》,上海教育出版社 1995 年版。

[9] 朱有瓛、戚名琇、钱曼倩、霍益萍编:《中国近代教育史资料汇编·教育行政机构及教育团体》,上海教育出版社 1993 年版。

[10] 中华职业教育社编辑:《社史资料选辑(第一辑)》(内部材料),中华职业教育社 1981 年版。

[11] 中华职业教育社编辑:《社史资料选辑(第二辑)》(内部材料),文史资料出版社 1981 年版。

[12] 中华职业教育社编辑:《社史资料选辑(第三辑)》(内部材料),中华职业教育社 1982 年版。

[13] 重庆市政协文史资料研究委员会、中共重庆市委党校编:《国民参政会纪实》上、下卷,重庆出版社 1985 年版。

[14] 重庆市政协文史资料研究委员会、中共重庆市委党校、中国第二历史档案馆编:《国民参政会纪实》续编,重庆出版社 1987 年版。

[15] 中国民主同盟中央文史资料委员会编:《中国民主同盟历史文献(1941—1949)》,文史资料出版社 1983 年版。

[16] 四川大学马列主义教研室编:《政治协商会议资料》,四川人民出版社 1981 年版。

[17] 四川大学马列主义教研室编:《停战谈判资料》,四川人民出版社 1981 年版。

[18] 程贻举主编:《中华职业教育社在重庆(1937—1946)》,西南师范大学出版社 2007 年版。

[19]《上海中华职业教育社志》编纂委员会编:《上海中华职业教育社志》,上海古籍出版社 2007 年版。

[20]《交通大学校史》撰写组编:《交通大学校史资料选编》第 1 卷,西安交通大学出版社 1986 年版。

[21] 上海财经大学校史研究室编:《国立上海商学院史料选辑》,上海财经大学出版社 2012 年版。

[22]《南大百年实录》编写组编:《南大百年实录》上卷,南京大学出版社 2002 年版。

[23] 上海市民地方维持会:《上海市民地方维持会报告书》,上海市民地

方维持会 1932 年印行。

二、文集、日记、年谱、书信类

[1] 田正平、李笑贤编:《黄炎培教育论著选》,人民教育出版社 1993 年版。

[2] 中华职业教育社编:《黄炎培教育文集》第 1 至 4 卷,中国文史出版社 1994 至 1995 年版。

[3] 蔡振生、刘立德编:《陈宝泉教育论著选》,人民教育出版社 1996 年版。

[4] 曲士培主编:《蒋梦麟教育论著选》,人民教育出版社 1995 年版。

[5] 赵靖主编:《穆藕初文集》,北京大学出版社 1995 年版。

[6] 中国蔡元培研究会编:《蔡元培全集》第 1 卷,浙江教育出版社 1997 年版。

[7] 中国韬奋基金会韬奋著作编辑部编:《韬奋全集》第 7 卷,上海人民出版社 1995 年版。

[8] 谢增寿、何尊沛、张广华编:《张澜文集》,群言出版社 2014 年版。

[9] 袁刚、孙家祥、任丙强编:《民治主义与现代社会——杜威在华讲演集》,北京大学出版社 2004 年版。

[10] 黄炎培著,中国社会科学院近代史研究所整理:《黄炎培日记》第 1—10 卷,华文出版社 2008 年版。

[11] 黄炎培著,中国社会科学院近代史研究所整理:《黄炎培日记》第 11—16 卷,华文出版社 2012 年版。

[12] 许汉三编:《黄炎培年谱》,文史资料出版社 1985 年版。

[13] 中共中央文献研究室编:《毛泽东年谱(1893—1949)》,中央文献出版社 2013 年版。

[14] 中共中央文献研究室编:《周恩来年谱(1898—1949)》,中央文献出版社 2007 年版。

[15] 高平叔撰著:《蔡元培年谱长编》第 1 卷,人民教育出版社 1998 年版。

[16] 梁吉生撰著:《张伯苓年谱长编》上、中、下卷,人民教育出版社 2009 年版。

[17] 张人凤、柳和城编著:《张元济年谱长编》上、下卷,上海交通大学出版社 2011 年版。

［18］王文岭撰：《陶行知年谱长编》，四川教育出版社 2012 年版。

［19］穆家修、柳和城、穆伟杰编著：《穆藕初年谱长编》上、下卷，上海交通大学出版社 2015 年版。

［20］谢增寿编著：《张澜年谱新编》，群言出版社 2011 年版。

［21］沈谱、沈人骅编著：《沈钧儒年谱》，群言出版社 2013 年版。

［22］中共中央文献研究室编：《毛泽东书信选集》，人民出版社 1983 年版。

三、著作类

［1］黄炎培：《学校教育采用实用主义之商榷》，江苏省教育会 1913 年版。

［2］黄炎培：《黄炎培教育考察日记》第一集，上海商务印书馆 1914 年版。

［3］黄炎培：《黄炎培教育考察日记》第二集，上海商务印书馆 1915 年版。

［4］杨保恒、黄炎培辑译：《实用主义小学教育法》，江苏省教育会教育研究部 1914 年印行。

［5］黄炎培：《新大陆之教育》，上海商务印书馆 1917 年版。

［6］黄炎培等：《考察日本斐律宾教育团纪实》，上海商务印书馆 1917 年版。

［7］黄炎培：《东南洋之新教育》，上海商务印书馆 1918 年版。

［8］黄炎培：《南满洲朝鲜职业教育之一斑》，中华职业教育社 1928 年版。

［9］黄炎培：《朝鲜》，上海商务印书馆 1929 年版。

［10］黄炎培：《中国教育史要》，上海商务印书馆 1930 年版。

［11］黄炎培：《黄海环游记》，上海生活书店 1932 年版。

［12］黄炎培：《之东》，上海生活书店 1934 年版。

［13］黄炎培：《促成中国自力生存的"九一八"》，中华职业学校 1934 年印行。

［14］黄炎培：《五六镜》，上海生活书店 1935 年版。

［15］黄炎培：《断肠集》，上海生活书店 1936 年版。

［16］黄炎培：《空江集》，上海生活书店 1937 年版。

［17］黄炎培：《蜀道》，上海开明书店 1936 年版。

［18］黄炎培：《苞桑集》，久康印刷社 1940 年版。

［19］黄炎培：《蜀南三种》，重庆国讯书店 1941 年版。

［20］黄炎培：《中华复兴十讲》，重庆国讯书店 1944 年版。

［21］黄炎培:《延安归来》,重庆国讯书店 1945 年版。

［22］黄炎培:《抗战以来》,重庆国讯书店 1946 年版。

［23］黄炎培等:《中国职业教育三十年来大事表》,中华职业教育社 1947
年版。

［24］黄炎培:《中华职业教育社奋斗三十二年发见的新生命》,中华职业
教育社 1951 年版。

［25］黄炎培:《黄炎培诗集》,中国文史出版社 1987 年版。

［26］黄炎培:《八十年来——黄炎培自述》,文汇出版社 2000 年版。

［27］尚丁:《黄炎培》,群言出版社 2012 年版。

［28］田正平、周志毅:《黄炎培教育思想研究》,辽宁教育出版社 1997 年版。

［29］许纪霖、倪华强:《黄炎培:方圆人生》,上海教育出版社 1999 年版。

［30］王华斌:《黄炎培传》,山东文艺出版社 1992 年版。

［31］许纪霖:《无穷的困惑——黄炎培、张君劢与现代中国》,上海三联书
店 1998 年版。

［32］王凤青:《黄炎培与国民参政会》,社会科学文献出版社 2011 年版。

［33］俞润生:《黄炎培与中国民主建国会》,广东人民出版社 2004 年版。

［34］黄方毅:《黄炎培与毛泽东周期律对话——忆父文集》,人民出版社
2012 年版。

［35］谢长法:《黄炎培画传》,四川教育出版社 2013 年版。

［36］黄炎培故居管理所、朱宗震、陈伟忠主编:《黄炎培研究文集(一)》,
四川人民出版社 1997 年版。

［37］朱宗震、陈伟忠主编:《黄炎培研究文集(二)》,文汇出版社 2001
年版。

［38］《申报》馆编:《最近之五十年》,上海申报馆 1923 年版。

［39］庄俞、贺圣鼐编:《最近三十五年之中国教育》,上海商务印书馆 1931
年版。

［40］廖世承编:《中国职业教育问题》,上海商务印书馆 1929 年版。

［41］谈社英编著:《中国妇女运动通史》,妇女共鸣社 1936 年版。

［42］中华职业教育社编:《实施职业教育要览》,中华职业教育社 1922 年
刊印。

［43］陈选善主编:《职业教育之理论与实际》,中华职业教育社 1933 年版。

［44］中华职业教育社编:《职业指导实施概览》,中华职业教育社 1929 年刊印。

［45］邹恩润编纂:《职业指导实验(第一辑)》,上海商务印书馆 1925 年版。

［46］陈宝泉等编:《孟禄的中国教育讨论》,上海中华书局 1922 年印行。

［47］王卓然编纂:《中国教育一瞥录》,上海商务印书馆 1923 年版。

［48］江恒源编:《徐公桥》,中华职业教育社 1929 年版。

［49］姚惠泉、陆叔昂编:《试验六年期满之徐公桥》,中华职业教育社 1934 年版。

［50］姚惠泉编:《中华职业教育社之农村事业》,中华职业教育社 1933 年版。

［51］中华职业教育社:《工业补习教育一览》,中华职业教育社 1926 年版。

［52］吴玉琦:《中国职业教育史》,吉林教育出版社 1991 年版。

［53］李蔺田主编:《中国职业技术教育史》,高等教育出版社 1994 年版。

［54］周谈辉:《中国职业教育发展史》,台北三民书局 1985 年印行。

［55］谢长法:《中国职业教育史》,山西教育出版社 2011 年版。

［56］黄嘉树:《中华职业教育社史稿》,陕西人民教育出版社 1987 年版。

［57］蔡行涛:《抗战前的中华职业教育社(1917—1937)》,台北东大图书有限公司 1988 年版。

［58］中华职业教育社编:《中华职业教育社八十年》,中国大百科全书出版社 1997 年版。

［59］谷秀青:《清末民初江苏省教育会研究》,广西师范大学出版社 2009 年版。

［60］王宗光主编:《上海交通大学史》第 1 卷,上海交通大学出版社 2011 年版。

［61］张晓辉主编:《百年暨南史(1906—2006)》,暨南大学出版社 2006 年版。

［62］上海财经大学校史研究室编:《郭秉文与上海商科大学》,上海财经大学出版社 2010 年版。

［63］王德滋主编：《南京大学百年史》，南京大学出版社2002年版。

［64］赵文：《〈生活〉周刊（1925—1933）与城市平民文化》，上海三联书店2010年版。

［65］闻黎明：《第三种力量与抗战时期的中国政治》，上海书店出版社2004年版。

［66］袁旭、党德信：《中国民主党派与抗日战争》，北京燕山出版社1997年版。

［67］中国民主同盟中央委员会编：《中国民主同盟史》，群言出版社2012年版。

［68］民建中央宣传部编：《中国民主建国会简史》，民主与建设出版社2010年版。

四、论文类

［1］赵利栋：《从黄炎培的调查看清末江苏兴办学堂的一些情况》，见中国社会科学院近代史研究所：《中国社会科学院近代史研究所青年学术论坛（2008年卷）》，社会科学文献出版社2009年版。

［2］赵利栋：《清末新式学务团体和教育界的形成——以江苏省为中心》，见中国社会科学院近代史研究所：《中国社会科学院近代史研究所青年学术论坛（2006年卷）》，社会科学文献出版社2007年版。

［3］蒋梅：《"图学界之进步"——江苏教育会的成立》，见周新国、陆和健主编：《辛亥革命前后的江苏社会研究》，甘肃人民出版社2011年版。

［4］张绍磊：《黄炎培与国立暨南学校规复初期的学科建设（1917—1923）》，载《暨南学报》（哲学社会科学版）2006年第6期。

［5］张立程：《黄炎培与上海市民地方维持会》，见中国社会科学院近代史研究所：《中国社会科学院近代史研究所青年学术论坛（2011年卷）》，社会科学文献出版社2012年版。

［6］侯桂芳：《黄炎培在抗日战争中的转变历程》，见俞克明主编：《现代上海研究论丛（8）》，上海书店出版社2010年版。

［7］闻黎明：《黄炎培与抗日战争时期第二次宪政运动》，载《近代史研究》

1997 年第 5 期。

［8］谢长法：《黄炎培与穆藕初——中国近代教育家和实业家携手合作奋斗的典范》,载《职业技术教育》2010 年第 28 期。

五、报刊类

［1］《申报》(上海)

［2］《民国日报》(南京)

［3］《大公报》(长沙)

［4］《大公报》(天津)

［5］《新华日报》(重庆)

［6］《解放日报》(延安)

［7］《教育研究》(江苏省教育会)

［8］《江苏省教育会月报》

［9］《临时刊布》(江苏省教育会)

［10］《中国与南洋》

［11］《环球》

［12］《教育与职业》

［13］《教育丛刊》(北京高师)

［14］《山东教育月刊》

［15］《救国通讯》

［16］《国讯》

［17］《生活》

［18］《宪政》

［19］《教育杂志》

［20］《新教育》

［21］《中华教育界》

［22］《教育与人生》

［23］《人文》

后　记

这是我的"黄炎培研究"的第二部著作,也是我继《中国职业教育史》后,又一部写得艰难的著作。

对黄炎培的关注,还是20年前在华东师范大学读研究生时。而对黄炎培的研究,则是始于2006年5月在北京参加中华职业教育社主办的黄炎培职业教育思想研讨会。当时,我应邀与会,因应会议要求要作一个发言,即认真阅读了黄炎培的相关文献,其中包括大量的原始文献。

本书作为"中国近现代原创型教育家研究丛书"之一种,取名《教育家黄炎培研究》,故在写作中,以黄炎培教育活动和思想为主要内容。实际上,黄炎培的一生,特别是在新中国成立前,一直对教育特别是职业教育有着极深的感情和付出。但黄炎培又是一个与时俱进的爱国主义者,是一个政治活动家。他有着非常广泛的人际脉络和社会交往;在思想上,热爱祖国,严于律己,追求进步。对于这样一个教育家,只有将他的教育活动和思想与他和广大教育界、实业界等众多有识之士的交往密切结合起来认识，才能更全面、清楚、客观地显现他为教育改革特别是职业教育发展所做出的努力、付出和贡献。所以，本书在写作过程中，以时间脉络为序，在勾勒黄炎培不同时期的教育活动和思想时，"以实践活动带思想"，"以教育思想引活动"。因为，实践是思想的源泉，而思想又是指导实践的。同时，作为一个爱国的教育家，黄炎培的思想包括他对教育和职业教育的理解，不可能不随时代而变化，特别是"九一八"事变后，国难当头，他将职业教育与抗战救亡紧密联系；全面抗战爆发后，积极从事抗日救亡运动；抗战胜利后，追求民主，主张和平，反对内战。对于这些，虽然不是本书研究的重点，但自然也应在书中有所交代，因为唯其如此，才能更清晰地显现黄炎培教育思想随社会变化而体现出的时代特点，也才能尽可能充分地显现他与时俱进的一生。

创新是学术研究的生命力。而对于历史人物的研究创新，除了必要的继承外，还需要大量原始资料的挖掘和利用。对黄炎培的研究，总体而言，无论是原始资料的整理，还是研究成果的出版，都还较为薄弱。本书写作前，自己对黄炎培著述的搜集已有多年，相应整理了大量黄炎培的研究史料，这些为本书的写作奠定了重要基础。从这方面来说，本书实际上也是自己多年来在"黄炎培研究"上的一个结晶。在充分重视利用原始资料的同时，基于学界黄炎培研究的现状，本书在写作中，原则上遵循"详他书之略，略他书之详"的原则。对于学术界研究相对已较深入的内容，不用过多笔墨；对于黄炎培重要的教育活动和思想，学术界已有一定研究但尚不全面的，力求深入；而对于学术界研究不深或没有研究的，则着力进行探讨。

对黄炎培的研究，也是向黄炎培先生学习的过程。著者在写作本书中，深为黄炎培先生博大的思想、高尚的品格以及与时俱进的精神所震撼，自己虽然勉力而为，但深知无论是对黄炎培教育活动的认识,还是于黄炎培教育思想的理解,都还不够全面,甚至有不准确的地方。因此,本书的出版,只能说是自己在"黄炎培研究"上走的又一步;接下来,对本书的"修订"即会开始。因为,我的"黄炎培研究"还会继续下去。

感谢李剑萍教授的信任,将《教育家黄炎培研究》一书的写作重任托我承担,使我对黄炎培先生有了更为全面的认识。感谢山东人民出版社对本书的写作给予的特别关注和关心。感谢责任编辑商思强、王灵燕同志付出的辛勤劳动。感谢西南大学图书馆民国文献阅览室的诸位老师对我在研究中给予的支持。

谢长法　于西南大学

2015 年 12 月 18 日